2025

독학사

한번에 패스
기출문제집

인적자원관리, 마케팅원론, 조직행동론
경영정보론, 마케팅조사, 생산운영관리

최신 기출문제 해설 강의 무료

2024~2020년
기출문제
수록

시험장에서 보는
알짜 **기출족보**
수록

2단계

인터넷 강의 | 신지원에듀
www.sinjiwonedu.co.kr

Preface 이 책의 머리말

독학학위제는 「독학에 의한 학위취득에 관한 법률」에 의거하여 국가에서 실시하는 학위취득시험에 합격한 독학자에게 학사학위를 수여함으로써 평생교육의 이념을 구현하고 개인의 자아실현과 국가사회의 발전에 이바지하는 것을 목적으로 하는 제도이다.

독학사 시험에서 다루는 **2단계 전공기초과정 인정시험**은 각 전공영역의 학문 연구를 위하여 각 학문계열에서 공통적으로 필요한 지식과 기술을 평가한다.

그동안의 독학사 기출문제를 분석해보면 문제은행식이라 할 수 있다. 공신력을 필요로 하는 대부분의 시험에서는 이러한 문제은행식을 선호한다. 따라서 수험생들은 **기출문제를 중심으로 주어진 범위와 내용을 반복 학습**하는 것이 요구되며, 이것이 합격점 이상의 점수를 얻을 수 있는 최선의 방법이다.

본서는 다음과 같은 점에 주안점을 두어 구성·편집되었다.

> **1** 최근 **5년간 연도별로 기출문제를 복원**하여 수록하였다.
> **2** 문제마다 **명쾌한 해설**을 붙여 수험생의 문제해결력을 기를 수 있도록 하였다.
> **3** 복원된 기출문제를 풀어봄으로써 **출제경향을 한눈에 파악**할 수 있다.

독학학위 취득을 위해 본서를 선택한 모든 수험생분들이 꼭 학위취득의 기회를 마련하였으면 한다.

편저자 씀

독학학위제는 대학교를 다니지 않아도 스스로 공부하여 학위를 취득할 수 있으며 언제, 어디서나 학습이 가능한 평생학습시대의 자아실현을 위한 제도입니다.

시험안내 Information

1. 독학학위제란?

독학학위제는 「독학에 의한 학위취득에 관한 법률」에 의거하여 고등학교 졸업 이상의 학력을 가진 사람이라면 누구나 시험에 응시할 수 있으며 총 4개의 과정을 거쳐 학위취득 종합시험에 합격하면 국가에서 학사학위를 수여하는 제도이다. 현재 독학학위 취득시험은 「평생교육법」에 의해 '국가평생교육진흥원'에서 관장한다.

2. 시험의 합격결정

1~3과정 인정시험에서 매 과목 100점 만점에 전 과목 60점 이상 득점을 합격으로 한다.

3. 교양과정 인정시험

구 분	시 간	시험 과목
1교시	09:00 ~ 10:40 (100분)	회계원리, 인적자원관리
2교시	11:10 ~ 12:50 (100분)	마케팅원론, 조직행동론
3교시	14:00 ~ 15:40 (100분)	경영정보론, 마케팅조사
4교시	16:10 ~ 17:50 (100분)	생산운영관리, 원가관리회계

4. 과정별 평가수준

과정별 시험	평가 수준	합격 기준	문항 수
1과정 (교양과정 인정시험)	대학의 교양과정을 이수한 사람이 일반적으로 갖추어야 할 학력수준을 평가한다.	5과목 합격 (필수 3, 선택 2)	총 40문항 (객관식 40문항)
2과정 (전공기초과정 인정시험)	각 전공영역의 학문연구를 위하여 각 학문계열에서 공통적으로 필요한 지식과 기술을 평가한다.	6과목 이상 합격	
3과정 (전공심화과정 인정시험)	각 전공영역에 관하여 보다 심화된 전문적 지식과 기술을 평가한다.	6과목 이상 합격	총 28문항 (객관식 24문항, 주관식 4문항)
4과정 (학위취득 종합시험)	시험의 최종 단계로 학위를 취득한 사람이 일반적으로 갖추어야 할 소양과 전문지식 및 기술을 종합적으로 평가한다.	6과목 합격 (교양 2, 전공 4)	

Information 시험안내

시험과정별 응시자격

「독학에 의한 학위취득에 관한 법률」 일부 개정에 따라 2016년부터 고등학교 졸업 이상의 학력을 가진 사람이면 누구나 1~3과정(교양과정, 전공기초과정 및 전공심화과정) 시험에 자유롭게 응시 가능. 단, 학사학위 취득을 위한 마지막 과정인 학위취득 종합시험에 응시하기 위해서는 1~3과정 시험에 모두 합격(면제)하거나, 학위취득 종합시험 응시 자격을 충족해야 함.

1. 교양과정·전공기초과정 및 전공심화과정 인정시험(1~3과정) 응시자격

① 고등학교 졸업자
② 「초·중등교육법 시행령」 제98조 제1항에 따라 상급학교의 입학에 있어 고등학교를 졸업한 사람과 같은 수준의 학력이 있다고 인정되는 사람
③ 「평생교육법」 제31조 제2항에 따라 지정된 학력이 인정되는 학교형태의 평생교육시설에서 고등학교 교과과정에 상응하는 교육과정을 마친 사람
④ 「보호소년 등의 처우에 관한 법률」 제29조에 따른 소년원학교에서 고등학교 교육과정을 마친 사람

2. 학위취득 종합시험(4과정) 응시자격(단, 응시하고자 하는 전공과 동일전공 인정 학과에 한함)

① 교양과정 인정시험, 전공기초과정 인정시험 및 전공심화과정 인정시험에 합격(면제)한 사람
② 대학(「고등교육법」 제2조 제2호·제3호 및 제5호에 따른 학교와 다른 법령에 따라 설립된 대학을 포함) 및 이에 준하는 각종학교(학력인정학교로 지정된 학교만 해당)에서 3년 이상의 교육과정을 수료하였거나 105학점 이상을 취득한 사람
③ 수업 연한이 3년인 전문대학을 졸업한 사람 또는 이와 같은 수준의 자격이 있다고 인정되는 사람(전문대학 졸업예정자는 응시 불가)
④ 「학점인정 등에 관한 법률」 제7조에 따라 105학점(전공 28학점 이상 포함) 이상을 인정받은 사람
⑤ 외국에서 15년 이상의 학교교육 과정을 수료한 사람

시험안내

 3. 유의사항

① 학사학위 소지자는 취득한 학사학위 전공과 동일한 전공 시험에 응시할 수 없음.
② 유아교육학, 정보통신학 전공 : 전공심화과정 인정시험 및 학위취득 종합시험만 개설. 고등학교 졸업자가 전공심화과정 인정시험에 응시는 가능하나, 학위취득 종합시험에 응시하기 위해서는 1~2과정 시험 면제요건을 충족하고 3과정 시험에 합격하거나 4과정 시험 응시자격을 충족해야 함.
③ 간호학 전공 : 학위취득 종합시험만 개설
   간호학 전공은 4과정(학위취득 종합시험)의 시험만 개설. 학위취득 종합시험에 응시하기 위해서는 3년제 전문대학 간호학과를 졸업 또는 4년제 대학교 간호학과에서 3년 이상 교육과정을 수료하거나 105학점 이상을 취득해야 함.

 4. 시험면제

「독학에 의한 학위취득에 관한 법률 시행령」 제9조에 따라 국가기술자격 취득자, 국가시험 합격 및 자격·면허 취득자, 일정한 학력을 수료하였거나 학점을 인정받은 사람은 1~3과정별 인정시험 또는 시험과목을 면제받을 수 있다.

과정면제

- **국가기술자격 취득자** : 자격 취득분야와 동일한 분야의 시험 응시자는 해당 과정 면제
- **교육부령으로 정하는 교육과정 수료자 또는 학점을 인정받은 자**
  ① 교양과정 면제
     ㉠ 대학 및 이에 준하는 각종학교에서 1년 이상 교육과정을 수료하였거나 35학점 이상을 취득한 사람
     ㉡ 학점은행제로 35학점 이상을 인정받은 사람
     ㉢ 외국에서 13년 이상의 학교교육과정을 수료한 사람
  ② 교양 및 전공기초과정 면제 [면제받고자 하는 전공과 동일전공인정 학과에 한함]
     ㉠ 대학 및 이에 준하는 각종학교에서 2년 이상 교육과정을 수료하였거나 70학점 이상을 취득한 사람
     ㉡ 학점은행제로 70학점 이상을 인정받은 사람
     ㉢ 외국에서 14년 이상의 학교교육과정을 수료한 사람

Information 시험안내

- 교육부령으로 정하는 시험 합격자 및 자격·면허 취득자 : 국가(지방) 공무원 7급 이상의 공개경쟁채용시험 합격자는 해당 과정 면제, 교육부령으로 정하는 자격 면허 취득자는 해당 과정 면제

과목면제

- 국가기술자격 취득자 : 자격 취득 분야와 다른 분야의 시험 응시자는 해당 과목 면제
- 국가평생교육진흥원장이 지정한 강좌 또는 과정 이수자는 해당 과목 면제

◀ 독학사와 학점은행제의 연관관계

「학점인정 등에 관한 법률」 제7조 제2항 제5호에 따라 독학학위제 시험합격 및 면제교육과정을 이수한 사람은 아래와 같이 학점은행제 학점인정을 받을 수 있음.

독학사의 과정별 학점은행제 등록 시 인정학점

- [1과정] 과목당 4학점 (단계별 최대 5과목, 20학점까지 인정 가능)
- [2~4과정] 과목당 5학점 (단계별 최대 6과목, 30학점까지 인정 가능)

① 학점은행제 학습구분 결정기준
  ㉠ 교양과정 인정시험 : 교양학점으로 인정 가능. 단, 일부 과목의 경우 학점은행제 희망 전공의 표준교육과정에 기초하여 전공필수 혹은 전공선택으로 인정 가능
     예) 학점은행제 경영학(학사) 전공의 학습자가 [경영학개론] 과목 합격 시 전공필수와 교양 중 학습자가 원하는 학습구분으로 인정
  ㉡ 전공기초, 전공심화, 학위취득 종합시험 : 희망 학위 및 전공의 표준교육과정을 기준으로 학습구분이 결정
② 학위취득 종합시험에 합격하여 독학학위제 학사학위를 취득한 경우에는 과정별 합격(면제)과목을 학점으로 인정하지 않음.
③ 시험면제교육과정 이수 학습과목에 한하여 1년/1학기 최대 이수학점, 1개 교육훈련기관 최대 인정학점 제한이 적용됨.
④ 학점인정을 받은 과목 간 중복과목이 있는 경우 학습자가 선택하는 1과목만 인정 가능(단, 독학학위제 시험 과목 간에는 중복 없이 인정 가능)

출제경향 Tendency

1 국가평생교육진흥원에서 고시한 과목별 평가영역에 준거하여 출제하되 특정한 영역이나 분야가 지나치게 중시되거나 경시되지 않도록 한다.

2 독학자들의 취업 비율이 높은 점을 감안하여, 과목의 특성상 가능한 경우에는 학문적이고 이론적인 문항뿐만 아니라 실무적인 문항도 출제한다.

3 단편적 지식의 암기로 풀 수 있는 문항의 출제는 지양하고, 이해력·적용력·분석력 등 폭넓고 고차원적인 능력을 측정하는 문항을 위주로 한다.

4 이설(異說)이 많은 내용의 출제는 지양하고 보편적이고 정설화된 내용에 근거하여 출제하며, 그럴 수 없는 경우에는 해당 학자의 성명이나 학파를 명시한다.

5 교양과정 인정시험은 대학 교양교재에서 공통적으로 다루고 있는 기본적이고 핵심적인 내용을 출제하되, 교양과정 범위를 넘는 전문적이거나 지엽적인 내용의 출제는 지양한다.

6 전공기초과정 인정시험은 각 전공영역의 학문을 연구하기 위하여 각 학문 계열에서 공통적으로 필요한 지식과 기술을 평가한다.

7 전공심화과정 인정시험은 각 전공영역에 관하여 보다 심화된 전문적인 지식과 기술을 평가한다.

8 학위취득 종합시험은 시험의 최종 과정으로서 학위를 취득한 자가 일반적으로 갖추어야 할 소양 및 전문지식과 기술을 종합적으로 평가한다.

9 교양과정 인정시험 및 전공기초과정 인정시험의 시험방법은 객관식(4지택1형)으로 한다.

10 전공심화과정 인정시험 및 학위취득 종합시험의 시험방법은 객관식(4지택1형)과 주관식(80자 내외의 서술형)으로 하되 과목의 특성에 따라 다소 융통성 있게 출제한다.

학위 취득 과정도

학사 학위 취득
- 총점(600점)의 60%(360점) 이상 득점
- 전 과목(6과목) 60점 이상 득점

4과정 — 학위 취득 종합시험 응시

응시자격(동일전공에서)
- 4년제 대학 3학년 수료 또는 105학점 취득
- 3년제 전문대학 졸업
- 학점은행제 105학점(전공 28학점 포함) 인정

시험 과정 면제
1~3과정 면제자

1~3과정 전 과목(17개) 합격(면제)

3과정 — 전공심화과정 인정시험 응시

응시자격
고등학교 졸업 이상 학력

시험 과정 면제
1~2과정 면제자

2과정 — 전공기초과정 인정시험 응시

응시자격
고등학교 졸업 이상 학력

시험 과정 면제
1과정 면제자

1과정 — 교양과정 인정시험 응시

응시자격
고등학교 졸업 이상 학력

인적자원관리

▶ 우리나라 인적자원관리의 변화
　㉠ 연공 중심 → 능력·성과 중심　㉡ 일(직무) 중심 → 사람 중심
　㉢ 비용 중심 → 수익 중심　㉣ 개인 → 팀

▶ 인적자원의 특이성
　능동성, 존엄성, 개발성, 소진성

▶ 인적자원관리의 환경
　㉠ 내부환경 : 노동력 구성의 변화, 가치관의 변화, 조직규모의 확대, 인적자원관리의 전문화, 인적자원관리의 집중화
　㉡ 외부환경 : 정부개입의 증대, 경제여건의 변화, 노동조합의 발전, 정보통신기술의 발전

▶ 인적자원관리자의 경계연결자로서의 역할
　㉠ 인적자원관리자는 조직과 외부환경과의 경계를 연결하는 역할
　㉡ 조직에 공공관계의 문제가 생길 때에는 종종 외부에 대하여 조직을 대표하는 역할
　㉢ 인적자원관리자는 경계연결자로서 사회적 가치관을 조직에 도입하는 역할

▶ 테일러(F. W. Tayler)의 과업관리 원칙
　적정한 하루의 성과수준, 표준적인 작업조건, 성공에 대한 우대(높은 보수), 실패에 대한 손실 등

▶ 시스템 접근법(system approach)
　인적자원관리의 연구접근법 중의 하나로, 기업을 사회시스템으로 보고 부분과 전체의 관계 속에서 인적자원관리를 이해한다. 환경과 상호작용하는 개방체제는 환경으로부터 투입을 받아 전환, 산출을 거치게 된다. 이러한 과정을 체제론적 접근법이 상호 관련된 기능을 수행하는 요소들과 상호작용과 관계를 통해 인적자원관리를 이해하려는 입장이다. 즉, 기업성과라는 체제유지를 위해 필요한 인적자원관리의 기능을 연구한다.

▶ 직무분석
　㉠ 특정 직무의 내용과 이를 수행하는 데 필요한 직무수행자의 행동 및 육체적·정신적 능력을 밝히는 체계적인 과정

인적자원관리

  ⓒ 목적 : 직무에 대한 책임과 권한의 명확화와 합리적인 조직의 확립, 업무개선의 기초, 채용, 배치, 이동·승진, 종업원의 훈련 및 개발 등의 기준, 직무평가 및 합리적인 임금관리(직무급의 도입), 경력계획 등

≫ 직무분석방법
면접법, 관찰법, 질(설)문지법, 경험법(실제수행법), 중요사건법 및 워크샘플링법 등

≫ 직무기술서
직무분석활동의 결과물 중 하나로 직무내용, 직무수행에 필요한 원재료 및 설비, 작업도구, 직무수행의 방법과 절차, 작업조건 등에 관한 기록

≫ 직무명세서
직무분석의 결과에 의거하여 직무수행에 필요한 종업원의 행동, 기능, 능력, 지식 등을 일정한 양식에 기록한 문서

≫ 직무평가의 목적
임금의 공정성 확보, 인력확보 및 인력배치의 합리성 제고, 인력개발의 합리성 제고

≫ 서열법(비양적 방법, 정성적 방법)의 단점
  ㉠ 직무등급을 정하는 일정한 표준이 없으므로 평가결과의 객관화가 곤란하다.
  ⓒ 평가자의 주관이 개입될 우려가 있다.
  ⓒ 평가결과만으로 서열 간의 실질적인 직무가치의 파악이 곤란하다.
  ⓔ 평가할 직무가 많거나 직무 간의 유사한 점이 많을 경우 평가자의 평가능력에 한계가 있을 수 있어 신뢰성이 의심될 수 있다.

≫ 인사고과 관리기준
  ㉠ 타당성 : 인사고과의 내용이 고과의 목적을 얼마나 잘 반영하고 있는가의 정도
  ⓒ 신뢰성 : 평가내용이 얼마나 정확히 측정되고 있는가의 정도
  ⓒ 수용성 : 인사고과가 관계 당사자에게 어느 정도 받아들여지는지의 정도
  ⓔ 실용성 : 인사고과제도가 비용·효과 측면에서 얼마나 가치 있는가 하는 정도
  ⓜ 전략적 일치성

≫ 인사고과방법
  ㉠ 상대고과법 : 종업원을 상호 비교하여 평가하는 방법으로 서열법과 강제할당법, 쌍대비교법 등이 있다.

ⓒ **절대고과법** : 일정한 기준을 설정한 후 종업원을 평가하는 방법으로 평정척도법, 체크리스트법, 중요사건서술법 등이 있다.

균형성과표(BSC)

회계나 재무적 관점으로만 경영성과를 평가하는 전통적 성과평가 방식을 탈피하여 재무, 고객, 내부 프로세스 및 학습·성장 등의 네 가지 관점에서 경영성과를 평가하는 기법이다.

목표에 의한 관리(MBO : Management By Objectives)

구성원이 직속상사와 협의하여 과업목표를 구체적으로 정하고 이에 대한 성과를 구성원과 상사가 함께 고과하는 기법이다. 즉, 목표설정과 결과에 대한 평가에 구성원이 참여하여 평가하고 고과한다는 데 중요한 특징이 있다.

인사고과의 수용성 증대방안

㉠ 피고과자의 고과 참여, ㉡ 능력개발형 고과의 실시, ㉢ 고과제도의 개발시 종업원 대표의 참여, ㉣ 고과제도를 구비하고 고과자 교육실시 강화, ㉤ 고과제도의 개발시 목적과 필요성을 투명하게 하고 종업원 교육 실시 등

평가 오류

㉠ **현혹효과**(halo effect, 후광효과) : 피평가자의 특정요소로부터 받은 인상에 의해서 다른 요소도 평가하려는 경향에서 생기는 오류
㉡ **상동적 태도** : 한 가지 범주(category)에 따라 판단하는 오류, 즉 그들이 속한 집단의 특성에 근거하여 다른 사람을 판단하는 경향
㉢ **관대화 경향** : 인사고과를 할 때 실제의 능력과 성과보다 높게 평가하려는 것, 평가결과의 집단분포는 점수가 높은 쪽으로 치우치는 경향이 있음
㉣ **논리적 오류** : 각각의 고과요소 간에 논리적인 상관관계가 있으면 그 양자 안에 있는 요소 중에서 어느 하나가 특출할 경우에 다른 요소도 그러하다고 속단하는 경향
㉤ **가혹화 경향** : 고과자가 평가점수를 전체적으로 평균보다 낮게 평가하는 경향
㉥ **상관편견** : 고과자가 고과항목의 의미를 정확하게 이해하지 못했을 때 나타남

교육훈련

㉠ **인바스켓 훈련**(in basket training) : 실제와 비슷하게 설정한 가상상황에서 상사로부터 오는 메모, 편지, 전화메시지 등을 바구니 안에 넣어놓고 이를 꺼내 정해진 시간 내에 의사결정이나 업무수행을 하도록 한다.
㉡ **비즈니스 게임**(business game) : 기업의 경쟁상황에서 올바른 의사결정능력을 제고시키기 위해 개발된 기법으로, 정보를 수집 및 분석하고 게임의 결과에 영향을 미치는 의사결정을 한다.

ⓒ 역할연기법(role playing) : 참가자 중에서 실제 연기자를 선출하고 주제에 따르는 역할을 실제로 연출시킴으로써 체험을 통하여 훈련효과를 높인다. 인간관계에 대한 태도개선 및 인간관계기술을 제고시키기 위한 기법이다.
ⓔ 감수성 훈련(sensitivity training) : T-그룹(training group) 훈련, 조직구성원의 성과와 대인관계를 향상시키기 위하여 개발된 방법이다. 서로 알지 못하는 조직구성원들의 집단생활을 통하여 자신이나 타인에 대한 통찰력을 높이고자 한다.
ⓕ 교류분석법 : 두 사람 간에 나타나는 대화의 내용을 분석함으로써 인간관계능력을 향상시키는 데 활용한다.

≫ 직장 내 훈련(OJT : On the Job Training)

감독자가 일하는 과정에서 부하들을 개별적으로 실무 또는 기능에 관하여 훈련시키는 것이다. 즉, 직무를 수행하면서 직장의 상사 내지 선배, 동료로부터 필요한 내용을 학습하는 교육훈련 프로그램이다.

≫ 직장 외 훈련(Off the Job Training)의 단점

ⓐ 작업시간의 감소와 훈련시설의 설치 등으로 경제적인 부담이 커진다.
ⓑ 중소기업에서는 사실상 실시하기 어려운 훈련방법이다.
ⓒ 훈련이 실제적이지 못하고 추상적이다.
ⓓ 교육훈련 참가자의 개인별 능력에 따라 진도의 조정이 어렵다.

≫ 직무특성모형(job characteristic model)

핵크만(J. R. Hackman)과 올드햄(G. R. Oldham)이 조직구성원들의 상위계층의 욕구를 충족시키는 데 초점을 맞추어, 동기를 유발시키고 직무만족을 경험하게 하는 직무의 특성을 개념화한 것이다. 핵심직무 특성으로는 ⓐ 기술다양성, ⓑ 과업정체성, ⓒ 과업중요성, ⓓ 자율성, ⓔ 피드백이 있다.

≫ 웹기반 모집(e-recruiting)의 특성

ⓐ 저렴한 모집비용, ⓑ 실시간 모집이 가능, ⓒ 한 사람이 복수모집에 복수응모 가능, ⓓ 개인의 신상자료의 비밀 유지, ⓔ 외부전문가의 자료와 경험의 이용이 가능, ⓕ 잠재적 응모자에 대한 정보를 데이터베이스를 통해 획득이 가능, ⓖ 모집전문회사의 솔루션(S/W)을 제공받음

≫ 멘토(mentor)의 주요 기능

ⓐ 지도활동 : 신입사원에게 직무수행과 관련된 지식, 행동요령 및 조직원의 기본적인 자세, 태도 등에 대한 구체적인 정보를 제공

ⓛ **심리적 상담 및 개인적 지원활동** : 감정적 동화, 조직에서 겪는 어려운 일을 지원하는 단계
ⓒ **조직적 개입활동** : 조직에 신입사원의 존재를 공개하고, 신입사원을 타구성원이 인정할 수 있도록 여건을 조성하고 실행하는 단계

인력과잉 대응방안
㉠ 신규채용 억제, ㉡ 배치전환, ㉢ 근무시간 단축, ㉣ 직무분할제(job sharing), ㉤ 다운사이징(downsizing), ㉥ 조기퇴직제도

경력개발
㉠ **경력개발의 원칙** : 적재적소의 배치원칙, 승진경로의 원칙, 자체 후진양성의 원칙, 경력기회 개발의 원칙
㉡ **경력개발단계** : 성장단계 → 탐색단계 → 확립단계 → 유지단계 → 쇠퇴단계
㉢ **경력개발의 본질적인 목적** : 종업원에게 고용에 대한 안정감 제공, 종업원에게 기업에 대한 일체감을 제고시켜 기업 내 협동시스템 구축, 조직의 노하우를 체계적으로 축적하고 경쟁력 제고 등

직무설계
직무와 인간의 적합성을 높이기 위해서 직무특성을 설계하는 것으로, 직무확대, 직무충실화, 직무순환 등을 통하여 보다 창조적이고, 자율적이며, 다양한 경험을 할 수 있도록 유도한다.

임금수준
종업원에게 지급되는 임금의 크기, 즉 평균임금. 종업원의 생계비수준, 기업의 지불능력, 사회일반의 임금수준

직능급
직무의 내용과 종업원의 직무수행능력에 따라 기본급을 산정하는 방식

성과급
노동성과를 측정하여 측정된 성과에 따라 임금을 산정·지급하는 제도이다. 따라서 이 제도에서는 임금은 성과와 비례한다. 임금수령액은 각자의 성과에 따라 증감한다.

직무급
직무의 중요성과 난이도 등에 따라서 각 직무의 상대적 가치를 평가하고, 그 결과에 의거하여 임금액을 결정하는 체계

시험장에서 보는 기출족보 인적자원관리

≫ 최저임금제도

근로자에게 지급되는 임금의 최저액을 정하는 제도이다. 종업원의 생활안정을 위하여 노사 간의 단체협약, 국가의 입법, 기타의 방법에 의하여 종업원이 받을 임금의 최저수준을 정하고, 법으로 강제함으로써 저임금 근로자를 보호하는 임금제도이다.

≫ 집단성과급제

- ㉠ 스캔론 플랜(scanlon plan) : 종업원의 참여의식을 높이기 위하여 위원회제도의 활용을 통한 종업원의 경영참여와 개선된 생산의 판매가치를 기초로 한 성과배분제
- ㉡ 럭커 플랜(rucker plan) : 부가가치에서 인건비가 차지하는 비율을 기준으로 배분액을 결정하는 제도
- ㉢ 임프로쉐어(improshare) : 단위당 소요되는 표준노동시간과 실제노동시간을 비교하여 절약된 노동시간을 노사가 각각 50대 50의 비율로 배분하는 제도

≫ 복리후생 프로그램

법정 복리후생인 국민건강보험, 국민연금보험, 산업재해보상보험 및 고용보험 등의 사회보험제도와 법정 외 복리후생이 있다.

≫ 카페테리아 복리후생제도(선택적 복리후생제도)

종업원 개개인이 본인이 처한 상황이나 선호도에 비추어 본인의 의지에 의해 후생복지 혜택의 유형이나 수준을 선택할 수 있는 선택적 복리후생제도

- ㉠ 선택항목 추가형 : 모든 종업원에게 필요하다고 판단되는 최소한의 복리후생 항목을 결정하여 제공한 후 종업원 개인이 일정한 범위 내에서 추가적으로 필요한 항목을 선택할 수 있도록 하는 형태이다.
- ㉡ 선택적 지출 계좌형 : 종업원 개인에게 주어진 예산 범위 내에서 종업원이 자유롭게 항목을 선택하는 것이다.
- ㉢ 모듈형 : 몇 개의 복리후생 프로그램을 집단화하여 제시하고, 종업원이 이를 선택하는 방식이다.
- ㉣ 혼합선택형 : 종업원 개인에게 주어진 일정한 범위 내에서 기업이 제공하는 항목 중 자신에게 필요한 항목을 선택하는 방식이다.

≫ 고충처리제도(grievance procedure)

주로 근로자들의 직장생활의 애로사항이나 현장에서의 불만사항 등을 근로자 대표와 사용자 대표로 구성되는 고충처리위원들의 협력으로 해결하도록 하는 제도이다.

노동조합의 기능

㉠ 기본적 기능(조직 기능) : 1차적 기능(노동조합을 조직하기 위하여 비조합원인 근로자를 조직화)과 2차적 기능(노동조합을 조직한 후에 그 조합원들을 관리)으로 구분
㉡ 집행 기능 : 단체교섭 기능(노동조합의 가장 본질적이고 핵심적인 기능), 경제활동기능(공제기능, 협동기능, 정치활동기능)
㉢ 참모 기능 : 기본적 기능과 집행기능을 보조하는 기능(노동조합의 간부 및 조합원에 대한 교육훈련, 선전활동, 연구조사활동, 사회사업활동 등이 포함)

쟁의행위

㉠ 노동자 측의 쟁의행위 : 동맹파업, 태업, 사보타지, 준법투쟁, 생산관리 피케팅 및 불매운동 등
㉡ 사용자 측의 쟁의행위 : 직장폐쇄와 조업단축 등

숍시스템의 유형(기본적 제도)

㉠ 유니언 숍(union shop) : 고용주는 노동조합의 조합원 이외의 근로자까지도 자유롭게 고용할 수 있으나, 일단 고용된 근로자는 일정기간 안에 조합원이 되어야 한다는 제도이다.
㉡ 클로즈드 숍(closed shop) : 결원보충이나 신규채용에 있어서는 반드시 조합원에서 충원하며, 조합의 노동통제력이 가장 강력하다.
㉢ 오픈 숍(open shop) : 조합원, 비조합원 모두 고용이 가능하다. 즉, 조합에의 가입이 고용조건이 아니다.

단체교섭(collective bargaining)

㉠ 근로자들이 노동조합이라는 교섭력을 바탕으로 임금을 비롯한 근로자의 근로조건의 유지·개선과 복지증진 및 경제적·사회적 지위의 향상을 위하여 사용자와 교섭하는 것이다.
㉡ 단체교섭은 노동조합과 사용자 대표 간, 대등한 위치에서의 쌍방적 결정이다.
㉢ 단체교섭은 그 자체가 목적이나 귀결점이 아닌 단체협약을 향해 나아가는 과정이다.
㉣ 단체교섭은 노사가 상반되는 주장에 대하여 타결점을 찾으려는 정치적 과정이다.

퇴직금의 법적 성격

공로보상설, 임금후불설, 생활보장설

기출족보 마케팅원론

※ 마케팅을 구성하는 핵심 개념

욕구·필요(기본적으로 부족함을 느끼는 상태)·수요, 제품·서비스, 가치·만족, 교환, 시장 등

※ 마케팅 관리의 개념

- ㉠ 생산개념 : 소비자들이 폭넓게 이용할 수 있고 낮은 원가의 제품을 선호한다는 전제하에, 생산방법의 개선과 유통의 효율화를 통해 원가절감에 노력을 집중해야 한다는 사고를 말한다.
- ㉡ 제품개념 : 소비자들이 가격에 대응하는 최고의 품질을 가진 제품을 선호한다는 전제하에 제품 품질의 개선에 노력을 집중해야 한다는 사고를 말한다. 제품개념은 마케팅 근시안을 초래할 가능성이 가장 크다.
- ㉢ 판매개념 : 소비자는 기업이 그들의 제품에 대한 관심을 유발하기 위하여 상당한 노력을 하지 않는 한 기업의 제품을 구매하여 주지 않는다는 전제하에 판매와 판매촉진에 노력을 집중해야 한다는 사고를 말한다.

※ 사회적 마케팅

개인의 욕구와 필요를 만족시키되 사회적 환경과 복지를 해치지 않는 범위 내에서 행해지는 마케팅

※ BCG 매트릭스

시장성장률과 상대적인 시장점유율에 의해 사업부문이나 경영다각화의 순서와 정도를 결정하는 기법

- ㉠ 물음표, 문제아(question marks, problem children) : 높은 시장성장률, 낮은 시장점유율 전략사업부로 제품수명주기상 도입부에 해당된다.
- ㉡ 별(stars) : 높은 시장성장률, 높은 시장점유율 전략사업부로 제품수명주기상 성장기에 해당된다.
- ㉢ 현금젖소(cash cows) : 낮은 시장성장률, 높은 시장점유율 사업부로 제품수명주기상 성숙기에 해당된다.
- ㉣ 개(dogs) : 낮은 시장성장률, 낮은 시장점유율 사업부로 제품수명주기상 쇠퇴기에 해당된다.

성장전략

⊙ **시장개발전략** : 기존제품으로 충족시킬 수 있는 욕구를 가진 새로운 시장을 개발하는 전략
ⓒ **시장침투전략** : 기존시장에서 기존제품의 시장점유율을 증가시키는 전략으로, 기존고객의 구매빈도를 증가시키고, 경쟁기업의 고객을 유인하며, 미사용 고객층을 설득하는 방법을 사용한다. 이는 소비자 구매횟수나 구매량 증대 추구, 경쟁사 고객의 획득, 잠재고객의 유치방법 등을 통해 시장점유율을 높이는 전략이다.
ⓒ **다각화전략** : 기존의 사업과는 다른 새로운 사업 영역에 진출하여 기업의 성장을 꾀하는 방법으로, 기존의 사업과 관련이 있는 신사업에 진출하는 경우와 기존의 사업영역과는 전혀 다른 사업영역에 진출하는 경우가 있다.

SWOT 분석

강점(S : Strength), 약점(W : Weakness), 기회(O : Opportunity), 위협(T : Threat) 요인을 규정하고 이를 토대로 마케팅 전략을 수립하는 기법이다. 어떤 기업의 내부환경을 분석하여 강점과 약점을 발견하고, 외부환경을 분석하여 기회와 위협을 찾아내어 이를 토대로 강점은 살리고 약점은 최소화하며, 기회는 활용하고 위협은 억제하는 마케팅 전략을 수립하는 것을 말한다.

구매결정의 행동유형

⊙ **복잡한 구매행동** : 소비자들이 구매에 높은 관여도를 보이고, 각 상표 간의 상당한 차이점이 있을 때 복잡한 구매행동이 발생한다.
ⓒ **부조화 감소 구매행동** : 소비자들이 구매하는 제품에 대하여 높은 관여도를 보이며, 제품의 가격이 비싸고 평소에 자주 구매하는 제품이 아니면서 구매 후 결과에 대해 위험부담이 있는 제품에서 각 상표 간 차이가 별로 없을 때 발생한다.
ⓒ **다양성 추구 구매행동** : 구매하는 제품에 대하여 비교적 저관여 상태이며 제품의 각 상표 간 차이가 상당히 큰 경우에 소비자들은 다양성 추구 구매 경향을 보이게 된다.
ⓔ **습관적 구매행동** : 소비자의 관여도가 낮고 상표들 간의 차이가 별로 나지 않는 상황에서 일어난다. 소비자는 자주 구매하고, 저가제품의 구매에는 낮은 관여도를 보인다.

1차 자료와 2차 자료

⊙ **1차 자료** : 당면한 조사목적을 달성하기 위해 조사자가 직접 수집한 자료, 조사비용과 시간이 많이 투입됨
ⓒ **2차 자료** : 당면한 조사목적이 아닌 다른 목적을 위해 과거에 수집되어 이미 존재하는 자료, 시간과 비용을 절약할 수 있음, 조사목적에 일치하지 않는 경우가 많음

마케팅원론

≫ STP전략

- ㉠ **시장세분화(segmentation)** : 전체시장을 특정한 기준에 의해 여러 개의 시장으로 구분하는 것
  - * 시장세분화의 조건 : 측정가능성, 시장의 규모성(실체성), 접근가능성, 실행가능성, 차별화 가능성
- ㉡ **표적시장 선정(targeting)** : 효용적으로 마케팅 성과를 창출할 수 있는 하나 또는 여러 개의 시장을 선택하는 과정
- ㉢ **포지셔닝(positioning)** : 목표시장에서 고객의 욕구를 파악하여 경쟁제품에 비하여 차별적 특징을 갖도록 제품의 개념을 정하고 소비자들의 지각 속에 적절히 위치시키는 노력

≫ 세분시장의 평가기준

세분시장의 규모와 성장률, 시장구조의 매력도, 기업의 목표와 자원

≫ 포터(M. Porter)의 본원적 전략

- ㉠ **차별화 전략** : 생산품이나 서비스를 차별화
- ㉡ **원가우위 전략** : 대량생산, 대량판매, 새로운 생산기술 개발
- ㉢ **집중화 전략** : 산업 내 특정한 세분시장 대상

≫ 포지셔닝전략 수립과정

경쟁우위의 파악(경쟁적 강점 파악) → 적절한 경쟁우위의 선택 → 선택한 포지션의 커뮤니케이션과 전달

≫ 포지셔닝맵

현재 자사 제품의 위치를 정확히 파악함으로써 경쟁제품과의 비교 분석, 방향성 등에 관한 정보를 제공할 수 있다.

≫ 구매습관에 의한 소비재의 분류

- ㉠ **편의품** : 구매빈도가 높은 저가격의 제품으로 습관적 구매를 하는 경향이 강한 제품. 제품의 비교와 구매에 있어서 최소한의 노력을 기울이므로 관여도가 낮다. 예 치약, 비누, 화장지, 세제 등
- ㉡ **선매품** : 여러 점포를 통해 상품을 비교한 후 최종 구매가 이루어지는 상품. 편의품에 비해 구매빈도는 낮고 가격은 높은 편으로 관여도가 대체로 높은 제품 예 패션의류, 승용차, 가구, 가전제품 등
- ㉢ **전문품** : 매우 높은 관여도를 보이며 구매자의 지위와 연관이 깊고 매우 높은 가격대의 제품 예 최고급 시계, 전문가용 카메라, 고급 의류 및 장신구류 등

표적시장 선정전략 유형
- ㉠ 비차별적 마케팅 : 전체시장을 대상으로 단일의 제품을 생산·판매하고자 하는 마케팅 전략
- ㉡ 차별적 마케팅 : 시장부문의 존재를 인식해서 각각 다른 제품과 마케팅 프로그램을 개발하려는 전략
- ㉢ 집중적 마케팅 : 기업의 자원이나 능력이 제한되어 있는 경우, 하나 또는 소수의 시장부문에서 높은 시장점유율을 얻고자 하는 전략

제품의 개념(P. Kotler)
- ㉠ 핵심제품 : 소비자가 특정제품으로부터 얻기 원하는 기본적인 편익
- ㉡ 확장제품 : 유형제품에 추가하여 제공되는 서비스나 혜택을 포함하는 제품개념(= 증폭제품), 이러한 서비스나 편의가 제공될 때 제품이 진정한 가치를 고객에게 제공하게 됨 예 A/S, 제품보증, 운반, 설치, 배달 등
- ㉢ 유형제품 : 소비자가 원하는 핵심제품을 제공하는 물리적 속성의 집합 예 자동차라는 물리적인 실체는 핸들, 엔진, 브레이크, 타이어 등의 물리적 속성이 모여 이루어짐

서비스의 특성
무형성(비유형성), 생산과 소비의 동시성, 이질성(비표준화), 소멸성

고관여·저관여 제품
- ㉠ 고관여 제품 : 소비자들이 값이 비싸거나 자신에게 중요한 영향을 미치는 제품 또는 잘못 구매했을 경우에 위험이 큰 제품, 구매할 때 여러 사람에게 물어보기도 하고 오랜 시간과 노력을 들여 정보를 비교하는 제품
- ㉡ 저관여 제품 : 구매 중요도가 낮고 값도 싸며, 상표 사이의 차이가 별로 없어 잘못 구매했을 때 위험이 적은 제품

제품계열의 구성
- ㉠ 제품믹스의 넓이(width) : 기업이 취급하는 제품계열의 수
- ㉡ 제품믹스의 길이(length) : 각 제품계열의 제품 수
- ㉢ 제품믹스의 깊이(depth) : 특정제품계열 내의 각 제품이 제공하는 품목의 수

푸시(push)전략과 풀(pull)전략
- ㉠ 푸시(push)전략 : 제조업자가 소비자를 향해 제품을 밀어낸다는 의미로 제조업자는 도매상에게 도매상은 소매상, 소매상은 소비자에게 제품을 판매하게 만드는 전략이다. 인적판매를 통하거나 가격할인, 수량할인 등과 같은 중간상인을 대상으로 하는 판매촉진을 주로 사용하여 실행하게 된다.

마케팅원론

ⓛ 풀(pull)전략 : 제조업자 쪽으로 당긴다는 의미로 소비자를 상대로 적극적인 촉진활동을 하여 소비자들이 제품을 찾게 만들고 중간상인들은 소비자가 원하기 때문에 제품을 취급할 수밖에 없이 만드는 전략이다. 풀전략을 사용할 경우 광고와 홍보를 주로 사용하게 되며 쿠폰, 견품, 경품 등과 같은 소비자를 대상으로 하는 판매촉진을 많이 사용하게 된다.

❱❱ 신제품 개발과정

아이디어의 창출단계 → 아이디어 평가단계 → 제품개념의 개발과 테스트 → 마케팅 전략 개발과 사업성 분석 → 제품개발 → 시험마케팅 → 상업화

❱❱ 제품수명주기(PLC : Product Life Cycle)

ⓘ 도입기 : 제품이 시장에 도입되는 시기로서 비용이 많이 소요되며 이익은 없다. 도입기에는 제품을 널리 인지시키고, 판매를 늘리는 마케팅믹스 전략이 필요하다.
ⓛ 성장기 : 시장에서 제품의 수요가 증대하고 이익이 발생하기 시작한다. 성장기에는 시장점유율 확대를 위한 전략이 필요하다. 새로운 표적시장을 개발하여 고객층의 범위를 확대시킨다.
ⓒ 성숙기 : 성숙기에는 수요의 신장이 멈추게 되고 이에 따라 이익은 절정을 지나 감소하기 시작한다. 시장점유율을 방어하면서 이익을 극대화시킬 수 있는 전략, 즉 새로운 시장 개척, 제품의 개선, 마케팅믹스의 수정 등이 필요하다.
ⓔ 쇠퇴기 : 쇠퇴기는 매출이 감소하고 이익이 매우 적어지는 시기이다. 이 시기에는 이 제품을 유지할 것인가 아니면 철수할 것인가에 따른 결정이 중요하다.

❱❱ 마케팅 촉진믹스의 4요소

광고(advertisement), PR(Public Relation), 인적판매(personal selling), 판매촉진(sales promotion)

❱❱ 마케팅 커뮤니케이션 과정

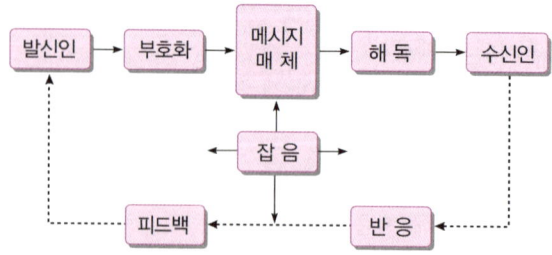

메시지 소구방법

㉠ **이성적 소구** : 제품의 질, 경제성, 가치 또는 성능에 대한 내용을 담고 있다.
㉡ **감성적 소구** : 구매를 유도할 수 있는 부정적 또는 긍정적 감정들을 유발하려는 노력이다.
㉢ **도덕적 소구** : 청중들로 하여금 어떻게 하는 것이 옳은지를 생각하게 하는 방법이다.

소비자 대상 판매촉진방법

쿠폰, 리베이트, 샘플(신제품을 소개하거나 기존제품에 대한 새로운 자극을 만들어 내는 데 가장 효과적), 프리미엄 등

인적판매

판매원이 직접 고객과 만나 제품을 사도록 권유하는 마케팅 활동으로, 구매자의 선호, 확신, 협동을 구축하는 데 가장 효과적인 촉진도구이다.

시장 커버리지의 전략

㉠ **집약적(집중적) 유통** : 가능한 한 많은 소매상들이 자사제품을 취급하도록 하는 전략 예 편의품
㉡ **전속적 유통** : 일정한 지역에서 자사의 제품을 한 점포가 배타적·독점적으로 취급하게 하는 전략 예 전문품
㉢ **선택적 유통** : 일정한 자격을 갖춘 소수의 중간상에게만 자사의 제품을 취급하게 하는 전략 예 선매품

갈등의 종류

㉠ **수평적 갈등** : 유통경로상의 동일한 단계에 있는 중간상들(둘 이상의 소매상들이나 둘 이상의 도매상들) 간에 발생하는 갈등
㉡ **수직적 갈등** : 유통경로상의 서로 다른 단계에 있는 구성원들(제조업자와 도매상 혹은 도매상과 소매상) 간에 발생하는 갈등
㉢ **중립적 갈등** : 갈등이 경로성과에 영향을 미치지 않는 경우

시험장에서 보는 기출족보 — 조직행동론

❯❯ 조직의 정의와 성격
- ㉠ 정의 : 두 명 이상의 사람이 공동의 목적을 달성하기 위해 지속적으로 존속하는 사회시스템
- ㉡ 성격 : 사회적 실체, 목표지향성, 구조적 활동체계, 계획된 조정체계, 계속성, 경계의 구분 및 외부환경과의 상호작용

❯❯ 테일러(F. W. Taylor)의 과학적 관리
체계적인 직무설계, 과업관리(시간 및 동작연구 활용), 차별성과급제, 직능식 조직, 직장제도, 인간의 감정적 측면 등한시

❯❯ 조직행동론
- ㉠ 조직행동론(OB : Organizational Behavior)은 오늘날 산업사회에서의 인간과 조직을 조화시키기 위해 조직 내의 인간행동, 즉 개인 차원의 행동과 집단 차원의 행동 그리고 조직 차원의 행동을 이해하고 예측·판단·응용하는 경영학의 한 분야이다.
- ㉡ 조직행동론 분야에서 조직이란 여러 사람들이 상호작용을 하면서 공동의 목표를 향해 일을 해나가는 모든 단체를 의미한다. 이러한 조직을 분석하는 학문이 조직행동론이며, 조직행동의 분석수준은 개인행동, 집단행동, 조직행동 등으로 구성된다.

❯❯ 조직시민행동의 의의
- ㉠ 조직시민행동(OCB : Organizational Citizenship Behavior)은 공식적 보상시스템에 의해 직접적으로 또는 명확하게 인식되지 않는 자유재량적이면서, 총체적으로는 조직의 효과적인 기능을 조정하는 개인의 행위를 의미한다.
- ㉡ 조직몰입이 조직시민행동의 한 유형으로 나타나기도 한다. 조직시민행동은 조직의 효과적 기능을 촉진시키는 개인의 여러 재량적 행동을 말한다.
- ㉢ 개인지향 조직시민행동(OCBI)과 조직지향 조직시민행동(OCBO)
- ㉣ 조직시민행동의 구성요소
  - 오르간(Organ) : 이타적 행동, 양심적 행동, 예의적 행동, 신사적 행동, 공익적 행동 등
  - 멕켄지 등(Machenzie, Podsakoff & Fetter) : 스포츠맨십, 시민정신, 이타성, 조정성, 예의바름, 사기진작 및 타인에 도움이 되는 행위

❯❯ 조직몰입
- ㉠ 개인이 조직의 가치관과 목표를 자신의 모든 것으로 받아들이는 것
- ㉡ 조직을 위해 에너지와 충성심을 바칠 의사

ⓒ 개인에게 약간의 보수・자유・책임의 증감이 있어도 조직을 떠나지 않고 남아 있으려는 욕구
ⓔ 조직에 대한 긍정적인 평가
ⓜ 조직의 목표 및 가치에 대한 강한 신뢰 및 이를 위해 일할 의사
ⓗ 조직의 성원의식을 유지하기 위한 강한 욕망

메이어(J. Meyer)와 알렌(N. Allen)의 조직몰입 구분

ⓐ **정서적 몰입(감정적 몰입)** : 개별구성원이 조직에 대해 감정적으로 애착을 가지고 조직과 일체감을 느끼는 것
ⓑ **유지적 몰입(지속적 몰입)** : 조직을 떠날 경우 발생하는 손익을 고려하여 조직과의 연대를 지속하는 경우이다. 유지적 몰입은 조직을 떠나는 데 드는 비용의 관점에서 몰입을 보는 것으로 계산적이거나 교환적 측면이 강하다.
ⓒ **규범적 몰입** : 보상과는 상관없이 조직에 남아 있어야 할 의무가 있다고 느끼기 때문에 조직에 남아 있고자 하는 것

직무만족

직무특성에 대한 평가로 나타나는 개인의 직무에 대한 호의적인 태도로 이 수준이 높은 사람은 자신의 직무에 대하여 긍정적인 태도를 가진다.

집단적 스트레스의 요인

집단응집력의 결여, 사회적 지원의 결여, 개인 내, 개인 간, 집단 간의 갈등 등

맥그리거(D. McGregor)의 X이론과 Y이론

ⓐ **X이론** : X이론의 인간모형에서 인간은 철저하게 이기적이고 자기중심적이며, 자기의 행위에 대하여 책임지기를 싫어하여 남에게 의존하며 수동적이고, 자기 보존이나 안전을 희구하여 변화나 개혁에 대하여 저항적이다.
ⓑ **Y이론** : Y이론의 인간모형에서 인간이 일을 하기 위해 심신을 쓰는 것은 놀이나 휴식과 마찬가지로 자연스러운 것이다. 인간은 스스로 관여한 목적을 위하여 스스로 방향을 정하고 스스로를 통제하며 일한다. 인간은 조직 내의 문제해결을 위하여 비교적 고도의 상상력이나 창의력을 발휘할 수 있는 능력을 갖고 있다.

동기부여이론

브룸의 기대이론은 개인의 특정행동에 대한 동기부여의 정도는 특정행위가 가져다 줄 성과의 가능성(기대)과 그 성과가 보상을 가져다 줄 것이라는 주관적인 확률치(수단성), 행위가 가져다주는 결과의 매력 정도(유의성) 등에 따라 결정된다고 보았다.

 조직행동론

매슬로(A. H. Maslow)의 욕구계층이론

    ㉠ 제1단계 : 생리적 욕구
    ㉡ 제2단계 : 안전욕구
    ㉢ 제3단계 : 소속감과 애정욕구
    ㉣ 제4단계 : 존경욕구
    ㉤ 제5단계 : 자아실현욕구

앨더퍼(C. P. Alderfer)의 ERG이론에서의 세 가지 욕구

    ㉠ 존재욕구(E, Existence needs) : 기본적인 욕구로 음식, 물, 공기, 임금, 작업조건과 같은 것에 대한 욕구
    ㉡ 관계욕구(R, Relatedness needs) : 의미 있는 사회적·개인적 인간관계 형성에 의해서 충족되어질 수 있는 욕구
    ㉢ 성장욕구(G, Growth needs) : 개인의 생산적이고 창의적인 공헌에 의해서 충족될 수 있는 욕구

허즈버그의 2요인이론

    ㉠ 직무 만족요인(동기요인) : 성취감, 인정, 책임감 등
    ㉡ 직무 불만족요인(위생요인) : 급여, 지위, 작업환경 등

임파워먼트

    ㉠ 임파워먼트의 의미 : 권한위양의 의미와 동기부여의 의미가 모두 포함되어 있는 개념이다. 동기부여로서 임파워먼트는 개인이 자신의 일을 유능하게 수행할 수 있다는 느낌을 갖도록 하는 활동과 그 결과 그렇게 되는 것을 가리키는 것으로, 개인이 일을 하는 과정에서 지속적으로 주도권을 행사하는 것을 중시하는 개념이다.
    ㉡ 임파워먼트의 4가지 구성요인 : 의미성, 역량감, 자기결정성, 영향성
        • 의미성(meaning) : 직장에서 부여받은 역할과 종업원의 가치 및 신념 간의 적합성을 말한다.
        • 역량감(competence) : 자신이 업무를 잘 해낼 수 있다는 능력에 대한 신념이다.
        • 자기결정성(self-determination) : 업무처리방식에 대한 통제권을 가지는 것이다.
        • 영향성(impact) : 조직 내에서 자신의 업무가 차별화되어 있다는 확신이다.

공정성이론

동기부여의 과정이론 중 자신의 투입 대비 산출을 준거인물의 투입 대비 산출과 비교하여 유사하다고 지각할 때, 동기부여의 수준이 높아진다고 주장하는 애덤스(Adams)의 이론이다.

강화유형
  ㉠ 적극적 강화 : 유쾌한 결과를 제공(상을 줌)
  ㉡ 부정적 강화 : 불쾌한 결과를 제거하거나 철회(벌을 중단)
  ㉢ 소거 : 유쾌한 결과를 철회(특근수당을 줄임)
  ㉣ 벌 : 불쾌한 결과를 제공(벌을 줌)

고전적 조건화
파블로프(I. Pavlov)에 의해 제시된 것으로 조건 자극을 무조건 자극과 관련시켜 조건 자극으로부터 새로운 조건반응을 얻어내는 과정이다.

자기효능감
  ㉠ 자신의 능력에 대한 신념과 특정한 방식으로 학습자의 동기를 유발할 수 있다는 신념
  ㉡ 자기효능감에 영향을 미치는 요인 : 수행성취(실제적인 성취경험), 대리경험(모델관찰학습), 언어적 설득(수행자로 하여금 수행하여야 할 과제를 성취할 수 있는 능력이 있다는 믿음을 주는 방법), 생리적·정서적 각성 등

태도의 구성요소
감정적 요소(한 대상에 대한 감정), 인지적 요소(대상에 대한 지각·신념·사고), 행위적 요소(한 대상에 대해 어떤 방식으로 행동하려는 경향과 관련된 요소)

감정노동(emotional labor)
조직이 요구하는 과업의 성취를 위해 자신의 내면적 감정을 숨기고 다른 표정과 몸짓을 하는 행위

귀인이론
사람들이 자신 또는 타인의 행동을 관찰하고 그 행동의 원인을 추측함으로써 평가하는 이론
  ㉠ 내적 귀인 : 어떤 행위의 원인을 내적인 것. 즉, 능력, 동기, 성격과 같은 내적인 원인에 의한 것으로 이해
  ㉡ 외적 귀인 : 어떤 행위의 원인을 외적인 것. 즉, 상황요인에 의한 것으로 이해

상동적 오류(stereotyping)
타인을 평가할 때 그가 속한 사회적 집단에 대해 평소 가지고 있는 편견에 근거하는 경우 발생하는 오류

시험장에서 보는 기출족보 — 조직행동론

▶ 집단사고
응집력이 높은 집단에서 구성원 간의 합의에 대한 요구가 지나치게 커서 이것이 현실적인 다른 대안의 모색을 방해하는 경향을 보이는 것을 말한다. 즉, 집단 내부의 압력 때문에 정신적 효율성이 저하되고, 현실에 대한 검토가 불충분하게 되며, 도덕적 판단이 흐려지는 현상을 말한다.

▶ 집단의사결정기법
명목집단법, 델파이법, 브레인스토밍, 변증법적 토의법(찬반토의), 지명반론자법

▶ 프로이트(S. Freud)가 주장한 성격의 기본 구성 요소
초아(id), 자아(ego), 초자아(super ego)

▶ 마키아벨리즘
자신의 목표를 달성하기 위해 다른 사람을 이용하거나 조작하려는 경향과 관련된 성격 특성이다. 이러한 성향이 높은 사람은 실용적이며, 감정적으로 냉정함을 잃지 않을 뿐만 아니라 수단이 목적을 정당화한다고 믿는다.

▶ 통제위치
자신의 삶의 결과에 대하여 자기 자신이 얼마나 영향을 줄 수 있다고 믿는가를 의미한다.

▶ 홉스테드(G. Hofstede)의 문화비교모형의 문화차원 요소
㉠ 권력간격, ㉡ 불확실성의 회피, ㉢ 개인주의, ㉣ 남성다움

▶ 도덕지능
무엇이 옳고 그른지 생각하고 판단하는 능력, 착하고 친절하며 다른 사람을 배려할 줄 아는 마음

▶ 팀의 유형
㉠ **문제해결팀** : 특별한 문제나 이슈를 해결하는 것을 목적으로 구성된 팀
㉡ **가상팀** : 공동과업의 달성을 목표로 각각의 집단, 분야 등에 소속되어 있던 서로 다른 기능을 가진 직원들로 구성된 팀으로 동일장소에 모이지 않고, 프로젝트 팀원들이 지역적으로 분산되어 일을 하는 방식을 말한다.
㉢ **교차기능팀** : 여러 기능분야의 전문가들로 구성되며, 특정문제를 진단하고 해결방안을 모색한다. 특히 고객서비스와 같이 중요한 문제에 조직체가 총체적으로 신속히 대응하는 데 유효하게 활용될 수 있다.

㉣ **자주관리팀** : 스스로의 업무를 일일 베이스로 관리하며, 팀 목표의 설정, 목표달성방법, 팀원 충원 등에서 완전한 자율권을 가지는 작업팀

집단규범
집단활동에 질서를 부여하기 위해서 집단구성원들에 의하여 확립된 행위의 표준 또는 규칙

커뮤니케이션의 유형

공식적 커뮤니케이션	수직적 커뮤니케이션	상향적 커뮤니케이션
		하향적 커뮤니케이션
	수평적 커뮤니케이션	
	대각적 커뮤니케이션	
비공식적 커뮤니케이션	그레이프바인	

리더십이론
㉠ **거래적 리더십** : 바스(B. M. Bass) 등이 주장한 거래적 리더십은 리더와 부하 간의 개인적 가치의 교환과정에서 발생하며, 거래적 리더십의 구성차원에는 조건적(상황적) 보상, 자유방임, 예외관리 등이 있다.
㉡ **변혁적 리더십** : 리더가 구성원들을 변화시켜(혹은 비전을 제시하고 설득하여), 구성원들이 자신의 이익을 넘어서 조직의 이익을 위한 행동을 하도록 이끌어 가는 리더십이다. 카리스마, 고취능력, 지적인 자극, 개인별 자상한 배려 등을 적극적인 리더의 특징으로 보고 있다.
㉢ **서번트 리더십** : 1970년대 초에 그린리프(R. Greenleaf)가 처음 소개한 리더십으로 타인을 위한 봉사에 초점을 두며, 종업원, 고객 및 커뮤니티를 우선으로 여기고 그들의 욕구를 만족시키기 위해 헌신하는 리더십이다.

매트릭스 조직
조직 내 한 구성원이 제품관리자와 기능관리자 혹은 제품관리자와 지역관리자에게 동시에 소속되어, 이 두 관리자가 동시에 보고하고 이들의 통제를 받도록 설계된 조직구조

조직구조의 구성요소
㉠ **복잡성** : 수평적 분화(과업의 전문화, 부문화), 수직적 분화, 공간적 분화(지역적 분산)
㉡ **공식화** : 조직에서 구성원이 담당하는 과업의 내용, 절차, 방법, 결과 등에 대해 미리 기준을 정해 놓은 정도
㉢ **집권화** : 권한의 집중화 정도, 권한의 위양 정도

조직행동론

≫ 네트워크 조직
조직활동을 상대적 비교 우위가 있는 한정된 부문에만 국한시키고, 나머지 활동분야는 외주(outsourcing) 또는 전략적 제휴 등을 통해 외부 전문가에게 맡기는 조직

≫ 레윈(K. Lewin)이 제시한 조직변화 과정
해빙(unfreezing) → 변화(changing) → 재동결(refreezing)

≫ 조직변화에 저항하는 이유
불확실성에 대한 두려움, 신뢰의 부족, 기득권 상실에 대한 우려, 변화 시도에 대한 실패 경험, 조직 상황에 대한 개인의 이해 부족 등

≫ 조직문화
㉠ 조직구성원의 행동을 지배하는 비공식적 시스템으로 개인의 가치 및 윤리, 태도 등을 결정하는 요인이다. 창업자의 기업 설립 목적에 따라 형성되며, 이후 새롭게 변경되기도 한다.
㉡ 구성요소 : 조직체 환경, 기본가치, 중심인물, 의례와 의식, 문화적 네트워크

≫ 초우수기업의 문화적 특성
㉠ 핵심경영이념
㉡ 강한 공유가치 또는 기업문화
㉢ 인간 중심적, 가치 중심적 경영
㉣ 끊임없는 경영혁신과 학습문화
㉤ 소규모의 간소화된 창의적·실험적·자율적 조직운영
㉥ 크고, 어렵고, 대담한 목표(BHAG : Big, Hairy, and Audacious Goal)

경영정보론

≫ 데이터와 정보
- ⓐ 데이터 : 정보의 기반요소로 특정한 업무와 관련성이 있거나, 적절성 유무에는 관계가 없이 인간의 감각기관으로 받아들여지고 있는 음성, 이미지, 사실 등을 의미한다. 즉, 데이터는 현실세계로부터 관찰이나 측정에 의해서 얻은 가공되지 않은 수치, 문자, 사실 등을 의미한다.
- ⓑ 정보 : 형식이나 내용이 특정한 목적, 용도에 적합하게 사용할 수 있는 데이터로, 정확성, 적시성, 관련성, 경제성, 완전성, 신뢰성, 간편성, 검증가능성, 접근성, 형태성, 누적가치성 등의 특징을 지닌다.

≫ 업무재설계(BPR)
낡은 프로세스를 새로운 프로세스로 대체하는 것으로 비용, 품질, 서비스, 속도와 같은 핵심부문에서 기업이 극적인 성과 향상을 이루기 위해서 업무처리과정을 기본적으로 다시 생각하고 근본적으로 재설계하는 경영혁신기법을 말한다.

≫ 거래처리시스템(TPS)
- ⓐ 판매, 급여, 구매, 재고 등의 업무수행에 의해 발생되는 거래자료를 신속하고 정확하게 처리하는 정보시스템으로 회계처리를 위한 시스템이다.
- ⓑ 특징 : ⓐ 거래처리 담당자를 포함하는 하위경영층에 의해 사용됨, ⓑ 일상적인(정형적, 표준화) 거래처리, ⓒ 다른 유형의 정보시스템을 위한 데이터를 제공, ⓓ 많은 양의 상세한 데이터를 처리, ⓔ 의사결정을 지원하지는 않음, ⓕ 데이터를 주기적으로 처리

≫ 운영통제시스템
운영통제시스템은 조직의 말단에서 이루어지는 거래처리업무가 효율적이고 효과적으로 수행될 수 있도록 통제하는 활동으로, 대부분의 업무가 정형화되어 있는 것이 보통이다. 따라서 대부분의 기업들은 내부의 데이터를 활용한다. 운영통제시스템에서 자료처리의 유형은 크게 보고서처리와 조회처리의 두 가지로 나눌 수 있다. 여기서 이용되는 데이터베이스는 주로 거래처리와 관련된 자료로 구성되어 있다.

≫ 생산정보시스템
생산기능을 지원하는 시스템으로 재화나 서비스를 생산하는 과정에서 필요한 생산계획, 작업관리, 공정의 운영 및 통제, 재고관리 등과 관련된 활동을 지원하는 정보시스템이다.

경영정보론

≫ 마케팅정보시스템

제품이나 서비스의 판매, 가격, 유통, 광고, 기획, 관리 등과 관련된 데이터를 처리하며, 의사결정에 필요한 정보를 제공하는 정보시스템이다.

≫ EDPS(Electronic Data Processing System)

1960년대와 1970년대 초 컴퓨터가 처음 도입되었을 때, 주로 회계나 청구서 작성, 학생성적처리, 심리검사, 인적자원통제 등과 같은 단순하고 반복적인 업무의 자료를 처리하는 데 이용되었다.

≫ 비즈니스 프로세스(business process)

조직이 제품 또는 서비스를 생산하기 위하여 업무활동, 정보, 지식을 조정하고 조직하는 고유한 방식을 의미한다. 즉 조직과 조직 파트너 및 고객에게 가치를 주는 제품 혹은 서비스를 생산하는 것과 관련된 활동들의 지속적인 집합이다. 비즈니스 프로세스를 근본적으로 개선하여 비용, 품질, 서비스, 신속성 등과 같은 주요 경영성과 지표에 있어 극적인 개선을 이루려는 경영혁신기법을 업무재설계(BPR ; Business Process Reengineering)라고 한다.

≫ 마이클 포터의 산업경쟁에 영향을 미치는 5가지 요인

이 5가지 요인이 약한 시장이라야 진입이 매력적이다.
㉠ 기존 경쟁자들간의 경쟁 정도, ㉡ 잠재적 진입자, ㉢ 대체재의 위협, ㉣ 구매자의 교섭력, ㉤ 공급자의 교섭력이다.

≫ 비즈니스 리엔지니어링

비용, 품질, 서비스, 신속성 등과 같은 경영성과지표의 극적인 개선을 이루기 위해 업무 프로세스를 근본적으로 제고하고 재설계하는 것

≫ 컴퓨터 산업의 발전단계

㉠ 제1세대 컴퓨터 : 진공관
㉡ 제2세대 컴퓨터 : 트랜지스터
㉢ 제3세대 컴퓨터 : 집적회로
㉣ 제4세대 컴퓨터 : 초고밀도 집적회로

≫ 클라우드 컴퓨팅(Cloud Computing)

정보가 인터넷상의 서버에 영구적으로 저장되고, 데스크톱·태블릿 컴퓨터·노트북·넷북·스마트폰 등의 IT 기기 등과 같은 클라이언트에는 일시적으로 보관되는 컴퓨터 환경을 뜻한다. 클라우드 컴퓨팅 서비스는 사업자가 제공하는 IT 자원의 종류에 따라 인프라스트럭처 서비스(IaaS), 플랫폼 서비스(PaaS), 소프트웨어 서비스(SaaS)로 분류한다.

소프트웨어 서비스(SaaS ; Software as a Service)
클라우드 컴퓨팅 서비스의 하나로 기업 또는 일반소비자가 다양한 소프트웨어를 인터넷 및 웹브라우저를 통해 제공하는 서비스로 제공받는 것이다.

CPU(중앙처리장치)
컴퓨터의 기본요소 중 제어장치와 산술논리연산장치로 구성되어 있으며 주요 하드웨어에 적합한 명령을 내리고 고속 연산을 행하는 장치이다.
중앙처리장치(CPU)는 1940년대 진공관, 1950년 트랜지스터, 1960년대 집적회로(IC)의 순서로 발전해왔다. 그리고 그 이후 대규모 집적회로(LSI), 초규모 집적회로(VLSI)로 발전되었다.

보조기억장치
주기억장치에 비하여 방대한 양의 소프트웨어와 데이터를 저장하기 위한 장치로 상대적으로 느린 속도를 가지고 있지만 데이터의 이동이 용이하며, 자기테이프, 자기디스크, 광디스크 등이 주로 사용되었다.

RAM과 ROM
㉠ RAM : 데이터와 명령어 체계를 임시로 보관하는 장소, 읽고 쓰는 것이 가능하며 휘발성 메모리
㉡ ROM : 읽기 전용 기억장치, 컴퓨터의 전원이 꺼져도 정보가 사라지지 않는 비휘발성 기억장치

입·출력장치
㉠ 입력장치 : 키보드, 마우스, 스캐너, POS 터미널, 터치스크린, 통신포트, 라이트 펜, 디지타이저 등
㉡ 출력장치 : 모니터, 스피커, 프린터 등

프로그래밍 주요 언어
㉠ 제1세대 언어 : 기계어
㉡ 제2세대 언어 : 어셈블리어
㉢ 제3세대 언어 : 절차지향언어(FORTRAN, COBOL, BASIC, PASCAL, C언어), 객체지향언어(C++, 자바)
㉣ 제4세대 언어 : 비절차어(SQL, QBE, FOCUS, SAS 등)
㉤ 제5세대 언어 : 인공지능언어(함수언어, 논리언어)

시험장에서 보는 기출족보 경영정보론

❖ 애자일 개발 방법론(agile development)

폭포수(Waterfall) 모델로 대표되는 계획기반의 전통적인 소프트웨어 개발 방법론에 대비되는 방법론으로, 개발과정의 소통을 중요하게 생각하고 반복적인 개발을 통해 잦은 출시를 목표로 한다. 특징으로는 짧은 출시 주기, 다양한 요구 변화에 대응, 소통 및 협력 등을 들 수 있다. 애자일 개발의 절차는 요구 사항 – 설계 – 구현 – 시험 등의 단계를 거친다.

❖ 시스템의 개발수명주기(SDLC)

예비조사 → 요구사항 분석 → 시스템 설계 → 시스템 개발 → 시스템 구현 → 시스템 유지 및 보수

❖ 프로토타이핑(Prototyping)

새로운 시스템 솔루션에 대한 작업모델 또는 프로토타입(원형)을 신속하게 개발하고 테스트하는 방법이다.
프로토타이핑은 비교적 적은 비용으로 신속하게 시제품 또는 실험시스템을 만들어 사용자의 평가를 받아보는 방식이다. 또한 사용자들은 시제품을 사용하면서 요구사항에 대한 아이디어를 제시할 수 있다.

❖ 엔티티

데이터베이스에서 사람이 생각하는 개념이나 정보의 단위로서 컴퓨터가 취급하는 파일 또는 테이블

❖ 데이터마트(Data Mart)

데이터웨어하우스와 최종 정보사용자의 중간에 위치해 데이터 이용에 대한 완충역할을 수행한다.

❖ Query(구조화 질의어)

데이터베이스를 구축하고 활용하기 위해 사용하는 언어, 사용자가 처리를 원하는 데이터가 무엇인지만 제시하고 데이터를 어떻게 처리해야 하는지를 언급할 필요가 없어 비절차적 데이터 언어의 특징을 띤다.

❖ 데이터베이스

㉠ 특징 : ⓐ 자료의 중복을 최소화하고, 자료를 공유하며, 자료의 무결성 및 일관성을 유지, ⓑ 자료의 물리적·논리적 독립성 유지, ⓒ 자료의 보안을 유지하여 데이터의 손실을 방지, ⓓ 데이터베이스 내의 자료관계를 설정, ⓔ 자료의 회복능력, 질의어능력을 갖춤
㉡ 데이터베이스의 설계단계 : 사용자 요구분석 → 개념적 데이터베이스 설계 → 논리적 데이터베이스 설계 → 물리적 데이터베이스 설계 → 데이터베이스 구현

데이터베이스 관리시스템(DBMS)

데이터베이스의 정의, 조작, 관리 등의 기능을 담당하며, 물리적 수준의 데이터베이스 구성, 효율적인 접근, 완전무결한 데이터베이스 관리를 가능하게 한다.

* DBMS의 대표적인 질의 언어는 SQL(Structured Query Language)이다. SELECT, FROM, WHERE는 구조적 질의어 SQL의 기본 형식이다. SQL은 관계형 데이터베이스 관리시스템(RDBMS)의 표준화된 사용자 및 프로그램 인터페이스이다.

관계형 데이터베이스

일련의 정형화된 테이블(table)로 구성된 데이터 항목들의 집합체로서, 그 데이터들은 데이터베이스 테이블을 재구성하지 않더라도 다양한 방법으로 접근하거나 조합될 수 있으며, 사용자와 관계형 데이터베이스를 연결시켜주는 표준검색언어를 SQL이라 한다.

GPS(Global Positioning System)

위성을 이용하여 특정 기기나 사람이 지구상에 어디에 있는지 알려주는 무선 시스템

의사결정지원시스템(DSS)

컴퓨터를 사용하여 정형화되지 않는 문제(즉, 주로 비구조적 혹은 반구조적인 문제로 문제의 일부 측면은 계량화가 가능하나 일부는 주관적으로 다룰 수밖에 없는 문제)에 관해 의사결정자가 효과적인 의사결정을 할 수 있도록 지원하는 시스템이다. 의사결정지원시스템은 데이터베이스 시스템(데이터관리 하위시스템), 모델베이스 시스템(모델관리 하위시스템), 지식베이스 하위시스템, 사용자 인터페이스, 사용자 등으로 구성된다.

집단의사결정지원시스템(GDSS)

의사결정자들이 그룹으로 함께 일할 때 구조적인 문제와 비구조적인 문제를 해결하는 데 사용되는 쌍방향의 컴퓨터기반 시스템이다. 전자투표나 화상회의, 전자미팅 등 그룹웨어에 포함되어 그룹 간의 의사소통을 지원해 회의의 질과 효율성을 향상시키기 위해 개발되었다.

중역정보시스템(EIS)의 주요 기능

주요 성공요인 추적기능, 추세분석(trend analysis)기능, 심층분석(drill-down analysis)기능, 정보압축기능, 예외보고기능

그룹웨어

팀 위주로 구성된 조직에서 구성원들이 효과적으로 의사소통 및 정보공유를 할 수 있도록 지원해주는 네트워크 기반의 정보기술

경영정보론

≫ 의사결정지원을 위한 주요 인공지능기술

인공신경망, 퍼지논리, 사례기반추론, 유전자 알고리즘, 지능형 에이전트 등이 있다.
* 로보틱스 : 인간과 유사한 동작을 할 수 있는 기계의 연구나 개발을 하는 인공지능 활용 분야

≫ 패킷교환

디지털 메시지를 패킷이라고 불리는 작은 묶음으로 나누어 서로 다른 통신 경로를 따라 전송한 뒤, 목적지에 도착한 패킷을 다시 재조합하여 정보를 교환하는 방법이다.
* 라우팅(routing) : 여러 경로를 이용할 수 있을 때 패킷을 보내기 위한 가장 좋은 경로를 선택하는 것을 의미한다. 이 경우 각각의 패킷은 목적지까지 서로 다른 경로를 통하여 전송되고 목적지에서 다시 모여 결합된다.

≫ 컴퓨터 통신망 유형

㉠ 스타(star)형 : 중앙에 컴퓨터가 있고, 그 주위에 터미널을 분산시켜 연결시킨 형태이다.
㉡ 그물(mesh)형 : 병목현상이나 회선장애에 융통성이 있으나 관리가 어렵고 비효율적이다.
㉢ 버스(bus)형 : 하나의 전송회선에 여러 대의 단말기와 컴퓨터가 연결된 형태로, 단말장치의 증설이나 제거가 용이하다.
㉣ 링(ring)형 : 원의 형태로 구성된 네트워크로서 컴퓨터나 단말기의 추가시 설치비용이 적게 든다.

≫ TCP/IP

TCP/IP는 패킷통신방식의 인터넷 프로토콜인 IP(Internet Protocol)와 전송조절 프로토콜인 TCP(Transmission Control Protocol)로 이루어져 있다.

≫ LAN과 WAN

㉠ 근거리 통신망(LAN : Local Area Network) : 큰 건물, 제조공장, 대학캠퍼스 등 제한된 구역과 같이 지리적으로 한정된 구역에서 여러 가지 컴퓨터들을 서로 연결하여 음성, 데이터, 영상 등과 같은 종합적인 정보를 고속으로 전송하는 정보통신망이다.
㉡ 원거리 통신망(WAN : Wide Area Network) : 한 도시나 국가 전체를 연결하거나 지리적으로 멀리 떨어져 있는 도시들, 국가와 국가를 연결하는 네트워크로 기업이나 정부, 개인의 활동 등을 지원하는 데 널리 활용된다.

≫ 사물인터넷(Internet of Things : IoT)

현실세계의 사물들과 가상세계를 네트워크로 상호 연결해 사람과 사물, 사물과 사물 간 언제 어디서나 서로 소통할 수 있도록 하는 새로운 인터넷 기술을 의미한다. 사물인터넷이

활용되기 위해서는 유무선 통신기술은 물론 인터넷 보안기술과 사물을 인식할 수 있는 센싱기술이 확보되어야 한다.

도메인 이름(domain name)

인터넷 사용자가 12개의 숫자열로 이루어진 IP주소를 기억하기 어렵기 때문에 변환시킨 영어식 이름을 말한다. 기관별 도메인 이름으로 edu(교육기관), gov(정부기관), org(비영리기관/단체), com(영리기관), mil(군사기관), net(네트워크 관련 기관) 등이 있다.

전자상거래의 유형

기업과 소비자 간의 거래(B2C, Business to Consumer), 기업과 기업 간의 거래(B2B, Business to Business), 소비자와 소비자 간의 거래(C2C, Consumer to Consumer), 기업과 정부 간의 거래(B2G, Business to Government), 소비자와 정부 간의 거래(C2G, Consumer to Government) 등

SCM(공급체인관리 : Supply Chain Management)

㉠ 기업 간 또는 기업 내부의 공급자에서 사용자(고객)에 이르기까지의 공급체인상의 일련의 정보, 물자, 현금 등의 흐름을 총체적으로 통합하여 관리함으로써 효율화를 추구하는 경영기법
㉡ 기능 : 공급망 전략, 공급망 계획, 공급망 실행, 공급망 가시화

웹 2.0과 웹 3.0

㉠ 웹 2.0 : 사용자가 직접 데이터를 다룰 수 있도록 데이터를 제공하는 플랫폼이 정보를 더 쉽게 공유하고 서비스 받을 수 있도록 만들어진 것으로, RSS, 검색엔진, 블로그(blog), 위키피디아(Wikipedia) 등이 이에 속한다.
㉡ 웹 3.0 : 월드와이드 웹이 앞으로 어떻게 될 것인지를 서술할 때 쓰이는 용어이다. 웹 3.0의 핵심기술은 시맨틱 웹(Semantic Web) 기술로 컴퓨터가 사람을 대신하여 정보자원의 뜻을 이해하고, 논리적인 추론까지 할 수 있는 기술이다.

가상 사설망(VPN)

기업에서 공중망인 인터넷을 마치 자신의 전용선과 같이 사용하는 방식이다. 터널링 기법을 사용하여 데이터 패킷을 전송함으로써 제3자의 해킹 등으로부터 보안을 확보한다.

정보시스템 감사

컴퓨터 시스템의 효율성, 신뢰성, 안정성을 확보하기 위해 일정한 기준에 근거하여 컴퓨터 시스템을 종합적으로 점검 및 평가하고, 운용 관계자에게 조언 또는 권고함으로써 회사의 경영진이 정보시스템의 보안과 통제가 효과적인지 여부를 진단할 수 있도록 해준다.

마케팅조사

❱❱ 마케팅조사의 절차

문제의 정의 → 조사설계 → 자료수집방법의 결정 → 표본설계 → 조사의 시행 → 자료분석 및 활용

❱❱ 기술조사의 종류

㉠ 횡단조사 : 한 대상에 대해 단 1회 실시하는 조사, 현시점의 상태를 파악할 때 사용하는 조사
㉡ 종단조사 : 한 대상에 대해 시간 간격을 두고 2회 이상 실시하는 조사

❱❱ 표본추출방법

㉠ 비확률표본추출방법 : 편의(임의)표본추출법, 판단표본추출법, 할당표본추출법 등
㉡ 확률표본추출방법 : 단순무작위표본추출법, 체계적 표본추출법, 층화표본추출법, 군집표본추출법 등

❱❱ 표본추출과정

모집단의 확정 → 표본추출 프레임의 결정 → 표본추출방법의 결정 → 표본크기의 결정 → 표본추출의 실행

❱❱ 탐색조사

조사문제가 불명확하거나 주어진 문제를 잘 모를 때 기본적인 통찰과 아이디어를 얻기 위해 실시하는 조사로, 주로 비계량적인 방법에 따른 자료수집과 분석이 이루어진다.
예 문헌조사, 관찰조사, 전문가조사, 사례조사, 표적집단면접법(FGI), 심층면접법

❱❱ 심층면접법과 표적집단면접법

㉠ 심층면접법 : 전문면접원이 1명의 피면접자를 대상으로 주제와 관련된 질문에 대해 심도 있는 응답을 유도하는 조사방법
㉡ 표적집단면접법 : 6~12명의 참여자가 주어진 주제에 대해 토론하도록 유도하여 가능한 많은 아이디어를 도출해내는 조사방법

❱❱ 척도의 종류

㉠ 등간척도 : 관찰대상이 갖는 속성의 크기에 따른 서열뿐만 아니라, 상대적인 차이도 고려할 수 있는 척도를 말한다. **예** 온도, 광고인지도, 학점, 지능지수, 물가지수, 주가지수, 만족도

ⓛ 비율척도 : 절대적 기준점인 절대 0점이 존재하고, 모든 사칙연산이 가능하다. 또한 가장 많은 정보를 가지고 있는 척도이다. 예 매출액, 소득, 구매확률, 키, 무게, 길이, 나이, 가격, 시장점유율
ⓒ 명목척도 : 관찰대상이 갖는 속성에 따라 관찰대상을 상호 배타적인 범주로 구분하는 것으로서, 관찰대상을 단순히 범주로 분류하기 위한 목적으로 숫자를 사용하는 척도를 말한다. 예 운동선수들의 등번호, 여자와 남자를 구분하는 수
ⓔ 서열척도 : 측정대상 간의 순서관계를 밝혀주는 것으로서, 측정대상을 측정하고자 하는 속성으로 판단하여 측정대상 간에 크고 작음이나 높고 낮음 등의 순위를 부여해준다.

1차 자료와 2차 자료

㉠ 1차 자료 : 조사자가 수행 중인 조사의 목적을 달성하기 위해 직접 수집한 자료
   예 서베이조사, 설문지조사, 심층면접 조사 등을 통해 확보된 자료
㉡ 2차 자료 : 당면한 조사의 목적이 아닌 다른 목적을 위해 수집되고 정리되어 있는 자료
   예 기업내부자료, 발행물, 인터넷 등 자료

변수

㉠ 독립변수 : 실험을 위해 조작하는 변수
㉡ 매개변수 : 원인변수와 결과변수를 매개하는 변수
㉢ 종속변수 : 원인변수값의 변화에 따라 그 값이 변화하는 변수
㉣ 외생변수 : 실험결과에 영향을 미칠 수 있으나 실험변수로 설정되지 않는 변수

표본오류

표본이 모집단을 완벽하게 대표하지 못하기 때문에 발생한다. 즉, 대표성이 없는 표본으로 인하여 발생하는 오류이다.

중심극한정리

모집단에서 취한 표본 평균값의 분포는 표본 수가 커질수록 평균값을 중심으로 하는 정규분포에 가까워진다는 정리

외생변수

㉠ 외생변수의 통제 정도를 높일수록 내적 타당성이 높아지고, 외생변수의 통제 정도를 낮출수록 내적 타당성이 낮아진다.
㉡ 외생변수의 통제방법 : 제거, 상쇄, 균형화, 무작위화

회귀분석

㉠ 회귀분석 : 둘 또는 그 이상의 수량적인 변수 사이의 관계를 파악함으로써, 어떤 특정한

시험장에서 보는 기출족보 — 마케팅조사

변수의 값을 다른 한 개 또는 그 이상의 변수들로부터 예측하는 기법이다. 특히 변수 사이의 인과관계를 분석하는 통계적인 기법이다.
ⓒ 회귀분석의 전제조건 : ⓐ 특정한 독립변수 값에 해당하는 종속변수 값들은 정규분포를 해야 하며, 모든 정규분포의 분산은 동일해야 한다. ⓑ 종속변수 값들은 통계적으로 서로 독립적이어야 한다. ⓒ 다중회귀분석(독립변수가 2개 이상)의 경우 독립변수들 간에 다중공선성(독립변수들 간에 강한 상관관계)이 존재하지 않아야 한다.

▶ 분산분석

ⓐ 일원분산분석 : 세 집단 이상의 평균을 비교하는 분석방법이다. 일원분산분석을 실행하려면 1개의 종속변수와 3개 이상의 범주를 가지고 있는 하나의 독립변수가 있어야 한다.
ⓑ 이원분산분석 : 2개의 인자(독립변수)와 종속변수가 1개인 경우로, 세분화된 집단 간 종속변수의 평균차이를 분석하는 방법이다.

▶ 다차원척도법

대상들에 대한 소비자의 지각, 선호, 평가자료 등을 이용하여 소비자들이 대상을 어떤 차원에서 인식하고 있는가, 그러한 차원에서 각 대상은 어느 위치에 있는가, 소비자들은 각 차원에서 어느 위치에 있는가 등을 분석하는 기법이다. 다차원척도법은 일차원척도에 의해서 측정하고자 하는 개념을 충분히 측정할 수 없는 경우에 활용되는 측정도구이며, 마케팅에서 포지셔닝 맵을 작성하는 데 주로 활용된다.

▶ 교차분석

두 범주형 변수 간에 연관성이 존재하는지, 즉 두 변수가 독립적인지 분석하는 기법으로 명목척도나 서열척도로 측정된 범주형 변수들 간의 연관성을 분석하는 방법이다.

▶ 군집분석

소비자나 상표들을 서로 유사한 것끼리 묶어서 군집화하려는 경우에 사용되는 방법이다.

▶ 요인분석

여러 개의 관련 변수들이 하나의 요인으로 묶여짐으로써 많은 변수들이 적은 수의 요인으로 줄어들게 되며, 불필요한 변수들을 제거한다. 요인분석에는 탐색적 요인분석과 확인적 요인분석이 있다.

▶ 신뢰성과 타당성

ⓐ 신뢰성 : 한 대상을 유사한 측정도구로 여러 번 측정하거나 한 가지 측정도구로 반복 측정했을 때 일관성 있는 결과를 산출하는 정도를 의미한다. 신뢰성을 측정하는 방법으로는 반복측정법(재검사법), 내적 일관성을 이용하는 방법(반분법, 크론바흐의 알파), 복수양식법 등이 있다.

ⓒ 타당성 : 조사자가 측정하고자 하는 개념이나 속성을 측정하기 위해 개발된 측정도구가 그 개념과 속성을 얼마나 정확히 측정하는가를 말한다. 내용 타당성, 기준타당성(동시타당성, 예측타당성), 개념타당성(집중타당성, 판별타당성, 이해타당성)이 있다.

우편조사법의 장점
㉠ 어떤 지역이라도 조사대상자가 될 수 있음, ㉡ 면접자 또는 질문자의 편견을 배제시킬 수 있음, ㉢ 사고 깊은 응답의 가능성이 존재, ㉣ 시간과 비용절약 가능, ㉤ 통제가 용이

측정의 특성과 기능
㉠ 추상적·이론적 세계와 경험적 세계를 연결시켜 주는 수단, ㉡ 일정한 기준에 따라 대상 또는 사건에 숫자 또는 기호를 부여하는 과정, ㉢ 대상 또는 사람들의 속성에 일정한 규칙을 부여하는 과정, ㉣ 질적 속성을 양적 속성으로 전환하는 작업, ㉤ 측정의 대상은 사람이나 사물(대상)이 아니라 그 대상이 지니고 있는 특성(속성)임, ㉥ 조화 또는 일치의 기능, 객관화와 표준화의 기능, 계량화 기능, 반복과 의사소통기능 등이 있음

척도법의 종류
㉠ 리커트 척도 : 응답을 위한 잣대는 우선 두 극단으로 나누고(긍정 – 부정 혹은 높음 – 낮음), 그 사이의 간격을 보통 2~7부분으로 나누는데, 각 부분 간의 거리간격은 동일한 것으로 간주한다.
㉡ 의미차별화 척도 : 척도의 서로 상반되는 형용사적 표현(친절하다 – 불친절하다)을 양쪽 끝점에 표시하고, 응답자가 적절한 위치에 표시하도록 하는 방법이다.

설문지 작성
㉠ 가급적 쉽게 응답할 수 있는 질문은 질문지의 전반부에 위치시킨다.
㉡ 응답에 생각을 요하는 질문은 가급적 질문지의 후반부에 위치시킨다.
㉢ 질문의 주제가 바뀌는 경우에는 새로운 장에서 질문하는 것이 좋다.
㉣ 응답자의 인구통계적 질문(소득, 학력, 직업, 성별, 연령 등)은 가급적 설문지의 후반부에 배치하는 것이 좋다.
㉤ 설문지는 일반적으로 전문용어보다는 간단하고 쉽게 표현해야 한다.
㉥ 질문범위가 큰 것에서 작은 것으로 차례로 질문한다.
㉦ 다지선다형의 항목 간에 내용이 중복되어서는 안 된다.

개방형 질문과 고정형 질문
㉠ **개방형 질문** : 응답자가 생각하고 있는 답변을 자유롭게 표현하도록 하는 방법
㉡ **고정형 질문** : 이미 조사자에 의해 마련되어 있는 항목들을 응답자로 하여금 선택하도록 하는 방법

생산운영관리

≫ 제품 또는 서비스를 재설계하는 이유
품질 향상, 고객 만족도 제고, 인건비 또는 재료비 절감

≫ 신제품 개발과정의 단계
아이디어 창출 → 경제성 분석을 포함한 타당성 검토 → 개발제품 선정 → 제품 설계(예비설계 → 세부설계)

≫ 생산성
어떤 재화를 생산하는 데 투입된 생산요소의 양에 대한 산출량의 비율로 구해진다.

$$생산성 = \frac{산출(량)}{투입(량)}$$

≫ 생산계획의 구조
① **장기계획** : 의사결정의 효과가 장기간에 걸쳐 지속되는 결정사항으로 전략적 성격의 생산계획이다. 생산전략, 제품설계, 공정설계 등이 포함되며 생산능력계획으로 다뤄진다.
② **중기계획** : 장기계획과 단기계획을 연결하는 부분으로서 생산계획의 핵심이 되는 총괄생산계획이 여기에 해당한다.
③ **단기계획** : 의사결정의 효과가 단기간에 미치는 결정사항으로, 총괄계획에서 결정된 개략적인 생산계획을 제품별로 세분하고 구체적인 생산일정과 작업할당을 결정한다.
④ 계획의 프로세스는 생산능력계획 → 총괄생산계획 → 주일정계획 → 자재소요계획 순이다.

≫ 재고생산 공정(make-to-stock process)
재고생산 공정(계획생산 공정)은 불특정 다수의 고객을 대상으로 기업이 자체적으로 정한 제품 규격과 생산수량에 따라 생산하는 형태이다. 주문생산 공정은 공정활동이 고객의 개별적인 주문에 따라 이루어지며 고객의 다양한 주문을 충족시킬 수 있도록 공정은 유연하게 설계된다. 따라서 각 제품의 납기 및 리드 타임을 관리하는 것이 중요한 변수로 작용한다.

≫ 공정별 배치
동일한 기능을 갖는 설비 또는 장비를 한 곳에 모아 배치하는 형태로 다양한 제품이나 서비스를 동시에 취급할 수 있도록 한다. 제품 및 종류가 많은 다품종 소량생산에 적합하도록 범용설비를 기능별로 배치하는 것이 특징이다.

≫ 6시그마 5단계 실현 방법론(DMAIC)
DMAIC 방법론은 6시그마 프로젝트를 수행하기 위해 사용하는 가장 일반적인 방법론이다.

5단계로 구성되며 정의(Define) → 측정(Measure) → 분석(Analyze) → 개선(Improve) → 관리(통제, Control)를 거쳐 최종적으로 6시그마의 기준에 도달하게 되는 것이다. 각각의 단계는 정의된 활동을 수행하기 위해 다양한 통계적 방법을 사용한다.

모듈러 설계

다수의 부품으로 구성되어 있는 표준화된 중간조립품 또는 제품의 구성품으로 제품의 다양화를 도모한다. 제품라인에서 각 제품을 개별적으로 설계하지 않고 표준 부품을 설계하여 이를 조합한다.

- 장점 : ① 고장 시 고장난 부분의 모듈만 교체 가능, ② 결점을 찾고 교정하기가 용이, ③ 소비자의 요구를 반영하여 필요한 모듈만 보충, 대체, 제거 가능
- 단점 : ① 제품을 전체적으로 표준화하는 것에 비하여 많은 부품 필요, ② 모듈 전체를 폐기해야 하는 경우 큰 비용 발생

수요예측기법

예측기법은 크게 질적 예측기법(정성적 예측기법)과 정량적 예측기법(계량적 예측기법)으로 구분된다. 정성적 예측기법은 예측자의 주관에 의하여 예측하는 것이며, 정량적 예측기법은 계량적인 모델과 데이터를 바탕으로 예측하는 것으로 시계열 분석과 인과형 모형으로 세분화된다.

정성적 수요예측 기법

① **델파이 기법** : 전문가 집단으로부터 일치된 의견을 얻기 위해 설문지를 배포하고 전문가들의 예측치 및 견해를 회수한다. 이를 요약·정리한 후 다시 배포하고 회수하는 과정을 반복한다.
② **자료유추법(역사적 유추법)** : 이용하여야 할 자료가 없을 경우 과거의 비슷한 제품이나 상황에 해당하는 자료를 이용하여 결과를 예측하는 기법이다.
③ **판매원 의견 종합법** : 각 지역을 담당하고 있는 판매원들은 소비자들과 가장 가까이 있으므로 이들로 하여금 담당지역의 수요를 예측하게 하여 이를 종합하는 방법이다.
④ **시장조사법** : 시장 상황에 대한 자료를 수집하기 위해 소비자를 표본으로 선정하여 설문, 면접 등을 이용한다. 결과를 분석하기 위해서는 통계학적 지식과 기술을 필요로 하며 단기예측에 우수한 방법이지만 조사기간이 길고 많은 비용이 따르는 단점이 있다.
⑤ **중역진 의견법** : 예측과 관련 있는 중역(상위경영자, 임원)들이 하나의 팀을 구성하여 경험과 지식을 바탕으로 의견을 제시하고 토론을 거쳐 수요를 예측하는 기법이다.

품질기능전개(QFD : Quality Function Deployment)

품질기능전개는 고객의 소리(VOC : Voice of Customer)를 제품이나 서비스 개발과정에 통합시키기 위한 구조적 접근방식이다. 품질의 집(HOQ)은 QFD 활용의 핵심적 수단으로 관련 부서 간의 커뮤니케이션을 촉진하고 제품 설계 시 효과적이고 체계적인 논의를 가능케 한다.

생산운영관리

≫ 가중이동평균법(weighted moving average method)

① 평균은 계산할 때 과거 데이터 각각에 대하여 중시하는 정도에 따라 고유의 가중치를 부여할 수 있다. 보통은 과거의 수요 자료보다 최근 수요 자료에 더 많은 가중치를 주어 예측한다.
② 일정한 추세변동과 계절적 영향이 존재할 때 그 변동을 민감하게 반영할 수 있는 장점이 있다.

≫ 지수평활법(exponential smoothing method)

① 일종의 가중평균법에 속하지만 평활계수를 설정하며 초기(최초)의 예측치를 활용한다.
② 예측의 정확성이 높고, 지수함수적 모형의 설정이 비교적 쉬워 시계열 분석에서 단기예측을 하는 데 가장 많이 사용한다.

≫ 회귀분석

과거의 자료를 기초로 이들 간의 함수관계를 파악하고 함수식에 의해 미래의 수요를 예측하는 기법이다. 회귀분석을 통해 상관계수는 산출하는데, 이는 독립변수에 의해서 설명되는 종속변수와 변화비율을 의미한다.

≫ 긴급률 규칙

긴급률*이 작은 값부터 우선적으로 처리하는 규칙이다.

$$긴급률 = \frac{잔여\ 납기시간(잔여\ 납기일수)}{잔여\ 작업수(잔여\ 작업일수)}$$

≫ 프로젝트 수명주기

개념화(정의), 수립(계획), 운영(실행), 종료 단계의 주기를 갖는다. 계획 단계에서는 프로젝트 조직이 선정되고, 프로젝트 관리자가 지명된다. 제안서는 프로젝트 주일정 계획으로 바뀌며, 세부일정계획, 자원소요 및 예산계획이 수립된다.

≫ 프로젝트의 주공정(critical path)

프로젝트에 포함된 여러 개의 공정 중에서 모든 활동을 완료하는 데 소요되는 시간이 가장 긴 공정이다.

≫ PERT/CPM

네트워크를 통해 프로젝트의 관리를 수행하는 일종의 도식적 방법이다. 프로젝트에서 수행되어야 할 상세 활동 파악, 활동 간의 선후 관계 파악, 활동에 소요되는 시간 추정 및 프로젝트의 최단 완료시간과 주공정을 결정한다.

❯❯ MCX(Minimum Cost eXpending)

전체 프로젝트의 비용을 절감하기 위해서 선정된 활동들의 일정을 단축시켜 나가는 것을 말한다. 이때, 가능하면 같은 단위시간을 단축시키더라도 저렴한 비용으로 단축시키는 것이 바람직하다.

❯❯ 재고회전율

효율적인 재고관리의 지표로서 재고회전율이 대표적인데, 제품의 제조 및 판매활동이 얼마나 원활하게 이루어지고 있는지를 나타낸다. 재고회전율이 높을 경우 재고관리의 효율이 좋거나 판매가 잘 되고 있다는 것을 의미한다.

$$재고회전율 = \frac{(연간)매출액}{(평균)재고금액} = \frac{(연간)매출액}{(기초재고재산 + 기말재고자산) \div 2}$$

❯❯ 경제적 주문량(EOQ : Economic Order Quantity) 모델

연간 주문비용과 재고유지비용의 합을 최소로 하는 주문량을 결정하는 모델로 다음과 같은 가정을 한다.
① 수요율은 일정하고 다른 제품의 수요에 영향을 받지 않으며 연간 수요량은 확정적이다.
② 조달기간은 일정하며 주문량은 전량 일시에 입고되므로 분할 납품은 없다.
③ 재고유지비용은 평균재고에 비례하며, 1회 주문비용은 주문량에 관계없이 일정하다.
④ 재고부족 또는 품절은 없으며 일시 대량구입에 따른 가격할인은 없다.

❯❯ 정량발주 시스템(fixed order quantity system)

경제적 주문량 시스템 또는 Q시스템이라고 하며, 사건 위주로 발주를 관리한다. 정량발주 시스템에서는 특정한 재주문점(ROP : Reorder Poing)에 도달하는 사건이 발생할 때 주문을 시작한다. 주문을 시작하는 사건은 품목에 대한 수요에 의하여 언제든지 일어날 수 있다.

❯❯ 정기발주 시스템(fixed time period system)

정기주문시스템 혹은 P시스템이라고 하며, 시간 위주로 발주를 관리한다. 정기발주 시스템은 일정 시점, 즉 정기적으로 일정량만큼 주문하는 방식으로 시간의 경과가 주요 요인이다. 재고조사는 정기실사방식(periodic review system)을 적용하며, 기간으로는 주, 월 또는 분기 등을 적용할 수 있다.

❯❯ MRP(Material Requirements Planning)

종속수요 품목의 재고관리에 적합하게 개발된 기법으로 자재소요계획을 의미한다. MRP는 주일정계획(MPS)에 맞추어 종속수요 품목에 대한 적량의 생산주문 및 구매주문이 적시에 이루어지도록 하는 생산계획 및 통제기법이라 할 수 있다.

❯❯ 공급사슬관리

공급사슬상에서 자재의 흐름을 효율적으로 관리하고 불확실성과 위험을 줄이고자 한다. 공급사슬관리는 재고수준 및 리드타임의 감소, 고객서비스 수준을 향상시키는 목적이 있다.

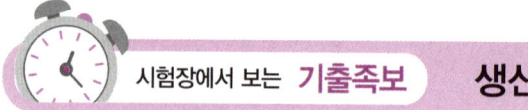

생산운영관리

❱❱ 채찍효과(bullwhip effect)

공급사슬상에서 주문량이 갑자기 늘거나 줄어드는 등 불안정한 패턴을 보이는 현상을 의미한다. 채찍효과를 예방하기 위해서는 주문 시점을 골고루 분배하고 일괄주문 간격을 줄여야 한다.

❱❱ 적시생산(JIT)

도요타 생산방식(TPS : Toyota Production System)이라고 일컫는 JIT 생산방식은 '필요한 것을, 필요한 양만큼, 필요한 때에 만드는' 생산방식이다. JIT는 전사적 품질관리와 모든 조직 구성원의 참여를 토대로 철저한 낭비제거를 추구하며 수주로부터 생산 및 납품에 이르기까지 모든 것이 동기화(흐름화)된 하나의 체계를 구축하는 데 주력한다.

❱❱ 원가절감을 위한 기초 활동(5S)

정리(Seiri), 정돈(Seiton), 청소(Seiso), 청결(Seiketsu), 생활화(습관, Shitsuke)

❱❱ 품질관리

품질관리란 광의로는 시장성이 높은 제품을 경제적으로 생산하기 위한 일련의 체계적 조치를 포괄한다. 협의의 품질관리는 과학적 원리를 응용하여 제품 품질의 유지, 향상을 기하기 위한 관리를 의미한다.

❱❱ 파레토도

대부분의 부가 소수의 사람들에게 집중되어 있다는 파레토의 20:80 법칙을 품질관리에 적용시켰다. 품질문제의 80%가 중요한 20%의 원인에 집중되어 있다고 보고 도표로 작성하여 관리한다.

❱❱ 특성요인도

품질 특성치가 어떤 요인에 의해 영향을 받고 있는가를 조사하여 이것을 하나의 도형으로 묶어 특성과 원인과의 관계를 나타낸 것을 의미한다.

❱❱ 외부 실패비용

제품이 고객에게 이전된 후에 고객의 욕구를 충족시키지 못했을 때 발생하는 비용이다. 반품 및 양품교환에 따른 비용, 기업이미지 실추, 클레임 비용, 판매량 감소 등에 따른 비용을 포함한다.

❱❱ 린 생산방식

린 생산방식은 노력, 설비, 시간, 공간의 낭비 요소를 줄이거나 제거하여, 덜 투입하고도 더 많은 것을 얻을 수 있는 방법을 제공한다. 린 생산방식에서 규정하고 있는 7대 낭비는 과잉생산, 재고, 가공, 동작, 운반, 대기, 불량생산이다.

Contents
차례

시험장에서 보는 기출족보

2024년
- 인적자원관리 3
- 마케팅원론 16
- 조직행동론 28
- 경영정보론 41
- 마케팅조사 56
- 생산운영관리 71

2023년
- 인적자원관리 3
- 마케팅원론 16
- 조직행동론 29
- 경영정보론 43
- 마케팅조사 57
- 생산운영관리 73

2022년
- 인적자원관리 3
- 마케팅원론 16
- 조직행동론 30
- 경영정보론 43
- 마케팅조사 56
- 생산운영관리 69

Contents
차례

2021년
인적자원관리	3
마케팅원론	16
조직행동론	31
경영정보론	46
마케팅조사	60
생산운영관리	77

2020년
인적자원관리	3
마케팅원론	15
조직행동론	28
경영정보론	41
마케팅조사	54
생산운영관리	69

독학사 2단계

YEAR
2024 기출문제

- 인적자원관리
- 마케팅원론
- 조직행동론
- 경영정보론
- 마케팅조사
- 생산운영관리

※ 본 기출문제는 수험생들의 기억력을 토대로 복원되어 실제로 출제된 문제와는 다소 차이가 있을 수 있습니다.

독학사 2단계

2024 인적자원관리 기출문제

01 지식정보 사회에서 인적자원의 중요성에 대한 설명으로 옳은 것은?

① 기업 성장의 원천은 노동과 자본이다.
② 사람들이 지닌 지식과 역량이 중요하다.
③ 피라미드형 위계 조직의 조직구조를 형성한다.
④ 전문화와 표준화를 통한 생산성과 효율성을 중시한다.

> **해설** 과거의 산업사회와는 달리 오늘날 지식정보 사회에서는 사람들이 지닌 지식과 역량이 인적자원관리에서 중요시되고 있다.

02 21세기 고용관계 특성의 변화와 거리가 먼 것은?

① 단기고용 심화
② 높은 조직 간 이동성
③ 직급 중심의 인사체계
④ 전문성 위주의 수평/수직이동

> **해설** 오늘날의 고용관계는 직급 중심의 인사체계에서 직무와 역량 중심의 인사체계로 변화하고 있다. 또한 장기 또는 종신고용에서 단기고용으로, 과거 평등성이 강조된 연공 중심의 보상제도에서 최근에는 공정성이 강조되는 능력·성과 중심의 보상제도로 변화하고 있다. 그리고 지시나 통제 중심의 관리방식에서 임파워먼트형 관리방식으로 변화하고 있다.

03 인간관계 운동에 대한 설명으로 옳지 않은 것은?

① 심리적, 사회적 욕구와 가치 충족을 통한 생산성 제고에 초점을 둔다.
② 생산성을 증대시키는 작업 공정 설계를 위하여 산업공학적 접근으로 진화하였다.
③ 작업 집단의 중요성이 부각되며 동료 관계, 집단 규범, 상호작용 및 협동이 중요시되었다.
④ 직무를 좀 더 복잡하고 다양하고 의미 있는 것으로 재구성하는 방식으로 직무 재설계가 전개되었다.

> **해설** 생산성만 강조하는 과학적관리법에 이어 1920년대 중반 이후에 등장한 인간관계 운동은 심리적·사회적 욕구와 가치 충족을 통한 인간성 제고에 초점을 둔다.
> 인적자원관리는 1910년대 처음 등장한 과학적 관리에서 시작하여 1920년대 중반 이후 인간관계론을 거쳐 인적자원 접근법과 시스템 접근법으로 전개되었다. 그 이후 전략적 인적자원관리를 거쳐 근래에는 인사윤리와 기업의 사회적 책임(CSR)을 강조하는 추세로 발전하고 있다.

정답 01 ② 02 ③ 03 ①

04 최근 기업과 경영 환경의 변화로 일어난 인적자원관리 패러다임의 변화에 해당하지 않는 것은?

① 일원 관리에서 다원 관리로
② 비용 중심에서 수익 중심으로
③ 연공 중심에서 능력 중심으로
④ 선행적 관리에서 반응적 관리로

> **해설** 인적자원관리 패러다임의 변화의 하나는 반응적 관리에서 선행적 관리로의 변화이다.
> 반응적(reactive) 관리는 문제가 발생하면 이를 해결하기 위해 특정한 대책을 세우는 것이다. 반면 선행적(preactive) 관리는 문제가 발생하지 않도록 미리 예방하고, 문제가 발생하면 어떻게 처리하겠다는 대응책을 미리 세워놓고 지속적이고 장기적인 관점에서 문제를 풀어나가는 것을 말한다.

05 ( ) 안에 들어갈 말로 알맞은 것은?

( )은 인간의 노동력을 기계화 원리에 의하여 합리화하고 작업능률의 증진을 도모하려는 이론이다. 작업능률에 대해서는 시간 연구를 통하여 최단 시간 내에 최대량의 작업 방법을 도출한다. 이를 실현하기 위한 수단으로 차별적 성과급제, 직능적 직장 제도 등이 있다.

① 노무 관리론
② 과학적 관리론
③ 행동 관리론
④ 인간관계 관리론

> **해설** 인간의 노동력을 기계화 원리에 의하여 합리화하고 작업능률의 증진을 도모하려는 이론은 과학적 관리론이다.
> 테일러(F. W. Taylor)의 과학적 관리론은 기계적 인간관에 기초하여, 시간 및 동작연구, 표준과업의 설정, 차별적 성과급제, 기능적 조직 및 직장 제도(functional foremanship) 등을 내용으로 한다.

06 페욜(Fayol)이 주장한 일반관리론의 6가지 관리 활동으로 볼 수 없는 것은?

① 기술활동, 상업활동
② 재무활동, 회계활동
③ 분업활동, 과학활동
④ 보전활동, 경영활동

> **해설** 앙리 페이욜(H. Fayol)은 경영의 활동을 ㉠ 기술활동(생산, 제조, 가공), ㉡ 상업활동(구매, 판매, 교환), ㉢ 재무활동(자본의 조달과 운영), ㉣ 보전활동(재화와 종업원의 보호), ㉤ 회계활동(재산목록, 대차대조표, 원가, 통계), ㉥ 관리활동(계획, 조직, 지휘, 조정, 통제)의 6가지로 구분한다.

정답 04 ④ 05 ② 06 ③

07 다음 설명에 해당하는 것은?

> 저임금 노동력 확보를 위하여 선진국 기업들이 인건비와 부대비용이 저렴한 나라로 공장을 이전하여 실질적으로 일자리를 수출하는 결과를 낳는다.

① 인소싱
② 리쇼어링
③ 아웃소싱
④ 오프쇼어링

해설 선진국 기업들이 인건비와 부대비용이 저렴한 나라로 공장을 이전하는 것은 오프쇼어링(offshoring)이다. 이와 반대로 외국으로 이전했던 공장을 다시 자국으로 들여오는 것은 리쇼어링(reshoring)이라고 한다.

08 직무공유에 대한 설명으로 옳은 것은?

① 회사와 근로자의 합의하에 출퇴근 시간을 자유롭게 정한다.
② 주당 근로시간 내에서 매일 작업 시간을 탄력적으로 운영한다.
③ 두 사람이 하나의 직무를 오전과 오후 또는 요일별로 나누어 수행한다.
④ 성수기에 법정노동시간을 엄격히 적용하고 비수기에 유급 휴가를 늘린다.

해설 직무공유(job sharing)는 한 명의 근로자가 담당하던 일을 둘 이상의 근로자가 나누어 수행하는 근로 형태를 말한다. 일자리 나누기라고도 한다. 오전 근무와 오후 근무로 나눌 수도 있고, 두 명의 근로자가 하루씩 교대로 근무하기도 한다.

09 직무를 수행하는데 필요한 기능, 능력, 자격 등 직무수행요건(인적 요건)에 초점을 두어 작성한 직무분석의 결과물은?

① 직무명세서
② 직무평가서
③ 직무표준서
④ 직무기술서

해설 직무분석 결과 직무를 수행하는데 필요한 기능, 능력, 자격 등 직무수행요건(인적요건)에 초점을 두어 작성한 것은 직무명세서이다. 직무명세서는 직무 그 자체의 내용 파악에 초점을 둔 것이 아니고 직무를 수행하는 사람의 인적요건에 초점을 맞춘 것이다.

10 다음 설명에 해당하는 직무평가 방법은?

> 평가자가 사전에 준비된 직무등급표를 가지고 개별 직무를 직무분석 결과에 근거하여 해당 직무가 어느 등급에 해당하는지를 평가하는 방법이다. 많은 공공기관과 민간 기업에서 사용되고 있다.

정답 07 ④ 08 ③ 09 ① 10 ③

① 서열법   ② 점수법
③ 분류법   ④ 요소비교법

> **해설** 제시된 내용은 직무평가 방법 중 분류법에 대한 설명이다. 분류법(job-classification method)은 어떠한 기준에 따라 사전에 직무등급을 정해 놓고, 각 직무를 적절히 판정하여 맞추어 넣는 직무평가 방법이다.

11 일반적인 직무평가 요소로 볼 수 없는 것은?

① 작업조건 : 온도, 습도, 소음, 진동, 화재 등 작업장의 위험도와 불쾌도를 포함한다.
② 상동적 태도 : 근로자가 속한 그룹의 두드러진 배경이나 특징, 내적 일관성을 포함한다.
③ 숙련 : 직무 수행자가 직무를 수행하기 위하여 필요한 전문 지식, 판단 능력, 육체적 숙련 등을 포함한다.
④ 노력과 책임 : 정신적 노력과 육체적 노력뿐만 아니라 생산 수단과 제품의 품질, 타인의 안전과 건강, 생산 공정 등을 포함한다.

> **해설** 상동적 태도(stereotyping)는 인사고과의 오류 중 하나이다. 상동적 태도는 사람에 대한 경직적인 편견(rigid bias)을 가진 지각을 의미하는 것으로, 그가 속한 사회적 집단(인종, 지역, 출신학교 등)에 대한 지각을 기초로 하여 타인을 평가할 때 나타나는 오류이다.
> 직무평가는 직무의 상대적 가치를 결정하는 것이므로 직무의 공헌도에 의해서 결정된다. 직무의 공헌도는 일반적으로 다음의 4가지 요소를 기준으로 파악한다. ㉠ 숙련(skill), ㉡ 정신적·육체적 노력(effort), ㉢ 책임(responsibility), ㉣ 작업조건(working condition)

12 다음 설명에 해당하는 인사평가 방법은?

> 개인이 적절한 시간 범위 내에 달성하기를 기대하는 성과 목표를 구체화하고 이에 따라 관리한다.

① 목표관리법   ② 행동평정법
③ 균형성과표   ④ 도식평정척도법

> **해설** 제시된 내용은 목표관리법(MBO)에 대한 설명이다. 목표에 의한 관리(MBO : Management By Objectives)는 주로 단기적인 목표의 설정과 결과에 대한 평가에 종업원이 참여하여 평가하고 고과하는 기법이다.
> MBO는 각 업무담당자가 ㉠ 상급자로부터 각종 정보를 제공받아 자신의 목표를 측정가능 목표로 설정하고, ㉡ 상급자와 협의하여 조직목표와 비교·수정하여 목표를 확정하며, ㉢ 업무를 수행하여 기말에 업무수행과정과 결과를 목표와 비교·평가하고, ㉣ 상황적 요인을 검토하고 문제점 및 개선점을 공동으로 검토하여 다음 기의 목표를 설정한다.

정답 11 ②   12 ①

13 인사평가 방법 중 강제할당법에 대한 설명으로 옳은 것은?

① 개인의 성과 혹은 상대적 기여도를 서술문에 적용된 범주에서 확인하여 피평가자를 평가하는 방법이다.
② 피평가자를 상위 그룹과 하위 그룹으로 임의로 구별하지 않고 공평하게 평가함으로써 종업원의 근로 의욕을 높일 수 있다.
③ 피평가자의 능력, 태도, 성과 등에 관련된 표준 행동을 평가내용으로 제시하고 고과자가 해당 서술문을 확인하여 평가하는 방법이다.
④ 피평가자를 미리 정해진 비율에 따라 분류하는 방법으로, 예를 들어 전체를 20%, 70%, 10%의 비율로 분류한 후 상위 20%에 대해서는 높은 보상을 제공하는 식이다.

> **해설** 일정비율로 조직구성원들을 구분하여 평가하는 방법으로 A(10%), B(20%), C(40%), D(20%), E(10%)처럼 구분하여 조직구성원을 평가하는 것은 강제할당법(forced distribution method)이다. 강제할당법은 사전에 정해 놓은 비율에 따라 피고과자를 강제로 할당하는 방법으로, 피고과자의 수가 많을 때 서열법의 대안으로 주로 사용한다. 장점은 관대화 경향이나 중심화 경향과 같은 규칙적 오류를 방지할 수 있다는 점이다.

14 인사고과에서 나타날 수 있는 오류가 아닌 것은?

① 상동적 태도
② 후광효과
③ 대비오류
④ 알파위험

> **해설** 인사고과에서 흔히 발생할 수 있는 오류로는 후광효과(halo effect, 현혹효과), 상동적 태도(stereotyping), 대비오류(contrast error) 및 항상오차(관대화 경향, 중심화 경향, 가혹화 경향) 등이 있다.
> ④ 알파위험은 통계적 추론에서 제1종 오류(type I error)를 범하게 될 가능성을 말한다. 제1종 오류란 가설이 모집단의 특성을 제대로 나타내고 있음에도 불구하고 이를 기각(reject)하게 되는 오류를 말한다. 또는 종업원을 선발할 때 좋은 성과를 낼 수 있는 유능한 지원자를 탈락시키게 되는 오류를 말한다.

15 인적자원 수요예측 방법 중 판단적 기법에 해당하는 것은?

① 회귀분석
② 델파이 기법
③ 추세분석
④ 생산성 비율분석

> **해설** 판단적 기법(judgemental method)은 시장 분석을 통계적 기법에 의존하지 않고 마케팅 관리자나 관련 분야 전문가들의 판단에 의존하는 예측 방법으로 정성적 기법을 말한다.
> 정성적 기법에서 델파이 기법이 대표적이다. 델파이 기법(delphi method)은 특정 문제에 있어서 다수 전문가들의 의견을 종합하여 미래의 상황을 예측하고자 하는 방법이다.

정답 13 ④ 14 ④ 15 ②

16 인적자원계획에서 수요가 공급을 초과하는 경우에 활용할 수 있는 대안과 거리가 먼 것은?

① 경력 관리
② 근로시간 단축
③ 직무 재교육
④ 생산성 향상계획

해설 인적자원에 대한 수요가 공급을 초과하여 인력이 부족한 상황인 경우 근로시간을 연장하는 초과근로 실시, 교육훈련·동기부여·보상제도의 변경, 직무재설계 등을 통해 생산성을 향상시키는 방법, 새로운 기능이나 역량을 개발하는 방법 등을 모색할 수 있다.

17 인사평가 측정결과의 검증기준 중 '직무성과와 관련성이 있는 내용을 측정하는 정도'를 의미하는 것은?

① 신뢰성
② 수용성
③ 타당성
④ 구체성

해설 타당성(validity)이란 인사평가가 당초에 측정하려고 의도하였던 것을 얼마나 정확히 측정하고 있는가를 밝히는 정도를 말한다. 즉, 인사평가에서 우수한 성적을 얻은 사람이 근무성적 또한 예상대로 우수할 때 그 평가는 타당성이 인정된다.

18 내부모집의 장점에 해당하는 것은?

① 동질성 확대
② 적응비용 확대
③ 동기부여 효과
④ 새로운 관점의 유입

해설 인적자원의 확보를 위한 내부모집은 배치전환, 승진 등 인사이동, 사내공모제 등 내부노동시장을 통해서 회사와 직·간접적으로 관계를 맺고 있는 사람들을 대상으로 모집하는 것을 말한다. 내부모집의 장점으로는 구성원의 사기진작과 동기부여에 도움이 되고, 모집비용이 적게 들며, 지원자에 대한 정확한 평가가 가능하다는 점을 들 수 있다.

19 사내공모제도의 도입 목적으로 볼 수 없는 것은?

① 인재발굴의 수단이다.
② 능력개발 활성화 시책이다.
③ 인적자원의 사내 유동화를 촉진한다.
④ 인사 정보 활성화로 새로운 임금 수준 및 임금 형태를 촉진한다.

해설 사내공모제(job posting)는 내부모집의 한 방법으로 사내에서 유능한 인재를 발굴하기 위해, 외부 모집비용과 교육·훈련비를 절감하기 위해, 구성원의 능력개발과 적재적소 배치를 위해 도입하는 것이 일반적이다.

정답 16 ② 17 ③ 18 ③ 19 ④

20 다음 설명에 해당하는 경력개발 개념은?

- 한 조직 내에서 이동뿐만 아니라 다른 조직으로의 이동도 시도된다.
- 경력 역량은 경력 정체성을 위한 역량(knowing-why), 경력 마케팅 역량(knowing-how), 정보와 영향력 네트워크 구축 역량(knowing-whom)을 포함한다.
- 경력상의 의사결정 기준으로 개인의 경력 가치관이 중요한 역할을 한다.

① 유리천장
② 무경계 경력
③ 이중 경력
④ 다변형 경력

해설 한 조직 내에서 이동뿐만 아니라 다른 조직으로의 이동도 시도되는 것은 다중 경력의 하나인 무경계 경력(boundaryless career)이다. 무경계 경력은 단일 고용환경의 경계를 뛰어넘는 일련의 직무기회들을 말하는 것으로, 개인의 경력경로가 조직이나 산업, 직업 심지어 국가의 경계까지도 넘어 전개된다는 점을 강조하는 개념이다.

21 다음 설명에 해당하는 개념은?

일과 삶의 균형을 위하여 파트타임을 선호하거나 취미 생활에 방해되지 않도록 업무량을 조절하고자 하는 경력 추구 성향이다.

① 다원적 경력
② 기업가적 경력
③ 포트폴리오 경력
④ 라이프스타일 추구 경력

해설 제시된 내용은 에드가 샤인(E. Shein)이 제시하는 여덟 번째 경력 닻(career anchor)인 라이프스타일 추구 경력 닻에 대한 설명이다.
샤인은 경력 닻을 자율성·독립성, 안전·안정, 기술-기능 역량, 일반관리 역량, 기업가적 창의성, 대의에 대한 봉사 혹은 헌신, 순수한 도전, 라이프스타일의 8개로 구성된다고 주장한다.

22 비자발적 이직으로 볼 수 없는 것은?

① 사직
② 조기퇴직
③ 정리해고
④ 징계해고

해설 사직(resignation) 혹은 자진사퇴는 자발적 이직에 해당한다. 반면 사용자와의 계약위반으로 쫓겨나는 징계해고나 경영상의 이유로 감원과정에서 강제퇴직을 당하는 정리해고 등은 대표적인 비자발적 이직에 해당한다.

정답 20 ② 21 ④ 22 ①

독학사 2단계

23 다음의 (   ) 안에 들어갈 알맞은 용어는?

> (   )은(는) 기업의 임금총액을 종업원 수로 나누어 얻은 값으로 평균임금률을 의미한다. 임금의 외부공정성은 해당 기업의 임금을 다른 기업의 임금과 비교할 때 공정성을 지니고 있는가를 나타내는 개념으로 이것은 해당 기업의 (   )(으)로 반영된다.

① 임금체계
② 임금수준
③ 임금관리
④ 임금배분

해설 임금관리의 3가지 내용 중 임금수준에 관한 내용이다. 임금수준(wage level)은 종업원들에게 제공하는 임금의 크기, 즉 평균임금에 관한 것으로 가장 기본적이면서도 적정한 임금수준은 종업원의 생계비 수준, 기업의 지불능력, 사회일반의 임금수준을 충분히 고려하면서 관리되어야 한다.

24 교육훈련개발 과정을 순서대로 나열한 것은?

① 필요성 분석 → 설계와 개발 → 시행 → 평가
② 설계와 개발 → 필요성 분석 → 시행 → 평가
③ 시행 → 평가 → 필요성 분석 → 설계와 개발
④ 평가 → 필요성 분석 → 설계와 개발 → 시행

해설 일반적인 교육훈련개발은 '교육훈련의 필요성 분석 → 교육훈련 프로그램의 설계 및 개발 → 교육훈련의 실시(시행) → 교육훈련의 평가 및 사후관리'의 과정을 거친다.

25 사원의 관점에서 교육훈련의 효과로 볼 수 없는 것은?

① 자아 개발의 성장욕구를 충족한다.
② 기술과 능력의 향상을 승진 기회로 활용한다.
③ 자신의 특기와 개성을 개발하여 키워 갈 수 있다.
④ 기술 변화에 대한 적응으로 이직 의도와 역량을 높일 수 있다.

해설 교육훈련이 이직 의도를 높이는 것으로는 볼 수 없다.
교육훈련은 종업원(사원)의 자질과 능력개발을 통하여 종업원의 개인적 욕구를 충족시키는 것은 물론 조직의 성과를 높이고자 하는 데 그 목적이 있다. 종업원 입장에서는 교육훈련을 통해 성장욕구 충족 및 승진 기회 부여, 직무만족도 증가, 직무소외 감소 등의 효과를 얻을 수 있다.

정답 23 ② 24 ① 25 ④

26 다음 설명에 해당하는 직무설계방식은?

> 기술 다양성, 과업 정체성과 중요성, 자율성, 피드백을 통한 동기부여로써 성과를 높이고자 한다.

① 직무확대
② 직무충실화
③ 직무세분화
④ 직무특성모형

해설 기술 다양성, 과업 정체성과 중요성, 자율성, 피드백을 통한 동기부여를 강조하는 것은 해크만(J. R. Hackman)과 올드햄(G. R. Oldham)의 직무특성모형이다.
직무특성모형에서 핵심직무의 차원은 기술다양성(skill variety), 과업 정체성(task identity), 과업 중요성(task significance), 자율성(autonomy), 피드백(feedback) 등이다.

27 노동시장 환경의 인구통계적 다양성에 직접적으로 관계되지 않는 것은?

① 외국인 근로자의 증가
② 여성의 경제 활동 참여
③ 세대 간 가치관의 차이
④ 노동력 고령화의 가속화

해설 노동시장 환경의 인구통계적 다양성은 근로자의 국적, 소득, 학력, 직업, 성별, 연령 등에서의 다양성을 말하는 것으로 세대 간 가치관의 차이와는 관련이 없다.

28 다음 설명에 해당하는 임금 산정 방식은?

> • 초기에는 관리직 및 전문 기술직 직원들을 대상으로 도입되었다.
> • 기술, 지식, 행동 등 개인의 내재적 속성과 행동 유형을 중심으로 산정한다.
> • 현재 또는 미래의 탁월한 직무성과 성취에 기여할 잠재성을 고려하여 산정한다.

① 직무급
② 연공급
③ 역량급
④ 성과급

해설 새로운 임금제도로써 역량급(competency based pay)은 현재 담당하고 있는 직무와는 관계 없이 종업원이 보유하고 있는 역량의 범위와 수준에 따라 임금이 결정되는 제도이다.
여기에서 역량은 일반적으로 성공적인 직무수행을 위해 요구되는 기술, 지식, 자아개념, 동기 등을 포괄하는 개인적인 특성을 의미한다.

정답 26 ④ 27 ③ 28 ③

29. 다음 설명에 해당하는 집단성과급 제도는?

> • 생산 단위당 표준 노동 시간 대비 절약 노동 시간분을 보너스로 지급한다.
> • 일례로 특정 생산물의 단위당 표준 노동이 주당 200시간으로 설정되었는데 실제로 150시간이 소요되었다면, 그 절감분의 일부(50%)를 종업원들에게 배분한다.
> • 투입 노동 시간 단축을 목표로 한다.

① 임프로쉐어(Improshare)
② 럭커 플랜(Rucker Plan)
③ 스캔론 플랜(Scanlon Plan)
④ 이익분배제(profit-sharing)

해설 투입 노동 시간 단축을 목표로 생산 단위당 표준 노동 시간 대비 절약 노동 시간분을 보너스로 지급하는 집단성과급 제도는 임프로쉐어(Improshare) 플랜이다. Improshare는 Improved productivity through sharing을 축약한 용어이다.

30. 조직 내 직무 간의 상대적 가치를 평가하는 직무평가 요소가 아닌 것은?

① 책임
② 숙련
③ 작업조건
④ 성과

해설 직무평가는 직무의 상대적 가치를 결정하는 것이므로 직무의 공헌도에 의해서 결정된다. 직무의 공헌도는 일반적으로 다음의 4가지 요소를 기준으로 파악한다. ㉠ 숙련(skill), ㉡ 정신적·육체적 노력(effort), ㉢ 책임(responsibility), ㉣ 작업조건(working condition)

31. 복리후생제도의 목적 중 사회적 책임을 다하고 근로자의 복지를 실현하고자 하는 고용주의 의지가 반영된 것은?

① 경제적 목적
② 정치적 목적
③ 윤리적 목적
④ 사회적 목적

해설 복리후생제도의 목적 중 사회적 책임을 다하고 근로자의 복지를 실현하고자 하는 고용주의 의지가 반영된 것은 사회적 목적이다.
기업 복리후생제도의 사회적 목적은 노동 이외의 부가적 급여로서 노동에 참여하지 않은 노동자의 가족을 보호하는 의미가 있고, 또한 한 사회의 소득구조가 평등해지는 데 기여할 수 있다.

정답 29 ① 30 ④ 31 ④

32 여성인력의 복리후생 및 처우와 가장 거리가 먼 것은?

① 휴가제도 개선
② 유리천장제도 도입
③ 탄력근무시간제 도입
④ 가족친화적 근로조건 개선

해설 여성인력의 복리후생과 처우를 개선하기 위해서는 유리천장(glass ceiling)이 철폐되어야 한다. 유리천장은 더 이상 오를 수 없는 승진 정체를 말하는 것으로, 특히 소수민족, 여성, 저학력자 등에게 적용되는 개념이다.

33 법정 외 복리후생제도에 해당하는 것은?

① 연금보험
② 퇴직금 제도
③ 직장어린이집 운영
④ 의료보건비 지원

해설 법정 복리후생제도란 기업이 종사원의 개인적 의사나 기업의 자율적 방침과는 관계없이 법률에 의해서 의무적으로 실시하여야 하는 복리후생시설이나 제도를 말하는 것이다. 이에는 국민건강보험, 국민연금보험, 고용보험, 산업재해보상보험, 퇴직금 및 연차유급휴가 등이 있다.
통근차량 지원, 식당 및 어린이집 운영, 체육시설 운영 등은 법정 외 복리후생이다.

34 다음 설명에 해당하는 것은?

> 산업체 작업 현장에서 발생하는 각종 재해로부터 인명을 보호하고 재산상의 안전을 확보하기 위하여 산업재해의 원인을 분석한다. 이후 해당 원인을 제서 및 해결함으로써 각종 사고를 미연에 방지하려는 체계적인 인적자원관리 활동이다.

① 보건 위생 관리
② 산업 안전 관리
③ 중대 재해 관리
④ 업무 연속성 관리

해설 산업재해를 유발할 수 있는 각종 원인을 제거 및 해결함으로써 각종 사고를 미연에 방지하려는 체계적인 인적자원관리 활동은 산업 안전 관리이다.
한편, 종업원이 신체적 고통이나 질병 없이 건강하게 직장생활을 할 수 있도록 위험을 방지하고, 작업장에서 오는 모든 위험에서 자유롭게 하기 위해 회사가 작업환경을 비롯하여 위생관리, 건강관리를 해나가는 것은 보건 위생 관리이다.

정답 32 ② 33 ③ 34 ②

35 ( ) 안에 들어갈 말로 알맞은 것은?

( )는 사용자가 노동조합의 정당한 권리를 침해하거나 반대로 노동조합이 사용자의 정당한 권리를 침해할 때 나타나는 행위 일체를 말한다.

① 대항행위
② 쟁의행위
③ 노동쟁의
④ 부당노동행위

해설 부당노동행위(ULP : Unfair Labor Practices)는 사용자의 노동조합 방해행위인 노동3권 침해로부터 신속하게 노동3권을 보호·회복시키기 위한 행정적 구제제도이다.
부당노동행위에는 황견계약, 단체교섭 거부 외에도 반조합적인 불이익 처분, 보복적인 불이익 처분 등이 있다. (「노동조합 및 노동관계조정법」 제81조)

36 ( ) 안에 들어갈 말로 알맞은 것은?

( )은 산업별 노조가 개별 기업과 개별적으로 교섭하는 방식이다. 한국의 노동법 하에서는 산업별 연합단체는 원칙적으로 교섭 권한이 없다. 단 필요할 때는 행정 관청의 승인을 얻어 연합단체인 노조에 교섭을 위임할 수 있다는 규정을 두어 그 가능성을 열어놓고 있다.

① 집단교섭
② 대각선교섭
③ 공동교섭
④ 기업별교섭

해설 산업별 노조가 개별 기업과 개별적으로 교섭하는 방식은 대각선교섭이다. 대각선교섭은 단위 노동조합이 소속된 상부단체와 각 단위 노동조합에 대응하는 개별 기업의 사용자 간에 이루어지는 교섭을 말한다. 사용자단체가 조직되어 있지 않은 경우 또는 조직되어 있다고 할지라도 각 기업에 특수한 사정이 있는 경우에 행해진다.

37 다음 중 직무평가의 궁극적인 용도는 무엇인가?

① 직무기술서와 직무명세서의 작성
② 직무분석의 기초자료 제공
③ 직무수행자의 적정한 평가
④ 공정한 임금체계 확립과 인사관리의 합리화

해설 직무평가(job evaluation)는 직무분석을 기초로 하여 각 직무가 지니고 있는 상대적인 가치를 결정하는 방법이다.
즉, 기업이나 기타의 조직에 있어서 각 직무의 중요성·곤란도·위험도 등을 평가하여 다른 직무와 비교한 직무의 상대적 가치를 정하는 체계적 방법이다. 따라서 직무평가의 궁극적인 용도는 공정한 임금체계 확립과 인사관리의 합리화에 있다.

정답 35 ④ 36 ② 37 ④

38 노동조합의 기능으로 볼 수 없는 것은?

① 경제적 기능
② 경영적 기능
③ 정치적 기능
④ 공제적 기능

해설 전통적으로 노동조합의 기능은 노동조합이 성립된 이후의 기능을 강조하여 공제적 기능, 경제적 기능 및 정치적 기능으로 분류한다. 여기서 공제적 기능은 조합원들이 질병, 재해, 노령, 사망, 실업 등으로 노동능력을 일시적 또는 영구적으로 상실될 때를 대비하여 조합이 기금을 설치하여 상호 공제하는 활동을 말한다. 최근에는 노동조합의 기능을 ⊙ 노동조합을 조직하고 유지·확장하는 기본적 기능(조직기능), ⓒ 조합원의 근로조건의 유지·향상을 위한 집행기능, ⓒ 앞의 두 기능을 보조하는 참모기능으로 분류하고 있다.

39 ( ) 안에 들어갈 복리후생제도는?

( )는 다양한 욕구를 충족시키기 위하여 일정한 비용의 범위를 두고 기업의 복리후생시설과 제도 중에서 종업원이 원하는 것을 선택하도록 하는 제도이다. 이 제도는 종업원이 개인의 욕구나 선호를 보다 적절하게 충족시킬 수 있고 보상의 가치에 대한 인식과 만족감을 증대시킬 수 있다는 장점이 있다. 반면에 관리의 복잡성, 비용의 증대 등 단점도 있어 중소기업에서는 실시하기가 곤란하다.

① 간접 복리후생제도
② 직접 복리후생제도
③ 법정 외 복리후생제도
④ 카페테리아식 복리후생제도

해설 종업원들에게 가치가 없고 종업원들의 만족을 충족시켜 주지 못하는 복리후생제도는 상대적으로 비용에 대한 효율이 떨어진다. 이와 같은 문제점을 해결하기 위하여 고안된 것이 카페테리아(cafeteria)식 복리후생제도이다.
카페테리아식 복리후생제도는 각각의 종업원들은 기업이 제공하는 복리후생을 원하는 대로 설계한다는 것이다. 따라서 종업원 개인의 욕구나 선호를 보다 적절하게 충족시킬 수 있어 보상의 가치에 대한 인식과 만족감의 증대, 결근율과 이직률의 감소 등의 이점을 얻을 수 있다.

40 기업의 인적자원관리제도 전반에 대하여 의도하는 목적을 잘 수행했는지 평가하여 문제점을 분석하고 개선을 도모하는 인적자원관리제도는?

① 조직진단
② 인적자원 감사
③ 전략적 인적자원관리
④ 성과주의 인적자원관리

해설 인적자원 감사(human resources audit)는 인적자원관리제도와 활동 그리고 성과에 관한 사실적 자료를 체계적으로 수집·평가하여 인적자원관리의 강점과 문제점을 발견·평가하고, 필요하면 개선방안을 제시하는 것이다.
인사고과가 개개인의 수준에서 그 능력과 업적이 조직의 요구에 비추어 어떻게 평가되고 있는가를 아는 데 목적이 있다면, 인적자원 감사는 인적자원관리활동이 그 의도하는 목적에 비추어 적합한가를 평가하는 것이다.

정답 38 ② 39 ④ 40 ②

2024 마케팅원론 기출문제

01 다음 글상자는 미국 마케팅학회(AMA)의 마케팅 정의를 나타낸 것이다. (   ) 안에 들어갈 용어가 순서대로 바르게 나열된 것은?

> 마케팅이란 개인과 조직을 만족시키는 교환을 창조하기 위하여 아이디어·재화·서비스의 개념설정, 가격결정, 촉진 및 유통을 (   )하고 (   )하는 과정이다.

① 계획, 실행
② 실행, 통제
③ 계획, 통제
④ 실행, 평가

해설 미국 마케팅학회(AMA)의 정의에 의하면, 마케팅은 개인과 조직을 만족시키는 교환을 창조하기 위하여 아이디어와 재화 및 서비스의 개념설정, 가격결정, 촉진 및 유통을 (계획)하고 (실행)하는 과정이다. 반면, 코틀러(P. Kotler)는 마케팅은 교환과정을 통하여 인간의 욕구를 충족시켜 주는 모든 활동이라고 정의하여 비영리조직에까지 적용되는 개념으로 마케팅을 정의하고 있다.

02 다음 중 넓은 유통망 확보와 저가공급에 대한 보장이 주요 마케팅 과업인 마케팅 관리이념은?

① 생산개념
② 제품개념
③ 판매개념
④ 사회적 마케팅 개념

해설 마케팅 관리이념으로서 생산개념(production concept)은 산업사회의 마케팅 개념으로, 생산성 향상 및 유통효율화를 통한 원가절감에 초점을 두어야 한다는 개념이다. 수요가 공급을 초과하는 상황이나 원가가 높은 경우에 적합하다.

03 다음 중 사업을 고객 중심이 아닌 제품 위주로 좁게 정의하게 되면 많은 기회를 놓칠 수 있다는 것을 경고하는 말은?

① 마케팅 근시안
② 마케팅 원시
③ 마케팅 난시
④ 마케팅 사업

해설 레빗(Levitt)은 사업을 고객이 얻는 편익 중심이 아니라 생산하는 제품 중심으로 기술하는 경우 마케팅 근시안(marketing myopia)에 빠질 수 있다고 경고하였다.

정답 01 ①　02 ①　03 ①

04 글상자의 ( ) 안에 들어갈 말로 알맞은 것은?

> 가구를 구매하는 데 있어 신혼부부들은 비교적 실용적인 가구에 많은 관심을 갖지만 중년부부들은 이태리에서 수입한 고가의 가구에 관심을 갖는 경향이 있다. 마케팅 관리자들은 이를 고려하여 그들의 표적시장을 (   )에 따라 정의하고 그에 맞는 전략을 세워야 한다.

① 사회적 요인　　　　② 개인적 요인
③ 심리적 요인　　　　④ 문화적 요인

해설 소비자 구매행동의 영향요인
- **심리적 요인** : 내적 동기, 인지 또는 지각상태, 학습, 신념과 태도 등
- **개인적 요인** : 나이, 가족생애주기, 직업, 라이프스타일, 개성과 자아개념 등
- **사회적 요인** : 준거집단, 가족, 열망집단, 오피니언 리더, 사회적 신분 및 역할 등
- **문화적 요인** : 하위문화, 사회계층(동일 계층의 공통점은 소비패턴에 영향을 미침) 등

05 소비자가 비교적 낮은 관여도를 보이며 특정 상품에 대한 구매경험은 많으나 브랜드 간의 차이를 인식하지 못하는 경우에 자주 일어나는 소비자 구매행동 유형은?

① 고관여 구매행동　　　　② 복잡한 구매행동
③ 습관적 구매행동　　　　④ 다양성 추구 구매행동

해설 소비자 구매행동의 유형을 구매자의 관여도와 브랜드 차이 정도에 근거하여 복잡한 구매행동, 부조화 감소 구매행동, 습관적 구매행동, 다양성 추구 구매행동으로 구분할 수 있다. 소비자의 관여도가 낮고 브랜드 간의 차이를 인식하지 못하는 경우에 소비자는 습관적 구매행동을 보인다.

06 내적 탐색(internal search)에서 머릿속에 떠오르는 상표를 무엇이라 하는가?

① PB제품군　　　　② 환기상표군
③ 고려상표군　　　　④ 쇼핑검색군

해설 내적 탐색을 통해 머릿속에 떠오르는 상표들을 환기상표군(evoked set)이라 한다. 한편, 환기상표군에 외적 탐색을 통해 추가되는 상표들을 고려상표군이라 한다.

정답 04 ④　05 ③　06 ②

07 고관여 상품의 구매의사결정과정 순서로 올바른 것은?

① 정보탐색 → 문제인식 → 구매결정 및 구매 → 구매 후 행동 → 대안평가
② 구매결정 및 구매 → 구매 후 행동 → 대안평가 → 문제인식 → 정보탐색
③ 문제인식 → 대안평가 → 정보탐색 → 구매 후 행동 → 구매결정 및 구매
④ 문제인식 → 정보탐색 → 대안평가 → 구매결정 및 구매 → 구매 후 행동

> **해설** 소비자가 구매의사결정을 할 때에는 '문제인식 – 정보탐색 – 대안평가 – 구매결정 및 구매 – 구매 후 행동' 순으로 진행된다.

08 어떤 제품이나 서비스에 대해 호의적 또는 비호의적으로 반응하려는 학습된 심리적 경향을 무엇이라 하는가?

① 태도 ② 학습 ③ 동기 ④ 행동

> **해설** 태도(attitude)는 어떤 대상이나 대상들의 집합에 대해 일관성 있게 호의적 또는 비호의적으로 반응하려는 학습된 선호 경향이다. 어떤 제품에 대해 형성된 소비자의 태도는 쉽게 변하지 않고 제품의 선택 여부에 많은 영향을 미친다.

09 일상적 문제해결과정을 거쳐 구매되는 경향이 있고, 집중적 유통을 택하는 경우가 많은 소비재는?

① 편의품 ② 선매품 ③ 전문품 ④ 가공재

> **해설** 편의품(convenience goods)은 구매빈도가 높은 저가격의 제품으로 습관적 구매를 하는 경향이 강하다. 구매시 일상적 문제해결과정을 거치며, 유통경로 전략상 집중적 유통을 활용한다.

10 다음 중 수요상황과 마케팅 방식을 올바르게 연결한 것은?

① 불건전한 수요 – 개발적 마케팅 ② 불규칙적 수요 – 동시화 마케팅
③ 완전수요 – 재마케팅 ④ 잠재적 수요 – 자극적 마케팅

> **해설** ① 불건전한 수요의 경우에는 제품이나 서비스에 대한 수요를 파괴하는 것이 과제이므로 대항적 마케팅(counter marketing)이 필요하다.
> ③ 수요와 공급이 비슷한 완전수요의 경우에는 수요수준을 계속 유지하는 유지적 마케팅이 필요하다.
> ④ 잠재적 수요는 아직 존재하지 않는 제품이나 서비스에 대해 소비자들이 강한 욕구를 가지고 있는 상황이므로 잠재적 수요가 실제 수요가 될 수 있도록 개발적 마케팅이 필요하다.

정답 07 ④ 08 ① 09 ① 10 ②

11 인구 증가율의 침체, 결혼 적령기의 변화, 미혼자 비율의 증가, 인구의 고령화 등이 해당하는 마케팅 환경은?

① 법적 환경　　　　　　　　② 생태적 환경
③ 기술적 환경　　　　　　　　④ 사회·문화적 환경

해설 사회·문화적 환경의 특징 : 인구통계학적 변화(인구 증가율, 출생률, 사망률, 고령화 등), 가족 구조의 변화(결혼 연령 상승, 비혼 증가, 핵가족화), 사회적 가치와 태도 변화(소비자들의 삶의 방식, 선호도, 사회적 관념의 변화), 다양성 증가(다문화 사회, 젠더 역할의 변화 등)

12 다음 글상자의 광고와 관련된 매슬로의 욕구이론단계는?

> 생명보험사의 광고는 다음과 같은 질문을 던진다. "당신은 당신이 없을 때 남겨진 가족을 위해 어떤 준비를 하고 계십니까?" 이러한 문구와 함께 화면에 무덤과 비석을 보여준다.

① 생리적 욕구　　　　　　　　② 안전의 욕구
③ 사회적 욕구　　　　　　　　④ 자아실현의 욕구

해설 ② 안전의 욕구는 일단 생리적인 욕구가 충족되면 나타나는 욕구로 '육체적 안전과 정신적인 안정'을 찾고자 하는 욕구를 말한다. 안전의 욕구는 재정적으로 안정되고 싶고, 고통으로부터 자유롭고 싶고, 육신이 보호받고 싶은 인간의 욕망을 말한다.

13 서비스 마케팅 관리를 위한 서비스 마케팅믹스(7P)로 옳지 않은 것은?

① 장소(place)　　　　　　　　② 가능 시간(possible time)
③ 사람(people)　　　　　　　　④ 물리적 환경(physical evidence)

해설 서비스 마케팅믹스(7P)는 마케팅믹스(4P)인 product, price, place, promotion에 서비스와 관련된 3P인 people, process, physical evidence를 합한 것을 말한다.

14 구매자들을 라이프 스타일 또는 개성과 관련된 특징들을 근거로 서로 다른 시장으로 세분화하는 것을 지칭하는 개념으로 옳은 것은?

① 지리적 세분화　　　　　　　② 인구통계적 세분화
③ 행동적 세분화　　　　　　　④ 심리묘사적 세분화

해설 라이프 스타일 또는 개성은 심리묘사적 세분화 요인에 해당한다.
지리적 세분화 요인은 지역, 기후, 인구밀도 등이 해당하며, 인구통계적 세분화 요인에는 연령, 성별, 구성원의 수, 직업, 종교, 교육 등이 해당한다. 또한 행동적 세분화 요인에는 애호도, 구매빈도, 사용상황 등이 해당한다.

정답 11 ④　12 ②　13 ②　14 ④

15 아래 글상자의 (㉠)과 (㉡)에 들어갈 용어로 가장 옳은 것은?

> 유통경로에서의 수직적 통합에는 두 가지 유형이 있다. (㉠)은(는) 제조회사가 도·소매업체를 소유하거나 도매상이 소매업체를 소유하는 것과 같이 공급망의 상류 기업이 하류의 기능을 통합하는 것이다. 반면 (㉡)은 도·소매업체가 제조기능을 수행하거나 소매업체가 도매기능을 수행하는 것과 같이 공급망의 하류에 위치한 기업이 상류의 기능까지 통합하는 것이다.

① ㉠ 후방통합, ㉡ 전방통합
② ㉠ 전방통합, ㉡ 후방통합
③ ㉠ 경로통합, ㉡ 전방통합
④ ㉠ 전략적 제휴, ㉡ 후방통합

해설 해당 문제는 유통경로의 수직적 통합에 대한 물음으로, 제조기업을 중심으로 도매상, 소매상 등의 유통기관을 통합하는 것을 전방통합이라 하고, 반대로 유통기관이 상위의 제조기업 등을 통합하는 것을 후방통합이라 한다.

16 다음 중 효과적인 시장세분화를 위한 조건으로 옳은 것을 모두 고른 것은?

> ㉠ 측정가능성
> ㉡ 접근가능성
> ㉢ 차별화 가능성
> ㉣ 규모의 적정성

① ㉠, ㉡, ㉢, ㉣
② ㉠, ㉢, ㉣
③ ㉡, ㉢
④ ㉡, ㉣

해설 효과적인 시장세분화 요건
- **측정가능성** : 세분화된 시장의 규모와 구매력 및 세분화 특성이 측정가능해야 한다.
- **적정한 규모의 시장** : 세분된 시장이 충분한 시장성이 있어야 의미 있는 세분화가 될 수 있다.
- **접근가능성** : 소비자가 세분시장에 효과적으로 도달해 이들에 대한 서비스가 가능해야 한다.
- **내부적으로 동질적, 외부적으로 차별화** : 각 세분시장은 마케팅 변수에 대하여 상이한 반응을 보일 만큼 이질적이고 차별화가 가능해야 하며, 세분시장 내의 소비자들은 마케팅 변수에 대하여 동일한 반응을 보여야 한다.

17 원가상승에도 불구하고 오랜 기간 동안 소비자들이 습관적으로 일정 금액을 지불해 왔기 때문에 기업들이 그에 따라 책정하는 가격은?

① 명성가격
② 단수가격
③ 규범가격
④ 관습가격

해설 관습가격(custom pricing)은 원가상승에도 불구하고 오랜 기간 동안 소비자들이 습관적으로 일정 금액을 지불해 왔기 때문에 기업들이 그에 따라 책정하는 가격을 의미한다.

정답 15 ② 16 ① 17 ④

18 아래 글상자의 괄호 안에 들어갈 용어로 가장 옳은 것은?

> 제조업체가 최종 소비자들을 상대로 촉진활동을 하여 이 소비자들로 하여금 중간상(특히 소매상)에게 자사제품을 요구하도록 하는 전략을 (㉠)이라고 한다. 반면에 어떤 제조업체들은 중간상들을 대상으로 판매촉진활동을 하고 그들이 최종 소비자에게 적극적인 판매를 하도록 유도하는 유통전략을 사용하는데, 이를 (㉡)이라고 한다.

① ㉠ 풀전략, ㉡ 푸시전략
② ㉠ 푸시전략, ㉡ 풀전략
③ ㉠ 집중적 마케팅전략, ㉡ 차별적 마케팅전략
④ ㉠ 풀전략, ㉡ 차별적 마케팅전략

해설 Pull전략과 Push전략의 비교

구분	Push전략	Pull전략
전략의 대상	중간상인(도·소매상)	최종 소비자
전략의 진행 방향	생산자 → 중간상 → 소비자	소비자 → 중간상 → 생산자
프로모션 방법	인적판매, 인센티브	광고, 이벤트 행사
관여도 및 브랜드 충성도	낮음	높음
적용 시장	산업재	소비자

19 제품수명주기상 '성숙기'의 특징인 것은?

① 매출액이 급격히 증가하여 성숙기 말에 최고에 도달한다.
② 유통망의 철수가 일어난다.
③ 경쟁자가 시장에 진입한다.
④ 시장점유율의 방어가 전략적 목표이다.

해설 성숙기는 이익이 절정을 지나 감소하기 시작하는 단계로 기존 시장점유율 유지 및 유통망의 방어가 일어나며, 격심한 경쟁을 거쳐 경쟁제품이 시장에서 점차 사라지기 시작한다.

20 서비스 품질과 관련한 SERVQUAL 모형의 5가지 구성요소에 해당되지 않는 것은?

① 유형성　　② 신뢰성　　③ 수익성　　④ 확신성

해설 SERVQUAL의 5개 차원(RATER)은 ㉠ 서비스에 대한 신뢰를 바탕으로 정확하게 업무를 수행하는 능력을 나타내는 신뢰성(Reliability), ㉡ 고객에 대해 직원들의 능력·예절·신빙성·안전성을 전달하는 능력을 나타내는 확신성(Assurance), ㉢ 눈으로 구분가능한 설비나 장비 등 물리적으로 구성되어 있는 외양을 나타내는 유형성(Tangible), ㉣ 고객에게 제공하는 개별적인 배려와 관심을 나타내는 공감성(Empathy), ㉤ 고객에게 언제든지 준비된 서비스를 제공하겠다는 것을 나타내는 대응성(Responsiveness)이다.

정답 18 ① 19 ④ 20 ③

21 몇 개의 제품을 결합하여 할인된 가격으로 판매하는 가격결정을 뜻하는 것은?

① 사양제품 가격결정(optional-product pricing)
② 제품라인 가격결정(product line pricing)
③ 종속제품 가격결정(captive-product pricing)
④ 묶음제품 가격결정(product bundle pricing)

> **해설** 몇 개의 제품을 결합하여 할인된 가격으로 판매하는 가격결정 방법을 묶음제품 가격결정(product bundle pricing)이라고 한다. 패스트푸드점의 세트메뉴, 여행사의 패키지 제품, Microsoft의 MS Office 등을 예로 들 수 있다.

22 커뮤니케이션 과정에서 발생하는 예기치 못했던 정보왜곡현상이나 정체현상을 무엇이라고 하는가?

① 원천효과(source effect)
② 장애물(noise)
③ 피드백(feedback)
④ 부호화(encoding)

> **해설** 마케팅 커뮤니케이션의 구성요소의 하나인 장애물(noise) 또는 잡음(소음)은 의사전달 과정에서 계획되지 않은 현상이나 왜곡이 일어나는 것으로, 수신인은 발신인이 전달하고자 하는 내용을 수신하지 못하거나 발신인의 의도와는 다른 메시지를 획득하는 것을 의미한다.

23 유통경로가 필요한 이유로 옳지 않은 것은?

① 분류기능을 통해 소비자에게 구색을 제공한다.
② 적절한 경쟁을 통해 생산성을 높일 수 있다.
③ 거래비용 및 거래횟수를 줄여준다.
④ 거래를 반복적으로 수행할 수 있게 한다.

> **해설** 유통경로가 필요한 이유는 중간상이 필요한 이유와 같다. 일반적으로 총거래수 최소의 원리, 변동비 우위의 원리, 분업의 원리 및 집중준비의 원리가 제시된다.
> ② 적절한 경쟁을 통한 생산성 향상은 유통경로가 필요한 이유와는 전혀 관련이 없다.

정답 21 ④ 22 ② 23 ②

24 소비자는 각자 독특한 욕구와 필요가 있기 때문에 판매자는 잠재적으로 각 소비자를 서로 다른 표적시장으로 보고 세분화를 하되, 회사 특성을 고려하여 넓게, 좁게 또는 이들의 중간 정도 등 적절한 수준의 세분시장을 선정하게 된다. 다음 중 표적시장의 수준이 가장 넓은 시장은 무엇인가?

① 비차별적 시장
② 집중적 시장
③ 차별적 시장
④ 미시적 시장

해설 비차별적 시장은 전체시장을 대상으로 하여 단일 제품, 즉 차별화되지 않은 제품을 제공한다. 따라서 비차별적 시장이 가장 넓은 시장이다.

25 최근 들어 마케팅 요소 4P를 구매자 관점에서 파악하여 4C로 대체하여야 한다는 주장이 제기되고 있다. 다음 중 4P와 4C가 잘못 짝지어진 것은?

① Price 대신 Cost
② Product 대신 Consumer
③ Place 대신 Customization
④ Promotion 대신 Communication

해설 4P 대신 4C를 사용해야 한다는 주장의 내용은 ㉠ Product 대신 Consumer, ㉡ Price 대신 Cost, ㉢ Place 대신 Convenience, ㉣ Promotion 대신 Communication이다.

26 BCG 매트릭스에서 사업 포트폴리오 분석을 두 가지 기준으로 바르게 묶은 것은?

① 시장성장률, 경쟁자의 수
② 경쟁자의 수, 자금 조달력
③ 상대적 시장점유율, 자금 조달력
④ 상대적 시장점유율, 시장성장률

해설 BCG 매트릭스(BCG Matrix)는 보스턴 컨설팅 그룹(Boston Consulting Group)이 개발한 전략적 사업 관리 도구로, 기업의 제품 포트폴리오를 분석하여 자원 배분 전략을 수립하는 데 사용된다. 이 매트릭스는 시장성장률과 상대적 시장점유율을 기준으로 문제아, 스타, 현금 젖소, 개의 네 가지 범주로 제품이나 사업을 분류한다.

27 태양열을 이용하는 온수기를 제작하는 회사를 대상으로 SWOT 분석을 한다고 가정할 때, 위협요인으로 볼 수 없는 것은?

① 신규업체의 증가
② 석유가격의 상승
③ 경쟁사의 가격인하
④ 혁신기술 대체가능성

해설 ② 석유가격의 상승은 태양열을 이용하는 온수기를 제작하는 회사로서는 기회요인에 해당한다.

정답 24 ① 25 ③ 26 ④ 27 ②

28 다음의 제품/시장 확장 그리드에서 ★에 알맞은 집약적 성장전략은?

구분	기존제품	신제품
기존시장	★	
신시장		

① 제품개발 ② 시장개발
③ 시장침투 ④ 다각화

> **해설** 기업의 집중화 전략은 단일제품이나 서비스, 또는 연관된 소수의 제품이나 서비스를 집중적으로 육성하는 전략이다. 앤소프(H. I. Ansoff)의 제품/시장 성장 매트릭스에서의 시장침투·시장개발·제품개발 및 수평통합 등이 집중화 전략에 해당한다.
>
> | 구분 | 기존제품 | 신제품 |
> |---|---|---|
> | 기존시장 | 시장침투전략 | 제품개발전략 |
> | 신시장 | 시장개발전략 | 다각화전략 |

29 다음 중 구매 후 부조화(postpurchase dissonance)에 대해 바르게 기술한 것은?
① 불만족의 다른 표현
② 구매 후 평가가 구매 전 기대와 차이가 나는 정도
③ 판매원과 소비자 간의 마찰
④ 구매 후 의사결정에 대한 일종의 심리적 불안감

> **해설** 소비자는 구매 후 많은 경우 자신의 의사결정이 과연 잘한 것인가 하는 불안감 내지 의구심을 느끼게 된다. 이런 불안감을 구매 후 부조화(postpurchase dissonance)라고 한다. 소비자는 이러한 불안감을 해소하려는 노력을 하게 되는데, 이것은 일종의 자신의 행위의 합리화인 셈이다.

30 축구선수가 입은 유니폼 광고를 보았을 때처럼 소비자가 의도하지 않은 상태에서 정보가 노출되는 경우는?
① 우연적 노출 ② 의도적 노출
③ 자연적 노출 ④ 임의적 노출

> **해설** 노출(exposure)에는 우연적 노출과 의도적 노출이 있는데, 그중 우연적 노출에 대한 문제이다. 의도적 노출은 의사결정을 위하여 의도적으로 정보를 찾는 경우이다.

정답 28 ③ 29 ④ 30 ①

31 마케팅의 핵심개념에 대한 설명으로 옳은 것은?

① 구매력이 뒷받침된 욕구(wants)를 수요(demand)라고 한다.
② 수요(demand)란 기본적인 만족이 결핍된 것을 느끼는 상태를 말한다.
③ 필요(needs)는 욕구(wants)가 구체적인 상표로 표출된 것을 말한다.
④ 욕구(wants)는 제품을 구입할 능력과 의지에 의해 뒷받침되는 특정 상품에 대한 수요(demand)이다.

해설 ① 수요(demand)는 특정 제품이나 서비스에 대한 욕구가 구매의사와 구매능력에 의해 뒷받침될 때의 욕구이다.
② 기본적인 만족의 결핍을 느끼는 상태를 필요(needs)라고 한다.
③ 구체적인 상표로 표출화된 것을 욕구(wants)라고 한다. 즉, 욕구(wants)는 근본적인 욕구인 필요가 구체적인 상표로 표출되는 것이다.
④ 욕구(wants)는 필요를 충족시킬 수 있는 구체적인 제품이나 서비스에 대한 바람이며, ④는 유효수요에 대한 설명이다.

32 기업이 성장하기 위해서는 여러 가지 전략을 추구한다. 저명한 경영전략 전문가인 마이클 포터(Michael Porter)가 말한 산업과 경쟁을 결정짓는 5가지 요소(five-force model) 중에서 다각화전략(diversification strategy)과 관련이 없는 것은?

① 구매자의 교섭력
② 공급자의 교섭력
③ 잠재적 경쟁자의 진입 가능성
④ 기술의 발전속도

해설 마이클 포터는 개별기업의 전략에 영향을 미치는 요소를 5가지 경쟁유발요인(five forces theory of industry structure)으로 제시하고 있다. 5가지 요소는 산업내 기업의 경쟁강도, 대체상품의 위협, 신규진출기업의 위협(잠재적 경쟁업자의 진입 가능성), 구매자의 교섭력 및 공급자의 교섭력이다.

33 코틀러(P. Kotler)가 말하는 제품의 차원 중 판매 후 서비스를 포함하는 제품의 개념은?

① 핵심제품
② 유형제품
③ 확장제품
④ 서비스 제품

해설 코틀러(P. Kotler)의 제품의 차원
- 핵심제품(core product) : 제품이 주는 혜택 그 자체를 의미
- 유형제품(tangible product) : 구매자가 느끼는 형태로서의 제품 개념
- 확장제품(augmented product) : 유형제품에 추가하여 제공되는 서비스나 혜택을 포함하는 제품 개념

정답 31 ① 32 ④ 33 ③

34 다음 중 촉진전략(promotion)에 대한 설명으로 옳은 것은?

① PR은 홍보보다는 좁은 의미로 사용되는 개념이다.
② 인적판매의 장점은 피드백이 가능하다.
③ 판매촉진의 단점은 효과측정이 어렵다는 것이다.
④ 판매촉진은 장기간에 제품에 대한 수요를 촉발시키기 위해 실시되는 광고, 홍보, 인적판매 이외의 프로모션 활동을 의미한다.

해설 ① PR은 홍보(publicity)를 포함하며 홍보보다는 넓은 의미로 사용되는 개념이다. 홍보는 비용을 들이지 않고 기업이나 제품을 매체의 기사나 뉴스로 소비자들에게 알리는 것을 말한다.
③ 효과측정이 어려운 것은 광고의 단점이다.
④ 판매촉진(sales promotion)은 단기간에 제품에 대한 수요를 촉발시키기 위해 실시되는 광고, 홍보, 인적판매 이외의 모든 프로모션 활동을 의미한다.

35 이마트와 같은 대형 소매점은 그 소매점의 상표(예 : e-Plus)가 붙은 제품을 판매하기도 한다. 이러한 상표를 무엇이라 하는가?

① 중간상 상표(Private Brand)
② 전국상표(National Brand)
③ 제조업체 상표
④ 공동상표

해설 소매상의 파워가 커질수록 중간상 상표 혹은 유통업체 상표(private brand)가 널리 사용된다. 미국의 경우 중간상 상표가 차지하는 비율이 매우 높다. 중간상 상표는 도·소매업자가 하청을 주어 생산·판매하는 제품에 도·소매업자의 상표를 부착하는 경우를 의미한다.

36 서비스의 본질적 특성이 아닌 것은?

① 무형성
② 이질성
③ 소멸성
④ 생산과 소비의 분리성

해설 영리, 비영리를 불문하고 거의 대부분의 서비스는 무형성, 이질성, 소멸성, 생산과 소비의 비분리성의 4가지 속성을 가지고 있다.

37 다음 중 경쟁사의 진입이 예상되고 경험곡선 효과를 볼 가능성이 클 때 사용하는 전략은?

① 침투가격 전략
② 초기 고가격 전략
③ 재활성화 전략
④ 집중적 유통전략

해설 도입기에서 경쟁사의 진입이 예상되고 경험곡선의 효과를 볼 가능성이 큰 경우 침투가격 전략을 사용하여 시장점유율을 높이는 데 주력할 수 있다.

정답 34 ② 35 ① 36 ④ 37 ①

38 신제품 개발과정 중 소비자의 반응과 매출 가능성을 조사하는 단계는?

① 사업성 분석
② 시험 마케팅
③ 시제품 개발
④ 마케팅 전략수립

> **해설** 시험 마케팅을 통해서 소비자의 반응과 매출 가능성을 조사한다. 하지만 신제품에 대한 정보가 누출될 가능성이 있다는 것을 유의해야 한다.

39 다음 중 디지털 제품의 특징이 아닌 것은?

① 제품의 제작에는 많은 비용이 든다.
② 추가비용은 거의 들지 않는다.
③ 수확체증의 법칙이 적용된다.
④ 수확체감의 법칙이 적용된다.

> **해설** 디지털 제품의 가장 큰 특징은 네트워크 효과가 발생하는 수확체증의 법칙이 작용하는 것이다. 반면, 수확체감의 법칙은 기존의 오프라인상에서 적용되는 법칙이다.

40 다음 설명에 해당하는 개념은?

> 뛰어난 제품이라 해도 소비자의 욕구를 반영하지 못하였을 때 시장에서 선택받지 못하고 퇴출될 수 있음을 설명하는 개념이다.

① 혁신의 함정(innovation trap)
② 수면자 효과(sleeper's effect)
③ 더 나은 쥐덫의 오류(better mousetrap fallacy)
④ 구성의 오류(Fallacy of Composition)

> **해설** ② 수면자 효과(sleeper's effect)는 우리가 정보를 받아들이는 과정에서 시간이 지날수록 정보의 출처가 메시지의 신뢰도를 결정하지 않는다는 것을 뜻한다.
> ③ 더 나은 쥐덫의 오류(better mousetrap fallacy)는 품질이 더 좋은 쥐덫을 만들어 팔면 고객이 알아서 제품을 구매할 것이라는 기업의 제품 중심적 사고를 꼬집는 표현이다.
> ④ 구성의 오류(Fallacy of Composition)는 어떤 논리가 부분적으로 성립해도 전체적으로 성립하지 않은 경우를 의미한다.

정답 38 ② 39 ④ 40 ①

2024 조직행동론 기출문제

01 다음 〈보기〉에서 조직행동의 집단 차원에 대한 주제로 옳은 것을 모두 고른 것은?

| 보기 |
| ㄱ. 능력　　　　　　　　　ㄴ. 권력과 정치
| ㄷ. 리더십　　　　　　　　ㄹ. 경영전략

① ㄱ, ㄴ　　　　　　　　② ㄱ, ㄷ
③ ㄴ, ㄷ　　　　　　　　④ ㄴ, ㄹ

해설 조직행동 연구에서 집단 차원의 연구주제는 커뮤니케이션, 의사결정, 권력, 조직정치, 갈등 및 리더십 등이다.
　　　조직행동의 분석은 개인 차원, 집단 차원 및 조직 차원 등 세 가지 수준에서 이루어진다.
　　　개인 차원에서는 성격, 지각, 학습, 태도 및 동기부여 등을 분석하고, 집단 차원에서는 커뮤니케이션, 의사결정, 조직정치, 갈등 및 리더십 등을 분석한다. 그리고 조직 차원에서는 조직문화, 조직변화 및 조직개발 등을 분석한다.

02 다음 설명에 해당하는 조직행동의 접근 방법은?

> 조직은 사람, 직무, 구조, 전략, 제도, 자금, 영업 등의 부분들이 정보와 커뮤니케이션을 통하여 서로 연결되어서 하나의 개체를 이룬다.

① 상황적 접근　　　　　　② 계량적 접근
③ 전략적 접근　　　　　　④ 시스템적 접근

해설 조직의 여러 구성요소가 정보와 커뮤니케이션을 통하여 유기적으로 연계되어 하나의 개체를 이룬다고 파악하는 조직행동의 접근 방법은 시스템적 접근이다.

03 조직행동론의 세 가지 차원 중에서 상이한 차원에 해당하는 행동요인은?

① 성격　　　② 태도　　　③ 갈등　　　④ 가치관

해설 갈등은 집단 차원이고, 성격과 태도 및 가치관 등은 개인 차원의 연구주제이다.
　　　조직행동의 분석은 개인 차원, 집단 차원 및 조직 차원 등 세 가지 수준에서 이루어진다.
　　　개인 차원에서는 성격, 지각, 학습, 태도 및 동기부여 등을 분석하고, 집단 차원에서는 커뮤니케이션, 의사결정, 조직정치와 갈등 및 리더십 등을 분석한다. 그리고 조직 차원에서는 조직문화, 조직변화 및 조직개발 등을 분석한다.

정답 01 ③　02 ④　03 ③

04 호손실험(Hawthorne experiments)을 계기로 등장한 이론은?

① 일반관리론 ② 과학적관리론
③ 행동과학론 ④ 인간관계론

해설 인간관계론은 호손실험을 계기로 성립되었다. 호손실험은 인간에 대한 관심을 높이는 계기가 되었다. 이 실험을 통하여 인간의 감정, 태도, 배경, 욕구, 사회적 관계 등이 효과적인 경영에 매우 중요하다는 것을 알게 되었다. 또한 비공식조직(informal organization)이 공식조직만큼 생산성에 영향을 미친다는 것도 알게 되었다.

05 ( ) 안에 들어갈 말로 알맞은 것은?

( )이란 도덕적, 심리적 부담감이나 의무감 때문에 조직에 몰입하는 것을 말한다. 프로젝트를 수행하던 조직원이 중간에 이직하였을 때 발생할 회사의 손실을 우려하여 계속 남아 있는 경우가 그 예가 될 수 있다.

① 지속적 몰입 ② 정서적 몰입
③ 규범적 몰입 ④ 행동적 몰입

해설 도덕적, 심리적 부담감이나 의무감 때문에 조직에 몰입하는 것은 조직몰입 중 규범적 몰입이다. 메이어(J. Meyer)와 알렌(N. Allen)은 조직몰입을 정서적(감정적) 몰입, 유지적(지속적) 몰입, 규범적 몰입으로 나누었다. 개인이 조직에 대한 어떤 직무감을 가질 때 나타나는 것은 규범적 몰입(normative commitment)이다. 규범적 몰입은 자기 자신이나 동료들에 대한 의무감 때문에 조직에 남아 있고자 하는 심리상태를 반영하는 몰입형태이다.

06 태도의 구성요소와 특성에 대한 설명으로 옳지 않은 것은?

① 감정적 요소는 대상에 대한 느낌을 말한다.
② 인지적 요소는 대상에 대한 개인의 평가나 신념을 말한다.
③ 행동적 요소는 대상에 대한 행동 성향이나 행동 의지를 말한다.
④ 기대적 요소는 상황을 불문하고 개인 행위에 광범위한 영향을 미치는 믿음을 말한다.

해설 태도(attitude)는 정서적(감정적) 요소, 인지적 요소, 행동적 요소의 세 가지로 구성된다.

구성요소	내용
정서적 요소	한 대상에 대한 감정, 즉 그것에 대한 호의 또는 비호의
인지적 요소	한 대상에 대한 지각·신념·사고로 구성
행동적 요소	한 대상에 대해 어떤 방식으로 행동하려는 경향

정답 04 ④ 05 ③ 06 ④

07 스트레스와 성과의 관계에 대한 설명으로 옳지 않은 것은?
① 스트레스가 적정 수준을 넘어서면 성과는 감소한다.
② 과다 스트레스나 과소 스트레스일 때 직무성과는 떨어진다.
③ 적정한 수준까지 스트레스를 증가시켜서 성과를 개선할 수 있다.
④ 적정 스트레스 수준은 사람마다 동일하며 일정한 수준을 보인다.

> **해설** 적정 스트레스(eustress) 수준은 사람마다 다르고, 상황에 따라 다르다. 적정 스트레스 수준이 일정한 것은 아니다.

08 스트레스 원천 중에서 개인 차원에 해당하는 것은?
① 분위기
② 가정 문제
③ 역할 과다
④ 응집력 결여

> **해설** 개인 차원의 스트레스 원천으로는 성격, 역량, 개인성장과 개발에 대한 압력, 경력개발의 필요성, 조직에 대한 헌신과 책임 등을 들 수 있다.

09 스트레스의 인지적 결과에 해당하는 것은?
① 재해
② 성과 달성
③ 약물 남용
④ 집중력 쇠퇴

> **해설** 스트레스의 인지적(감정적) 결과로는 소외, 불안, 우울, 피로, 자존심 손상, 집중력 쇠퇴 등을 들 수 있다.
> 스트레스의 결과는 인지적(감정적) 결과, 육체적(생리적) 결과, 행동적 결과로 구분하여 파악할 수 있다. 재해, 약물남용 등은 행동적 결과이다.

10 공식적으로 부여된 업무 외의 일도 조직을 위해 자발적으로 수행하고자 하는 구성원의 태도는?
① 직무만족
② 직무몰입
③ 조직몰입
④ 조직시민행동

> **해설** 조직시민행동(OCB : Organizational Citizenship Behavior)은 조직의 규정에 명시된 직무행동이 아니고 공식적인 보상이 주어지지 않을 수도 있지만, 조직을 위해 구성원이 자발적으로 하는 행동을 말한다.

정답 07 ④ 08 ② 09 ④ 10 ④

11 애덤스(J. S. Adams)의 공정성 이론(equity theory) 중 불공정성 지각에 따른 긴장해소 방법으로 옳지 않은 것은?

① 투입의 변경
② 산출의 변경
③ 상사의 인정
④ 투입과 산출의 인지적 왜곡

해설 공정성 이론에서 불공정성 지각으로부터 오는 긴장을 줄이기 위한 방법으로 다음을 제시하고 있다. ㉠ 투입의 변경, ㉡ 산출의 변경, ㉢ 투입과 산출의 인지적 왜곡, ㉣ 장의 이탈(leave the field), ㉤ 준거인물의 변경

12 허즈버그(F. Herzberg)의 2요인 이론 중 동기요인에 해당하는 것은?

① 안전
② 성취감
③ 지위
④ 작업조건

해설 허즈버그(Herzberg)의 2요인 이론
- 동기요인(motivators) : 만족요인이라고도 하며 성취감, 인정감, 도전감, 책임감, 성장과 발전, 일 그 자체 등을 의미한다.
- 위생요인(hygiene factors) : 직무불만족요인이라고도 하며 회사의 정책과 관리・감독, 작업조건, 개인 상호 간의 관계, 임금・보수・지위・안전 등을 의미한다.

13 종전에는 바람직했기 때문에 부여하던 보상을 철회함으로써 바람직하지 못한 행위를 감소시키고자 하는 조직행동의 수정전략은?

① 벌
② 소거
③ 적극적 강화
④ 부정적 강화

해설 소거(extinction)는 과거에는 바람직하여 보상을 했던 행위가 현재는 바람직하지 못하게 보상을 철회함으로써 바람직하지 못한 행위를 감소시키고자 하는 전략이다.

14 조직몰입(Organizational Involvement)의 영향요인에 대한 설명으로 맞지 않는 것은?

① 나이가 많을수록 몰입수준이 높다.
② 역할이 명확할수록 몰입수준이 높다.
③ 조직이 분권화될수록 몰입수준이 높다.
④ 조직이 클수록 몰입수준이 낮다.

해설 조직몰입에 영향을 주는 요인에는 개인적 요인, 직무관련특성, 구조적 특성, 작업경험 등이 있는데, 연령이 많고 근무기간이 길수록 몰입도가 높다고 할 수 있다.
④ 조직의 크기가 크면 조직의 분권화가 이루어져 개인의 의사결정 과정에 참여 가능성이 높아지고, 개인에게 동기를 부여하게 되어 몰입수준이 높아진다.

정답 11 ③ 12 ② 13 ② 14 ④

15 맥클리랜드(D. C. McClelland) 성취동기 이론 중 타인이 자기를 좋아하기를 바라고 다른 사람과 유쾌한 감정관계를 가지기를 바라는 욕구는?

① 성취욕구 ② 권력욕구
③ 친교욕구 ④ 자율욕구

> 해설 친교욕구는 다른 사람과 유쾌한 감정관계를 확립·유지·회복하려는 욕구이다. 친교욕구가 높은 사람은 일차적으로 타인이 자기를 좋아하기를 바라며, 동료작업자와 잘 지내는 것이 집단이 얼마나 성과를 달성하느냐 하는 것보다 중요하다.

16 직무만족과 관련된 내용 중 옳지 않은 것은?

① 직무순환이란 세분화된 업무를 일정한 시간적 간격을 두고서 두루 역임하게 하여 업무의 단조성이나 무의미성을 극복하도록 하는 것이다.
② 근로생활의 질(QWL)은 직무만족의 수준 향상과 노동환경의 민주화를 통한 근로생활에 있어서 인간성 회복운동이라 할 수 있다.
③ 직무담당자에게 기존에 담당하던 업무에 관리적 요소를 부여하여 자율성과 책임성을 높여주고자 하는 것을 직무확대(Job Enlargement)라 한다.
④ 직무만족도의 측정기법 중 행동경향법은 응답자에게 자기직무와 관련하여 어떻게 행동하고 싶은가를 묻는 방법이다.

> 해설 직무담당자에게 기존에 담당하던 업무에 관리적 요소를 부여하여 자율성과 책임성을 높여주고자 하는 것은 직무충실화(job enrichment)이다. 직무충실화는 직무를 수직적으로 확대하는 것인 반면 직무확대(job enlargement)는 직무를 수평적 확대하는 것이다.

17 조직행위에 영향을 주는 요인 중 통제위치(locus of control)에 대한 설명으로 옳지 않은 것은?

① 통제위치란 개인이 운명을 통제하는 정도를 의미한다.
② 내적 통제자는 외적 통제자보다 동기수준이 높다.
③ 외적 통제자는 자신이 노력해야 성공한다고 믿는다.
④ 내적 통제자는 성과급을 선호한다.

> 해설 외적 통제자 또는 외재론자(externals)는 운이나 상황적 요인에 의해 성공이 결정된다고 믿는다.

정답 15 ③ 16 ③ 17 ③

18 개인의 과거 경험을 통해 형성된 인지구조로 어떤 문제에 대해 개념화하고 판단하여 선택하는 데 영향을 미치는 것은?

① 창의성　　　　　　　　② 스키마(schema)
③ 휴리스틱스(heuristics)　④ 정보처리능력

해설 휴리스틱스(heuristics)는 시간이나 정보가 불충분하여 합리적인 판단을 할 수 없거나, 굳이 체계적이고 합리적인 판단을 할 필요가 없는 상황에서 신속하게 사용하는 어림짐작이다.

19 지각해석에서 발생하는 오류가 아닌 것은?

① 후광효과　　② 상동적 태도
③ 승화　　　　④ 대비효과

해설 지각해석에서 발생하는 오류에는 상동적 태도, 후광효과(현혹효과), 상관적 편견, 기대, 주관의 객관화, 유사효과, 선택적 지각, 지각방어, 대비효과 등이 있다.

20 직무특성모형에서 제시하는 핵심직무차원에 해당하지 않는 것은?

① 기술다양성　　② 과업정체성
③ 담당자의 중요성　④ 자율성

해설 직무특성모형은 올드햄이 제안한 이론으로, 핵심직무차원에는 기술다양성, 과업정체성, 과업유의성, 자율성과 피드백 등이 있다.

21 다음의 의사소통경로에 관한 설명으로 옳은 것은?

① 쇠사슬형은 권한의 집중도가 낮다.
② Y형은 공식적 작업집단에 부합한다.
③ 원형은 가장 이상적인 형태이다.
④ 쇠사슬형은 의사결정의 수용도가 낮다.

해설 쇠사슬형은 권한의 집중도가 높고 의사결정의 수용도는 낮은 의사소통경로이다.
② 공식적 작업집단에 부합하는 형은 수레바퀴형이다. ③ 가장 이상적인 형태는 완전연결형이다.

정답 18 ③　19 ③　20 ③　21 ④

22 업무상 자신이 어떤 역할을 수행해야 하는지를 제대로 인지하지 못하는 상태는?
① 역할 모호성　　　　　　　　② 역할 갈등
③ 역할 과부하　　　　　　　　④ 역할 간 마찰

> **해설** 역할 모호성(role ambiguity)은 자신의 직무에 대한 책임영역과 직무목표에 대하여 명확하게 인식하고 있지 못할 때 생성된다. 개인이 이해할 수 없는 영역을 초과하는 조직의 복잡성, 조직의 급속한 성장, 사회구조의 변화를 요구하는 빈번한 기술의 변화 등으로 인해 발생한다.
> 역할 갈등(role conflict)은 조직 내의 역할에 있어서 양립될 수 없는 두 가지 이상의 기대가 개인에게 동시에 주어질 때 발생한다.

23 전문적인 기술과 지식에 기반을 둔 권력(power)은?
① 준거적 권력　　　　　　　　② 보상적 권력
③ 전문적 권력　　　　　　　　④ 합법적 권력

> **해설** 전문적 권력(expert power)은 다른 사람이 필요로 하는 전문적인 기술이나 지식을 어떤 사람이 갖고 있을 때 발생하는 권력을 말한다. 이러한 전문적 권력은 직위와 직무를 초월하여 조직 내의 누구나 가질 수 있다.

24 로버트 카츠(R. Katz)가 제시한 관리자에게 필수적인 능력 중 중간관리자의 리더십, 의사소통, 동기부여 등을 포괄하는 능력은?
① 전문적 능력　　　　　　　　② 인간관계 능력
③ 개념화 능력　　　　　　　　④ 기술적 능력

> **해설** 카츠(R. Katz)는 관리자에게 필수적인 능력을 전문적 능력, 인간관계 능력, 개념화 능력 3가지로 분류하였다.
> - 전문적 능력(Technical Skill) : 특정업무와 관련된 전문적 지식과 경험을 토대로 업무수행의 방법, 절차 및 기법 등을 해당분야에 적용시키는 능력을 말한다.
> - 인간관계 능력(Human Skill) : 구성원들을 리드하고 동기를 부여하며 갈등을 관리하고 다른 사람과 더불어 일할 수 있는 능력을 말한다. 모든 조직의 가장 가치있는 자원은 사람이기 때문에 대인적 기술은 경쟁수준이나 기술수준에 관계없이 모든 관리자에게 중요한 기술이다.
> - 개념화 능력(Conseptual Skill) : 복잡한 상황이나 정보 속에서 정확하게 본질을 탐지하고 문제를 파악하여 판단을 내려서 의사결정을 해나가는 능력을 의미한다.

정답 22 ①　23 ③　24 ②

25 다음 중 브레인 스토밍에 대한 설명이 아닌 것은?
① 창의성 있는 아이디어 개발을 위한 기법으로 사용되고 있다.
② 리더가 제기한 문제를 회의참가자는 일정한 전제하에서 자유롭게 토론해 가능한 많은 아이디어를 유도해 내기 위한 방법이다.
③ 타인의 아이디어에 대한 종합이나 개선도 가능하다.
④ 아이디어의 양보다 질을 중시한다.

> **해설** 브레인 스토밍(brain storming)은 여러 사람이 모여 다양한 아이디어를 제시하고, 이러한 아이디어들을 취합·수정·보완하여 새로운 아이디어를 얻는 방법을 말한다. 브레인 스토밍은 아이디어의 질보다 양을 중시한다.

26 현대적 리더십 이론의 하나인 변혁적 리더십에서 변혁적 리더의 특성이 아닌 것은?
① 카리스마
② 영감 고취
③ 지적인 자극
④ 예외에 의한 관리

> **해설** 변혁적 리더십의 대표적 연구자 중 한 사람인 바스(B. M. Bass)는, 변혁적 리더(transformational leader)란 네 가지 특성에서 적극적인 리더라고 보고 있다. 그 네 가지는 카리스마, 영감 고취 능력(inspiration), 지적인 자극, 개인별 자상한 배려(individualized consideration)이다.

27 테일러(F. W. Taylor)의 과학적 관리법의 내용에 해당되지 않는 것은?
① 공정한 일일 작업량 설정
② 시간연구 및 동작연구
③ 차별성과급제
④ 사회적 접근

> **해설** 테일러의 과학적 관리법은 경제적 접근법이고, 사회적 접근법은 메이요(E. Mayo)의 인간관계론에서의 접근법이다.
> 과학적 관리법에서 테일러는 노동자들의 하루 적정작업량, 즉 표준과업을 과학적으로 결정하기 위해서 시간연구(time study)와 동작연구(motion study)를 하였다. 또한 임금률을 두 가지로 나누어 목표량(과업)을 달성한 자에게는 높은 임금률을, 이를 달성하지 못한 자에게는 낮은 임금률을 적용함으로써 능률의 증진을 꾀했다(차별성과급제).

정답 25 ④ 26 ④ 27 ④

28 목표에 의한 관리(MBO)의 주요 특성이 아닌 것은?
① 목표달성 기간의 명시
② 상사와 부하 간의 협의를 통한 목표설정
③ 다면평가
④ 목표의 구체성

> **해설** 목표에 의한 관리(MBO : Management By Objective)는 기존의 상사에 의한 부하의 업적평가 대신 부하가 상사와의 협의하에 양적으로 측정 가능한 구체적이고 단기적인 업적목표를 설정하고 스스로가 그러한 업적목표달성의 정도를 평가해서 그 업적을 보고하게 하는 방법이다.
> MBO의 특징은 다음과 같이 4가지로 요약할 수 있다. ㉠ 작업에 대한 구체적인 목표를 설정한다. ㉡ 종업원들이 목표설정에 참여한다. ㉢ 실적평가를 위한 계획기간이 명시되어 있다. ㉣ 실적에 대한 피드백 기능이 있다.

29 리더십을 연구한 학자와 그 리더십 이론의 연결이 바르지 못한 것은?
① 피들러(Fiedler) : 상황이론
② 허시와 블랜차드(Hersey & Blanchard) : 경로-목표이론
③ 블레이크와 머튼(Blake & Mouton) : 관리격자이론
④ 그린리프(Greenleaf) : 서번트(servant) 리더십

> **해설** 허시(P. Hersey)와 블랜차드(K. H. Blanchard)는 상황변수로서 특히 하급자들의 성숙도를 강조하는 리더십의 수명주기 상황이론을 제시하였다. 이들의 이론은 리더의 과업행위, 관계행위 및 구성원의 성숙도 등 3가지 차원으로 구성된다.

30 기계적 조직과 유기적 조직의 비교·설명으로 옳은 것은?
① 기계적 조직은 직무 전문화가 낮고, 유기적 조직은 직무 전문화가 높다.
② 기계적 조직은 의사결정 권한이 분권화되어 있고, 유기적 조직은 의사결정 권한이 집권화되어 있다.
③ 기계적 조직은 동태적이고 복잡한 환경에 적합하며, 유기적 조직은 안정적이고 단순한 환경에 적합하다.
④ 기계적 조직은 지휘계통이 길고, 유기적 조직은 지휘계통이 짧다.

> **해설** 번즈와 스토커(T. Burns & G. M. Stalker)는 조직구조를 기계적 조직과 유기적 조직으로 구분하였다. 기계적 조직은 정형화된 조직으로, 고도의 직무세분화, 권한과 책임의 명확성, 관료적·비인격적·수직적인 명령계통 등을 특징으로 한다.
> 유기적 조직은 상황에 따라 조직구조를 쉽게 바꿀 수 있는 조직으로, 직무의 권한과 책임관계의 유연성, 분권적 의사결정, 수평적·인격적 상호관계 등을 특징으로 한다.
> ④ 기계적 조직은 수직적 명령계통으로 인해 지휘계통이 길고, 유기적 조직은 수평적 권한계층으로 인해 지휘계통이 짧다.

정답 28 ③ 29 ② 30 ④

31 동기부여의 내용이론에 해당하는 것은?

① 성취동기이론
② 기대이론
③ 공정성이론
④ 목표설정이론

해설 동기부여의 내용이론은 어떤 요인이 동기부여를 시키는 데 크게 작용하게 되는가를 설명하는 이론으로 매슬로우의 욕구단계설, 앨더퍼의 ERG이론, 허즈버그의 2요인이론(동기-위생이론), 맥클리랜드의 성취동기이론 등이 있다.
반면 동기부여의 과정이론은 어떠한 과정을 통해 동기부여가 발생하는가를 설명하는 이론으로 기대이론, 공정성이론, 목표설정이론, 강화이론 등이 있다.

32 매슬로(Maslow)의 욕구단계를 순서대로 나열한 것은?

ㄱ. 생리 욕구
ㄴ. 안전 욕구
ㄷ. 소속 욕구
ㄹ. 존경 욕구
ㅁ. 자아실현 욕구

① ㄱ – ㄴ – ㄷ – ㄹ – ㅁ
② ㄱ – ㄷ – ㄴ – ㄹ – ㅁ
③ ㄱ – ㄷ – ㄴ – ㅁ – ㄹ
④ ㄴ – ㄱ – ㄷ – ㄹ – ㅁ

해설 매슬로(A. Maslow)의 욕구단계설에서 주장하는 5가지 욕구는 '생리적 욕구, 안전 욕구, 사회적 욕구(소속 욕구), 존경 욕구, 자아실현 욕구'의 순으로 되어 있다.

33 약한 문화를 가진 조직의 특성에 해당되는 것은?

① 응집력이 강하다.
② 의례의식, 상징, 이야기를 자주 사용한다.
③ 다양한 하위문화의 존재를 허용한다.
④ 조직의 가치와 전략에 대한 구성원의 몰입을 증가시킨다.

해설 강한 문화(strong culture)는 문화의 중심가치가 강하게 널리 스며들어 있는 문화로, 강한 문화를 가진 조직은 공통성, 상호보완성, 독특성, 안정성 등의 특성을 지니고 있다. 반면 약한 문화는 조직에 대한 특별한 이미지도 없고 신념, 상징, 로고 등의 문화적 구성요소들이 발견되지 않거나 있어도 중구난방인 특징을 지니고 있다.
③ 약한 문화를 가진 조직에서는 다양한 하위문화가 존재하고 이는 조직의 응집력을 약하게 만드는 결과를 초래한다.

정답 31 ① 32 ① 33 ③

34 리더십 이론에 관한 설명으로 가장 적절한 것은?

① 하우스(House)의 경로-목표이론(path-goal theory)에서는 리더십의 유형을 지시적, 민주적, 참여적, 성취지향적 리더십으로 구분하고, 환경특성과 부하특성에 따라 리더십 스타일이 달라진다고 하였다.
② 피들러(Fiedler)의 이론에서는 리더의 특성을 LPC(least preferred co-worker) 설문에 의해 측정하고, LPC 점수가 높을수록 과업지향적 리더십으로 정의하고 있다.
③ 피들러(Fiedler)는 상황이 리더에게 호의적인 경우에 과업지향적 리더십스타일이 적합하다고 주장하였다.
④ 허시(Hersey)와 블랜차드(Blanchard)의 이론에 의하면 하급자(부하)의 능력과 의지가 낮은 경우에는 참여형 리더십 스타일이 적합하다.

> **해설** ① 하우스(R. House)는 리더의 유형을 지시적, 지원적, 참여적, 성취지향적 리더십으로 구분하였다. ② 피들러(F. Fiedler)는 LPC 점수가 높을수록 관계지향적 리더십으로 정의하고 있다. ④ 허시와 블랜차드의 이론에 의하면 하급자(부하)의 능력과 의지가 낮은 경우에는 지시적 리더십 스타일이 적합하다.

35 리더십 이론 중 추종자들이 자신이나 조직의 문제에 몰두하고 자기계발을 통해 조직에 공헌할 수 있는 업무기량을 지속적으로 배양한다고 하는 이론은?

① 팔로어십 이론
② 자율적리더십 이론
③ 슈퍼리더십 이론
④ 서번트리더십 이론

> **해설** 팔로어십(followership)은 조직에서 리더가 발휘하는 리더십이 효과적으로 수행될 수 있는가는 이에 반응하는 구성원들의 팔로어십에 따라 좌우된다는 이론이다. 훌륭한 팔로어(follower)들은 자신의 문제는 물론 집단이나 조직의 문제 및 관심사에 몰두하고, 자기계발을 통해 조직에 공헌할 수 있는 업무기량을 지속적으로 배양한다. 또한 조직에서 제시하는 것보다 더 높은 수준의 목표달성에 관심을 둔다.

36 타인 평가 및 지각 과정에서 나타나는 오류와 관련된 설명으로 가장 적절한 것은?

① 출신학교나 출신지역과 같이 그 사람이 속한 집단을 근거로 사람을 평가하는 오류를 후광효과(halo effect)라고 한다.
② 피평가자가 가진 비슷한 특질들(예 : 근면성과 성실성)이 서로 관계가 있는 것으로 생각하여 유사하게 평가하려는 경향을 유사효과라고 한다.
③ 평가를 할 때, 처음에 주어진 정보에 더 큰 비중을 두는 경향을 최근효과(recency error)라고 한다.
④ 강제할당법을 사용하면 중심화 경향의 오류를 감소시킬 수 있다.

정답 34 ③ 35 ① 36 ④

해설 ①은 상동적 태도(stereotyping), ②는 상관편견(correlational bias), ③은 최초효과(primacy effect)이다.

37 다음 중 효과적인 집단의사결정기법으로 볼 수 없는 것은?

① 벤치마킹(benchmarking)
② 브레인스토밍(brainstorming)
③ 명목집단법(NGT)
④ 델파이 기법(Delphi method)

해설 효과적인 집단의사결정을 위해 실제로 많이 활용되는 기법으로는 브레인스토밍, 명목집단법, 델파이 기법, 변증법적 토의, 지명반론자법(악마의 주장법) 등이 있다.
명목집단법 즉, NGT(nominal group technique)법은 의사결정의 과정에서 의사소통을 제한하여 명목상의 집단이기 때문에 붙여진 이름이다. 타인의 압력이 전혀 없이 자유로운 토론과 의사결정을 할 수 있다는 장점이 있다.

38 동기부여의 기대이론(expectancy theory)과 관련된 설명으로 적절하지 않은 것은?

① 기대감(expectancy), 유의성(valence), 수단성(instrumentality) 중 하나라도 0의 값을 가지면 동기부여 수준은 0이 된다.
② 전체 동기부여 수준은 음(−)의 값을 가질 수 있다.
③ 기대감(expectancy)이란 노력을 했을 때 특정 수준의 성과를 낼 수 있는가에 대한 객관적 확률로서, 0에서 1까지의 값을 가진다.
④ 성과급을 도입하면 수단성(instrumentality)이 높아질 수 있다.

해설 기대감(expectancy)이란 노력을 했을 때 특정한 수준의 성과를 낼 수 있는가에 대한 주관적 확률이다. 기대감은 0에서 1까지의 값을 가진다.

39 다음 중 레빈(K. Lewin)이 주장한 태도변화의 과정을 순서대로 나열한 것은?

① 변화 – 순종 – 내면화
② 변화 – 해빙 – 재동결
③ 순종 – 변화 – 내면화
④ 해빙 – 변화 – 재동결

해설 레빈(K. Lewin)의 태도변화 과정
- 해빙 : 한 개인이 자신의 기존 태도를 변화시켜야 할 필요가 있다는 것을 알게 되고, 나아가서 새로운 태도를 받아들일 준비를 갖추는 단계
- 변화 : 태도의 변화가 실제로 일어나는 단계(순응 – 동일화 – 내면화)
- 재동결 : 새로 획득된 태도, 지식, 행위가 그 개인의 퍼스널리티나 지속적인 중요한 정서적 관계로 통합되어 고착화되는 관계

정답 37 ① 38 ③ 39 ④

40 조직개발에 관한 내용 중 옳은 것은?

① 조직개발은 내부에서 자연스럽게 변화가 일어날 수 있어야 하므로 조직이 의도적으로 개입해서는 안 된다.
② 조직개발은 조직을 보다 바람직한 상태로 만들기 위하여 조직 내 인간적 요소만을 변화시키는 것이다.
③ 조직개발에서는 주로 조직 내부의 인사들이 변화담당자의 역할을 수행한다.
④ 조직개발은 조직의 능률을 높이는 데 초점을 둔다.

해설 ④ 조직개발의 목표는 조직의 능률이 아니라 조직의 유효성을 증대시키는 데 있다.

* **조직개발의 특성**
  ㉠ 계획적 변화, ㉡ 포괄적인 변화, ㉢ 작업집단에 대한 강조, ㉣ 장기적 변화, ㉤ 제3자인 '변화담당자'의 필요성 강조, ㉥ 개입과 행동에 대한 연구 등을 강조

정답 40 ④

2024 경영정보론 기출문제

01 ( ) 안에 들어갈 말로 알맞은 것은?

- (㉠)는 사물, 사건, 활동, 거래에 대하여 기초적으로 서술한 것이다.
- (㉡)은/는 수신자에게 특정한 의미와 가치를 지니도록 정리된 것이다.
- (㉢)은/는 현재 문제에 해당하는 이해, 경험, 누적 학습, 노하우 등을 전달할 수 있도록 한 것이다.

	㉠	㉡	㉢
①	데이터	정보	지식
②	데이터	지식	정보
③	데이터	정보	지혜
④	데이터	지식	지혜

해설 발생하는 일에 대한 사실(facts) 그 자체를 서술한 것은 데이터(data)이고, 데이터가 의미와 가치를 가지도록 정리되면 정보(information)가 된다. 이러한 정보가 체계화되어 축적되면 지식(knowledge)이 된다. ㉢에 해당하는 이해, 경험, 누적 학습, 노하우 등을 전달할 수 있도록 한 것은 지식이다.

02 '회사 내 지식(knowledge)'이 만들어지는 과정을 순서대로 나열한 것은?

- ㄱ. 교류하기(socialization)
- ㄴ. 내재화하기(internalization)
- ㄷ. 조합하기(combination)
- ㄹ. 표출하기(externalization)

① ㄱ → ㄹ → ㄷ → ㄴ
② ㄴ → ㄱ → ㄷ → ㄹ
③ ㄷ → ㄴ → ㄹ → ㄱ
④ ㄹ → ㄷ → ㄴ → ㄱ

해설 노나카 이쿠지로(Nonaka Ikujiro)는 지식경영의 중요성을 강조하고 회사 내 지식이 만들어지는 과정인 SECI 모델을 제시하였다.
노나카의 SECI 모델에서 지식변환 양식은 '교류하기(Socialization, 사회화 또는 공동화) ⇨ 표출하기(Externalization, 외재화 또는 표출화) ⇨ 조합하기(Combination, 종합화 또는 연결화) ⇨ 내재화하기(Internalization, 내면화)'의 과정을 거치는데 암묵지와 형식지가 서로 변환되는 과정이다.

정답 01 ① 02 ①

03 마이클 포터(M. E. Porter)의 본원적 전략에 해당하지 않는 것은?

① 차별화 전략
② 비용우위 전략
③ 집중화 전략
④ 서비스 종속화 전략

> **해설** 포터(Porter)는 사업부에서 경쟁우위를 확보하기 위한 방안을 본원적 전략(generic strategy)이라고 하였다. 본원적 전략은 크게 두 가지로 나누어질 수 있는데 하나는 동일한 제품을 경쟁자보다 싸게 만들어서 판매하는 방법으로, 이를 원가우위전략(cost leadership strategy, 비용우위전략)이라고 한다. 다른 하나는 다소 비싸더라도 경쟁자에 비해 우수한 제품을 만들고 높은 마진을 통해 목표를 달성하는 방법으로, 이를 차별화 전략(differentiation strategy)이라고 한다. 동시에 경쟁영역의 범위가 좁은 경우에 사용할 수 있는 전략은 집중화 전략이다. 집중화 전략은 기업의 마케팅 자원이 제한되어 있고 경쟁영역의 범위가 좁은 경우, 즉 세분시장을 대상으로 하는 전략이다.

04 다음 설명에 해당하는 시스템의 유형은?

> 입력되는 자료와 프로그램의 논리를 미리 파악할 수 있으면 처리과정을 거쳐 출력되는 결과를 예측할 수 있다.

① 물리적 시스템
② 무작위 시스템
③ 확률적 시스템
④ 확정적 시스템

> **해설** 제시된 내용은 확정적 시스템(deterministic system)에 대한 설명이다.
> 시스템은 확실성에 따라 확정적 시스템과 확률적 시스템으로 구분한다. 확정적(deterministic) 시스템은 시스템 구성요소의 상호 관계를 확실하게 예측할 수 있어 불확실성이 없는 시스템이다. 반면 확률적(probabilistic) 시스템은 상호관계를 확률적으로만 알 수 있는 경우에 어느 정도의 오류를 반영하여 확률로 설명하는 시스템이다.

05 ERP 시스템의 특징이 아닌 것은?

① 통합자원관리
② 타 기종 시스템과의 연동 불가능
③ 파라미터 지정에 의한 개발 가능
④ BPR(Business Process Reengineering) 기능 지원

> **해설** 전사적 자원관리(ERP)는 과거에는 독립적으로 운영되던 생산·재무·유통·인사 등의 정보시스템을 하나로 통합하여 수주에서 출하까지의 공급망(supply chain)과 기간업무를 지원하는 통합정보시스템으로 타 기종 시스템과의 연동이 가능하다.
> ERP는 패키지 내에 포함되어 있는 Best Practice라는 프로세스를 회사 내에 적용시킬 수 있어 BPR을 자동적으로 수행하는 결과를 가져온다.

정답 03 ④ 04 ④ 05 ②

06 시스템의 모형을 도식화한 그림에서 ( ) 안에 들어갈 시스템의 구성요소로 알맞은 것은?

	㉠	㉡	㉢	㉣
①	입력	통제	출력	처리
②	입력	출력	처리	통제
③	입력	처리	통제	출력
④	입력	처리	출력	통제

해설 일반적으로 시스템을 구성하는 기본요소의 순서는 입력(input) → 처리(proess) → 출력(output) 이다. 기본요소에 피드백(feedback)과 통제(control)요소가 추가되는데, 피드백은 시스템의 성과에 대한 자료이고, 통제는 피드백된 자료를 관찰, 평가하는 것이다.

07 정보시스템의 구성요소에 해당하지 않는 것은?

① 절차
② 소프트웨어
③ 플랫폼
④ 통신 및 네트워크

해설 정보시스템은 네 가지 자원을 활용하여 다섯 가지 기능을 수행한다. 네 가지 자원, 즉 정보시스템의 구성요소는 하드웨어, 소프트웨어, 데이터(데이터베이스, 모델베이스, 지식베이스 등), 인적자원이다.
하드웨어는 컴퓨터의 중앙처리장치, 기억장치, 입·출력 장치, 통신 및 네트워크로 구성되고, 소프트웨어에는 운영체제(플랫폼) 등이 포함된다.

08 정보시스템의 구성요소인 데이터에 포함되는 것은?

① 인적자원
② 중앙처리장치
③ 지식베이스
④ 보조기억장치

해설 정보시스템의 구성요소인 데이터에 포함되는 것은 지식베이스(knowledge base)이다. 지식베이스는 전문가 시스템(ES)의 데이터에 해당하는 요소이다.
전문가 시스템은 사용자 인터페이스, 지식베이스, 추론엔진, 개발엔진의 4부문으로 구성된다.

정답 06 ④ 07 ① 08 ③

09 전사적 애플리케이션이 아닌 것은?

① 정보보호 시스템
② 지식관리 시스템
③ 공급망관리 시스템
④ 고객관계관리 시스템

해설 지식관리 시스템(KMS), 공급망관리 시스템(SCM) 및 고객관계관리(CRM) 시스템, 전사적 자원관리(ERP) 등은 전사적으로 추진되는 통합적 관리시스템으로 전사적 애플리케이션이다. 이러한 전사적 애플리케이션은 조직의 전반적인 성과 향상을 위해 관련 있는 기능들과 비즈니스 프로세스들을 통합한다.

10 다음 설명에 해당하는 정보시스템은?

- 기업 정책, 계획, 예산, 목표와 관련된 정보를 포함한다.
- 주로 조직 외부로부터 정보를 확보한다.
- 상당히 넓은 영역의 정보를 포함한다.
- 미래지향적이고, 비주기적이며 요약된 형태의 정보를 포함한다.
- 동향정보를 포함한다.

① 전략계획 시스템
② 관리통제 시스템
③ 운영통제 시스템
④ 생산정보 시스템

해설 기업 정책, 계획, 예산, 목표와 관련된 정보를 포함하고, 주로 조직 외부로부터 정보를 확보하는 정보시스템은 전략계획 시스템이다.
전략계획 시스템은 경영계층별 정보시스템 중 가장 상위의 정보시스템으로 조직의 목표를 설정하고 장기적인 전략을 수립하는 활동을 지원한다.

11 마케팅 활동을 지원하는 마케팅 정보시스템에 해당하지 않는 것은?

① 주문처리 시스템
② 판매관리 시스템
③ 외상매출금 시스템
④ 광고효과 분석 시스템

해설 마케팅 정보시스템(Marketing Information System)은 크게 내부정보 시스템, 고객정보 시스템, 마케팅 인텔리전스 시스템, 마케팅 의사결정지원 시스템, 마케팅조사 시스템 등의 하부요소로 구성된다.
③ 외상매출금 시스템은 회계 및 재무와 관련된 시스템으로, 마케팅 활동을 직접적으로 지원하지 않는다.

정답 09 ① 10 ① 11 ③

12 다음 설명에 해당하는 정보시스템은?

- 제품의 유통 사이클과 관련된 파트너 간의 최적의 공급·재고 관리의 체계화를 위한 전략이다.
- 고객의 요구 사항에 신속히 대응하기 위하여 자재 조달에서부터 제품 공급까지 일련의 기업활동을 효과적이고 효율적으로 관리하는 시스템이다.

① CRM
② ERP
③ SCM
④ Groupware

해설 공급사슬관리(SCM : Supply Chain Management)는 공급자로부터 고객까지의 공급사슬상의 정보, 물자, 현금의 흐름에 대해 총체적 관점에서 인터페이스를 통합하고 관리함으로써 효율성을 극대화하는 전략적 경영기법이다.
SCM은 물류관리의 개념을 기업 간의 네트워크 관계로 확장하고 그 기능을 통합하여 관리하는 방식이다. ICT를 활용하여 공급망 단계에 있는 기업들과 실시간으로 정보를 공유한다.

13 다음 설명에 해당하는 것은?

- 자료를 조작하여 다른 장치에서 수행되는 과업을 제어하는 컴퓨터 하드웨어이다.
- 컴퓨터 내부에서 실질적인 연산이나 방대한 수의 계산을 수행한다.

① 주기억장치
② 중앙처리장치
③ 입출력장치
④ 보조기억장치

해설 컴퓨터의 기본 구성요소 중에서 연산장치(ALU)와 제어장치(Control Unit)를 합쳐서 중앙처리장치(CPU)라고 하며, 실질적인 수리 및 논리에 관한 연산을 수행하고 컴퓨터 시스템 전체를 총체적으로 제어하는 역할을 한다.

14 다음 중 보조기억장치가 아닌 것은?

① SSD
② 광 디스크
③ RAM
④ 자기 디스크

해설 RAM(Random Access Memory)은 주기억장치 또는 임의기억장치로, 중앙처리장치(CPU)를 위한 임시 작업공간을 제공하는데, 작업공간이 클수록 CPU는 더욱 빠르게 작업을 수행할 수 있다. 즉, RAM은 CPU에 의해 프로그램과 자료들에 즉시 접근할 수 있도록 저장용으로 사용된다.

정답 12 ③ 13 ② 14 ③

15 시스템 소프트웨어의 기능이 아닌 것은?

① 컴퓨터 전원이 켜졌을 때 자체적으로 로딩되어 자기 제어적 기능을 수행할 수 있게 한다.
② 사용자에게 좀 더 특정한 기능성을 제공하는 컴퓨터 명령어의 집합이다.
③ 모든 응용 프로그램이 공통적으로 사용하는 명령어 집합을 제공한다.
④ 컴퓨터 시스템과 컴퓨터의 정보처리 활동을 제어하고 지원한다.

> **해설** 컴퓨터의 시스템 소프트웨어(System Software)는 컴퓨터를 사용하기 위해 가장 근본적으로 필요한 소프트웨어이다. 시스템을 효율적으로 이용하거나 사용자들이 시스템을 쉽게 사용할 수 있도록 도와주는 소프트웨어이다.
> 시스템 소프트웨어의 종류에는 운영체제, 컴파일러, 어셈블러, 라이브러리 프로그램, 텍스트 에디터 등이 포함된다.
> ② 사용자에게 특정한 기능성을 제공하여 사용자가 시스템을 사용하기 편리하게 도와주는 것은 응용 소프트웨어이다.

16 다음 설명에 해당하는 것은?

> • 정보시스템 확보 방법 중 하나이다.
> • 공급업체가 애플리케이션을 제공하고 네트워크, 특히 인터넷을 통하여 고객에게 서비스 형태로 소프트웨어를 제공한다.

① SaaS
② 아웃소싱
③ 맞춤 개발
④ 오픈소스 소프트웨어

> **해설** 공급업체가 애플리케이션을 제공하고 네트워크, 특히 인터넷을 통하여 고객에게 서비스 형태로 소프트웨어를 제공하는 것은 오픈소스 소프트웨어(OSS : Open Source Software)이다.
> OSS는 소프트웨어의 설계도에 해당하는 소스코드를 인터넷 등을 통하여 무상으로 공개하여 누구나 그 소프트웨어를 개량하고, 이것을 재배포할 수 있도록 하는 소프트웨어를 말한다.

17 다음 설명에 해당하는 것은?

> 차후에 수정한다는 전제하에 사용자의 기본적인 요구를 반영하여 모형 시스템을 최대한 짧은 시간 내에 만드는 정보시스템 개발 방법이다.

① 코딩
② 모듈 테스트
③ 아웃소싱
④ 프로토타이핑

> **해설** 프로토타이핑(Prototyping)은 새로운 시스템 솔루션에 대한 작업모델 또는 프로토타입(원형)을 신속하게 개발하고 테스트하는 방법이다. 프로토타이핑은 비교적 적은 비용으로 신속하게 시제품 또는 실험시스템을 만들어 사용자의 평가를 받아보는 방식이다. 또한 사용자들은 시제품을 사용하면서 요구사항에 대한 아이디어를 제시할 수 있다.

정답 15 ② 16 ④ 17 ④

18 다음 설명에 해당하는 것은?

- 파일 처리 시스템에서 사용되는 개념이다.
- 개체의 특성을 나타내는 최소의 단위이다.
- 해당 값이 더 나누어지면 고유의 의미를 잃게 된다.

① 파일 ② 바이트
③ 필드 ④ 레코드

> **해설** 컴퓨터 자료의 계층구조는 '비트(bit) → 바이트(byte) → 필드(field) → 레코드(record) → 파일(file)'로 구성되어 있다. 이 중 바이트는 캐릭터라고도 하는데, 1바이트를 가지고 한 개의 문자(캐릭터)를 표현할 수 있기 때문이다. 바이트(byte)는 문자(Character)를 표현하는 최소단위이다.

19 다음 설명에 해당하는 것은?

- 다양한 데이터 원천으로부터 데이터를 통합한다.
- 과거로부터 현재에 이르기까지의 시계열 데이터를 저장하고 있다.
- 주제별로 정리된 데이터베이스를 가진다.
- 기존 데이터 값에 대한 갱신이 없는 데이터베이스를 가진다.
- 필요에 따라 미리 계산해 놓은 요약 데이터를 제공한다.

① 오픈 AI ② 데이터마이닝
③ 블록체인 ④ 데이터웨어하우스

> **해설** 과거로부터 현재에 이르기까지의 시계열 데이터를 저장하고 있고, 주제별로 정리된 데이터베이스를 가지는 것은 데이터웨어하우스(Data Warehouse)이다. 데이터웨어하우스는 데이터베이스에 축적된 데이터를 공통의 형식으로 변환하여 일원적으로 관리하는 데이터베이스를 의미한다. 데이터웨어하우스는 주제지향성(조직성), 통합성(일관성), 시변성(시계열성), 비휘발성, 접근가능성 등의 특징을 지니고 있다.

정답 18 ② 19 ④

20 다음 설명과 가장 관련이 있는 것은?

> • 빅데이터 분석 결과를 활용할 수 있다.
> • 전력 소비 패턴을 분석하여 비효율적 요소를 제거하고, 라이프 스타일의 변화를 유도함으로써 비용 절감을 가져올 수 있다.

① 스마트 팜(smart farm) ② 스마트 홈(smart home)
③ 스마트 그리드(smart grid) ④ 스마트 팩토리(smart factory)

해설 스마트 그리드(smart grid)는 전기의 생산, 운반, 소비 과정에 정보통신기술을 접목하여 공급자와 소비자가 서로 상호작용함으로써 효율성을 높인 지능형 전력망 시스템이다.
스마트 그리드는 전력망에 정보통신기술을 융합해 전기사용량과 공급량, 전력선의 상태까지 알 수 있는 기술로 에너지 효율성을 극대화할 수 있다. 스마트 그리드를 통해 꼭 필요한 만큼 전기를 생산하거나 생산량에 맞춰 전기를 사용할 수 있다면 전기를 더 효율적으로 사용하면서 지구 온난화도 해결할 수 있다.

21 다음 설명에 해당하는 데이터베이스 개발 과정 단계는?

> • 데이터베이스 개발 과정 중 데이터베이스가 사용되는 현실 세계의 관점에서 사용자 요구 사항을 기반으로 데이터를 파악한다.
> • 데이터 간의 관계를 개체 관계 모델(Entity Relationship Model)을 사용하여 표시한다.

① 개념적 모델링 ② 논리적 모델링
③ 물리적 모델링 ④ 사용자 요구 분석

해설 데이터베이스 개발 과정의 개념적 모델링 단계에서는 사용자 요구분석 단계에서 수집된 자료를 기반으로 데이터베이스에 저장할 데이터와 이 데이터에서 지켜져야 할 제약조건들을 기술한다. 이 경우 개체 관계 모델을 주로 사용한다.
데이터베이스의 설계는 '사용자 요구분석 → 개념적 데이터베이스 설계 → 논리적 데이터베이스 설계 → 물리적 데이터베이스 설계 → 데이터베이스 구현'의 순서로 진행된다.

22 기업의 전사적 전략과 기획 부문에서 빅데이터의 장단점에 대한 설명으로 옳지 않은 것은?

① 기업의 리스크 관리가 어려워진다.
② 빅데이터 활용을 위한 초기비용과 유지비용이 적지 않다.
③ 타 분야와의 결합을 통한 새로운 가치 창출이 가능해진다.
④ 급변하는 사회와 시장 흐름에 적합한 유연하고 빠른 미래 예측이 가능해진다.

해설 빅데이터를 활용하면 다변화된 현대사회를 더욱 정확하게 예측하여 효율적으로 작동하게 한다. 기업이 빅데이터를 활용하면 다양한 리스크를 용이하게 관리할 수 있다.

정답 20 ③ 21 ① 22 ①

23 경영자의 합리적 의사결정을 지원하는 정보시스템의 정보지원 단계를 순서대로 나열한 것은?

| ㄱ. 설계 | ㄴ. 실행 | ㄷ. 탐색 | ㄹ. 선택 |

① ㄴ → ㄱ → ㄹ → ㄷ
② ㄴ → ㄹ → ㄱ → ㄷ
③ ㄷ → ㄱ → ㄹ → ㄴ
④ ㄹ → ㄷ → ㄴ → ㄱ

해설 경영자의 합리적 의사결정과 관련하여, 사이먼(H. Simon)은 의사결정이 '탐색 → 설계 → 선택 → 실행'의 4단계로 이루어진다고 설명하고 있다.

24 다음 설명에 해당하는 조직의 의사결정 지원시스템은?

- 최고경영층의 전략적 기획과 각종 의사결정에 필요한 정보를 제공할 목적으로 구축된 시스템이다.
- 사용하기 쉬운 인터페이스를 활용한다.
- 드릴다운(drill-down) 기법을 활용한다.

① 경영정보 시스템
② 거래처리 시스템
③ 회계정보 시스템
④ 중역정보 시스템

해설 중역정보시스템(EIS : Executive Information System, ESS)은 고위 관리층의 의사결정을 지원하는 시스템으로, 전략적인 문제를 해결하는 데 요구되는 정보를 제공하여야 하고, 정보를 보다 쉽게 이해할 수 있는 형태로 제공하여야 한다. EIS는 사용자가 사용하기 쉬운 인터페이스가 필요하고, 정보를 제공하는 데 있어 드릴다운(drill-down) 기법이 반드시 필요하다.

25 인공지능과 관련된 기술이 아닌 것은?

① 딥러닝(Deep Learning)
② 기계학습(Machine Learning)
③ 전문가 시스템(Expert System)
④ 네트워크 분석(Network Analysis)

해설 인공지능(AI)은 학습능력, 지각능력, 자연언어의 이해능력 등 인간의 지능적 행위를 컴퓨터 프로그램으로 실현한 기술을 뜻한다. 인공지능에 관한 연구는 대체로 전문가 시스템(ES), 자연어처리, 로봇공학(Robotics), 자율주행차(self-driving car) 등에서 이루어지고 있다.
기계학습, 즉 머신 러닝(machine learning)은 인공지능의 한 분야로, 패턴인식과 컴퓨터 학습이론의 연구로부터 진화한 분야이다. 딥러닝(deep learning)은 머신 러닝의 한 분야로 데이터를 컴퓨터가 처리 가능한 형태인 벡터나 그래프 등으로 표현하고 이를 학습하는 모델을 구축하는 연구를 포함한다.

정답 23 ③ 24 ④ 25 ④

26 다음 설명에 해당하는 것은?

- 현실 세계를 가장 실감나게 표현하고자 하는 차세대 미디어이다.
- 기존의 미디어보다 훨씬 뛰어난 표현력과 현실감, 몰입도를 제공한다.
- 기존의 디지털 미디어 영상에 움직임, 진동, 섬광, 냄새 등의 재현 효과를 추가하였다.

① 신경망
② 4D 기술
③ 인공지능
④ 퍼지 로직

해설 기존의 디지털 미디어 영상인 3D에 움직임, 진동, 섬광, 냄새 등의 재현 효과를 추가하여 구성한 차세대 미디어는 4D 기술이다.
영화를 감상하거나 텔레비전을 시청할 때 주로 시각과 청각을 사용한다. 여기에 3D 입체영상으로 시각적인 현실감을 높여 주고, 더 나아가 액체 분사, 냄새, 진동 등의 갖가지 기술을 추가하여 인간의 다감각, 곧 촉각·후각을 비롯한 모든 감각을 자극해 콘텐츠에 대한 몰입감을 높이는 기술이 4D 기술이다.

27 다음 〈보기〉에서 설명하는 것은?

| 보기 |

무형의 형태로 존재하는 하드웨어·소프트웨어 등의 컴퓨팅 자원을 자신이 필요한 만큼 빌려 쓰고 이에 대한 사용요금을 지급하는 방식의 컴퓨팅 서비스로, 서로 다른 물리적인 위치에 존재하는 컴퓨팅 자원을 가상화 기술로 통합해 제공하는 기술을 말한다.
다수의 기업들이 개별적으로 IT 인프라를 구축하기보다는 이와 같은 서비스 제공업체를 이용하고 있다.

① 슈퍼 컴퓨터
② 클라우드 컴퓨팅
③ 양자 컴퓨팅
④ 그리드 컴퓨팅

해설 클라우드 컴퓨팅(Cloud Computing)은 정보가 인터넷상의 서버에 영구적으로 저장되고, 데스크톱·태블릿 컴퓨터·노트북·스마트폰 등의 IT 기기와 같은 클라이언트에는 일시적으로 보관되는 컴퓨터 환경을 뜻한다.

정답 26 ② 27 ②

28 데이터 교환 방식 중 패킷 교환 방식에 대한 설명으로 옳지 않은 것은?

① 네트워크 통신 용량의 효율적 사용을 가능하게 한다.
② 데이터 패킷들은 최종 목적지에 도착하기 위하여 같은 경로와 네트워크를 따라 전달된다.
③ 하나의 메시지를 패킷이라고 불리는 작은 묶음으로 쪼개어 여러 데이터 패킷으로 만든다.
④ 패킷은 전송할 데이터와 함께 정확한 주소로 패킷을 인도하고 전송 오류를 검사할 수 있는 정보를 담고 있다.

> **해설** 패킷 교환(Packet Switching) 방식은 전송되는 데이터를 일정한 크기와 형식의 패킷으로 나누어 각각의 패킷을 독립적으로 전송하는 방식이다.
> 일반적으로 패킷은 128자의 길이로 구성되며 같은 시간에 다수의 이용자가 전송설비를 공유할 수 있어서 회선을 효율적으로 이용할 수 있다.

29 ( ) 안에 들어갈 말로 알맞은 것은?

> 프로토콜은 네트워크에서 두 지점 간 데이터 전송을 관리하는 일단의 절차와 규칙 집합이다. 인터넷을 사용하기 위한 프로토콜은 ( )이다.

① HTTP
② TCP/IP
③ 이더넷(Ethernet)
④ QoS(Quantity of Service) 패킷

> **해설** 인터넷에서 서버와 클라이언트 컴퓨터의 기종과 운영체계의 차이를 극복하고 상호통신을 할 수 있게 만든 통신규약은 TCP/IP(Transmission Control Protocol/Internet Protocol)이다. TCP/IP는 패킷 통신 방식의 인터넷 프로토콜인 IP(Internet Protocol)와 전송조절 프로토콜인 TCP(Transmission Control Protocol)로 이루어져 있다.

30 다음 설명에 해당하는 시스템은?

> 모든 컴퓨팅 기기들이 고유한 IP주소를 할당받는데, 이 주소는 0~255 사이의 숫자 여러 개로 구성되어 기억하기 어려우므로 이를 문자로 변환한다.

① NOS(Network Operating System)
② ISP(Internet Service Provider)
③ DNS(Domain Name System)
④ FTP(File Transfer Protocol)

> **해설** 인터넷의 다른 컴퓨터와 접속하려면 반드시 IP주소를 알아야 한다. 이러한 문제를 해결하기 위해서 나온 것이 DNS(Domain Name System or Server)이다.
> DNS는 숫자로 표현되는 IP주소에 대해서 각각 도메인 이름을 할당해 주고 사용자가 도메인 이름으로 다른 호스트에 접속하고자 할 때 IP주소를 알려주는 서비스이다.

정답 28 ② 29 ② 30 ③

독학사 2단계

31 다음의 내용을 설명하는 용어로 가장 옳은 것은?

> 모든 디바이스가 정보의 뜻을 이해하고 논리적인 추론까지 할 수 있는 지능형 기술로 사람의 머릿속에 있는 언어에 대한 이해를 컴퓨터 언어로 표현하고 이것을 컴퓨터가 사용할 수 있게 만드는 것이다. 이 기술은 웹페이지에 담긴 내용을 이해하고 개인 맞춤형 서비스를 제공받아 지능화된 서비스를 제공하는 웹 3.0의 기반이 된다.

① 고퍼(gopher)
② 냅스터(napster)
③ 시맨틱웹(semantic-web)
④ 웹클리퍼(web-clipper)

해설 제시된 내용은 시맨틱웹(semantic-web)에 대한 설명이다. 시맨틱웹은 인터넷비즈니스와 관련된 네트워크 기술의 하나이다. 현재의 웹이 의미의 웹으로 진화한 개념으로, 컴퓨터가 스스로 문장이나 문맥 속의 단어의 미묘한 의미를 구분하여 사용자가 원하는 정보를 제공할 수 있는 웹이다. 즉, 시맨틱웹은 사람이 읽고 해석하기에 편리하게 설계되어 있는 현재의 웹 대신에 컴퓨터가 이해할 수 있는 형태의 새로운 언어로 표현해 기계들끼리 서로 의사소통을 할 수 있는 지능형 웹이다.

32 RFID에 대한 설명으로 적절하지 않은 것은?

① RFID 태그에 기록된 정보를 수집하기 위해서는 RFID 판독기가 필요하다.
② RFID 태그에 기록된 정보를 호스트 컴퓨터에서 실시간으로 수집, 처리할 수 있다.
③ RFID 시스템은 바코드 시스템에 비해서 더 상세한 제품 정보를 수집하고 관리할 수 있다.
④ RFID 태그는 특정 제품을 유일하게 식별할 수 있는 정보와 제품의 위치, 제조 장소와 시점 등 부가적인 제품 정보를 저장한다.

해설 RFID(Radio Frequency IDentification), 즉 무선주파수 식별(무선인식, 무선식별, 전자태그) 기술은 무선주파수(radio frequency)를 이용하여 먼 거리에 있는 대상(물건, 사람 등)을 식별할 수 있는 기술이다.
RFID 태그에 기록된 정보는 호스트 컴퓨터에서 RFID 판독기(reader)를 통해 무선주파수를 발송해야 수집할 수 있다. 실시간으로 수집·처리하는 것이 아니다.

33 다음 설명에 해당하는 인터넷 비즈니스 모델 유형은?

> 구매자와 판매자가 서로 만나 제품을 보여 주고 검색하며 가격을 결정할 수 있는 디지털 환경을 제공한다.

① e-소매자
② 거래 중개자
③ 시장 생성자
④ 서비스 제공자

해설 전자상거래 비즈니스 모델 중 구매자와 판매자가 만나고 제품의 확인과 검색, 가격 결정을 할 수 있는 디지털 환경을 제공하는 것은 거래 중개자이다.

정답 31 ③ 32 ② 33 ②

34 다음 설명에 해당하는 것은?

> 제3자에게 구매자의 결제대금을 예치해 놓았다가 배송이 정상적으로 완료되면 대금을 판매자에게 지급한다.

① 공인인증서 ② 안심클릭 서비스
③ 에스크로 서비스 ④ 지불 게이트웨이

해설 에스크로 서비스(Escrow Service)는 구매자의 결제대금을 제3자에게 예치하고 있다가 배송이 정상적으로 완료된 후 대금을 판매자에게 지급하는 거래안전장치이다.
에스크로는 전자상거래에서 발생할 수 있는 허위거래나 사기사건 발생을 방지하기 위한 대책으로 구매자나 판매자가 입을 수 있는 피해를 예방하여 거래의 양 당사자를 모두 보호할 수 있다.

35 다음 내용에서 ( ) 안에 들어갈 용어가 순서대로 바르게 나열된 것은?

> 오픈AI는 대화형 인공지능 챗봇 서비스인 ChatGPT를 개발하였다. ChatGPT의 등장은 (㉠) 서비스의 대중화를 알리는 첫 시작이라는데 가장 큰 의의가 있다. 기존에는 (㉡) 서비스가 주를 이뤘으나 ChatGPT의 등장으로 이 같은 방식의 서비스가 각광받을 것으로 예상된다.

① ㉠ 식별 AI(discriminative AI), ㉡ 생성 AI(generative AI)
② ㉠ 강한 AI(strong AI), ㉡ 약한 AI(weak AI)
③ ㉠ 생성 AI(generative AI), ㉡ 식별 AI(discriminative AI)
④ ㉠ 논리적 AI(logical AI), ㉡ 물리적 AI(physical AI)

해설 ChatGPT는 생성형 AI(generative AI)이다. 생성형 AI는 텍스트, 오디오, 이미지 등 기존 콘텐츠를 활용해 유사한 콘텐츠를 새롭게 만들어 내는 인공지능(AI) 기술이다. 즉, 콘텐츠들의 패턴을 학습해 추론 결과로 새로운 콘텐츠를 만들어낸다.
ChatGPT 이전의 AI는 식별형 AI(discriminative AI)로 외국어의 번역이나 음성 및 화상 인식 등 입력데이터를 분류하거나 특정정보를 식별하는 데 중점을 두었다.

정답 34 ③ 35 ③

36 다음 설명에 해당하는 디지털 비즈니스 산업은?

> 기업 활동의 전 과정에 소비자 또는 대중이 참여할 수 있도록 일부를 개방하고, 참여자의 기여로 기업 활동 능력이 향상되면 그 수익을 참여자와 공유한다.

① 크라우드 소싱 산업
② 자원 공유 중계 산업
③ 소셜 미디어 서비스 산업
④ UCC(User-Created Contents) 산업

해설 크라우드 소싱(crowdsourcing)은 웹 2.0 시대를 맞아 새롭게 부상하는 기업 서비스의 해결 방안 중 하나이다. 2006년 와이어드(Wired) 잡지가 만든 신조어로, 기업이 문제 해결을 위해 대중을 상대로 지식을 공모하고 참여를 유도하며, 이에 적절한 보상을 해주는 방법을 말한다.

37 온라인 금융 유형에 해당하지 않는 것은?

① 이러닝
② 인터넷뱅킹
③ 핀테크
④ 사이버 증권 거래

해설 온라인 금융서비스는 인터넷이나 모바일 등의 디지털 기술을 활용하여 제공되는 금융상품과 금융서비스를 말한다. 대표적인 온라인 금융서비스로는 오픈뱅킹(Open banking), 핀테크(FinTech), 크라우드 펀딩(Crowd funding), 암호화폐(Cryptocurrency) 및 사이버 증권거래 등을 들 수 있다.

38 다음 설명에 해당하는 것은?

> - 정보시스템 보안을 목적으로 기업 네트워크의 가장 취약한 지점이나 핫스팟에 위치하여 상시 감시할 수 있는 기능을 한다.
> - 의심스러운 네트워크 트래픽과 파일 및 데이터베이스에 대한 위험 요소의 접근 시도를 방지한다.

① 암호화
② 지문인식 시스템
③ 침입방지 시스템
④ 안티바이러스 소프트웨어

해설 기업 네트워크의 가장 취약한 지점이나 핫스팟(hot spot)에 위치하여 침입자를 상시 감시할 수 있는 기능을 지니는 것은 침입방지 시스템(IDS)이다.
인터넷 보안대책으로는 방화벽(firewall), 침입탐지 시스템(Intrusion Detention System), 안티바이러스(antivirus) 소프트웨어, 통합위협관리 시스템 등이 필수적이다.

정답 36 ① 37 ① 38 ③

39 전자상거래에 필요한 데이터 전송 시 지켜져야 할 보안요소가 아닌 것은?

① 무결성(Integrity) : 정보전달 도중 정보가 훼손되지 않았는지를 확인하는 것이다.
② 부인방지(Non-repudiation) : 정보 제공자가 정보 제공 사실을 부인하는 것을 방지하는 것이다.
③ 기밀성(Confidentiality) : 제3자가 거래 당사자 간의 전달내용을 획득하지 못하도록 하는 것이다.
④ 생체인증(Biometrics) : 지문, 홍채, 음성과 같은 생체 고유의 정보를 이용하여 인증하는 형식이다.

해설 전자결제 시스템이 전자상거래에 이용되기 위해서는 상호인증(authentication), 기밀성(confidentiality), 무결성(integrity) 및 부인방지(non-repudiation) 등의 조건이 갖추어져야 한다.
④ 생체인증(Biometrics)은 다양한 인증방법 중의 하나이지만 보안요소는 아니다.

40 다음 설명에 해당하는 정보시스템의 일반 통제 유형은?

> 준비한 절차를 데이터의 저장과 처리에 지속적으로 정확히 적용하도록 보장하기 위하여 컴퓨터 부서의 작업을 감독한다.

① 구현 통제
② 컴퓨터 운영 통제
③ 소프트웨어 통제
④ 데이터 보안 통제

해설 절차를 지키도록 컴퓨터 부서의 작업을 감독하는 것은 정보시스템의 일반 통제 중 컴퓨터 운영 통제이다. 컴퓨터 운영 통제는 컴퓨터 부서의 작업수행과정에 대한 통제활동과 관련된다. 여기에는 작업의 준비, 실제 운영, 백업 및 비정상적으로 끝난 작업에 대한 복구절차 등이 포함된다.

정답 39 ④ 40 ②

2024 마케팅조사 기출문제

01 마케팅조사를 수행하는 직접적인 이유로 옳지 않은 것은?

① 마케팅관리자의 의사결정 지원
② 시장정보의 제공
③ 문제 해결 방안의 제시
④ 새로운 문제점의 발견

해설 새로운 문제의 발견은 마케팅조사의 간접적인 결과일 수 있지만, 직접적인 이유로 보기에는 적합하지 않다. 마케팅조사는 주로 기존 문제를 해결하거나 의사결정을 지원하는 데 초점을 맞추며, 문제를 발견하는 과정은 조사 이후에 이루어질 수 있는 추가적인 단계이다.

02 다음 목적으로 실시하는 조사의 종류는?

- 신제품 개발의 초기 단계에서 신제품 아이디어를 찾고자 한다.
- 기업이 처한 문제점이 발생하게 된 여러 원인들을 파악하고자 한다.

① 종단조사
② 관찰조사
③ 탐색조사
④ 투사법조사

해설 탐색조사는 문제의 본질을 이해하고, 중요한 변수와 관계를 규명하기 위해 진행된다. 이 조사법은 일반적으로 보다 깊이 있는 정보와 통찰을 얻기 위해 사용되며, 연구의 초기 단계에서 유용한 조사기법에 해당한다.

03 서베이를 통해 음료시장에서 특정 음료 브랜드를 구매하는 소비자들의 태도를 파악하는 데 적합한 조사 방법은?

① 내부조사
② 기술조사
③ 인과조사
④ 문헌조사

해설 기술조사는 시장의 전반적 상황 파악을 위한 조사로 기업들이 가장 자주 이용하는 마케팅조사이다. 다음의 2가지 유형이 있다.
- 횡단조사 : 모집단에서 추출된 표본으로부터 1회의 조사를 통해 마케팅정보를 수집하는 방법 예 서베이조사, CLT, HUT조사 등
- 종단조사 : 동일한 표본을 대상으로 시간간격을 두고 반복적인 조사를 실시하여 관심이 되는 마케팅변수의 변화추세를 파악하는 조사 예 패널조사

정답 01 ④ 02 ③ 03 ②

04 다음 설명에 해당하는 수집 방법은?

> 사회자의 진행 아래 6~12명씩 참여자가 주어진 주제에 대한 토론을 하게 하여 자료를 수집하는 방법이다.

① 델파이조사
② 눈덩이 표집조사
③ 표적집단 면접법
④ 심층주제 면접법

해설 표적집단 면접법(FGI : Focus Group Interview)은 6~12명 정도의 응답자를 대상으로 비구조적인 질문을 하여 문제를 이해하고 조사자가 미처 생각하지 못한 사실을 발견하는 것이 목적인 마케팅조사 방법이다.
- 장점 : 1인 대상의 심층면접법보다 자연스러운 분위기가 연출되어 깊은 생각이 표출되기가 쉽고, 폭넓은 의견을 들을 수 있어 독창적인 아이디어가 도출될 수 있다.
- 단점 : 도출된 결론을 일반화하기 어렵고 다양한 의견을 해석하기 어려울 뿐만 아니라, 사회자의 편견으로 특정 내용만 부각될 수 있어 해석상 오류의 가능성이 있다.

05 마케팅조사 절차가 순서대로 나열된 것은?

① 조사 문제의 결정 → 조사의 실시 → 조사 계획의 수립 → 조사 결과의 커뮤니케이션
② 조사 계획의 수립 → 조사 문제의 결정 → 조사의 실시 → 조사 결과의 커뮤니케이션
③ 조사 문제의 결정 → 조사 계획의 수립 → 조사의 실시 → 조사 결과의 커뮤니케이션
④ 조사 계획의 수립 → 조사의 실시 → 조사 문제의 결정 → 조사 결과의 커뮤니케이션

해설 마케팅조사 절차를 순서대로 나열하면 '조사 계획의 수립 → 조사 문제의 결정 → 조사의 실시 → 조사 결과의 커뮤니케이션'이다.

06 다음 조사 내용에 대한 설명으로 옳은 것은?

> A 조사회사는 B 기업의 패키지 디자인과 매출액과의 인과관계를 조사하려고 한다. 조사에서는 매출에 영향을 미칠 수 있는 가격을 동일한 값으로 처리하여 통제하였다.

① 가격은 독립변수이다.
② 매출액은 종속변수이다.
③ 가격은 내생변수이다.
④ 패키지 디자인은 외생변수이다.

해설 실험이나 조사에서 조작되거나 영향을 미치는 변수로 패키지 디자인은 독립변수, 독립변수에 의해 영향을 받는 매출액은 종속변수, 실험 결과에 영향을 미칠 가능성이 있는 변수로 일정하게 유지되거나 통제되는 가격은 통제변수이다. 연구자가 통제하지 않으며, 연구에 영향을 미칠 수 있는 변수는 외생변수에 해당한다.

정답 04 ③ 05 ② 06 ②

07 실험 디자인에서 종속변수의 변화가 독립변수의 변화에 의하여 발생한 것임을 확신할 수 있는 정도를 나타내는 것은?

① 내적 타당성
② 실험 타당성
③ 판별 타당성
④ 동시 타당성

> **해설** 일반적으로 타당성(Validity)은 자료수집을 위한 설문자료가 얼마나 정확하게 측정되었는가를 판단하는 기준이며, 요인분석(Factor Analysis)을 통해 확인할 수 있다. 이러한 타당성은 연구설계의 관점에서는 적합성을 판단하는 기준이 되며, 내적 타당성과 외적 타당성으로 구분할 수 있다. 내적 타당성은 종속변수의 변화가 독립변수의 변화에 의하여 발생한 것임을 확인할 수 있는 정도를 말한다. 내적 타당성은 내용 타당성, 기준 타당성, 구성 타당성으로 나눌 수 있다.

08 외생변수의 종류에 대한 설명으로 옳은 것은?

① 실험기간 동안에 발생하는 외부적 요인이 실험결과에 영향을 미치는 것은 성숙효과이다.
② 표본이 모집단을 대표할 수 없을 때 잘못된 표본선택이 실험의 타당성을 저해하는 현상은 선택의 편향이다.
③ 실험변수의 처치와는 무관하게 시간 경과에 따라 종속변수의 변화가 자연스럽게 이루어지는 것은 역사적 오염이다.
④ 실험변수에 노출되기 전에 실시한 동일 측정이 실제 실험의 결과를 왜곡하는 것은 측정의 편향이다.

> **해설** ① 실험기간 동안에 발생하는 외부적 요인이 실험결과에 영향을 미치는 것은 역사적 오염이다.
> ③ 실험변수의 처치와는 무관하게 시간 경과에 따라 종속변수의 변화가 자연스럽게 이루어지는 것은 성숙효과이다.
> ④는 주시험효과에 대한 설명이다.

09 다음 설명에 해당하는 개념은?

> 사전검사와 사후검사의 상관관계가 1이 아닌 경우, 사전검사에서는 90점 이상 혹은 10점대의 극단적 점수를 받았던 피시험자가 사후검사에서는 평균에 가까운 점수를 얻게 되었다.

① 성과적 회귀
② 극단적 회귀
③ 평균적 회귀
④ 통계적 회귀

> **해설** 통계적 회귀는 사전측정에서 극단적인 결과를 얻은 경우 사후측정에서 독립변수의 효과에 상관없이 평균치로 값이 근접하려는 경향을 보이는 현상을 말한다.

정답 07 ① 08 ② 09 ④

10 조사 방식 중 실험법에 대한 설명으로 옳은 것은?

① 실험실 실험은 측정시기와 측정대상의 통제만 가능하다.
② 시계열 실험 디자인은 실험처치 전후의 변화를 여러 집단 간 차이 비교를 통하여 조사하는 것이다.
③ 현장 실험은 실제 상황이 아닌 실험실에 모의 상황을 만들고 그 현장에서 처치와 측정을 하는 조사 방법이다.
④ 팩토리얼 디자인은 두 개 이상의 독립변수가 종속변수에 동시에 작용하는 경우에 사용하는 실험 디자인이다.

해설 ① 실험실 실험은 조사목적에 맞는 실험상황을 만들어 실험하는 것이며, 측정시기와 측정대상의 통제만 가능한 것은 유사실험 디자인에 해당한다.
② 시계열 실험 디자인은 한 집단을 대상으로 실험처치 전후에 각각 수차례씩 측정하여 변화추세를 보는 것을 말한다.
③ 현장 실험은 실제 혹은 자연상황에서 실험하는 것으로 인위적 조작이 가해지지 않은 실험을 말한다.

11 다음 설문조사 방법과 같이 잠재고객의 연령대를 파악할 때 사용되는 척도의 유형은?

▶ 다음 중 당신의 연령이 해당하는 곳에 표시해 주세요.
 ☐ 20세 이하   ☐ 41~50세
 ☐ 21~30세   ☐ 51세 이상
 ☐ 31~40세

① 비율척도
② 서열척도
③ 명목척도
④ 등간척도

해설 명목척도는 측정대상의 속성을 분류할 목적으로 숫자를 부여한 척도를 말하며, 성별(남여), 연령, 학력, 종교 등의 인구통계학적 조사에 많이 활용된다.

12 다음 사례에 나타난 개념은?

A 연구자가 상표충성도를 '동일 제품군 내에서 최근 6번의 구매 중 가장 많이 구매된 상표가 차지하는 비율'로 정의하였다.

① 측정
② 개념적 정의
③ 척도
④ 조작적 정의

정답 10 ④ 11 ③ 12 ④

해설 개념적 정의는 측정대상이 갖는 속성에 대한 개념적·추상적 표현임에 반하여, 조작적 정의는 그 속성에 대한 경험적·구체적 표현이라고 할 수 있다. 따라서 추상적 개념을 관찰(측정)가능한 형태인 계량적 변수로 표현하는 것을 조작적 정의라 한다.
예 • 상표충성도 측정을 위한 조작적 정의 : 고객이 선택 가능한 제품의 브랜드 중에서 특정 브랜드를 일관성 있고 지속적으로 구매하는 정도
• 조작적 정의 : 동일 제품군 내에서 최근 6번의 구매 중 가장 많이 구매된 상표가 차지하는 비율

13 다음 설문에서 사용된 척도는?

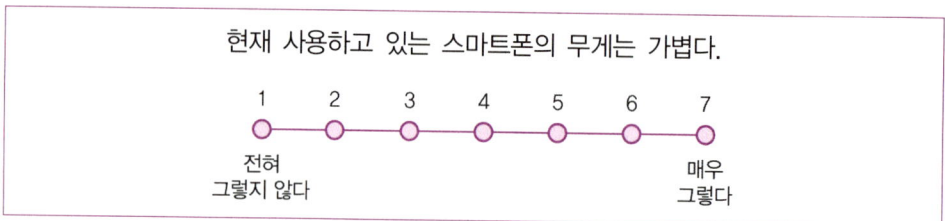

① 리커트척도
② 어의차이척도
③ 스타펠척도
④ 총합고정척도

해설 리커트척도는 어떤 태도에 대해 연속적인 강도 관계를 갖는 다수의 값들로 구성된 다수의 문항을 활용하는 평정척도로 보통 5점이나 7점척도 등 홀수 보기를 두는 경우가 많다.
» 어의차이척도(= 의미차별화척도) : 일직선의 양극선상에 상반되는 형용사를 배치한다는 점에서 스타펠척도와는 달라진다. 상반되는 두 형용사 간에 의미상의 연속선이 있고 응답자의 반응을 그 연속선 위에서 등간 수준으로 정량화가 가능하다고 추가로 전제한다. 측정에는 대개 7점척도가 활용되며, 데이터 분석 시에는 1~7점 형태로 코딩하거나 -3~+3점 형태로 코딩할 수 있다.

14 척도 유형에 대한 설명으로 옳지 않은 것은?

① 등간척도는 대상들 간의 순서와 거리의 정보를 제공한다.
② 서열척도로 질문한 응답 대안은 서열의 정보와 범주의 정보를 가진다.
③ 비율척도의 영('0')은 절대적 개념의 영이 아닌 인위적 표현의 영이다.
④ 명목척도로 측정한 변수의 중심 경향치를 나타내는 때에는 최빈값을 사용하는 것이 적절하다.

해설 비율척도는 명목척도, 서열척도, 등간척도가 갖는 모든 성질을 가지고 있으며, 추가적으로 절대 불변의 의미 있는 '영점(0)'을 갖는다.
예 체중, 길이, 나이, 가격, 시장점유율, 어느 호텔에 1주일 동안 방문한 고객의 수 등

정답 13 ① 14 ③

15 척도를 개발할 때 고려한 사항으로 옳은 것은?

① 상관관계 값은 척도점의 수가 작을수록 낮아지는 경향이 있다.
② 응답자가 깊게 생각해야 하는 경우에는 홀수점 척도가 적절하다.
③ 다항목으로 측정하면 해석이 어려운 경우 단일 항목으로 측정하는 것이 적절하다.
④ 척도점의 수가 많을수록 응답분포가 커 응답자를 판별할 수 있는 능력이 작아지는 단점이 있지만 응답이 없다는 장점이 있다.

> **해설** ② 홀수점은 응답자가 깊은 생각이 없이 가운데 답하는 경향이 크기 때문에 적절하지 않다.
> ③ 다항목으로 측정하면 해석이 어려워 단일 항목으로 측정하는 경우에는 측정의 타당성이 낮아지는 문제점이 있다.
> ④ 척도점의 수가 많을수록 응답분포가 커 응답자를 판별할 수 있는 능력이 커지는 장점이 있지만 응답이 어려워지는 단점이 있다.

16 ( ) 안에 들어갈 말로 알맞은 것은?

> 측정문항의 내용이 측정하고자 하는 영역을 잘 반영하도록 설계되었다면 이 문항은 ( )을 충족한다.

① 내용 타당성
② 법칙 타당성
③ 수렴 타당성
④ 판별 타당성

> **해설** 내용 타당성은 논리적 타당성이라고도 하며, 해당 측정 도구(문항)가 측정하고자 하는 문항의 모집단으로부터 가장 대표할 수 있는 항목들로 구성되었는지를 살펴보는 것을 뜻한다.
> ≫ 판별 타당성 : 개념 타당성 중 하나로 동일한 개념을 서로 상이한 측정방법으로 측정한 결과 값들 사이에 높은 상관관계가 있어야 한다는 것을 의미한다.

17 신뢰성에 대한 설명으로 옳은 것은?

① 반복측정 시 측정 간격이 너무 짧으면 성숙효과가 발생할 수 있다는 것이다.
② 반복측정 신뢰성은 측정을 2회 실시하여 측정값 간의 차잇값으로 평가한다.
③ 내적일관성은 동일 개념을 여러 항목으로 측정하였을 때 항목들이 일관성을 가지는가에 관한 것이다.
④ 양분법은 다수의 항목을 양분하기 때문에 신뢰성이 아닌 타당성을 확인하기 위한 방법이다.

> **해설** ① 반복측정 시 측정 간격이 너무 길면 성숙효과가 발생할 수 있다.
> ② 반복측정 신뢰성은 측정을 2회 실시하는 것이 아니라, 반복적으로 측정값 간의 차이를 분석한다.
> ④ 양분법은 다수의 항목을 양분하기 때문에 신뢰성을 확인하기 위한 방법이다.

정답 15 ① 16 ① 17 ③

18 설문지의 질문 순서에 대한 설명으로 옳은 것은?

① 설문지가 긴 경우, 중요한 질문은 설문지의 앞부분에 배치다.
② 구체적인 질문을 한 다음에 점차적으로 포괄적인 질문을 배치한다.
③ 인구통계적 정보와 같은 분류 항목은 설문지의 앞부분에 배치한다.
④ 어렵거나 민감한 질문은 빨리 해결하기 위하여 설문지의 앞부분에 배치다.

> **해설** ② 포괄적인 질문을 한 다음에 점차적으로 구체적인 질문을 배치한다.
> ③ 인구통계적 정보와 같은 분류 항목은 설문지의 뒷부분에 배치한다.
> ④ 어렵거나 민감한 질문은 설문지의 뒷부분에 배치한다.

19 다음 설문지 질문의 문제점은?

> ▶ 최근 과다한 당분의 섭취로 충치의 발생빈도가 매우 높다는 치과의사협회의 발표가 있었습니다. 여러분은 치과 검진을 얼마나 자주 해야 한다고 생각합니까?
>
> 1) 1년에 3회 이상　　　　2) 1년에 2회 정도
> 3) 1년에 1회 정도　　　　4) 2년에 1회 정도

① 유도성 질문이다.　　　　② 애매모호한 표현을 사용하고 있다.
③ 너무 자세한 내용이 포함되어 있다.　　④ 한 질문에 두 가지 내용이 포함되어 있다.

> **해설** 제시문에서 충치 발생빈도와 관련된 정보를 제공함으로써 응답자가 더 빈번한 치과 검진을 선택하도록 유도하는 경향이 있으므로 유도성 질문이라는 문제점이 있다.

20 설문지 작성 시에 사전조사가 필요한 이유로 적합한 것은?

① 사전조사를 통하여 설문지의 장점을 파악할 수 있다.
② 사전조사를 통하여 커뮤니케이션 오류의 발생 가능성을 파악할 수 있다.
③ 사전조사 결과를 보고 더 정확한 측정을 위하여 본 설문지의 측정항목을 늘릴 수 있다.
④ 사전조사를 통하여 몇 부의 설문지가 필요한지를 파악할 수 있어 비용을 절감할 수 있다.

> **해설** ① 사전조사는 설문지의 장점보다는 주로 문제점과 개선점을 파악하는 데 중점을 두기 때문에 이 설명은 적절하지 않다.
> ③ 사전조사의 주요 목적은 질문의 적절성, 이해도, 응답자의 반응 등을 평가하는 것이지 사전조사 결과를 보고 더 정확한 측정을 위해 본 설문지의 측정항목을 늘리는 것은 아니다.
> ④ 사전조사는 설문지의 내용을 검토하고 개선하는 것이 주된 목적이며, 설문지의 필요한 부수를 파악하는 것은 주요 목적이 아니다.

정답 18 ① 19 ① 20 ②

21 다음 사례에 해당하는 표본 추출법은?

> 자사제품에 대한 브랜드 태도 조사를 위해서 자사제품 구매고객 분포에 근간하여 남성 집단에서 표본의 30%, 여성 집단에서 표본의 70%의 대상을 추출한다.

① 판단표본 추출
② 층화표본 추출
③ 군집표본 추출
④ 할당표본 추출

해설 할당표본 추출은 특정 특성(예 성별, 연령대 등)에 따라 모집단을 나누고, 각 하위 집단에 대해 미리 정해진 비율에 따라 표본을 추출하는 방법이다. 이 경우처럼 남성과 여성 집단에서 각각 30%와 70%의 비율로 표본을 추출하는 것은 할당표본추출의 특징에 해당한다.

22 모집단에서 99% 신뢰구간을 이용하여 표본을 추출할 때, 99% 신뢰구간이 의미하는 것은?

① 표본의 1%에서 평균을 ±1% 내외로 추정할 수 있다.
② 표본의 99%에서 평균을 ±1% 내외로 추정할 수 있다.
③ 표본의 1%가 모집단 모수를 포함하는 범위를 가질 것이다.
④ 표본의 99%가 모집단 모수를 포함하는 범위를 가질 것이다.

해설 99% 신뢰구간은 동일한 방법으로 여러 번 표본을 추출하여 신뢰구간을 계산했을 때, 그중 99%의 신뢰구간이 모집단 모수를 포함하게 된다는 것을 의미한다.

23 표본의 크기에 대한 설명으로 옳은 것은?

① 허용오차가 작을수록 표본의 크기는 커야 한다.
② 조사하고자 하는 변수의 분산이 작을수록 표본의 크기는 커야 한다.
③ 추정치에 대하여 높은 신뢰수준을 원할수록 표본의 크기는 작아야 한다.
④ 비확률 표본추출의 경우 표본의 크기는 조사 대상의 변숫값의 분산, 신뢰수준 및 허용오차에 따라 결정되는 것이 일반적이다.

해설 허용오차가 작을수록 (즉, 더 정밀한 추정을 원할수록) 표본의 크기는 커져야 한다. 이는 추정의 정확성을 높이기 위해 더 많은 데이터를 수집해야 하기 때문이다.
② 변수의 분산이 작을수록 (즉, 데이터의 변동성이 작을수록) 표본의 크기는 작아도 된다. 분산이 작으면 비교적 적은 표본으로도 정확한 추정을 할 수 있다.
③ 추정치에 대하여 높은 신뢰수준을 원할수록 표본의 크기는 커져야 한다.
④ 비확률 표본추출의 경우 표본의 크기는 연구자의 주관적인 판단에 따라 결정되는 것이 일반적이다.

정답 21 ④ 22 ④ 23 ①

24 다음 표본추출 단계에서 ( ) 안에 들어갈 말로 알맞은 것은?

> 모집단 결정 → 자료수집 방법 결정 → (㉠) → 표본추출 방법 결정 → 필요한 표본 크기와 접촉표본 크기의 결정 → (㉡) → 표본추출 실시

	㉠	㉡
①	표본추출 프레임 결정	표본추출 실행계획의 수립
②	표본추출 프레임 결정	표본집단의 추출단위 결정
③	표본추출 실행계획의 수립	표본집단의 추출단위 결정
④	표본집단의 추출단위 결정	표본추출 실행계획의 수립

해설 일반적인 표본추출절차 : 모집단 확정 → 표집틀(표본추출 프레임) 선정 → 표집방법 결정 → 표집크기 결정 → 표본추출
㉠ 표본추출 프레임 결정 : 표본추출을 위해 모집단을 구성하는 프레임(명단이나 목록 등)을 결정하는 단계이다.
㉡ 표본집단의 추출단위 결정 : 표본을 추출하기 위해 사용할 단위를 결정하는 단계이다.

25 실험법에서 실험설계 시 고려해야 할 사항으로 가장 적절한 것은?

① 복합변수에 대한 조작이 정확하게 측정된다.
② 종속변수의 변화가 외생변수의 변화로만 설명될 수 있다.
③ 독립변수의 변화가 복합변수의 변화로만 설명될 수 있도록 한다.
④ 종속변수의 변화가 독립변수의 변화로만 설명될 수 있도록 한다.

해설 실험법은 특정한 현상 간의 인과관계(원인과 결과)를 규명하기 위한 조사방법으로, 인과조사에서 외생변수를 통제한 상황에서 원인인 독립변수와 결과에 해당하는 종속변수 간의 인과관계를 규명하는 실증적인 방법에 해당한다.

26 질적 연구(정성적 조사)에 대한 설명으로 옳은 것은?

① 명확하고 정확한 방법론을 활용한다.
② 양적으로 측정 가능한 응답을 얻는다.
③ 구조적이고 상황변화에 유연하다.
④ 소비자의 행동에 대한 풍부한 통찰력을 제공할 수 있다.

해설 ① 질적 연구는 정량적 연구에 비해 명확하고 정확한 방법론보다는 탐색적이고 유연한 접근 방식을 사용한다.
② 양적으로 측정 가능한 응답을 얻는 것은 양적 연구(정량적 조사)에 해당한다.
③ 상황변화에 유연하다는 것은 질적 연구의 특성인 반면, 구조적인 조사는 양적 연구의 특성에 해당한다.

정답 24 ② 25 ④ 26 ④

27 다음 설문조사의 결과를 분석하고자 할 때 A, B 문항의 답변별 코딩 방법으로 바르게 묶인 것은?

> A. 당신은 몇 학년에 재학 중이십니까?
>
> ____ 1학년, ____ 2학년, ____ 3학년, ____ 4학년
>
> B. 당신은 어떤 캠퍼스 활동을 좋아하십니까?
> (해당하는 것을 모두 선택하십시오.)
>
> ____ 대학 스포츠, ____ 진로탐색활동, ____ 봉사활동, ____ 캠퍼스 콘서트

① A : 각 학년을 '0' 또는 '1'로 코딩
   B : 각 항목에 대하여 '1', '2', '3', '4'로 코딩
② A : 각 학년을 '1', '2', '3', '4'로 코딩
   B : 각 항목에 대하여 '0' 또는 '1'로 코딩
③ A : 각 학년을 '1', '2', '3', '4'로 코딩
   B : 각 항목에 대하여 '5', '6', '7', '8'로 코딩
④ A : 각 학년을 '1', '2', '3', '4'로 코딩
   B : 각 항목에 대하여 '1', '2', '3', '4'로 코딩

해설
- 문항 A (학년) : 응답 옵션이 특정 학년(1학년, 2학년, 3학년, 4학년)이므로 각 학년을 별도의 숫자로 코딩하는 것이 적합하다. 따라서 '1', '2', '3', '4'로 코딩하는 것이 타당하다.
- 문항 B (캠퍼스 활동) : 응답자가 여러 캠퍼스 활동을 선택할 수 있는 다중 선택형 문항에 해당한다. 따라서 각 항목에 대해 '0' 또는 '1'로 코딩하여 해당 항목의 선택 여부를 나타내는 방식이 적절하며 '1'은 해당 항목을 선택했음을, '0'은 선택하지 않았음을 나타낸다.

28 95%의 신뢰수준을 채택할 경우 연구자가 주장하는 대립가설이 유의하다고 판단하기 위한 p값은?

① 0.05 이하여야 한다.
② 0.05보다 커야 한다.
③ 0.05보다 작아야 한다.
④ 0.05 이상이어야 한다.

해설 95% 신뢰수준은 통계적 검정에서 유의수준(α)을 0.05로 설정하는 것을 의미한다. 이 경우, p값이 0.05 이하일 때, 대립가설이 통계적으로 유의하다고 판단할 수 있다.

정답 27 ② 28 ①

29 다음 사례에 사용된 가설은?

> 신제품의 성능이 경쟁제품의 성능보다 우수하다는 것을 밝히기 위하여 마케팅조사를 실시할 때, '신제품의 성능과 경쟁제품의 성능 간에 차이가 없다'라고 가정하였다.

① 대립가설
② 연구가설
③ 귀무가설
④ 복합가설

해설 귀무가설(Null Hypothesis, H_0)은 연구에서 검증하고자 하는 주장을 반박하는 가설이다. 주로 "차이가 없다" 또는 "효과가 없다"는 형태로 설정된다. 반면 대립가설(Alternative Hypothesis, H_1) 혹은 연구가설은 귀무가설을 반박하고 연구자가 증명하고자 하는 가설로, 이 경우에는 "신제품의 성능이 경쟁제품의 성능보다 우수하다"가 대립가설이 된다.

30 다음 상황에서 내려야 할 의사결정은?

> 200명의 소비자를 대상으로 새로운 광고에 대한 평균 회상률을 조사하여, 평균 회상률이 30%보다 높으면 성공적인 광고로 판단하고 광고를 집행하려고 한다. 가설검증 결과 Z값이 임계치인 '1.645'보다 높은 '4.23'으로 나타났다.

① 귀무가설을 기각하여 새로운 광고를 집행한다.
② 귀무가설을 채택하여 새로운 광고를 집행한다.
③ 귀무가설을 채택하여 새로운 광고의 집행을 포기한다.
④ 귀무가설을 기각하여 새로운 광고의 집행을 포기한다.

해설
1. 가설 설정
   귀무가설(H_0) : 평균 회상률이 30%와 같거나 낮다. ($\mu \leq 0.30$)
   대립가설(H_1) : 평균 회상률이 30%보다 높다. ($\mu > 0.30$)
2. 검정 통계량과 임계치 : 주어진 Z값은 4.23이며, 임계치는 1.645(95% 신뢰수준)이다.
3. 의사결정(Z값 > 임계치 : 귀무가설 기각)
   Z값이 임계치인 1.645보다 크기 때문에 귀무가설을 기각할 수 있다. 즉, '평균 회상률이 30%보다 높다'는 대립가설을 지지하는 결과에 해당한다. 따라서, 평균 회상률이 30%보다 높다고 판단되므로 새로운 광고는 성공적인 것으로 간주되며 광고를 집행하는 것이 적절하다.

정답 29 ③ 30 ①

31 다음 연구 결과가 의미하는 것은?

> 한 연구에서 교육 수준과 흡연 간의 피어슨 상관계수가 유의수준 0.05에서 '-0.79'인 것으로 나타났다.

① 교육 수준에 따른 흡연율의 변화는 79%이다.
② 교육 수준이 높아짐에 따라 흡연이 증가하는 경향이 있다.
③ 교육 수준이 높아짐에 따라 흡연이 감소하는 경향이 있다.
④ 교육 기관이 1년 증가할 때마다 흡연율이 0.79% 감소한다.

해설 피어슨 상관계수는 두 변수 간의 선형관계의 강도와 방향을 나타낸다. 값의 범위는 -1에서 1까지이며 1은 완벽한 양의 상관관계, -1은 완벽한 음의 상관관계, 0은 상관관계가 없음을 의미한다. 문제에서 상관계수 -0.79는 교육 수준과 흡연 간에 강한 음(-)의 상관관계가 있음을 나타낸다. 즉, 교육 수준이 높아질수록 흡연이 감소하는 경향이 있다는 것을 뜻한다.

32 ( ) 안에 들어갈 말로 알맞은 것은?

> 의류 상점, 식품 상점, 스포츠 용품 상점의 3가지 상점 종류에 따라 쇼핑객의 재구매 가능성에 유의미한 차이가 있는지 조사하고자 한다. 이때, 상점별 재구매 가능성의 평균 차이를 검정할 때 사용하는 분석 방법은 (   )이다.

① 분산분석(ANOVA)
② 독립표본 t 검정
③ 대응표본 t 검정
④ 백분율 간 차이에 대한 z 검정

해설 분산분석 (ANOVA) : 여러 집단(3가지 이상)의 평균 차이를 비교할 때 사용된다. 문제에서 3가지 상점의 재구매 가능성 평균이 서로 유의미하게 다른지를 검정하는 데 적합하다.
② 독립표본 t 검정 : 두 개의 독립된 집단 간의 평균 차이를 검정할 때 사용된다.
③ 대응표본 t 검정 : 동일한 집단에서 두 시점 간의 평균 차이를 검정할 때 사용된다.
④ 백분율 간 차이에 대한 z 검정 : 두 개의 비율 간의 차이를 검정할 때 사용된다.

33 단순 회귀분석에서 회귀식 기울기의 정의는?

① 오류항
② 종속변수
③ x가 1단위 변경될 때 y의 변화량
④ x가 '0'일 때 직선이 y축을 교차하는 지점

해설 단순 회귀분석에서 기울기는 독립변수 x의 값이 1단위 증가할 때 종속변수 y가 얼마나 변화하는지를 나타낸다. 즉, 기울기는 x와 y 간의 선형관계의 강도를 측정한다.

정답 31 ③ 32 ① 33 ③

34 다음 내용에 해당하는 것은?

> 아파트 가격을 종속변수로 하고 방의 수와 평형을 독립변수로 하는 다중 회귀분석을 수행하는 경우, 두 개의 독립변수 간에 높은 상관관계가 존재할 수 있다.

① 공차
② 다중공선성
③ 결정계수
④ 표준화 회귀계수

해설 다중공선성(Multicollinearity)은 다중 회귀분석에서 두 개 이상의 독립변수 간에 높은 상관관계가 존재하는 경우를 말한다.
① 공차는 독립변수 간의 다중공선성을 측정하는 지표로, 특정 독립변수가 나머지 독립변수들로부터 얼마나 독립적인지를 나타낸다.
③ 결정계수는 회귀모델이 종속변수의 변동성을 얼마나 설명하는지를 나타내는 지표이다.
④ 표준화 회귀계수는 독립변수의 단위를 표준화하여 회귀계수를 비교할 수 있게 하는 지표이다.

35 다음 사례는 서비스 만족도와 점포의 위치가 점포매출액에 미치는 영향을 알아보기 위하여 다중 회귀분석을 수행한 결과이다. 이 결과에 대한 해석으로 옳지 않은 것은?

모형	비표준화 계수	표준 오차	표준화 계수	t	유의 확률
(상수)	−201.31	90.30		−2.23	.061
서비스 만족도	56.39	18.36	.631	3.08	.018
점포의 위치	−27.57	10.78	−.531	−.59	.036

* 가설검정을 위한 유의수준은 5%임.

① 통계적으로 유의한 예측변수는 2개이다.
② 점포의 위치보다 서비스 만족도가 매출액 변화에 중요한 변수이다.
③ 다중회귀식은 $Y = -201.31 + 56.39X_1 + 18.36X_2$ 로 표현할 수 있다.
④ '서비스 만족도는 점포매출액에 영향을 미치지 않을 것이다'라는 귀무가설은 유의확률이 .018이므로 기각된다.

해설 올바른 다중회귀식은 다음과 같다. $Y = -201.31 + 56.39X_1 - 27.57X_2$
① 서비스 만족도의 유의확률은 0.018로 0.05 이하이므로 통계적으로 유의하다. 점포의 위치의 유의확률 또한 0.036으로 0.05 이하이므로 통계적으로 유의하다. 따라서, 통계적으로 유의한 예측변수는 2개가 타당하다.
② 표준화 계수는 변수의 중요도를 비교할 때 유용한데, 서비스 만족도의 표준화 계수는 0.631, 점포 위치의 표준화 계수는 −0.531이다. 절댓값이 큰 표준화 계수를 가지는 변수가 상대적으로 더 중요한 영향을 미치므로 서비스 만족도가 점포 위치보다 매출액 변화에 더 중요한 변수에 해당한다.
④ 서비스 만족도의 유의확률(p값)은 0.018로, 이는 0.05보다 작기 때문에 귀무가설은 기각된다.

정답 34 ② 35 ③

36 요인분석에서 요인의 수를 결정하는 방법으로 옳지 않은 것은?

① 스크리 도표를 이용한다.
② 사전에 요인의 수를 결정할 수 있다.
③ 일반적으로 아이겐값(eigenvalue)이 '1' 이상인 요인의 수만큼 추출한다.
④ 사회과학에서는 전체 요인의 설명력을 30% 내외에서 결정하는 경향이 있다.

해설 요인분석에서 요인의 수를 결정하는 방법으로 통상 아이겐값이 1 이상을 갖는 요인의 수 만큼 추출하고, 전체 요인들의 설명력 기준 절대적 기준은 없으나 사회과학에서는 60% 내외로 결정하며, 스크리 도표(각 요인의 아이겐값을 그림으로 보여주는 것으로 추출할 요인의 수 결정)를 사용한다.

37 판별분석에 대한 설명으로 옳은 것은?

① 판별분석의 독립변수는 명목척도이며, 종속변수는 간격 혹은 비율척도이다.
② 판별분석은 다수의 대상이 지닌 특성을 토대로 유사한 대상들끼리 그룹핑하는 통계기법이다.
③ 판별함수는 판별분석 결과 도출되는 기본식으로, 독립변수들의 선형결합으로 표현된다.
④ 판별함수를 도출하기 위하여 필요한 가정에는 독립변수들이 비정규분포를 이룬다는 가정이 있다.

해설 ① 판별분석에서 종속변수는 그룹 또는 범주를 나타내는 명목척도이며, 독립변수는 등간척도 또는 비율척도로 측정되는 연속형 변수에 해당한다.
② 다수의 대상이 지닌 데이터의 특성을 토대로 유사한 대상들끼리 그룹핑하는 통계기법은 군집분석이다.
④ 판별분석을 수행하기 위해서는 독립변수들이 정규분포를 이루어야 한다는 가정이 필요하다.

38 상관계수에 대한 설명으로 옳지 않은 것은?

① 상관계수는 두 변수의 상관성을 나타내는 척도이다.
② 상관계수의 부호와 절댓값은 각각 두 변수 간의 관계의 방향과 세기를 나타낸다.
③ 상관계수는 -1에서부터 1까지 값을 가지기 때문에 -1 또는 1의 값에 가까울수록 관련성이 크다고 할 수 있고, 0에 가까울수록 관련성이 작다고 할 수 있다.
④ 상관계수의 절댓값이 작을수록 더 강한 선형관계를 갖는다.

해설 상관계수의 절댓값이 클수록 더 강한 선형관계를 갖는다. 가장 강한 선형관계는 상관계수가 1 또는 -1일 때이고, 가장 약한 선형관계는 상관계수가 0일 때이다.

정답 36 ④ 37 ③ 38 ④

39 다음 설명에 해당하는 것은?

> 제품 구매 시에 소비자가 중요하게 생각하는 제품 속성별로 소비자들이 선호하는 속성 수준을 찾아냄으로써, 최적의 신제품을 개발하는 데 활용할 수 있는 가장 유용한 조사 기법이다.

① 요인분석
② 판별분석
③ 군집분석
④ 컨조인트분석

해설 컨조인트분석(Conjoint Analysis)은 소비자 선호를 기반으로 제품 속성의 중요성과 각 속성의 수준을 평가하여 최적의 제품 구성을 결정하는 데 사용되므로, 제품의 속성별 선호를 분석하고 최적의 신제품을 개발하는 데 가장 적합하다.

40 조사 보고서에 대한 설명으로 옳은 것은?

① 조사 보고서의 서론에는 조사 결과의 한계점을 기술한다.
② 조사 보고서에서 자료분석 방법을 설명할 때는 보고서 전체의 주제를 순서대로 기술한다.
③ 조사 보고서에서 자료수집 방법을 설명할 때는 조사의 배경 및 목적, 의사결정 문제, 가설을 포함한다.
④ 조사 보고서의 결론에는 조사 목적별로 핵심 발견점을 요약하고 조사 목적을 달성하지 못한 경우에는 그 이유를 함께 기술한다.

해설 ① 일반적으로 조사 보고서의 결론에 조사 결과의 한계점을 기술한다.
② 자료분석 방법은 연구에서 사용한 분석기법과 절차를 설명하는 부분으로, 주제별로 순서대로 기술하는 것이 아니라, 자료분석기법 및 방법론에 중점을 두고 기술한다.
③ 자료수집 방법을 설명할 때는 실제로 사용된 데이터 수집 방법, 샘플링 기법, 데이터 수집 도구 등을 설명한다. 조사의 배경 및 목적은 보고서 앞부분에 기술한다.

정답 39 ④ 40 ④

2024 생산운영관리 기출문제

01 ( ) 안에 공통으로 들어갈 말로 알맞은 것은?

> • ( )은 시스템의 성과를 측정하기 위하여 활용되는 대표적인 지표이다.
> • ( ) = $\dfrac{\text{산출}}{\text{투입}}$

① 생산성 ② 효과성
③ 유연성 ④ 적시성

해설 투입(input)에 대한 산출(output)의 비율로 측정되는 것은 생산성(productivity)이다. 생산성은 시스템의 성과를 측정하기 위해 활용되는 대표적인 지표이다.

02 대량 고객화(Mass Customization)를 실현하기 위한 수단으로 옳지 않은 것은?

① 모듈러 생산 ② 공장 내 공장
③ 차별화 지연 전략 ④ 작업 준비시간의 최소화

해설 대량 고객화 또는 대량 맞춤화란 대량생산(mass production)과 맞춤화 또는 고객화(customization)가 결합된 용어이다. 고객에게 맞춤화된 상품과 서비스를 대량생산을 통해 비용을 낮춰 경쟁력을 창출하는 새로운 생산 및 마케팅 방식을 의미한다.
이를 위해서는 지연생산, 조립생산, 빠른 작업전환, 모듈화 설계 등이 활용된다.

03 생산운영관리의 전략적 목표로 적절하지 않은 것은?

① 환경 ② 비용
③ 품질 ④ 시간

해설 기업이 추구하는 목표를 이윤의 극대화 또는 기업가치의 극대화라 한다면 생산관리의 목표는 원가(cost), 품질(quality), 시간(time) 또는 납기(delivery), 유연성(flexibility)의 네 가지로 요약된다. 이 목표들은 상충관계(trade off)에 있기 때문에 목표의 우선순위를 정해야 한다.

정답 01 ① 02 ② 03 ①

04 4차 산업혁명의 대표적인 특징이 아닌 것은?

① 융합화
② 초연결성
③ 독립화
④ 초지능성

> **해설** 4차 산업혁명에 따른 변화로는 인공지능(AI) 발전에 따른 무인공장(smart factory) 구축 등을 들 수 있다. 4차 산업혁명은 2016년 세계경제포럼(WEF : World Economic Forum)에서 화두로 등장한 개념으로 디지털 혁명에 기반하여 물리적 공간, 디지털적 공간 및 생물학적 공간의 경계가 희석되는 기술융합의 시대로 정의하였다.
> 과학기술적 측면에서 모바일 인터넷, 클라우드 컴퓨팅, 빅데이터, 사물인터넷(IoT) 및 인공지능(AI) 등이 주요 변화 동인으로 꼽히고 있다. 또한 초연결성(Hyper-Connected), 초지능화(Hyper-Intelligent)라는 특성을 가진다.

05 근대 산업혁명의 근원인 3S(표준화, 전문화, 단순화) 중 표준화에 대한 설명으로 적절한 것은?

① 소품종 소량 생산에 적합하도록 규격을 다양화한다.
② 효율성보다는 소비자의 기호를 반영하기 위하여 도입된 개념이다.
③ 생산되는 부품의 개수가 증가되어 체계적인 부품 관리가 필요하다.
④ 제품을 구성하는 부품의 호환성이 증가하여 생산 및 수리 비용이 절감된다.

> **해설** 표준화(standardization)는 제품의 품질 향상, 작업자의 교육과 훈련 용이, 분업 및 업무표준화에 의한 작업능률 향상, 구매·검사 업무절차의 간소화, 원자재 및 제품재고의 감소, 대량생산에 의한 생산성 증진과 원가 절감 등의 기대효과가 있다.
> 표준화의 단점으로는 다양한 소비자의 욕구를 충족시키기 어렵다는 점과 발전하는 기술을 고정시킨다는 점을 들 수 있다.

06 제품수명주기의 일반적인 단계가 아닌 것은?

① 도입기
② 성장기
③ 성숙기
④ 반감기

> **해설** 제품수명주기(PLC : Product Life Cycle)는 '도입기 → 성장기 → 성숙기 → 쇠퇴기'의 단계를 거친다.
> - 도입기(introduction) : 신제품의 출시 초기 단계로 높은 유통개척비용과 광고비의 지출로 인해 손실을 보거나 이익이 낮은 단계이다.
> - 성장기(growth) : 판매가 증가하는 단계로 이익이 높아 새로운 경쟁기업들이 보다 향상된 제품으로 진입함에 따라 시장의 규모는 확대된다.
> - 성숙기(maturity) : 제품의 매출성장률이 둔화되기 시작하는 시점으로 가장 높은 매출을 실현하게 된다. 또한 경쟁기업들의 공격적 마케팅으로 자사제품의 이익은 줄어들게 된다.
> - 쇠퇴기(decline) : 절대적 판매량이 감소하는 단계이다. 판매량과 이익이 감소함에 따라 기업들이 시장에서 철수하거나 또는 제품을 축소한다.

정답 04 ③ 05 ④ 06 ④

07 동시공학(Concurrent Engineering)에 대한 설명으로 적절하지 않은 것은?

① 엄격한 관리를 위하여 정보를 통제한다.
② 제품개발 및 생산 리드타임이 단축된다.
③ 제조 및 지원 프로세스의 통합적 설계 체계이다.
④ 설계, 처리 및 운영에서 문제 발생의 가능성이 감소한다.

해설 동시공학적 제품개발은 다기능팀(cross functional team)과 광범위한 협업을 해야 하므로 정보를 실시간으로 공유해야 한다.
동시공학(Concurrent Engineering)은 동시설계 또는 병행설계라고도 하는데 신제품 출시과정에서 디자인, 성능평가, 테스트, 생산, 판매 및 사후관리까지의 모든 과정을 동시화(병렬)하여 생산의 시행착오를 줄이고 출시기간을 획기적으로 단축시키는 방법론이다.

08 제품 설계의 방법 중 품질기능전개(QFD)에 대한 설명으로 옳지 않은 것은?

① 주요 도구로 품질의 집(HOQ)이 사용된다.
② 설계 시점부터 불량률을 최소화하기 위하여 사용된다.
③ 고객의 요구 등을 제품의 기술규격으로 전환하는 데 사용된다.
④ 마케팅, 설계, 제조 등 제품 개발과 생산에 관련된 부서들이 협조관계를 유지해야 한다.

해설 품질기능전개(QFD : Quality Function Deployment)는 고객의 요구를 제품이나 서비스의 설계명세에 반영하는 체계적인 방법이다. QFD의 목적은 제품설계 → 부품계획 → 공정계획 → 생산계획에 이르기까지 각 단계에서 소비자의 요구(voice of customer)가 제품이나 서비스에 충분히 반영되도록 하여 고객만족을 최대화하는 것이다.
품질의 집(HOQ)은 QFD 활용의 핵심적 수단으로 관련부서 간의 커뮤니케이션을 촉진하고 제품설계 시 효과적이고 체계적인 논의를 가능케 한다.

09 다음 설명에 해당하는 공정은?

- 일반적으로 대규모 생산에 따른 가격경쟁을 위하여 사용된다.
- 표준화된 제품을 생산할 때 적절하다.
- 전문화된 장비를 사용한다.
- 일반적으로 유연성이 떨어진다.
- 재공품재고의 수준이 낮게 유지되는 편이다.

① 프로젝트 공정
② 주문생산 공정
③ 묶음생산 공정
④ 조립생산 공정

해설 조립공정(assembly process)은 표준화된 제품을 대량생산하여 가격경쟁력을 높일 수 있는 생산공정이다. 주로 자동차, 기계, 전기·전자제품, 조선·건설업 등에서 채택한다.

정답 07 ① 08 ② 09 ④

10 BPR(Bisiness Process Re-engineering)의 실행단계로 적절하지 않은 것은?
① 프로세스 재설계
② 비전 및 목표 개발
③ 품질변동 원인 제거
④ 현재 프로세스 이해

해설 BPR(Business Process Re-engineering), 즉 업무재설계는 경영혁신기법의 하나로서, 기업의 활동이나 업무의 전반적인 흐름을 분석하고, 경영 목표에 맞도록 조직과 사업을 최적으로 다시 설계하여 구성하려는 기법이다.
BPR의 실행절차는 '사업비전과 프로세스별 목표의 개발 → 재설계 대상 핵심 프로세스의 규명 → 기존 프로세스의 이해와 측정 → 필요 정보기술의 탐색 → 프로세스 원형의 설계 및 구축'의 순서로 이루어진다.

11 제품 생산 및 설계 과정에서 유연성이 크게 요구되는 생산 형태는?
① 개별 생산
② 배치 생산
③ 계속 생산
④ 라인 생산

해설 개별 생산(job shop production)은 개별주문에 따라 생산을 하는 형태로 주문이 있을 때마다 해당 주문품을 생산하므로 유연성이 가장 큰 생산 형태이다.
② 배치 생산(batch production) 또는 묶음 생산(로트 생산)은 수주 또는 계획된 생산물량을 일정량씩 반복하여 생산하는 형태로 효율성이 낮은 생산 형태이다.
③ 계속 생산(continuous production) 또는 연속 생산은 대량의 동일한 제품을 반복생산하는 방식으로 자동차, 가전제품, 석유화학제품 등의 생산에 주로 이용된다.
④ 라인 생산은 동일한 생산과정을 반복적으로 거쳐 대량생산하는 형태로 효율성이 매우 높지만 유연성은 낮다.

12 다음 설명에 해당하는 설비 배치 형태는?

- 제조물은 고정되어 있고, 작업자와 장비가 제조물의 위치로 이동하여 예정된 일정에 따라 작업한다.
- 효과적인 설비 배치를 위해서는 작업 순서와 향후 필요한 자재의 배치 등을 고려해야 한다.

① 프로젝트 배치
② 조립 라인 배치
③ 프로세스 배치
④ 제품 중심 배치

해설 제조물은 고정되어 있고, 작업자와 장비가 제조물의 위치로 이동하여 예정된 일정에 따라 작업을 하는 설비 배치는 위치고정형 배치(fixed position layout)로 프로젝트 배치, 제품고정형 배치라고도 한다. 프로젝트 배치는 프로젝트 생산공정, 선박, 항공기, 우주선 등 크고 복잡한 제품의 생산에 적합하다.
②, ④ 제품별 배치(product layout) 또는 라인 배치(line layout)는 특정 제품의 생산에 필요한 기계설비를 제조과정의 순서에 따라 배치하는 것으로 자동차나 가전제품 등의 연속생산 공정에 적합한 설비 배치이다.

정답 10 ③ 11 ① 12 ①

13 다음 설명에 해당하는 프로세스 도표는?

> • 자재, 작업자 또는 설비의 운반, 검사, 대기 등을 위한 이동을 면밀히 분석하는 도표이다.
> • 프로세스의 각 활동에서 운반 시간, 검사 시간, 대기 시간 등을 상세히 기록하여 프로세스 개선에 활용하는 도표이다.

① 관리도(Control Chart)
② 흐름도표(Flow Diagram)
③ 작업순서표(Route Sheet)
④ 조립도표(Assembly Diagram)

해설 흐름도표(flow diagram) 또는 흐름공정도표(flow process chart)는 공정을 형성하는 작업의 진행순서, 즉 제조공정 등에서의 작업, 운반, 검사, 저장 등을 나타내는 도표로 공정흐름을 개선하는데 매우 유용한 도표이다.

14 재고생산공정(MTS)에 대한 설명으로 옳지 않은 것은?
① 주요 관심 분야는 수요예측 및 재고통제이다.
② 표준화된 제품 생산을 통하여 저렴한 가격이 가능하다.
③ 주요 목표는 생산되는 제품의 다양성을 확보하기 위한 생산능력을 관리하는 데 있다.
④ 주요 성과척도는 서비스 수준, 재고회전율, 생산능력의 가동률, 추후납품에 걸리는 시간 등이다.

해설 재고생산공정(MTS : make to stock process)의 주요 목표 중 하나는 원하는 서비스 수준을 최소의 비용으로 충족시키는 것이다. 제품의 다양성이 아니라 불특정 다수의 고객을 대상으로 기업이 자체적으로 정한 제품규격과 생산수량에 따라 생산하는 형태이다. 재고생산공정(MTS)은 수요예측에 근거하여 생산을 하고 재고로 비축하여 두기 때문에 고객이 주문할 경우 인도받기까지 가장 짧은 시간이 소요된다.

15 시간당 4개의 제품을 생산하고 처리시간이 12시간인 어느 공정에 리틀의 법칙을 적용할 경우, 해당 공정의 재공품재고(WIP) 개수는?
① 3개
② 8개
③ 16개
④ 48개

해설 리틀의 법칙은 재고, 흐름률, 흐름시간의 세 가지의 프로세스 요소 간의 관계를 설명하는 것으로, 평균 재고수준 = 평균 흐름률 × 평균 흐름시간이다. 따라서 해당 공정의 재공품재고(WIP) 개수 = 4개 × 12시간 = 48개이다.

정답 13 ② 14 ③ 15 ④

16 샘플링 검사를 수행하는 상황으로 적절하지 않은 것은?

① 검사 비용이 높은 경우
② 검사할 품목이 많은 경우
③ 파괴 검사가 요구되는 경우
④ 부품 공급업체의 품질수준이 낮은 경우

> **해설** 부품 공급업체의 품질수준이 낮은 경우에는 전수 검사(total inspection)를 해야 한다. 전수 검사는 불량품이 조금이라도 있어서는 안 되는 경우, 검사항목수가 적고 로트 크기가 작을 때 행해진다.

17 정성적 수요예측 기법에 해당하는 것은?

① 이동평균법   ② 시장조사법
③ 회귀분석법   ④ 시계열분석법

> **해설** 정성적 기법으로는 델파이법(delphi method), 시장조사법(market research), 패널 동의법(panel consensus), 역사적 유추법(historical analogy) 등이 있다.
> 수요예측기법은 여러 가지로 분류할 수 있으나 일반적으로 정성적 혹은 질적 기법(qualitative method)과 정량적 혹은 계량적 기법(quantitative method)으로 크게 나눈다. 정량적 기법으로는 회귀분석법(regression analysis), 지수평활법, 이동평균법, 시뮬레이션 모형(simulation model), 시계열분석법 등이 있다.

18 A 회사는 평활상수를 0.2로 하는 지수평활법(Exponential Smoothing)을 이용하여 매달 다음 달의 수요를 예측하고 있다. 이번 달의 예측치와 실제 수요가 다음과 같을 때, 다음 달의 수요예측치는?

수요예측치	100
실제 수요	120

① 104   ② 110
③ 116   ④ 124

> **해설** 지수평활법(exponential smoothing)은 가장 최근의 데이터에 가장 큰 가중치가 주어지고 시간이 지남에 따라 가중치가 지수함수처럼 감소하는 가중치 이동평균 예측기법의 하나이다.
> 평활상수를 α로 표시하면 지수평활법에 의한 예측치(F)는 F = α × 전기의 실적치 + (1 − α) × 전기의 예측치가 된다. 따라서 F = 0.2 × 120 + (1 − 0.2) × 100 = 24 + 80 = 104이다.

정답 16 ④ 17 ② 18 ①

19 생산능력(Capacity) 및 가동률(Utilization)에 대한 설명으로 옳지 않은 것은?

① 가동률은 생산능력 대비 실제 생산량의 비율을 의미한다.
② 일반적으로 라인 공정의 가동률이 배치 공정이나 잡숍 공정(Job Shop Process)에 비하여 높다.
③ 재난이나 위급 상황의 수요를 대비하기 위하여 소방, 응급 의료 서비스 등은 가동률을 매우 높게 유지하는 것이 일반적이다.
④ 유효 생산능력(Effective Capacity)은 정비시간, 휴식시간 등 생산능력을 감소시키는 활동에 소요되는 시간을 고려한 생산능력이다.

> **해설** 재난이나 위급 상황의 수요를 대비하기 위하여 소방, 응급 의료 서비스 등은 가동률을 낮게 유지하여 여유능력(capacity cushion)을 보유하는 것이 일반적이다.

20 총괄생산계획에서 추구하는 달성 목표로 적절하지 않은 것은?

① 비용 최소화
② 자원 활용 최대화
③ 재고 최소화
④ 생산율 변화 최대화

> **해설** 총괄생산계획(aggregate production planning)은 생산자원의 효율적 배분과 비용의 최소화를 목적으로 미래 일정기간의 생산율, 고용수준, 재고수준, 잔업, 하청 등을 중심으로 총괄적인 입장에서 수립되는 중기 생산계획이다. 총괄생산계획은 수요를 충족시켜야 하고, 생산설비의 생산능력 범위 내에서 이루어져야 하며, 사업전략에 부합하고, 관련비용이 최소, 생산률 변화가 최소가 되도록 수립되어야 한다.

21 일반적인 생산계획 수립 순서를 바르게 나열한 것은?

① 자재소요계획 → 주일정계획 → 총괄생산계획
② 자재소요계획 → 총괄생산계획 → 주일정계획
③ 총괄생산계획 → 자재소요계획 → 주일정계획
④ 총괄생산계획 → 주일정계획 → 자재소요계획

> **해설** 생산계획의 프로세스는 '생산능력계획 → 총괄생산계획(APP) → 주일정계획(MPS) → 자재소요계획(MRP)' 순이다.
> 생산계획의 구조는 장기, 중기, 단계계획으로 구분할 수 있다.
> - 장기계획 : 의사결정의 효과가 장기간에 걸쳐 지속되는 결정사항으로 전략적 성격의 생산계획이다. 생산전략, 제품설계, 공정설계 등이 포함되며 생산능력계획으로 다뤄진다.
> - 중기계획 : 장기계획과 단기계획을 연결하는 부분으로서 생산계획의 핵심이 되는 총괄생산계획이 여기에 해당한다.
> - 단기계획 : 의사결정의 효과가 단기간에 미치는 결정사항으로 구체적인 생산일정과 작업할당을 결정한다. 주일정계획이 여기에 해당한다.

정답 19 ③ 20 ④ 21 ④

22 각 작업을 처리하는 시간과 납기일은 다음과 같다. SPT(Shortest Processing Time) 규칙에 따라 작업을 진행할 때, 발생하는 초과 납기일 수의 합계는?

작업	처리시간(일)	납기일(일)
A	5	11
B	11	13
C	7	8
D	13	19
E	9	15

① 45일 ② 50일
③ 55일 ④ 60일

해설 작업순서 규칙인 SPT(Shortest Processing Time) 규칙은 최단작업소요시간법으로 작업소요시간이 짧은 작업의 순서를 우선하는 규칙이다.

작업	처리시간(일)	납기일(일)	흐름시간(일)	초과납기일(일)
A	5	11	5	0
C	7	8	12	4
E	9	15	21	6
B	11	13	32	19
D	13	19	45	26

작업소요시간을 작업순서로 보면 A → C → E → B → D이다. 처리시간을 순서대로 더하여 흐름시간을 구하고, 흐름시간에서 납기일을 빼서 초과납기일을 구한다. 각 작업별 초과납기일을 더하면 0 + 4 + 6 + 19 + 26 = 55일이다.

23 프로젝트 일정계획 수립에 사용되는 도구는?

① 관리도
② 간트도표
③ 파레트도표
④ 이시가와 다이어그램

해설 프로젝트 일정수립 수단으로 간트차트(Gantt charts), CPM 및 PERT 등이 사용될 수 있다. 간트차트는 가장 간단하게 일정계획을 수립할 수 있어 비교적 작은 규모의 프로젝트에서 많이 활용되지만 작업 간의 선후관계를 파악하기 어렵다는 단점이 있다.

정답 22 ③ 23 ②

24 5개의 활동으로 이루어진 프로젝트에서 각 활동의 활동 시간과 직전 선행 활동은 다음과 같다. 이 프로젝트의 최단 완료 시간은?

활동	활동 시간(일)	직전 선행 활동
A	5	–
B	3	A
C	1	B
D	5	A
E	2	C, D

① 10일 ② 11일
③ 12일 ④ 16일

해설 프로젝트의 최단 완료 시간 경로는 A → B → C → E 이고 완료 시간 = 5 + 3 + 1 + 2 = 11일이다.

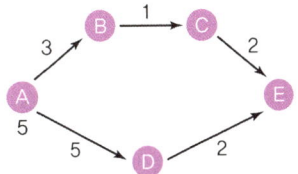

25 PERT에서 사용하는 작업 시간의 추정치 요소가 아닌 것은?

① 정상 완료 시간 ② 사분위 완료 시간
③ 비관적 완료 시간 ④ 낙관적 완료 시간

해설 네트워크 계획기법인 PERT(Program Evaluation & Review Technique)는 프로젝트를 효과적으로 수행할 수 있도록 네트워크를 이용하여 프로젝트를 합리적으로 관리하는 기법이다. PERT에서 작업(활동) 시간을 3개 추정 소요시간을 가중평균하여 구하며, 3개 추정치 소요는 낙관시간(optimistic time), 정상시간(most likely time) 및 비관시간(pessimistic time)이다.

26 재고보유비용에 해당하지 않는 것은?

① 감가상각비 ② 창고 유지비용
③ 현재 및 미래 판매손실 ④ 유지보수 및 에너지 비용

해설 ③ 현재 및 미래 판매손실은 재고비용 중 기회비용에 해당하는 것으로 재고부족비용에 해당한다. 재고비용은 재고유지비용(재고보유비용), 재고주문비용, 재고부족비용, 재고준비비용으로 구분할 수 있다. ㉠ 재고주문비용은 청구비, 수송비, 검사비 등의 주문에서부터 창고 입고시까지의 모든 비용을 말한다. ㉡ 재고유지비용은 보관비, 보험료, 세금 등의 비용을 말한다. ㉢ 재고부족비용은 판매기회 상실, 고객의 구매기회 상실 등의 비용오로 기회비용 개념이다.

정답 24 ② 25 ② 26 ③

27 다음 설명에 해당하는 재고 시스템은?

> • 독립수요에 대한 재고관리 시스템이다.
> • 재고수준이 재주문점에 도달하면 주문한다.
> • 주문 간격은 일정하지 않으나, 주문량은 일정하다.
> • 품절은 조달 리드타임 동안에만 발생할 수 있다.

① ABC 시스템
② 하이브리드 시스템
③ 정기발주 시스템(P 시스템)
④ 정량발주 시스템(Q 시스템)

해설 재고수준이 재주문점(ROP)에 도달하면 주문하므로 주문 간격은 일정하지 않지만 주문량은 일정한 재고시스템은 정량발주 시스템(Q 시스템)이다. 이 경우 주문량은 경제적 주문량(EOQ)이다.

28 A 회사는 안전재고 없이 경제적 주문량(EOQ) 모형을 활용하여 재고관리를 하고 있으며, 재고 관련 비용은 다음과 같다. 이때 예상되는 연간 총 주문 횟수는?

> • 연간 수요 : 40,000개
> • 1회 주문비용 : 1,000원
> • 개당 연간 재고유지비 : 500원

① 1회
② 10회
③ 25회
④ 100회

해설 경제적 주문량 $EOQ = \sqrt{\dfrac{2 \times 1회 주문비용(O) \times 연간수요량(D)}{단위당 재고유지비용(C)}}$ 이다.

따라서 경제적 주문량 $EOQ = \sqrt{\dfrac{2 \times 1,000원 \times 40,000개}{500원}} = \sqrt{160,000개} = 400$개이다. 연간수요량이 40,000개이므로 최적주문횟수 = 40,000개 / 400개 = 100회이다. 그리고 최적주문주기 = 365일 / 100회 = 3.65일이다.

29 경제적 주문량 모형의 가정으로 적절하지 않은 것은?

① 수요는 일정하다.
② 재고부족은 허용된다.
③ 주문비용은 일정하다.
④ 단위당 재고비용은 일정하다.

해설 경제적 주문량(EOQ) 모형은 매번 주문시 주문량이 동일하고, 재고단위당 구입원가는 1회당 주문량에 영향을 받지 않으며, 재고부족비용은 없다는 가정 하에 재고주문비용과 재고유지비용을 더한 총재고관련비용을 최소로 하는 주문량을 구하는 모형이다.

정답 27 ④ 28 ④ 29 ②

30 안전재고에 대한 설명으로 옳은 것은?

① 서비스 수준이 높아질수록 안전재고의 양은 증가하는 경향이 있다.
② 수요의 변동성이 커질수록 안전재고의 양은 감소하는 경향이 있다.
③ 안전재고는 계절적 요인 등으로 향후 발생할 수 있는 수요의 상승에 대비하기 위한 재고이다.
④ 정기 발주 시스템을 운영하는 경우 안전재고의 양은 리드타임 동안 수요의 불확실성만을 고려하여 결정될 수 있다.

해설 안전재고 = 안전계수 × 수요의 표준편차 × $\sqrt{조달기간}$ 이다. 여기에서 안전계수는 고객서비스 수준에 따라 결정되는데 고객서비스 수준이 높아지면 안전계수는 증가하고 따라서 안전재고의 양은 증가한다.

31 최종제품 A를 생산하기 위해서는 부품 X, Y, Z가 필요하며 자재명세서(Bill of Materials)는 다음 그림과 같다. 최종제품 A를 2단위 생산하는 데 필요한 부품 Z의 소요량은?

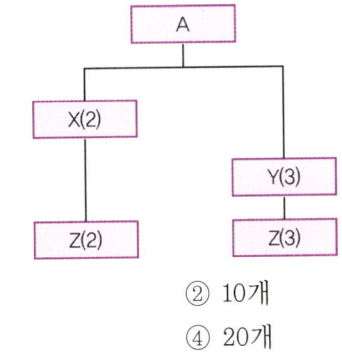

① 5개
② 10개
③ 15개
④ 20개

해설 A 1단위생산을 위해서는 X 2단위와 Y 3단위가 필요하다. X 2단위와 Y 3단위를 생산하기 위해서는 Z 2단위와 Z 3단위, 즉 Z 5단위가 필요하므로 A 2단위 생산을 위해서는 Z 10단위가 필요하다.

32 전체 조직을 통합하여 관리하기 위한 목적으로 구축된 ERP의 구성 모듈로 적절하지 않은 것은?

① 제조 모듈
② 클라우드 모듈
③ 재무/회계 모듈
④ 인적자원관리 모듈

해설 전사적자원계획 ERP(enterprise resources planning)는 인사·재무·생산 등 기업의 전 부문에 걸쳐 독립적으로 운영되던 인사정보시스템·재무정보시스템·생산관리시스템 등을 하나로 통합하여 기업 내의 인적·물적 자원의 활용도를 극대화하고자 하는 경영혁신기법이다.
따라서 ERP 구성모듈은 생산 및 자재관리, 품질관리, 설비관리, 영업 및 고객관리, 회계 및 자금관리, 인사관리 등 기업내의 모든 업무프로세스를 통합한다.

정답 30 ① 31 ② 32 ②

33 다음 내용의 문제를 해결하기 위하여 강조되어야 할 운영관리 분야로 적절한 것은?

- 공급의 납기 및 수요의 불확실성 증대
- 소매상 및 도매상들로부터 얻는 주문 정보의 왜곡 현상 증폭
- 대량 고객화 등의 추세에 따라 물류관리의 복잡도와 리드타임의 증가

① CIM ② SCM
③ CRM ④ TQM

해설 소매상 및 도매상들로부터 얻는 주문 정보의 왜곡 현상 증폭으로 공급의 납기 및 수요의 불확실성이 증대하는 하는 현상을 채찍효과(bullwhip effect)라고 한다. 채찍효과를 해결하기 위해 등장한 것이 공급사슬관리(SCM)이다.

34 아웃소싱을 추진하는 이유로 적절하지 않은 것은?

① 비용절감 ② 생산용량 부족
③ 독점기술 보호 ④ 기술 또는 전문성 부족

해설 아웃소싱(outsourcing)을 하게 되면 독점적으로 활용하는 기술의 보호가 어려워지는 단점이 있다. 아웃소싱은 생산능력이 부족하거나 기술 또는 전문성이 부족한 경우, 또는 비용절감을 위해 추진하는 경우가 일반적이다.

35 공습사슬관리 전략 중 푸시(Push)전략이 주로 사용되는 상황은?

① 제품의 수명이 긴 경우
② 제품의 다양성이 높은 경우
③ 수요예측의 정확도가 낮은 경우
④ 혁신적인 제품군을 생산하는 경우

해설 공급사슬의 프로세스는 고객 주문에 대응하여 실행하는 풀(pull)전략과 고객 주문 예측에 대응하여 실행되는 푸시(push)전략으로로 구성된다. 풀 프로세스는 실행시점에 수요가 확실하게 알려져 있는 반면, 푸시 프로세스는 알려져 있지 않으므로 수요를 예측해야 한다.

정답 33 ② 34 ③ 35 ③

36 린(Lean)생산 시스템에서 추구하는 바가 아닌 것은?

① 로트크기의 최소화
② 리드타임의 최소화
③ 제품믹스의 최소화
④ 생산 준비시간의 최소화

해설 린(Lean)생산방식은 노력, 설비, 시간, 공간의 낭비 요소를 줄이거나 제거하여, 덜 투입하고도 더 많은 것을 얻을 수 있는 방법을 제공한다.
Lean 개념은 도요타 시스템에서 시작되어 생산 분야만의 개념이 아니라 다양한 분야에서 적용되고 있다. 린생산 시스템은 준비교체시간 감소, 현장 낭비의 제거, 불량품 개선(품질 향상) 효과를 도모할 수 있으나 연공서열형 임금제도를 인정하고 있어 인건비의 가중을 야기할 수 있다.

37 ( ) 안에 들어갈 말로 알맞은 것은?

( )는 품질 문제가 발생하였을 때 불량원인별로 데이터를 취하여 그 영향이 큰 것(빈도수 또는 금액 등)부터 순서대로 나타낸 도표이다.

① 관리도
② 파레토도표
③ 산점도
④ 특성요인도

해설 품질개선 활동을 수행할 때, 무엇을 우선 고려해야 할지 파악하기 위해 사용할 수 있는 도구는 파레토도표(Pareto diagram)이다. 파레토도표는 품질 문제의 80%가 중요한 20%의 원인에 집중되어 있다고 보고 도표로 작성하여 관리한다.
① 관리도(control chart)는 제조공정에 이상이 일어나고 있음을 발견하거나 제조공정의 주기적 변동이나 경향적 변동에 따라 필요한 행동을 신속하게 취할 목적으로 이용된다.
③ 산점도(scatter plot) 또는 상관도는 두 변수에 대해서 결과와 원인의 관계를 규명하고 이 관계를 시각적으로 표현하고자 할 때 사용된다.
④ 특성요인도(cause and effect diagram)는 일의 결과(특성)와 그것에 영향을 미치는 원인(요인)을 계통적으로 정리한 그림이다.

38 도요타의 낭비를 줄이기 위한 활동인 5S의 요소가 아닌 것은?

① 정리
② 습관화
③ 정돈
④ 정보화

해설 일본 도요타 자동차회사의 낭비를 줄여 원가를 절감을 위한 기초 활동인 5S는 정리(Seiri), 정돈(Seiton), 청소(Seiso), 청결(Seiketsu), 습관화(Shitsuke)를 말한다.
5S로 기대되는 효과는 준비시간제로(다품종화), 불량제로(품질향상), 낭비제로(원가절감), 지연제로(납기준수) 및 고장제로(가동률 향상) 등이다.

정답 36 ③ 37 ② 38 ④

39 다음 식스시그마 방법론의 5단계 실현 과정에서 ( ) 안에 들어갈 말로 알맞은 것은?

> 정의 → 측정 → ( ) → 개선 → 관리

① 분석 ② 설정
③ 정리 ④ 감시

해설 6시그마 운동을 효과적으로 추진하기 위해 고객만족의 관점에서 출발하여 프로세스의 문제를 찾아 통계적 사고로 문제를 해결하는 품질개선 작업과정을 DMAIC이라고 한다.
DMAIC은 정의(define), 측정(measurement), 분석(analysis), 개선(improvement), 관리(control) 의 5단계로 나누어 실시하고 있다.

40 공정의 이상 유무를 모니터링 하는 $\overline{X}$ 관리도를 구성하는 요소가 아닌 것은?

① 중심선 ② 관리상한선
③ 사분위선 ④ 관리하한선

해설 표본평균 $\overline{X}$ 관리도는 관리상한선(UCL), 중심선, 관리하한선(LCL)로 구성된다. $\overline{X}$ 관리도는 제조공정에 이상이 일어나고 있음을 발견하거나 제조공정의 주기적 변동이나 경향적 변동에 따라 필요한 행동을 신속하게 취할 목적으로 도입되었다.

정답 39 ① 40 ③

독학사 2단계

YEAR
2023
기출문제

- 인적자원관리
- 마케팅원론
- 조직행동론
- 경영정보론
- 마케팅조사
- 생산운영관리

※ 본 기출문제는 수험생들의 기억력을 토대로 복원되어 실제로 출제된 문제와는 다소 차이가 있을 수 있습니다.

독학사 2단계

2023 인적자원관리 기출문제

01 인사부서의 역할 중 장기적-사람 관점에 해당하는 것은?

① 행정전문가
② 전략적 파트너
③ 변화주도자
④ 종업원 옹호자

해설 인사부서의 역할 중 장기적-사람 관점에 해당하는 것은 변화주도자이고, 장기적-프로세스 관점에 해당하는 것은 전략적 파트너이다.
인사관리의 네 가지 핵심역할은 다음과 같다.

	장기(미래) / 전략적		
프로세스	전략적 파트너	변화주도자	사람
	행정전문가	종업원 옹호자	
	일상적(단기) / 운영적		

02 임금피크제도가 도입·확산된 배경이 아닌 것은?

① 저성장 시대 돌입
② 급속한 고령화 시대 돌입
③ 세계화로 인한 기업 간 경쟁 심화
④ 유연한 임금체계로 인한 고용불안 확산

해설 연공급과 같은 경직적(inflexibility)인 임금체계로 인한 고용불안의 확산이 임금피크제와 같은 임금체계의 경직성을 완화시키는 제도가 도입된 배경이 된다.

정답 01 ③ 02 ④

03 다음 설명에 해당하는 이론은?

- 표준화, 단순화, 세분화와 같은 직무설계 방식이 강조되는 시대에 시행되었다.
- 과업의 합리적 관리를 목표로 한다.

① 인간관계론 ② 상황적이론
③ 시스템이론 ④ 과학적 관리론

해설 표준화, 단순화, 세분화와 같은 직무설계 방식이 강조되는 시대에 과업의 합리적(과학적) 관리를 목표로 도입된 것은 테일러와 포드에 의해 확립된 과학적 관리론이다.
테일러(F. W. Taylor)의 과학적 관리론은 경제인 가설에 기초하여, 시간 및 동작연구, 표준과업의 설정, 기능적 조직 등을 주요 내용으로 한다.
포드(H. Ford)는 생산의 표준화를 위하여 3S, 즉 제품과 작업의 표준화(Standardization), 제조부품의 단순화(Simplification), 제조공정의 전문화(Specialization)를 도입하였다.

04 인적자원관리에 영향을 미치는 노동시장 변화에 해당하지 않는 것은?

① 내부노동시장의 발달
② 노동시장의 유연화 가속화
③ 지식근로자 중심의 노동시장
④ 노동시장에서의 다양성 증가

해설 인적자원관리의 변화를 가져온 패러다임의 변화 중 하나는 내부노동시장에서 외부노동시장으로의 변화이다. 즉 과거에는 내부노동시장을 중심으로 인적자원관리가 이루어졌으나 최근에는 경영환경의 급속한 변화에 따라 외부노동시장이 중시되고 있다.

05 다음 인적자원관리의 발달 과정을 순서대로 나열한 것은?

ㄱ. 전략적 인적자원관리 ㄴ. 인간관계 운동
ㄷ. 과학적 관리 ㄹ. 인사윤리와 CSR 강조

① ㄱ → ㄴ → ㄷ → ㄹ
② ㄴ → ㄹ → ㄷ → ㄱ
③ ㄷ → ㄱ → ㄹ → ㄴ
④ ㄷ → ㄴ → ㄱ → ㄹ

해설 인적자원관리는 1910년대 처음 등장한 과학적 관리에서 시작하여 1920년대 중반 이후 인간관계론을 거쳐 인적자원 접근법과 시스템 접근법으로 전개되었다. 그 이후 전략적 인적자원관리를 거쳐 근래에는 인사윤리와 기업의 사회적 책임(CSR)을 강조하는 추세로 발전하고 있다.

정답 03 ④ 04 ① 05 ④

06 다음 설명에 해당하는 직무분석의 산출물은?

> 직무에 대한 구체적인 내용을 체계적으로 기술한 것으로 성과기준, 작업조건 등이 포함된다.

① 직무설계서
② 직무기술서
③ 직무명세서
④ 직무복명서

해설 직무분석의 산출물 중 하나인 직무기술서(job description)는 직무분석을 통해 얻어진 직무의 성격과 내용, 직무의 이행방법과 직무에서 기대되는 결과 등 과업요건(직무요건)을 중심으로 정리해 놓은 문서이다.
한편 직무명세서(job specification)는 직무수행에 필요한 종업원의 행동, 기능, 능력, 지식 등 인적 요건을 정리한 문서이다.

07 직무정보 수집방법에 해당하지 않는 것은?

① 관찰법
② 질문지법
③ 면접법
④ 시뮬레이션법

해설 직무분석을 위한 직무정보 수집방법으로 대표적인 것은 질문지법, 면접법 및 관찰법이다. 이와 함께 작업기록법, 중요사건기록법, 워크샘플링법 등이 활용되고 있다.

08 고용관계 특성의 변화 내용에 해당하지 않는 것은?

① 장기 또는 종신고용에서 단기고용으로 변화
② 직급중심의 인사체계에서 직무와 역량 중심의 인사체제로 변화
③ 공정성이 강조된 보상제도에서 평등성이 강조된 보상제도로 변화
④ 지시나 통제 중심의 관리방식에서 임파워먼트형 관리방식으로 변화

해설 고용관계는 과거의 평등성이 강조된 연공중심의 보상제도에서 최근에는 공정성이 강조되는 능력·성과중심의 보상제도로 변화하고 있다.

09 다음에 제시한 계량화 방법에 가장 가까운 개념은?

> • 서열법
> • 점수법
> • 분류법
> • 요소비교법

① 직무설계
② 직무분석
③ 직무평가
④ 직무확대

정답 06 ② 07 ④ 08 ③ 09 ③

해설 제시된 내용은 여러 직무의 상대적 가치를 계량화하는 직무평가(job evaluation) 방법이다. 직무평가 방법은 비양적 방법과 양적 방법의 두 가지로 구분된다. 비양적 방법에는 서열법과 분류법이 있고, 양적 방법에는 점수법과 요소비교법이 있다.

10 ( ) 안에 들어갈 말로 알맞은 것은?

> 평가결과를 피평가자에게 공개하고, 평가자 수의 확대와 교육을 통해 평가오류를 최소화함으로써 인사고과의 ( )을 증대한다.

① 신뢰성
② 타당성
③ 수용성
④ 실용성

해설 평가결과를 피평가자에게 공개하고, 평가자 수의 확대와 교육을 통해 평가오류를 최소화하는 이유는 인사고과의 관리기준의 하나인 수용성(acceptability)을 위한 것이다.
수용성은 인사고과가 관계 당사자에게 어느 정도나 받아들여지는가를 말한다.

11 다음 설명에 해당하는 인사평가 방법은?

> 평가결과에 따라 평가 대상을 미리 결정된 특정 비율에 따라 몇 개의 그룹으로 분류하는 방식이다.

① 비교법
② 강제할당법
③ 서열법
④ 평정척도법

해설 인사고과(인사평가) 방법의 하나인 강제할당법은 사전에 정해 놓은 몇 개 그룹의 비율에 따라 피고과자를 강제로 할당하는 방법이다. 예를 들어 피고과자의 성과수준을 상위 10%, 중상 25%, 중 30%, 중하 25%, 하 10% 등으로 사전에 규정하고 인원수를 맞추는 것이다.
이 방법은 피고과자의 수가 많아 서열을 매기기 어려울 때 서열법의 대안으로 주로 사용한다.

12 ( ) 안에 들어갈 말로 알맞은 것은?

> ( )는 어떤 피평가자에 대한 평가가 다른 피평가자의 영향을 주는 오류이다. 객관적인 기준이나 평정척도에 근거하지 않고 타인과 비교하여 평가할 때 발생한다.

① 유사효과
② 현혹효과
③ 최신오류
④ 대비효과

정답 10 ③ 11 ② 12 ④

> **해설** 대비효과(contrast effect) 또는 대조효과는 한 피평가자의 평가가 다른 피평가자의 평가에 영향을 주어 발생하는 오류이다. 인사고과시 성과표준과 실제 구성원의 성과를 비교하여 판단하지 않고, 다른 사람과 비교함으로써 발생하는 오류이다.

13 내부모집의 장점에 해당하지 않는 것은?

① 능력평가가 용이하다.
② 인력의 동질성이 확대된다.
③ 승진된 인력의 사기 향상이 가능하다.
④ 외부모집에 비해 비용 감소의 효과가 있다.

> **해설** 내부모집의 장점으로는 모집의 비용이 적게 들고, 지원자에 대한 정확한 평가가 가능하다. 종업원에게 승진기회를 제공하고 사기의 진작에 도움이 되며 이직률이 낮아진다는 점을 들 수 있다. 인력의 동질성이 확대되는 것은 내부모집의 단점으로 지적된다.

14 인력수요의 예측기법 중 특성이 나머지 셋과 다른 것은?

① 추세분석
② 시나리오 기법
③ 회귀분석
④ 생산성비율분석

> **해설** 인력수요 예측기법은 양적 기법과 질적 기법으로 구분할 수 있다. 시나리오 기법은 미래 기업환경이 매우 불안정하고 복잡한 변화가 예상되어 해당 기업의 직무, 조직구조 및 생산기술의 변화에 대한 예측이 용이하지 않을 경우, 이를 예측하기 위해 활용되는 질적 예측기법이다.

15 다음 설명에 해당하는 선발도구의 타당도는?

> 선발시험에 합격한 지원자들의 시험성적과 입사 후 일정 기간이 지난 후 그들이 달성한 직무성과를 비교하여 상관관계를 조사하는 방법이다.

① 내용타당도
② 현재타당도
③ 예측타당도
④ 실증타당도

> **해설** 제시된 내용은 기준관련 타당도 중 예측타당도에 대한 설명이다. 기준관련 타당도 중 현재타당도는 현직 종업원에게 선발도구를 통해 평가를 실시하여 평가 결과와 개인의 성과와의 상관관계를 검증하는 방법이다.
> 선발도구의 타당도는 특정 선발도구가 평가목적을 얼마나 충족시키는가에 관한 것으로, 기준관련 타당도, 내용타당도 및 구성타당도로 구분할 수 있고, 이 중 기준관련 타당도는 현재타당도와 예측타당도로 구분된다.

정답 13 ② 14 ② 15 ③

16 ( ) 안에 들어갈 말로 알맞은 것은?

( )은/는 여성인력이 최고 경영층에 올라가는 과정에서 보이지 않는 장벽을 의미한다.

① 경력정체
② 유리천장
③ 승진정체
④ 다변형 경력

해설 여성인력이 최고 경영층에 올라가는 과정에서 보이지 않는 장벽을 의미하는 것은 유리천장(glass ceiling)이다. 충분한 능력과 자질을 갖추었음에도 조직 내에 관행과 문화처럼 굳어진 부정적 인식으로 인해 고위직으로의 승진이 차단되는 상황을 비판적으로 표현한 말이다.

17 ( ) 안에 들어갈 말로 알맞은 것은?

( )이란 조직의 중요한 자리에 공석이 발생할 경우를 대비하여 미리 후계자를 선발하고 육성하는 것이다.

① 경력계획
② 경력개발
③ 승계계획
④ 이중경력

해설 후계자 계획 또는 승계계획(succession planning)은 현재 또는 미래시기에 조직을 성공적으로 이끌어나갈 수 있는 경영자의 조건을 구체화하고 그에 적합한 경영자를 파악하여 미래의 경영승계가 효과적으로 이루어지도록 하는 것과 관련된 계획을 말한다.

18 다음 설명에 해당하는 것은?

맡고 있는 직무가 자신에게 도전감을 주지 못하거나 직무로부터 일체감과 의미를 찾을 수 없을 때 나타난다.

① 주관적 경력정체
② 구조적 경력정체
③ 인지적 경력정체
④ 상황적 경력정체

해설 현재의 직무로부터 자신의 자아관련 일체감이나 의미를 찾을 수 없을 때 나타나는 것은 주관적 경력정체이다. 한편 객관적 상위직급의 제한된 직무로 인해 나타나는 것은 객관적 경력정체이다. 경력정체란 개인의 직위이동과 같은 승진이 멈추거나 더 이상의 책임이 증가되지 않는 것을 말한다.

정답 16 ② 17 ③ 18 ①

19 ( ) 안에 들어갈 말로 알맞은 것은?

( )는 업무는 변화하지 않고 근무시간만 바뀌는 전환배치의 형태이다.

① 순환근무
② 교대근무
③ 이동근무
④ 교정적 전환배치

해설 업무는 변화하지 않고 근무시간만 바뀌는 전환배치의 형태는 교대근무이다. 교대근무는 경력개발과 관계없이 수행되는 전환배치의 유형이다.

20 아지리스(Argyris)의 성숙 – 미성숙 이론에서 성숙단계에 해당하는 것은?

① 자기통제
② 수동적 행위
③ 종속적 위치
④ 단기적 전망

해설 아지리스(C. Argyris)의 성숙 – 미성숙 이론은 정상적인 인간의 퍼스낼리티(personality)는 미성숙한 상태에서 성숙한 상태로 전환하게 된다고 주장하는데, 성숙단계에 해당하는 것은 자아의식과 자기통제이다.

21 다음 설명에 해당하는 교육훈련은?

• 기업의 경쟁상황에서 올바른 의사결정 능력을 높이기 위하여 개발된 기법이다.
• 교육참가팀이 실시한 의사결정 결과가 즉각 피드백되어 다른 참가팀에 비해 결정이 얼마나 정확한지를 확인할 수 있다.

① 행동모델법
② 이바스켓 훈련
③ 역할연기법
④ 비즈니스 게임

해설 기업의 경쟁상황에서 관리층의 올바른 의사결정 능력을 높이기 위하여 개발된 기법으로, 즉각적인 피드백을 통해 의사결정의 질을 높일 수 있는 교육훈련은 비즈니스 게임(business game)이다.

22 커크 패트릭(Kirk Patrick)의 교육평가 모형에서 설문을 이용한 분석과 관련된 것은?

① 결과평가
② 학습평가
③ 반응평가
④ 행동평가

해설 커크 패트릭(Kirk Patrick)의 교육평가 모형에서 반응(reaction)평가는 교육훈련 참가자들이 프로그램에 어떻게 반응했는가를 측정하는 것으로 설문지나 인터뷰를 통해 평가한다.

정답 19 ② 20 ① 21 ④ 22 ③

23 Y이론에 따른 조직 개발에 대한 설명으로 옳지 않은 것은?

① 조직구조의 유연성을 추구한다.
② 직원의 성장과 발전에 관심을 가진다.
③ 협력을 통한 조직목표의 달성을 강조한다.
④ 인간의 기회주의적 행동을 통제하는 데 초점을 둔다.

> **해설** 맥그리거(D. McGregor)는 인간에 관한 가정을 전통적 인간관인 X이론과 현대적 인간관인 Y이론으로 제시하고 있다.
> ④ 인간의 기회주의적 행동을 통제하는 데 초점을 두는 것은 X이론이다.

24 직무에 대한 동기부여를 높이는 직무설계 방식이 아닌 것은?

① 직무확대
② 직무충실화
③ 직무세분화
④ 직무크래프팅

> **해설** 직무세분화 또는 직무전문화(job specialization)는 전통적인 직무설계 방식으로, 동기부여와는 관계없이 효율성을 높여 생산성을 높이기 위한 것이다.

25 유기적 조직구조에 대한 설명으로 옳은 것은?

① 분권화 수준이 높다.
② 공식화 수준이 높다.
③ 분업화 수준이 높다.
④ 집중화 수준이 높다.

> **해설** 유기적 조직은 기계적 조직에 비해 직무·권한·책임관계의 탄력성, 분권적 결정, 수평적이고 인격적인 상호작용을 존중하는 유연성이 있는 조직이다.
> 분업화, 공식화 및 집중화 수준이 높은 것은 기계적 조직의 특성이다.

26 직무설계 중 팀제의 주요 특성에 해당하지 않는 것은?

① 결과책임이 강조되고 공유된다.
② 구성원은 주도적인 리더십을 발휘한다.
③ 구성원의 활동이 팀의 공동목표를 지향한다.
④ 업무수행에서 사전적 규정이나 공식화가 강조된다.

정답 23 ④ 24 ③ 25 ① 26 ④

해설 ④ 업무수행에서 사전적 규정이나 공식화가 강조되는 것은 전통적인 계층제적 조직의 특성이다. 팀은 업무수행이나 문제해결을 위해 구성원들이 합의한 공통의 접근방법을 사용하여야 한다. 집단수준의 직무설계 중 팀제는 상호보완적인 기능을 가진 사람들이 공동목표 달성을 위해 책임을 공유하고 문제해결을 위해 공동의 접근방법을 사용하는 조직단위를 말한다.

27 인적자원 다양성의 분류기준 중 조직구성원의 가치관, 신념, 태도 등을 나타내는 것은?

① 표면적 다양성
② 기능적 다양성
③ 내면적 다양성
④ 사회범주 다양성

해설 인적자원 다양성은 한 집단 내에 존재하는 개인들이 서로 각기 다른 특성, 신념 등을 보유하는 상태를 말한다. 인적자원 다양성의 분류기준 중 조직구성원의 가치관, 신념, 태도 등을 나타내는 것은 내면적 다양성이다.
사회범주 다양성은 연령, 인종, 성별 및 종교 등을 나타내고, 가치지향 관련 다양성은 개인적 성격과 태도 등으로 내면적 다양성을 포함한다. 기타 교육정도, 직무경험 및 기능적 전문성 등은 정보관련 다양성으로 분류한다.

28 ( ) 안에 들어갈 말로 알맞은 것은?

스캔론 플랜(Scanlon plan), 럭커 플랜(Rucker plan), 임프로쉐어(Improshare) 등은 ( )에 해당한다.

① 개인성과급
② 집단성과급
③ 전사성과급
④ 사업부성과급

해설 스캔론 플랜(scanlon plan), 럭커 플랜(rucker plan), 임프로쉐어(improshare) 등은 집단성과급제의 유형이다.
집단성과급제(wage payment by group output)는 집단의 성과와 관련하여 기업에 이익의 증가나 비용의 감소가 있을 경우 근로자에게 정상임금 이외의 부가적 급여를 제공하는 제도이다.

29 ( ) 안에 들어갈 말로 알맞은 것은?

( )이란 임금설계에서 직무가치나 내용이 유사한 직무들을 하나의 그룹으로 묶은 집합체를 말한다.

① 임금률
② 임금등급
③ 임금라인
④ 브로드밴딩

정답 27 ③　28 ②　29 ②

해설 임금등급 또는 급여등급(pay grade)은 동일한 직무가치 또는 동일한 내용의 직무를 관리하기 쉽게 묶어 등급화한 것이다. 임금등급은 직무평가 점수와 직무별 급여수준 자료를 이용하여 결정한다.

30 다음 설명에 해당하는 인간관계제도는?

> - 직무성과에 초점을 맞추기보다는 문제의 원인에 초점을 맞춘다.
> - 전문적 지식을 가진 심리치료사가 관여한다.
> - 종업원 간의 갈등을 줄이고 긍정적인 태도를 지속적으로 유지하도록 만든다.

① 멘토링
② 카운슬링
③ 옴부즈맨
④ 소시오메트리

해설 제시된 내용은 인간관계관리제도 중 카운슬링, 즉 인사상담(personnel counselling) 또는 종업원상담(employee counselling)에 대한 내용이다.
카운슬링은 혼자 힘으로는 해결할 수 없는 어려운 문제를 가지고 있는 종업원에게 상담을 통하여 전문적인 조언을 하고, 문제해결에 도움을 줌으로써 인격성장을 촉진하고, 아울러 직장의 사기를 앙양시키고자 하는 제도이다.

31 〈보기〉에서 법정 복리후생에 해당하는 것만을 있는 대로 고른 것은?

> **보기**
> ㄱ. 연금보험
> ㄴ. 유급휴가
> ㄷ. 생활지원
> ㄹ. 유연근무제

① ㄱ, ㄴ
② ㄱ, ㄷ
③ ㄴ, ㄷ
④ ㄴ, ㄷ, ㄹ

해설 법정 복리후생제도는 기업이 종사원의 개인적 의사나 기업의 자율적 방침과는 관계없이 법률에 의해서 의무적으로 실시하여야 하는 복리후생시설이나 제도를 말한다. 이에는 국민건강보험, 국민연금보험, 고용보험, 산업재해보상보험, 퇴직금 및 연차유급휴가 등이 있다.
반면 법정외 복리후생은 기업의 임의에 의해 독자적인 입장에서 제공하는 사택, 급식, 공제, 자녀 학자금 지원 등을 말한다.

정답 30 ② 31 ①

32 인간관계론에 대한 설명으로 옳지 않은 것은?

① 종업원의 비공식적 관계에 주목한다.
② 임금을 합리적 기준에 따라 지급한다.
③ 종업원의 사기를 높여 경영효율을 달성한다.
④ 인간을 감정을 지닌 하나의 인격체로 대우한다.

> **해설** 인간관계론은 호손실험을 계기로 성립되었다. 호손실험은 인간에 대한 관심을 높이는 계기가 되었다. 이 실험을 통하여 인간의 감정, 태도, 배경, 욕구, 사회적 관계 등이 효과적인 경영에 매우 중요하다는 것을 알게 되었다. 또한 비공식조직(informal organization)이 공식조직만큼 생산성에 영향을 미친다는 것도 알게 되었다.
> ② 임금을 합리적 기준에 따라 지급한다는 것은 과학적 관리론의 핵심내용이다.

33 다음 설명에 해당하는 노동조합의 기능은?

- 가장 기본적인 기능이다.
- 조합원들의 이익과 권리를 유지하고 개선한다.
- 근로조건 개선, 복리후생 강화 등을 강조한다.

① 참여적 기능　　　　　② 정치적 기능
③ 경제적 기능　　　　　④ 공제적 기능

> **해설** 노동조합의 경제적 기능은 노동조합 본래의 기능으로 단체교섭을 통해 조합원 전체의 생활조건을 향상시키는 기능을 말한다.

34 다음 설명에 해당하는 단체교섭의 방식은?

통일교섭과 기업별 교섭의 절충방식으로서 단위노조가 소속된 상부단체와 각 단위노조에 대응하는 개별기업의 사용자 간에 이루어지는 교섭형태이다.

① 통합교섭　　　　　② 공동교섭
③ 집단교섭　　　　　④ 대각선교섭

> **해설** 단위노조가 소속된 상부단체와 각 단위노조에 대응하는 개별기업의 사용자 간에 이루어지는 교섭은 대각선교섭이다. 대각선교섭은 사용자단체가 조직되어 있지 않는 경우 또는 조직되어 있다고 할지라도 각 기업에 특수한 사정이 있는 경우에 행해진다.

정답 32 ② 33 ③ 34 ④

35 다음 설명에 해당하는 숍제도의 유형은?

> 조합원과 비조합원을 모두 고용할 수 있으며 조합에의 가입이 고용조건이 아닌 숍제도이다.

① 오픈 숍
② 에이전시 숍
③ 유니언 숍
④ 메인트넌스 숍

해설 조합원 및 비조합원 모두 고용이 가능한 숍제도는 오픈 숍(open shop)이다. 오픈 숍은 조합에의 가입여부가 고용조건이 아니다.

36 전략계획팀과 인적자원관리 부서의 통합적 연계에 대한 설명으로 옳은 것은?

① 가장 낮은 수준의 연계이다.
② 전략계획팀이 인적자원관리 부서에 전략대안을 제공한다.
③ 전략계획팀이 전략계획을 수립한 후 인적자원관리 부서에 알린다.
④ 전략수립과 인적자원관리의 동시적·역동적 상호작용이 나타난다.

해설 전략적 인적자원관리에서 전략(계획)과 인적자원관리의 연계수준은 행정적 연계, 일방적 연계, 쌍방적 연계 및 통합적 연계로 구분할 수 있다.
이 중 가장 높은 수준의 연계는 통합적 연계로 인적자원관리와 전략계획이 동시적이고 계속적으로 상호작용하며 전략수립 및 실행 프로세스에 바로 통합된다.

37 ( ) 안에 들어갈 말로 알맞은 것은?

> 전략적 인적자원관리에서 강조하는 적합성 중 (㉠)은 조직전략과 인적자원관리 시스템 간의 적합성이고, (㉡)은 인적자원관리 개별제도 간의 적합성이다.

	㉠	㉡
①	외적 적합성	내적 적합성
②	전략 적합성	상황 적합성
③	내적 적합성	제도 적합성
④	내적 적합성	보편 적합성

해설 전략적 인적자원관리의 외부 적합성(외적 적합성)은 환경 및 기업의 경영전략과의 적합으로, 인적자원시스템이 조직전략의 내용과 과정상에서 잘 통합되어 있는 정도를 말한다. 내부 적합성(내적 적합성)은 기업의 인적자원관리 기능 간의 상호 적합을 말한다.

정답 35 ① 36 ④ 37 ①

38 전략적 인적자원관리의 고성과작업시스템에서 성과를 높이는 요인이 아닌 것은?

① 능력
② 동기부여 수준
③ 기회의 제공
④ 경직된 조직문화

해설 ④ 고성과 작업시스템에서 경직된 조직문화는 성과를 저해하는 요인으로 작용하므로 유연하고 개방적인 조직문화를 갖추어야 한다.
고성과 작업시스템은 훈련과 지속적 학습, 정보 공유, 종업원 참여, 성과 및 기술과 연동된 보수체계, 고용안정, 다차원 성과측정 등을 특징으로 한다.

39 다음 설명에 해당하는 전략은?

> 기업이 혁신적·창의적인 인재의 선발 및 육성을 강조하고, 혁신적인 아이디어와 제품에 대한 성과보상을 강조하는 인사전략을 운영한다.

① 차별화 전략
② 분석형 전략
③ 원가우위 전략
④ 운영 탁월성 전략

해설 혁신적·창의적인 인재의 선발 및 육성을 강조하고, 혁신적인 아이디어와 제품에 대한 성과보상을 강조하는 인사전략을 운영하는 것은 전략적 인적자원관리에서 운영 탁월성 전략이다.

40 고성과 조직에 대한 설명으로 옳지 않은 것은?

① 직급, 직위가 수직적인 조직이다.
② 불필요한 인력을 제거하는 린조직이다.
③ 모든 구성원의 참여가 나타나는 혁신조직이다.
④ 외부환경 변화에 신축적으로 적응하는 유연조직이다.

해설 ① 고성과 조직에서 작업은 팀워크로 이루어지므로 조직은 팀제로 설계된다.
고성과 조직(high-performance organization)은 기업의 성장·발전의 원동력을 종업원의 참여, 협력, 창의에서 찾는 조직으로 종업원을 기업의 가장 소중한 자산으로 생각하고 따라서 인적자원관리가 매우 중요한 역할을 한다.

정답 38 ④ 39 ④ 40 ①

2023 마케팅원론 기출문제

01 가치에 대한 설명으로 옳지 않은 것은?
① 편익의 크기는 객관적인 것이다.
② 제품으로부터 얻는 것은 편익의 묶음이다.
③ 가치는 총 편익과 총 비용을 비교하여 결정된다.
④ 소비자는 자신에게 가장 큰 가치를 줄 것이라고 생각되는 제품을 구매한다.

> **해설** 동일한 제품에 대해서도 소비자들이 느끼는 편익은 개인마다 다를 수 있기 때문에 편익의 크기는 상대적이고 주관적이라 할 수 있다. 동일한 편익을 추구하는 소비자들이라 하더라도 제품의 각 편익들에 대하여 중요하게 생각하는 정도에 있어서는 많은 차이를 보인다.

02 마케팅믹스와 그에 관련된 의사결정 내용의 연결이 바르지 않은 것은?
① 촉진계획 – 광고와 인적판매
② 제품계획 – 브랜드와 구전관리
③ 유통계획 – 물류 및 재고관리
④ 가격계획 – 제품가격의 수준과 범위

> **해설** 구전(Word-of-Mouth : WOM)은 소비자들이 말이나 글 등 언어를 사용하여 소비와 관련된 정보를 주고받는 행위를 의미하는 것으로 촉진계획에 속하는 내용이다. 제품계획은 제품, 제품구색, 제품이미지, 브랜드, 포장 등의 개발과 관련된 의사결정을 말한다.

03 기업중심적 마케팅철학과 거리가 먼 것은?
① 생산개념 마케팅철학
② 제품개념 마케팅철학
③ 판매개념 마케팅철학
④ 마케팅개념 마케팅철학

> **해설** 마케팅개념(Marketing Concept)은 기업목표의 달성이 표적시장에 속한 고객들의 필요와 욕구를 찾아내어 경쟁자들보다 더 효과적이고 효율적으로 충족시키고자 하는 것으로 고객중심적 마케팅철학의 예라고 할 수 있다. 여기에는 총체적 마케팅개념(Holistic Marketing Concept)도 포함된다.

정답 01 ① 02 ② 03 ④

04 마케팅관리과정을 순서대로 나열한 것은?

① 조직 → 계획 → 수행 → 통제
② 조직 → 통제 → 수행 → 계획
③ 계획 → 조직 → 수행 → 통제
④ 계획 → 통제 → 조직 → 수행

해설 마케팅관리과정은 마케팅정보를 분석하여 이에 근거한 마케팅계획을 수립하고, 마케팅조직을 통해 이를 수행한 뒤 계획에 비추어 통제하는 일련의 과정을 의미한다.

05 다음 사례에 해당하는 성장전략은?

> A 커피전문점은 최근 차에서 내리지 않고 보다 자주 음료를 구매할 수 있는 드라이브스루 매장을 도입하였다.

① 다각화전략　　　　　　　② 시장침투전략
③ 제품개발전략　　　　　　④ 시장개발전략

해설 ② 시장침투전략은 기업이 현재 시장에서 보다 높은 점유율을 확보하기 위해 기존 제품 또는 서비스를 기존 고객들에게 더욱 많이 판매하거나, 새로운 시장 세그먼트를 개척하여 새로운 고객들을 유치하는 전략이다. 사례는 기존 고객들에게 더 편리한 방법으로 음료를 구매할 수 있게 하여 구매 빈도를 늘리고 점유율을 높이는 것이다.
① 다각화전략은 현재의 사업과는 전혀 다른 사업에서 기회를 찾으려는 전략이다.
③ 제품개발전략은 기존시장에 새로운 제품을 개발할 가능성을 모색하는 전략이다.
④ 시장개발전략은 기존상품을 필요로 하는 새로운 시장을 개척하거나 새로운 고객 세그먼트를 타겟으로 하는 전략이다.

06 기업사명에 반영해야 할 질문으로 옳지 않은 것은?

① 우리의 고객은 누구인가?
② 우리의 회사는 어떤 사업을 하고 있는가?
③ 우리의 사업이 앞으로 어떻게 될 것인가?
④ 우리의 사업이 조직에 어떤 가치를 제공하는가?

해설 기업사명에는 명확한 가치의 제공, 기업이 활동할 사업영역의 명시, 종업원들의 동기유발, 기업 장래에 대한 비전이 제시되어야 한다. ④는 조직이 아닌 '고객에게'로 바뀌어야 한다.

정답 04 ③　05 ②　06 ④

07 BCG매트릭스상에서 유지전략을 사용하기에 적합한 사업부는?

① 개(dog) ② 별(star)
③ 자금젖소(cash cow) ④ 물음표(question mark)

> 해설 유지전략은 사업단위의 현재 시장점유율을 유지하는 것으로 많은 현금흐름을 창출하는 강한 자금젖소에 적절한 전략이다.

08 다음 사례에 해당하는 의사결정규칙은?

> A는 가격은 비싸지만 디자인이 마음에 들어 B 운동화를 구매하기로 하였다.

① 보상적 규칙 ② 속성제거 규칙
③ 결합식 규칙 ④ 사전편집식 규칙

> 해설 보상적 규칙은 어떤 평가 기준(속성)의 약점을 다른 평가 기준(속성)의 강점에 의해 보완하여 전반적으로 평가하는 방식이다. 보상적 규칙을 사용하는 상황은 소비자들이 고관여 상태에 있을 때나 교육수준이 높을수록 대안의 평가 방식으로 사용한다.

09 고관여 상황의 구매의사결정과정에 대한 설명으로 옳지 않은 것은?

① 정보탐색은 내적 탐색과 외적 탐색으로 구성된다.
② 대안의 평가는 제품속성의 중요도와 평가로 이루어진다.
③ 구매 후 행동에서 소비자는 제품 구매 후 만족 또는 불만족 등의 반응을 나타낸다.
④ 구매의사결정에 의하면 제품에 대한 선호와 구매의도가 언제나 실질적인 구매행동으로 반드시 이어진다.

> 해설 구매의사결정은 가장 선호하는 브랜드를 구매하는 것을 말하는 것으로 주변 사람들의 대안에 대한 태도와 예기치 않은 상황변수들에 의해 영향을 받기 때문에 자신이 원하는 제품과 실제 구매하는 제품은 달라질 수 있다. 또한 제품에 대한 선호와 구매의도가 실질적인 구매행동으로 반드시 이어지지는 않는다.

10 다음 설명에 해당하는 것은?

> 어떤 대상에 대해 한 개인이 가지고 있는 비교적 일관된 평가, 느낌, 행동성향을 의미한다.

① 동기 ② 태도
③ 개성 ④ 자아개념

정답 07 ③ 08 ① 09 ④ 10 ②

해설 ① 동기는 사람으로 하여금 어떤 일이나 행동을 일으키게 하는 원인이다.
③ 개성은 환경적 자극에 대해 비교적 일관성 있고 지속적인 반응을 가져오는 개인의 심리적 특성이다.
④ 자아개념은 자기자신을 하나의 대상으로 놓았을 때 자신에 대한 생각과 감정의 총합으로 정의된다.

11 소비자의 구매의사결정에 영향을 미치는 요인과 사례의 연결이 바르지 않은 것은?

① 개인적 요인 - 동기
② 사회적 요인 - 가족
③ 문화적 요인 - 하위문화
④ 심리적 요인 - 신념과 태도

해설 개인적 요인에는 나이와 생애주기, 직업과 경제적 상황, 라이프스타일, 성격과 자아 등이 속한다. 심리적 요인은 동기, 지각, 학습, 신념과 태도 등으로 구성된다.

12 산업재의 구매의사결정 참여자에 대한 설명으로 옳지 않은 것은?

① 사용자는 구매할 제품이나 서비스를 사용할 사람이다.
② 영향력 행사자는 구매와 관련된 정보의 흐름을 관리하는 사람이다.
③ 의사결정자는 최종적으로 공급업자를 선택하거나 승인하는 사람이다.
④ 구매자는 공급업자 선택과 구매조건에 대한 공식적인 권한을 가지고 있는 사람이다.

해설 영향력 행사자는 구매의사결정에 영향을 미치는 사람들로서 제품 품목을 결정하고 대안들을 평가하는 데 필요한 정보를 제공하는 사람이다. 문지기(Gatekeeper)는 구매와 관련된 정보의 흐름을 관리하는 사람으로 자사 내의 산업재 사용자나 의사결정자와 외부의 산업재 판매원과의 직접 접촉을 막는 권한을 갖는 경우도 있다. 주로 구매담당자나 기술자, 비서 등이 문지기 역할을 담당할 수 있다.

13 설문지(survey)법 중 유연성이 가장 낮은 접촉방법은?

① 우편
② 대인면접
③ 전화
④ 인터넷 조사

해설 우편조사는 응답자들로 하여금 우편으로 발송된 설문지에 응답하도록 한 다음 이를 반송용 봉투를 이용하여 회수하는 방법이다. 응답자와 직접적인 접촉이 없으며 설문 내용을 이해하는 데 도움을 받을 수도 없다. 이로 인해 응답자들의 답변이 불완전하거나 오해를 불러올 수 있으며 유연한 대응이 어려운 설문 방법이다.

정답 11 ① 12 ② 13 ①

14 다음 사례에 해당하는 조사방법은?

> 마케팅관리자가 자사제품의 판매가격이 5,000원 정도 낮아지면서 이 제품의 판매량이 2배 증가할 것이라는 가설을 검증하고자 한다.

① 관찰조사
② 탐색적 조사
③ 실험조사
④ 기술적 조사

해설 기술적 조사는 조사문제가 비교적 명확할 때 실시된다. 마케팅현상의 특징이나 마케팅변수와 소비자 반응 간의 관련성을 파악하기 위해 실시하는 조사이다. 탐색조사는 조사문제가 명확하지 않을 때 주로 수행된다. 조사문제를 찾거나 분석대상에 대한 아이디어나 가설을 도출하기 위해 사용된다. 관찰조사는 조사대상을 관찰하여 자료를 수집하는 것으로 조사자가 직접 관찰하거나 기계를 이용하여 자료를 수집한다. 실험조사는 인과관계를 조사하는 데 적절한 방법으로 실험대상자들을 몇 개의 집단으로 나누고 집단별로 원인변수를 다르게 조작한 다음 각 집단들 간의 반응에서 어떠한 차이가 나는지를 측정하는 것이다.

15 다음 사례에 해당하는 표본추출방법은?

> 브랜드 태도 조사를 실시하기 위해 자사제품 구매고객 분포에 근간하여 표본의 대상을 30대에서 40%, 40대에서 50%, 50대 이상에서 10%씩 추출하였다.

① 군집표본추출법
② 할당표본추출법
③ 층화표본추출법
④ 판단표본추출법

해설 할당표본추출법은 비확률표본추출방법으로 모집단의 특성(예 나이)을 기준으로 이에 비례하여 표본을 추출함으로써 모집단의 구성원들을 대표하도록 하는 추출방법이다. 군집표본추출법은 확률표본추출방법으로 모집단을 여러 소그룹으로 나눈 다음 특정 소그룹을 표본으로 추출하고 선택된 소그룹 전체를 조사대상으로 삼거나 그 소그룹의 상당부분을 표본으로 다시 추출하는 방법이다. 층화표본추출법은 확률표본추출방법으로 모집단을 통제변수에 의해서 서로 배타적이고 포괄적인 소그룹으로 구분한 다음 각 소그룹별로 단순무작위 표본추출하는 방법이다. 판단표본추출법은 비확률표본추출방법으로 조사목적에 가장 적합할 것으로 판단되는 특정집단을 표본으로 선정하는 방법이다.

16 시장세분화를 위한 행동적 변수로 옳지 않은 것은?

① 사용률
② 충성도
③ 라이프스타일
④ 소비자가 추구하는 편익

해설 소비자를 차별적인 시장으로 세분화할 수 있는 심리도식적 변수(Psychographics)로는 라이프스타일, 성격 등이 있다. 행동적 변수에는 구매 또는 사용 상황, 제품사용경험, 제품에 대한 태도, 구매자의 상태 등이 포함된다.

정답 14 ④ 15 ② 16 ③

17 자동차를 구매한다고 가정했을 때, 유형제품이 아닌 것은?

① 파워핸들　　　　　　② 세련된 디자인
③ 강력한 엔진　　　　　④ 1년간 품질 보증

해설　유형제품의 구성요소에는 포장, 브랜드명, 품질, 특징 및 스타일 등이 있다. 유형적 제품 속성 이외의 부가적인 서비스 제공물들이 포함된 제품을 확장제품이라고 한다. 확장제품에는 제품의 설치, 배달, 대금결제방식, 보증, 애프터서비스 등이 포함된다.

18 다음 내용에 해당하는 세분화 기준은?

> 자동차, 의류, 금융서비스, 여행 등의 제품이나 서비스를 판매하는 기업들이 주로 사용한다.

① 소득　　　　　　② 직업
③ 성별　　　　　　④ 개성

해설　소득은 곧 구매력을 나타낼 수 있기 때문에 소비자들 간 소득차이는 확실한 세분화 변수가 될 수 있다. 특히 소득은 고가품에 대하여는 기업에 있어서 시장성의 유무를 확실하게 판단할 수 있는 척도로 사용된다.

19 상호작용마케팅이 중요한 이유와 관련된 서비스의 특징은?

① 무형성　　　　　　② 소멸성
③ 변동성　　　　　　④ 비분리성

해설　상호작용마케팅은 서비스제공의 순간에 이루어지는 구매자-판매자 상호작용의 품질을 높임으로써 높은 지각된 서비스품질을 달성하려는 기업의 마케팅노력을 말한다. 고객과 현장 서비스종업원들은 서비스를 창출하는 과정에서 상호작용이 이루어지는데 이는 서비스의 생산과 소비가 동시에 이루어지는 동시성 즉 비분리성의 특징을 갖는다.

정답　17 ④　18 ①　19 ④

20. 다음 사례에 해당하는 전략은?

> 화장품회사가 초기에는 정상 모발용 샴푸를 판매했으나, 수익을 높이고 초과생산여력을 활용하려는 시도로 탈모와 손상 모발을 위한 샴푸를 출시한다.

① 상향확대전략
② 하향확대전략
③ 양면확대전략
④ 제품라인 충원전략

해설 제품라인 충원전략은 제품계열 내에서 새로운 품목을 추가시킴으로써 제품계열의 깊이를 확대하는 전략이다. 이는 잉여설비의 활용, 매출의 증대, 여러 세분시장에의 침투, 다양성 추구 소비자의 욕구충족 등의 긍정적 효과도 있지만 품목 간 차이에 대한 소비자들의 혼돈을 불러일으킬 만큼의 과다한 확충은 오히려 비용상승과 수익성 감소를 불러올 수도 있다.

21. 다음 설명에 해당하는 것은?

> 고객접촉점에 있는 현장 종업원과 서비스 종사자들이 고객만족을 위해 하나의 팀으로 일하도록 유도하고 동기를 부여한다.

① 외부마케팅
② 서비스 품질
③ 내부마케팅
④ 상호작용마케팅

해설 외부마케팅은 기업이 고객에게 행하는 전통적인 마케팅 방법이고, 내부마케팅은 기업이 종업원에게 공개적인 인정과 보상을 제공함으로써 자부심과 동기를 유발하여 종업원(내부고객)의 만족이나 충성도를 높이는 것을 말한다. 이는 종업원의 만족은 고객의 만족으로 이어진다는 것을 전제로 한다.

22. 다음 사례에서 A 생활용품 사업부의 제품믹스의 넓이는?

> A 생활용품 사업부는 헤어케어, 스킨케어, 구강용품, 세탁용품, 주거용품의 제품계열로 구성되고 각 제품계열은 10개의 브랜드를 가지고 있다.

① 5
② 10
③ 15
④ 50

해설 제품믹스의 넓이는 회사가 취급하는 제품계열의 수를 말한다. 보기의 사업부는 5개의 제품계열을 보유하고 있다. 제품믹스의 길이는 각 제품계열의 제품 수로 정의된다. 제품믹스의 깊이는 특정 제품계열 내의 각 제품이 제공하는 품목의 수로서 각 제품 내에서 얼마나 다양한 품목들이 판매되는지를 나타낸다.

정답 20 ④ 21 ③ 22 ①

23 다음 사례에 해당하는 것은?

> A 제약회사의 진통제는 높은 가격에도 불구하고 다른 브랜드의 진통제보다 더 많이 팔리고 있다.

① 풀전략
② 브랜드 자산
③ 브랜드 관여도
④ 연속성장형 수명주기

해설 브랜드 자산은 어떤 제품이나 서비스가 브랜드를 가졌기 때문에 발생된 바람직한 마케팅효과(높은 브랜드충성도, 시장점유율 또는 수익)를 말한다. 고객 관점에서 브랜드 자산은 브랜드의 부착으로 인해 브랜드가 없었을 경우보다 고객의 선호도가 증가된 것을 의미하며 기업의 관점에서는 브랜드의 부착으로 인해 브랜드가 없었을 경우보다 매출액과 이익이 증가된 것으로 볼 수 있다.

24 유통업체 브랜드(private brand)에 대한 설명으로 옳지 않은 것은?

① 광고비용을 줄일 수 있다는 이점이 있다.
② 제조업체 브랜드와 경쟁구도가 형성될 수 있다.
③ 주로 가격에 민감하지 않은 고객집단에 소구할 수 있다.
④ 소매업자들은 유통업체 브랜드를 제조업체 브랜드보다 좋은 위치에 진열할 수 있다.

해설 유통업체 브랜드는 도・소매업자가 하청을 주어 생산된 제품에 도・소매업자가 개발한 브랜드명을 부착하는 브랜드전략으로 도・소매업자들이 제품브랜드에 대한 마케팅전략을 통제한다. 유통업체 브랜드는 제조업체 브랜드보다 저렴한 가격에 판매되므로 가격에 민감한 고객집단들을 유인할 수 있다.

25 다음 설명에 해당하는 것은?

> 신상품 개발에서 선별된 소수의 아이디어를 소비자가 사용하는 언어나 그림 등을 통해 구체화한 것이다.

① 시험마케팅
② 신상품 테스트
③ 사업성 분석
④ 신상품 콘셉트

해설 제품개념(Product Concept)은 제품 아이디어를 소비자가 사용하는 단어로 전환시킨 것이다. 즉 마케터는 제품 아이디어를 소비자의 관점에서 보다 구체화시킨 여러 가지 제품개념들을 개발하고 이들 중에서 가장 매력적인 대안을 발견해 나가야 한다. 제품개념의 테스트는 소비자 조사를 통하여 제품개념의 적합성을 검증하는 것이다.

정답 23 ② 24 ③ 25 ④

독학사 2단계

26 신제품 개발과정을 순서대로 나열한 것은?
① 아이디어 창출 → 제품개념 개발과 테스트 → 아이이어 평가 → 사업성 분석 → 제품개발
② 아이디어 창출 → 아이디어 평가 → 사업성 분석 → 제품개념 개발과 테스트 → 제품개발
③ 아이디어 창출 → 아이디어 평가 → 제품개념 개발과 테스트 → 제품개발 → 사업성 분석
④ 아이디어 창출 → 아이디어 평가 → 제품개념 개발과 테스트 → 사업성 분석 → 제품개발

> **해설** 마케터는 신제품 아이디어를 창출하고 이를 평가하여 시장잠재력이 있는 아이디어들만을 선별한다. 이를 토대로 제품개념을 개발하고 개발된 제품개념에 대한 소비자 반응을 조사한다. 테스트에 통과된 제품개념을 가지고 개략적인 마케팅전략의 수립과 사업성을 분석하고 사업성이 있다고 판단되면 제품개발단계에 들어가고 특정 소비자층을 대상으로 시험마케팅을 실시한다.

27 제품수명주기의 단계에 대한 설명으로 옳지 않은 것은?
① 도입기에는 높은 유통개척비용과 광고 및 판촉비용의 지출로 이익이 매우 낮다.
② 성장기에는 제품의 질을 향상시키고 새로운 속성을 부가해 경쟁제품의 진입에 대응해야 한다.
③ 성숙기에는 판매량의 큰 증가율로 가장 높은 매출을 실현한다.
④ 쇠퇴기에는 절대적 판매량이 감소한다.

> **해설** 제품의 매출성장률이 지속적으로 둔화하기 시작하는 시점이 성숙기에 해당한다. 성숙기 단계에서는 판매량의 절대적 크기는 증가하지만, 증가율은 감소하며 가장 높은 매출을 실현하게 된다.

28 신제품수용자의 유형에 대한 설명으로 옳지 않은 것은?
① 조기다수자는 신제품 수용에 의심이 많다.
② 조기수용자는 의견선도자의 역할을 한다.
③ 최후수용자는 전통에 집착해 변화를 거부한다.
④ 혁신소비자들은 모험적이고 위험을 기꺼이 감수한다.

> **해설** 조기다수자는 조기수용자 다음 소비자 집단으로 신중한 소비자이고 기술 자체에는 관심이 없고 시제적인 문제에 집중한다. 후기다수자는 신제품 수용에 의심이 많은 소비자 집단으로 많은 사람들이 신제품을 수용한 후 구입하는 경향이 있다.

정답 26 ④ 27 ③ 28 ①

29 가격탄력성에 대한 설명으로 옳지 않은 것은?

① 필수품의 경우 가격탄력성이 낮다.
② 가격 변화율을 판매량 변화율로 나눈 값이다.
③ 가격탄력성의 절대값이 1보다 큰 경우 탄력적 수요이다.
④ 비탄력적 수요는 가격인하 폭에 비해 더 낮은 비율로 수요량이 증가한다.

해설 가격탄력성은 판매량 변화율(수요량 변화율)을 가격변화율로 나눈 값이다.

30 다음 설명에 해당하는 가격은?

> 제품의 원가가 상승되었음에도 불구하고 소비자가 오랜 기간 동안 일정 금액으로 구매했기 때문에 기업은 제품을 동일한 가격대로 유지한다.

① 단수가격
② 관습가격
③ 준거가격
④ 유인가격

해설
- 단수가격 : 제품 가격의 끝자리를 홀수(단수)로 표시하여 제품이 저렴하다는 인식을 주는 가격
- 준거가격 : 특정한 제품이나 서비스의 가치를 판단할 때 기준으로 삼는 가격
- 유인가격 : 소비자를 유인하거나 자극하기 위해 설정 된 가격

31 다음 사례에 해당하는 가격결정 방법은?

> 의류회사가 여성복을 고급품, 중급품, 저급품으로 나누고 이에 맞는 제품가격을 책정하려고 한다.

① 사양제품 가격결정
② 제품계열 가격결정
③ 묶음제품 가격결정
④ 종속제품 가격결정

해설
② 제품계열 가격결정은 품질이나 디자인의 차이에 따라 가격대를 설정하고 그 가격대 내에서 개별제품에 대한 구체적인 가격을 결정하는 것이다.
① 사양제품 가격결정은 주력제품과 함께 판매되는 각종 부가사양 혹은 액세서리에 부과되는 가격을 말한다.
③ 묶음제품 가격결정은 기본적인 제품과 선택사양, 서비스 등을 묶어서 하나의 가격으로 제시하는 것을 의미한다.
④ 종속제품 가격결정은 특정제품과 반드시 함께 사용되는 제품에 대해 부과되는 가격을 말한다.

정답 29 ② 30 ② 31 ②

32. 다음 설명에 해당하는 커뮤니케이션 과정은?

> 선택적 주의, 선택적 왜곡, 선택적 회상 등이 있다.

① 반응
② 메세지
③ 잡음
④ 부호화

해설 잡음(Noise)은 의사전달과정에서 계획되지 않은 현상이나 왜곡이 일어나는 것으로서 수신인은 발신인이 전달하고자 하는 내용을 수신하지 못하거나 발신인의 의도와는 다른 메시지를 획득하게 되는 것을 말한다. 즉 보기는 소비자들이 발신인이 의도한 대로 메시지를 수용하지 못하는 원인이다.

33. 다음 사례에 해당하는 마케팅활동은?

> A 가전회사는 대형 할인점이나 백화점을 상대로 마케팅 활동을 하기보다는 판촉이나 소비자 광고를 통해 최종 소비자 대상 촉진을 실행하였다.

① 풀전략
② 인적판매
③ B2B 마케팅
④ 유통업체 마케팅활동

해설 보기는 풀(Pull)전략에 대한 설명으로 기업이 수행하는 촉진믹스의 한 방법이다. 만약 풀전략이 효과적이면 소비자들은 제품을 소매상 등의 유통기구에 가서 자발적으로 찾게 되며 유통기구는 생산자들로부터 그 제품을 구입하게 될 것이다.

34. 효과계층모형에서 구분하고 있는 촉진활동에 대한 소비자의 반응단계를 순서대로 나열한 것은?

① 인지 → 지식 → 호감 → 선호 → 확신 → 구매
② 지식 → 인지 → 호감 → 선호 → 확신 → 구매
③ 인지 → 지식 → 선호 → 호감 → 확신 → 구매
④ 지식 → 인지 → 선호 → 확신 → 호감 → 구매

해설 기업의 마케팅 커뮤니케이션의 최종적인 목표는 소비자의 구매이다. 구매는 상당히 긴 소비자 의사결정과정의 결과로서 나타나는 경우가 많으며 특히 고관여 구매행동의 경우 소비자들은 '인지 → 지식 → 호감 → 선호 → 확신'의 단계를 거쳐 구매에까지 이르게 된다.

정답 32 ③ 33 ① 34 ①

35 PR의 도구에 해당하지 않는 것은?

① 언론보도
② 잡지광고
③ 홍보자료
④ 사회봉사활동

해설 PR(Public Relations)은 매우 신뢰성이 높다는 차별적 특성을 가지고 있는 촉진수단으로서 뉴스, 행사 등을 활용하기 때문에 소비자들은 PR이 광고보다 더 믿을 만하다고 생각하는 경향이 있다.

36 인적판매과정 중 설득단계의 과정을 순서대로 나열한 것은?

① 제품소개 → 접근 → 의견조정 → 구매권유
② 제품소개 → 의견조정 → 접근 → 구매권유
③ 접근 → 제품소개 → 구매권유 → 의견조정
④ 접근 → 제품소개 → 의견조정 → 구매권유

해설 인적판매과정은 크게 준비단계, 설득단계, 고객관리단계의 3단계로 구성된다. 준비단계는 고객예측, 사전준비가 포함되고 설득단계는 ④ '접근 → 제품소개 → 의견조정 → 구매권유'의 과정을 거친다. 고객관리단계는 사후관리로 반복구매가 이루어지도록 고객을 지속적으로 관리하는 과정이다.

37 중간상을 이용함으로써 얻어지는 효용에 해당하지 않는 것은?

① 가치효용
② 시간효용
③ 장소효용
④ 소유효용

해설 중간상은 유통경로상에서 제조업자와 소비자 사이에서 활동하는 조직체나 개인들이다. 중간상의 이용은 제조업자가 최종사용자들과 직접 거래하는 것보다 더 많은 효용을 제공한다. 장소효용은 소비자들이 원하는 장소에서 구매할 수 있도록 함으로써 발생한다. 시간효용은 소비자가 상품을 원할 때 구매할 수 있도록 함으로써 발생되며, 소유효용은 소비자가 상품을 소유할 수 있도록 도와줌으로써 창출된다.

38 광고의 매체유형 선택 시 고려 요인으로 옳지 않은 것은?

① 제품특성
② 메시지 형태
③ 제품구매 빈도
④ 표적소비자의 대체습관

해설 매체기획 담당자는 TV, 라디오, 인쇄매체(신문, 잡지 등), 인터넷, 모바일 등 주요 매체유형 가운데 하나 혹은 그 이상을 선택해야 한다. 매체유형 고려 요인으로 ③ 제품구매 빈도를 제외하고 비용이 포함된다.

정답 35 ② 36 ④ 37 ① 38 ③

독학사 2단계

39 집약적 유통에 대한 설명으로 옳지 않은 것은?
① 편의품에 적합하다.
② 제조업자의 통제력이 높다.
③ 가장 넓은 시장 커버리지가 가능하다.
④ 가능한 많은 점포로 하여금 자사제품을 취급하도록 한다.

> **해설** 집약적 유통은 가능한 많은 소매상들로 하여금 자사제품을 취급하도록 함으로써 포괄되는 시장의 범위를 최대화하는 전략이다. 장점으로는 충동구매의 증가, 소비자 인지도의 확대, 편의성의 증가 등이고 단점은 낮은 마진, 소량주문, 재고 및 재주문관리의 어려움, 중간상에 대한 통제의 어려움이 있다.

40 한정 서비스 도매상 유형에 해당하지 않는 것은?
① 트럭 도매상
② 직송 도매상
③ 진열 도매상
④ 외상거래 도매상

> **해설** 한정 서비스 도매상은 거래고객들에게 소수의 전문적 서비스만을 제공하는 도매상으로 '④ 외상거래 도매상'이 아닌 현금거래 도매상이 포함된다. 현금거래 도매상은 재고회전이 빠른 한정된 계열의 제품만을 소규모 소매상에게 현금지불을 조건으로 판매를 하며 배달은 하지 않는다. 트럭 도매상은 거래 소매상들에게 직접 제품을 수송한다. 직송 도매상은 주로 석탄, 목재, 중장비 등의 대용량 상품 시장에서 주로 활동한다. 진열 도매상은 소매상들에게 매출비중이 높지 않은 상품들을 주로 공급한다.

정답 39 ② 40 ④

2023 조직행동론 기출문제

01 다음 사례에 해당하는 조직행동론의 수준은?

> 사람들이 회사를 그만두는 가장 흔한 이유는 급여 인상, 상여금, 인정, 승진 기회를 부당하게 분배하는 잘못된 보상체계이다.

① 개인 수준
② 집단 수준
③ 조직 수준
④ 그룹 또는 팀 수준

해설 제시된 내용은 사람들이 일하도록 동기화하는 모티베이션(motivation)과 관련된 것으로 이는 로빈스(S. Robbins)가 제시한 조직행동의 기본 모델에서 개인 수준(개인 차원)의 변환과정에 포함된다. 급여 인상이나 상여금, 승진, 작업조건 등은 외재적 보상(extrinsic reward)이고, 일의 성취감, 일에 대한 긍지, 책임감, 인정받는 것 등은 내재적 보상(intrinsic reward)으로 이는 동기부여(motivation)와 관련이 있다.

02 다음 설명에 해당하는 개념은?

> - 로빈스(Robbins)가 제시한 조직행동의 기본 모델 단계 중 하나이다.
> - 개인 차원은 감정과 기분, 동기부여, 지각활동, 의사결정과 관련이 있다.
> - 집단 차원은 커뮤니케이션, 리더십, 권력과 정치, 갈등 및 협상과 관련이 있다.
> - 조직 차원은 인적자원관리, 변화의 실천과 관련이 있다.

① 투입변수
② 변환과정
③ 산출변수
④ 스트레스

해설 로빈스(S. Robbins)가 제시한 조직행동의 기본 모델은 3단계 분석단위(개인, 집단 및 조직)별로 투입변수, 변환과정(프로세스) 및 산출변수 등 세 가지 단계로 구성된다.
세 가지 단계 중 개인 차원의 감정과 기분 등, 집단 차원의 커뮤니케이션 등, 조직 차원의 인적자원관리 등은 변환과정(프로세스)에 해당한다.

03 해크만(R. Hackman)과 올드햄(G. Oldham)의 직무특성모형에서 직무특성화를 위한 5가지 핵심적 특성으로 볼 수 없는 것은?

① 기능 다양성
② 과업 정체성
③ 과업 몰입도
④ 과업 중요성

정답 01 ① 02 ② 03 ③

해설 직무특성모형은 직무특성이 직무수행자의 성장욕구수준(growth need strength)에 부합될 때에 긍정적인 동기유발효과를 초래하게 된다는 해크만(J. R. Hackman)과 올드햄(G. Oldham)이 제안한 동기부여이론이다.
해크만과 올드햄이 주장하는 다섯 가지 핵심직무특성은 기술다양성(skill variety), 직무정체성(task identity), 직무중요성(task significance), 자율성(autonomy), 피드백(feedback) 등이다.

04 마이어와 알렌(Meyer & Allen)이 제시한 조직몰입의 하위요소가 아닌 것은?

① 정서적 몰입 ② 지속적 몰입
③ 규범적 몰입 ④ 계약적 몰입

해설 조직몰입(organizational commitment)은 한 조직에 대한 개인의 동일시와 몰입의 상대적인 정도를 의미하는 것으로 종업원들의 호의적인 태도를 의미한다. 마이어(J. Meyer)와 알렌(N. Allen)은 조직몰입을 정서적(감정적) 몰입, 유지적(지속적) 몰입, 규범적 몰입으로 구분하고 있다.

05 인지부조화가 나타날 수 있는 상황으로 옳은 것은?

① 나는 그림을 좋아하고 짜장면을 싫어한다.
② 나는 건강을 중요하게 생각하지만 운동을 싫어한다.
③ 담배는 건강에 해롭기 때문에 나는 담배를 피우지 않는다.
④ 장학금은 성적순으로 5명에게 지급되며 나는 우리 과에서 1등이다.

해설 인지부조화(cognitive dissonance)는 둘이나 그 이상의 태도, 또는 자신의 행위와 태도 사이에 불일치가 존재하는 현상을 말하는 것으로 심리학자 페스팅거(L. Festinger)에 의해 주장된 개념이다. 인지부조화가 일어나면 행위나 인지의 변화를 통해 부조화를 줄이려고 한다. 즉, '부조화'를 '조화'상태로 만들기 위해 노력하게 되고, 이에 따라 태도도 변화된다.

06 태도의 구성요소에 해당하지 않는 것은?

① 감정적 요소 ② 관계적 요소
③ 인지적 요소 ④ 행동적 요소

해설 태도(attitude)는 감정적(정의적) 요소와 인지적 요소, 행동적(행위적) 요소로 구성되는데, 이 세 가지 요소는 밀접하게 연관되어 있다.
① 감정적 요소는 어떤 대상에 대한 감정, 즉 그것에 대한 호의 또는 비호의로 구성된다.
③ 인지적 요소는 대상에 대한 지각·신념·사고로 구성된다.
④ 행동적 요소는 어떤 대상에 대해 어떤 방식으로 행동하려는 경향(행동의도)과 관련된 요소이다.

정답 04 ④ 05 ② 06 ②

07 다음 설명에 해당하는 개념은?

> • 직무특성에 대한 평가결과로 나타나는 개인의 직무에 대한 긍정적인 감정이다.
> • 이것을 유발하는 주요 원인변수로는 직무환경, 성격, 급여 등이 있다.
> • 이것으로 인해 나타나는 결과변수로는 직무성과, 조직시민행동, 고객만족 등이 있다.

① 직원몰입 ② 조직몰입
③ 직무만족 ④ 심리적 임파워먼트

해설 직무만족(job satisfaction)은 개인이 자신의 직무나 직무경험에서 얻는 만족스럽고 긍정적인 감정상태를 의미한다. 직무만족은 조직성과를 높인다. 즉 생산성을 높이고 이직률과 결근률은 낮아진다. 또한 직무만족은 조직시민행동(OCB)을 증가시킨다.

08 앨더퍼(Alderfer)의 ERG 이론에서 제시하는 욕구가 아닌 것은?

① 자율욕구 ② 성장욕구
③ 관계욕구 ④ 존재욕구

해설 앨더퍼(C. P. Alderfer)의 ERG 이론은 매슬로(A. H. Maslow)의 욕구단계설이 지니고 있는 한계를 극복하려는 의도에서 제시된 것으로, 매슬로(A. Maslow)의 5단계 욕구를 존재(existence)욕구·관계(relation)욕구·성장(growth)욕구의 3가지 범주로 재분류하였다.

09 〈보기〉에서 불공정성을 해소하기 위한 공정성 이론의 방법만을 있는 대로 고른 것은?

> ㄱ. 투입 또는 산출의 변경
> ㄴ. 인지적 왜곡
> ㄷ. 현장이탈
> ㄹ. 비교대상 변경

① ㄱ, ㄴ ② ㄱ, ㄴ, ㄷ
③ ㄱ, ㄴ, ㄹ ④ ㄱ, ㄴ, ㄷ, ㄹ

해설 애덤스(J. S. Adams)의 공정성 이론(equity theory)에서 불공정성의 지각으로부터 오는 긴장을 줄이기 위한 방법에는 투입의 변경, 산출의 변경, 투입과 산출의 인지적 왜곡, 장의 이탈(leave the field), 비교인물의 투입과 산출의 변경, 비교인물의 변경 등이 있다.

정답 07 ③ 08 ① 09 ④

10 신뢰(trust)에 대한 설명으로 옳지 않은 것은?

① 신뢰는 위험을 수반한다.
② 신뢰는 조직 간에도 형성될 수 있다.
③ 신뢰는 형성되기 어렵지만 한번 형성되면 상실하기도 어렵다.
④ 신뢰는 타인의 의도나 행동을 긍정적으로 생각하고 믿고자 하는 태도이다.

> **해설** ③ 신뢰가 형성되는 것은 어렵지만 형성된 신뢰의 상실은 쉽게 이루어진다.
> 신뢰(trust)는 일반적으로 상대방의 선의(good will)나 정직성, 약속의 성실한 이행, 자신의 이익추구를 어느 정도 희생한 타인의 복지에 대한 배려 등 윤리적 행동에 대한 기대를 의미한다. 즉, 신뢰는 우리가 의존하고 있는 사람들이 그들에 대한 우리의 기대를 저버리지 않을 것이라는 믿음을 의미한다.
> 신뢰의 기초가 되는 핵심 차원은 성실(integrity), 능력(competence), 일관성(consistency), 충성심(loyalty), 솔직함(openness) 등이다.

11 다음 설명에 해당하는 조직공정성의 개념은?

> 개인 사이에서 보상의 양과 할당에 대해 지각되는 공정성이다.

① 배분적 공정성
② 절차적 공정성
③ 정보적 공정성
④ 대인관계의 공정성

> **해설** 개인 사이에서 보상의 양과 할당에 대해 지각되는 공정성은 배분적 공정성이다.
> 조직공정성은 세 가지 측면을 가지는데 분배 공정성(배분 공정성), 절차 공정성(과정 공정성), 상호작용 공정성이 그것이다.
> ① 배분적(distributive) 공정성은 조직의 자원을 구성원들 사이에 공평하게 분배했는지의 여부를, 상호적(interactional) 공정성은 자원분배가 아닌 인간관계에서 상하 간에 혹은 조직과 구성원 간에 공정한 관계를 가졌는가와 관련이 있다.

12 다음 설명에 해당하는 강화유형은?

> - 이미 존재하는 유쾌하지 않은 결과를 제거함으로써 원하는 행동이 반복되도록 하는 것이다.
> - 착한 일을 한 학생에게 기존에 부과되었던 벌점을 감면해준다.

① 벌
② 부정적 강화
③ 소거
④ 긍정적 강화

> **해설** 어떤 행동을 더욱 많이 또는 계속 반복하도록 유도하기 위해 부정적 결과를 제거해 주는 강화유형은 부정적(소극적) 강화(negative reinforcement)이다.

정답 10 ③ 11 ① 12 ②

13 로키치(Rokeach)의 최종가치에 해당하는 것은?

① 정직
② 유능함
③ 용기
④ 성취감

해설 로키치(M. Rokeach)는 조직문화 형성시 고려해야 할 가치를 수단적 가치와 궁극적 가치(최종가치) 두 가지로 구분하였다.
로키치의 최종가치 또는 궁극적 가치(terminal value)는 개인이 살아가면서 달성하고자 하는 궁극적인 목표, 즉 목적을 의미한다. 성취감, 행복, 사랑, 기쁨, 자존감, 자유 등을 포함한다. 반면 수단적 가치(instrumental value)는 목표를 달성하기 위한 수단을 반영하는 것이다. 즉, 어떤 결과를 달성하는 데 필요한 수용 가능한 행동들을 나타낸다. 로키치가 정의한 수단적 가치는 야망, 정직, 자립심(self-sufficiency), 용기, 합리성 등을 포함한다.

14 다음 설명에 해당하는 개념은?

> 개인이 어떤 과업을 성공적으로 달성할 수 있는 능력을 지니고 있다는 믿음을 의미한다.

① 자존감
② 자기효능감
③ 자아통제력
④ 마키아벨리즘

해설 개인이 어떤 과업을 성공적으로 달성할 수 있는 능력을 지니고 있다는 믿음을 자기효능감(self-efficacy)이라고 한다. 즉 자기효능감은 특정상황에서 구체적인 직무를 수행할 수 있다는 자기능력에 대한 신념을 말한다.

15 다음 사례에 해당하는 학습유형은?

> A 축구팀은 경기 초반에 실점을 하여 어려운 상황에 놓였으나 포기하지 않고 최선을 다하여 승리하였다. 축구경기를 관전한 B 선수는 어려운 상황이어도 포기하지 않고 노력하면 승리할 수 있다는 믿음을 갖고 더욱 열심히 노력하게 되었다.

① 경험학습
② 고전적 조건화
③ 사회적 학습
④ 작동적 조건화

해설 제시된 사례는 사회적 학습이다. 사회적 학습(social learning)은 타인들을 보고 배우는 인지적이고 이성적인 과정을 통하여 새로운 행동이 습득되는 학습방식이다. 즉, 단순히 반응적이거나 강화나 벌에 의한 작동적인 조건 없이도 타인을 관찰하면서 생각과 깨달음을 통하여 새로운 행동을 배울 수 있다는 것이다.

정답 13 ④ 14 ② 15 ③

16 다음 설명에 해당하는 개념은?

- 타인이 한 행동의 원인을 추론할 때 외적인 요인은 과소평가하고 내적인 요인은 과대평가하는 경향이다.
- 학점이 낮은 학생은 공부를 하지 않는 게으른 학생이라고 판단한다.

① 자존적 편견 ② 기본적 귀인오류
③ 통제의 환상 ④ 피그말리온 효과

해설 사람들이 타인을 평가할 때 외부적인 요인은 과소평가하고, 내부적인 요인은 과대평가하는 경향을 기본적(또는 근본적) 귀인오류(fundamental attribution error)라고 한다.
① 자존적 편견(self-serving bias)은 사람들이 성공의 책임은 내적이거나 개인적인 요소들에 돌리려고 하지만, 실패의 책임은 상황에 따른 통제할 수 없는 외적인 요소들에 돌리려고 하는 경향을 말한다.

17 다음 사례에 해당하는 켈리(Kelly)의 귀인이론 개념은?

A는 시험을 보았는데 성적이 낮았다. 그리고 시험을 본 학생들 대부분의 성적이 낮다는 사실을 알았다. 이에 A는 자신의 성적이 낮은 이유는 노력이 적어서가 아니라 시험이 어려웠기 때문이라고 판단하였다.

① 특이성 ② 투영성
③ 일관성 ④ 합의성

해설 다른 학생들도 성적이 낮게 나왔다면 이는 일치성(합의성)이 높은 경우이고, 따라서 외부 귀인(외부 귀속)을 하게 된다.
귀인이론(attribution theory)에 속하는 켈리(H. H. Kelly)의 큐빅이론(cubic theory)에 의하면, 행위의 원인을 판단하기 위한 3요소가 있다. 이것은 특이성(distinctiveness), 합의성 또는 일치성(consensus), 일관성 또는 동일성(consistency) 등에 관한 정보를 토대로 내적 귀인, 외적 귀인의 방향이 결정된다는 것이다.
특이성은 한 사건의 결과를 다른 사건, 합의성은 다른 사람, 일관성은 다른 시점의 결과와 비교하는 것이다.

18 터크먼(Tuckman)이 제시한 집단발달 단계를 순서대로 나열한 것은?

① 형성기 → 규범기 → 성과달성기 → 격동기 → 해체기
② 형성기 → 규범기 → 격동기 → 성과달성기 → 해체기
③ 형성기 → 격동기 → 규범기 → 성과달성기 → 해체기
④ 형성기 → 격동기 → 성과달성기 → 규범기 → 해체기

정답 16 ② 17 ④ 18 ③

해설 터크먼(Tuckman)이 제시한 집단발달 5단계는 '형성기 → 격동기 → 규범기(정착기) → 성과달성기 → 조정·해체기'이다.

19 ( ) 안에 들어갈 말로 알맞은 것은?

( )은/는 조직 커뮤니케이션의 일종으로 비공식 정보의 유통채널이다. 이를 통해 회사 내의 여러 비밀스러운 이야기나 소문이 조직 내에 퍼지게 된다.

① 링겔만 효과
② 사회적 태만
③ 조하리의 창
④ 그레이프바인

해설 조직에는 자생적으로 형성된 비공식적 커뮤니케이션 체계가 존재하는데 이를 그레이프바인(grape vine)이라고 한다.
그레이프바인은 구성원들이 무엇을 중요하게 생각하고 있고, 어떤 불안이 있는가를 경영자들에게 제시하고 확인시켜 주는 역할을 한다.

20 다음 설명에 해당하는 의사결정 기법은?

- 여러 사람이 둘러 앉고 서로 말은 하지 않는다.
- 각자 자신의 생각을 백지에 적고 발표하지만 토의는 하지 않는다.
- 부가적인 설명 또는 지지하는 이유를 제시한다.
- 무기명 투표를 실시하여 최종안을 선택한다.

① 델파이법
② 브레인스토밍
③ 명목집단법
④ 변증법적 토의

해설 제시된 내용은 명목집단법에 의한 의사결정 과정에 대한 설명이다. 명목집단법(NGT : nominal group technique)은 글자 그대로 이름만 집단이지 구성원들 상호 간의 대화나 토론은 이루어지지 않는다는 점에서 붙여진 말이다. 이 기법은 최근 전자회의(electronic meeting)가 보편화됨에 따라 더 효율적으로 활용되고 있다.

21 의사결정에 관한 쓰레기통 모형에서, 의사결정이 원칙 없이 이루어지는 원인으로 옳지 않은 것은?

① 우선순위가 불명확하기 때문이다.
② 의사결정 참여자의 변동이 잦기 때문이다.
③ 휴리스틱스에 의한 의사결정을 하기 때문이다.
④ 해결기법이 불명확하고 이에 대한 이해가 부족하기 때문이다.

정답 19 ④ 20 ③ 21 ③

> **해설** 의사결정의 쓰레기통 모형에서 의사결정이 원칙 없이 이루어지는 원인은 ㉠ 우선순위의 불명확성, ㉡ 해결에 대한 지식과 경험 부족, ㉢ 임시적인 의사결정자들을 들 수 있다.
> 휴리스틱스(heuristics)에 의한 의사결정은 시간이나 정보가 불충분하여 합리적인 판단을 할 수 없거나, 굳이 체계적이고 합리적인 판단을 할 필요가 없는 상황에서 신속하게 사용하는 어림짐작이다.
> 올슨(Olsen) 등에 의한 쓰레기통 모형(garbage can model)은 복잡하고 급격한 변화 및 혼란한 상황 속에서 조직의 현실적인 의사결정 형태에 초점을 둔 모형이다. 쓰레기통 모형은 '조직화된 무정부상태' 속에서 나타나는 몇 가지 흐름에 의하여 의사결정이 우연히 이루어진다고 보는 의사결정모형이다.

22 집단응집력을 강화하는 요인으로 옳은 것은?

① 리더의 독재
② 상호교류의 빈도 증가
③ 거대한 집단 크기
④ 집단 내 경쟁

> **해설** 다른 집단에서는 볼 수 없는, 그 집단만이 가지고 있는 어떤 단결된 분위기 또는 공통의 태도나 행위를 집단응집력(group cohesiveness)이라고 한다.
> 집단응집력을 증대시키는 요인으로는 집단목표에 대한 동조, 상호작용의 빈도 증가, 개인적 매력, 집단 간 경쟁, 호의적인 평가 등이 있다. 기타 구성원의 동질성이 높거나, 집단별로 보상이 주어지거나, 다른 집단들로부터 멀리 떨어져 있는 경우에도 집단응집성은 증가한다.

23 팀 내에서 사회적 태만을 감소시키는 방법으로 적절하지 않은 것은?

① 팀원이 감정적으로 결속할 수 있도록 팀의 응집성을 증대시킨다.
② 팀원이 프로젝트 진행 과정과 종료 시점에 피드백을 받을 수 있도록 만든다.
③ 팀원에게 성과 책임을 부여하여 명확한 역할을 맡고 책임감 있게 결과를 만들도록 한다.
④ 사람이 많을수록 업무를 옮기기 어려워지고 숨을 곳이 적어지기 때문에 팀 규모를 키운다.

> **해설** 사회적 태만은 집단이 커질수록 증가한다. 그 이유는 집단이 클수록 개별업적의 평가가 어려워지기 때문이다.
> 사회적 태만(social loafing)은 홀로 일할 때보다 다른 구성원들과 함께 일할 때 노력을 적게 들이는 현상을 말한다. 집단 내에서 일하는 개인이 자신의 업적이 타인(상사)에 의해 정확히 관찰될 수 없을 때 나타난다. 또한 집단의 규모가 크면 집단 속의 개인들은 자신의 노력이 꼭 필요한 것이 아니라고 생각하기 쉽다.

정답 22 ② 23 ④

24 ( ) 안에 들어갈 말로 알맞은 것은?

> A에게 상사는 팀원을 잘 다독여 업무를 신속하게 마치도록 요구하는데, 팀원은 업무의 어려움을 상부에 보고하고 지원을 받아야 한다고 말한다. 이때 A는 ( )을/를 겪게 된다.

① 역할과다
② 역할 간 갈등
③ 역할모호성
④ 역할 내 갈등

해설 조직 내의 역할에 있어서 양립될 수 없는 두 가지 이상의 기대가 개인에게 동시에 주어질 때 역할갈등(role conflict)이 발생한다. 역할갈등은 역할 내 갈등과 역할 간 갈등으로 구분할 수 있는데 제시된 사례는 역할 내 갈등(intrarole conflict)으로, 하나의 동일한 역할을 수행하는 역할 담당자에게 서로 다른 행동을 기대할 때 나타난다.

25 집단 간 갈등으로 인해 나타날 수 있는 변화가 아닌 것은?

① 집단 내부에 과업 관련 활동이 증가한다.
② 상대 집단과의 커뮤니케이션이 증가한다.
③ 상대 집단에 대한 부정적인 편견이 강화된다.
④ 집단 내부에 독재적인 리더가 출현할 가능성이 증가한다.

해설 집단 간 갈등은 조직 내의 집단(부서)과 다른 집단 사이에서 일어나는 갈등을 의미한다. 조직의 규모가 커지고 기능이 다양해질수록 집단 간 갈등의 가능성은 커진다. 집단 간 갈등이 발생하면 상대 집단과의 커뮤니케이션은 감소한다.

26 커뮤니케이션의 정보충실도가 가장 높은 매체는?

① 직접 대면
② 전자 메일
③ 공식 문서
④ 제3자를 통한 전언

해설 커뮤니케이션 매체별 정보충실도를 비교하면 직접 대면이나 전화 등 구두매체가 높고, 문서매체는 정보충실도가 구두매체보다는 낮은 것으로 평가된다. 말에 의한 커뮤니케이션은 효율성과 즉시성의 장점 외에도 생각을 양적으로 더 많이 표현할 수 있기 때문에 오해의 소지가 적다고 볼 수 있다.

정답 24 ④ 25 ② 26 ①

27 ( ) 안에 들어갈 말로 알맞은 것은?

> 리더는 비공식적인 방식으로 (   )에 속하는 구성원에게 영향력을 행사하고, 넓은 재량권과 혜택을 제공한다. 구성원 또한 공식적인 임무 이외의 것도 수행하며 리더에게 도움을 준다.

① 외집단
② 명령집단
③ 내집단
④ 우호집단

해설 리더가 비공식적인 방식으로 구성원에게 영향력을 행사하고, 넓은 재량권과 혜택을 제공하면 이는 내집단(in-group)의 구성원에 대한 것이다.
리더-부하 교환이론(LMX theory : Leader-Member Exchange theory)에서 리더는 내집단의 부하들에게는 더 많은 복지후생과 임금인상 및 승진기회 등의 유형적인 보상 이외에도 개인적인 칭찬과 인정, 미래에 대한 보장을 약속한다.

28 피들러(Fidler)의 리더십 상황이론에 대한 설명으로 옳지 않은 것은?

① 상황요인은 부하의 능력과 성숙도이다.
② 상황이 좋을 때에는 과업지향적 리더가 효과적이다.
③ 상황이 나쁠 때에는 과업지향적 리더가 효과적이다.
④ LPC 점수를 이용하여 과업지향적인 리더와 관계지향적인 리더로 구분한다.

해설 피들러(F. Fiedler)의 상황-유효성이론에서 리더에게 호의적인가의 여부를 결정하는 리더십 상황은 리더와 부하의 관계, 과업구조 및 리더의 직위권한 등의 3가지 요소로 구성된다.
부하의 성숙도(maturity)는 허시(P. Hersey)와 블랜차드(K. H. Blanchard)의 상황이론에서 중요시하는 상황변수이다.

29 오하이오주립대학교 리더십 연구의 구조주도를 측정하는 문항의 내용이 아닌 것은?

① 리더는 마감일을 강조한다.
② 리더는 부하의 직무를 명확하게 정해준다.
③ 리더는 부하들이 정해진 규정을 지키도록 요구한다.
④ 리더는 부하가 제안을 하면 그것을 실행에 옮긴다.

해설 ④ '리더는 부하가 제안을 하면 그것을 실행에 옮긴다'는 배려(consideration)를 측정하는 설문에 해당한다.
구조주도(initiating structure)를 측정하는 설문에는 위 세 가지에 더하여 '리더는 수행할 일에 대한 스케줄을 짜 준다'가 포함된다.

정답 27 ③ 28 ① 29 ④

30 조직중심적 권력에 해당하지 않는 것은?

① 전문적 권력
② 강압적 권력
③ 보상적 권력
④ 합법적 권력

> **해설** 프렌치(J. R. P. French)와 레이븐(B. H. Raven)은 개인이 갖는 권력의 원천을 보상적·강압적·합법적·준거적·전문적 권력 등의 5가지로 분류한다.
> 이들 권력의 원천 중에서 보상적·강압적·합법적 권력은 조직의 직위에서 나온 것이기 때문에 직위권력(또는 조직중심적 권력)이라고 하며, 준거적·전문적 권력은 개인에게서 나오는 것이기 때문에 개인적 권력(개인중심적 권력)이라고 한다.

31 한 사람의 업무담당자가 기능부문과 제품부문의 관리자로부터 동시에 통제를 받도록 이중권한 구조를 형성하는 조직구조는?

① 팀제 조직
② 사업부제 조직
③ 매트릭스 조직
④ 프로젝트 조직

> **해설** 이중권한 구조(two boss system)를 형성하는 조직구조는 매트릭스 조직이다. 매트릭스 조직은 기능식 조직과 프로젝트 조직을 결합한 형태이다.

32 변혁적 리더십(transformational leadership)의 구성요소가 아닌 것은?

① 지적 자극
② 이상적 영향력
③ 개별적 배려
④ 업적에 따른 보상

> **해설** 바스(B. M. Bass)는 변혁적 리더(transformational leader)란 네 가지 특성에서 적극적인 리더라고 보고 있다. 즉, 카리스마, 고취능력(inspiration), 지적인 자극, 개별화된 배려(individualized consideration) 등이 있다.
> ④ 업적에 따른 보상은 거래적 리더십의 특징이다.

33 다음에 해당하는 빅 파이브(Big-five) 성격요인은?

> 이것은 다른 사람과 잘 동조할 줄 아는 개인성향의 차원을 의미한다. 이러한 차원의 성향이 높은 사람은 협력적이고 포용적이며 온화하고, 다른 사람을 잘 믿는 특질을 갖는다. 반면, 이러한 차원의 성향이 낮은 사람은 차갑고 까다로우며 적대적이다.

① 성실성
② 친화성
③ 개방성
④ 외향성

정답 30 ① 31 ③ 32 ④ 33 ②

해설 문제의 내용은 친화성 또는 포용성(agreeableness)으로 협조적, 우의적, 따뜻함, 보살펴 주는 성향, 양보, 배려 등의 성격이다. 그 반대의 성격은 냉철, 비판, 차가움의 특성을 갖는다.
빅 파이브 모델(Big Five Model), 5대 성격모형은 수많은 종류의 성격이 있지만 대부분의 성격은 다섯 가지 차원의 배합이라는 것이다. 5가지 성격은 외향성(extraversion), 친화성·포용성(agreeableness), 성실성·신중성(conscientiousness), 감정적 안정성(emotional stability) 또는 신경증(neuroticism), 개방성(openness) 등이다.

34 창의적 활동을 촉진하기 위한 브레인스토밍의 규칙이 아닌 것은?

① 아이디어의 질을 중시한다.
② 다른 사람의 아이디어를 활용한다.
③ 생각나는 모든 아이디어를 발표한다.
④ 다른 사람의 아이디어를 비판하거나 평가하지 않는다.

해설 브레인스토밍(brainstorming)은 자유로운 분위기 속에서 창의적인 아이디어를 최대한 많이 도출하려는 것으로 아이디어의 질보다 양을 중시한다.

35 제한된 합리성 모형에서 제시하는 의사결정자의 행동이 아닌 것은?

① 의사결정자는 만족스러운 대안을 선택한다.
② 모든 의사결정자는 합리적이고 경제적이다.
③ 의사결정자는 제한적으로 해결책을 모색한다.
④ 의사결정자는 충분한 정보 없이 의사결정을 내리게 된다.

해설 ② 모든 의사결정자는 합리적이고 경제적이라는 것은 완전한 합리성(경제적 합리성) 모형의 기본전제이다.
사이먼(H. A. Simon)은 인간의 정신적 한계 때문에 모든 대체안을 인식할 수 없기 때문에 의사결정자는 제한된 합리성(bounded rationality) 하에서 의사결정을 내리지 않으면 안 된다고 주장한다.
이러한 제한된 합리성 때문에 의사결정자는 이상적인 최적의(optimizing) 의사결정보다는 만족스러운 의사결정을 추구하게 된다. 만족화는 모든 가능한 대안들을 고려함으로써 효용을 극대화하려 하지 않고, 수용할 수 있는 최소한의 수준을 충족시키는 대안을 추구하는 것을 말한다.

정답 34 ① 35 ②

36 다음 설명에 해당하는 조직설계의 구성요소는?

> A기업은 직원들에게 세부적인 행동규칙과 규제사항을 교육시키고 따르도록 철저히 관리한다. 예를 들어 직원들은 안전벨트는 왼손으로 착용하고 동시에 오른손으로 자동차 시동을 걸어야 하며, 셔츠는 첫 번째 단추 외에는 풀지 않아야 한다.

① 전문화 ② 공식화
③ 직권화 ④ 부문화

해설 제시된 내용은 조직설계의 기본변수 중 공식화에 대한 설명이다. 공식화(formalization)는 조직 내의 업무가 표준화되어 있는 정도를 나타낸다. 즉, 조직의 정책, 규칙 및 절차가 명문화된 형태로 존재하는 정도를 말한다.

37 지속적인 지식 창출 및 획득, 새로운 지식과 통찰력을 기초로 조직의 전반적인 행동을 변화시키는 것에 능숙한 조직은?

① 학습조직 ② 유기적 조직
③ 프로젝트 조직 ④ 매트릭스 조직

해설 피터 센지(Peter Senge)가 주장한 학습조직(learning organization)은 정보와 지식을 창조하고, 습득하고 전달하는 데 익숙하여 이 새로운 지식과 통찰을 바탕으로 조직의 전반적인 행동을 변화시키는 데 능숙한 조직이다.
센지는 학습조직모형을 구성하는 핵심적 요인들을 ㉠ 시스템적 사고, ㉡ 개인적 숙련, ㉢ 사고 모형, ㉣ 비전의 공유, ㉤ 팀 학습 등 5가지로 제시하고 있다.

38 스트레스에 대한 설명으로 옳은 것은?

① 스트레스는 부정적인 측면만 있다.
② 개인의 성과는 과소스트레스일 때 극대화된다.
③ 스트레스에 대한 반응은 심리적으로만 나타난다.
④ 유스트레스(eustress)는 기쁠 때 느끼는 긍정적인 스트레스이다.

해설 ④ 유스트레스(eustress), 즉 좋은 스트레스는 마음의 기쁨 또는 즐거움으로 인해 받는 긍정적인 유익한 스트레스이다.
① 스트레스는 부정적인 측면도 있지만 긍정적인 측면도 있다.
② 개인의 성과는 스트레스가 최적수준에 있을 때 극대화된다.
③ 스트레스에 대한 반응은 생리적·행동적·심리적으로 나타난다.

정답 36 ② 37 ① 38 ④

39 허즈버그(F. Herzberg) 2요인이론에서 동기요인에 포함되는 것은?

① 성취감 ② 감독
③ 임금 ④ 회사정책

> **해설** 허즈버그(F. Herzberg) 2요인이론에서 동기요인은 만족요인을 의미하는 것으로 성취감·인정감·도전감·책임감, 성장과 발전, 일 그 자체 등을 들 수 있다.

40 조직문화의 순기능이 아닌 것은?

① 조직의 안정성에 기여한다.
② 구성원의 조직몰입을 높일 수 있다.
③ 구성원의 사고와 관점을 확대시킬 수 있다.
④ 구성원들에게 조직정체성을 제공해줄 수 있다.

> **해설** ③ 조직문화는 구성원의 다양성과 창의성을 제한하는 역기능을 지니고 있다.
> 조직문화는 조직구성원들에게 정체성(identity)을 제공하고, 집단적 몰입을 가져오며, 조직체계의 안정성을 높이고, 조직구성원들의 행동을 형성하는 기능을 수행한다. 조직문화는 새로운 구성원에게 행동지침을 제공하고, 구성원의 조화와 단합을 가져온다. 그리고 조직분위기를 형성하고, 환경적응력을 강화시키며, 조직몰입을 향상시킨다.

정답 39 ① 40 ③

2023 경영정보론 기출문제

01 정보가 유용한 가치를 지니기 위해 필요한 특성이 아닌 것은?

① 신뢰성　　　　　　　　② 적시성
③ 절대성　　　　　　　　④ 검증가능성

해설　③ 정보의 가치는 상대적이다. 절대적인 정보는 있을 수 없다.
정보가 유용한 가치를 지니기 위해서는 정확성, 적시성, 접근성, 경제성, 신뢰성, 관련성, 완전성 및 검증가능성 등의 특성을 지녀야 한다.

02 다음 설명에 해당하는 경영지원 시스템은?

- 주문에서 제품 생산에 이르기까지 관련된 정보를 제공하여 가장 효과적으로 활용할 수 있도록 한다.
- 현장의 정확한 데이터를 사용함으로써 현장의 활동을 관리, 착수, 응답하고 보고하는 데 이용된다.
- 주문 단계에서부터 완성단계까지 최적화를 지원한다.

① 제조실행 시스템(MES)　　　　② 공급망관리 시스템(SCM)
③ 판매망관리 시스템(SFM)　　　④ 전사적 자원관리 시스템(ERP)

해설　주문에서 제품 생산에 이르기까지 관련된 정보를 제공하여 가장 효과적으로 활용할 수 있도록 하여 최적화를 지원하는 것은 공급망관리 시스템(SCM)이다.
공급망 관리 또는 공급사슬관리(SCM)는 공급사슬상의 정보, 물자, 현금의 흐름에 대해 총체적 관점에서 인터페이스를 통합하고 관리함으로써 효율성을 극대화하는 전략적 경영기법이다.

03 정보 시스템의 구성요소가 아닌 것은?

① 하드웨어　　　　　　　② 데이터베이스
③ 소프트웨어　　　　　　④ 클라우드 컴퓨팅

해설　④ 클라우드 컴퓨팅(Cloud Computing)은 정보가 인터넷상의 서버에 영구적으로 저장되고, 데스크톱·태블릿 컴퓨터·노트북·넷북·스마트폰 등의 IT 기기 등과 같은 클라이언트에는 일시적으로 보관되는 컴퓨터 환경을 뜻하는 것으로 정보 시스템의 구성요소는 아니다.
정보 시스템은 네 가지 자원을 활용하여 다섯 가지 기능을 수행한다. 네 가지 자원, 즉 정보 시스템의 구성요소는 하드웨어, 소프트웨어, 데이터(데이터베이스, 모델 베이스, 지식 베이스 등)와 인적자원이다.

정답　01 ③　02 ②　03 ④

04 기업의 조직기능별로 정보 시스템을 구분한 것이 아닌 것은?
① 생산정보 시스템
② 관리통제 시스템
③ 재무정보 시스템
④ 마케팅정보 시스템

> **해설** ② 관리통제 시스템은 경영계층별 분류의 하나이다. 관리통제 시스템은 중간관리층의 업무를 지원해 주고, 전략계획 시스템은 최고경영층의 의사결정을 지원해준다.
> 기업의 경영기능은 생산, 마케팅, 재무, 인사(인적자원관리), 회계 등으로 구분되고 각 기능별로 정보 시스템이 구축된다.

05 다음 설명에 해당하는 것은?

> 기업이 부를 창조하기 위하여 제품과 서비스를 어떻게 생산하고, 인도하며, 판매하는가를 설명하는 것이다.

① 운영전략
② 비즈니스 모델
③ 경영 시스템
④ 비즈니스 프로세스

> **해설** 기업이 부를 창조하기 위하여 제품과 서비스를 어떻게 생산하고, 인도하며, 판매하는가를 설명하는 것은 비즈니스 프로세스(business process)이다. 비즈니스 프로세스는 조직과 조직 파트너 및 고객에게 가치를 주는 제품 혹은 서비스를 생산하는 것과 관련된 활동들의 지속적인 집합이다. 한편 비즈니스 프로세스를 근본적으로 개선하여 비용, 품질, 서비스, 신속성 등과 같은 주요 경영성과지표에 있어 극적인 개선을 이루려는 경영혁신기법은 업무재설계(BPR ; Business Process Reengineering)라고 한다.

06 고객관계관리(CRM) 시스템에 대한 설명으로 옳지 않은 것은?
① 파트너관계관리(PRM), 직원관계관리(ERM) 등의 모듈을 포함하여 확장될 수 있다.
② 고객 데이터를 연계시키고 분석하여 그 결과를 기업 전반에 걸친 다양한 시스템과 고객 접점에 제공한다.
③ 운영적 CRM 시스템은 고객서비스, 마케팅 등에서 성과 향상을 위한 정보제공을 위해 데이터를 분석하는 애플리케이션을 의미한다.
④ 효율적 운영을 통해 고객만족 증대, 마케팅 비용 감소, 고객 획득 및 유지비용 감소 등의 비즈니스 가치를 실현할 수 있다.

> **해설** ③ 고객서비스, 마케팅 등에서 성과 향상을 위한 정보제공을 위해 데이터를 분석하는 애플리케이션은 분석적(analytical) CRM 시스템이다.
> CRM은 크게 CRM 전략과 CRM 시스템 프로젝트로 나눌 수 있고, CRM 시스템은 분석(analytical) CRM과 운영(operational) CRM, 협업(collaborative) CRM으로 나누어진다.

정답 04 ② 05 ④ 06 ③

07 무어의 법칙에 대한 해석으로 가장 적절하지 않은 것은?

① 컴퓨팅 성능은 18개월마다 2배가 된다.
② 네트워크 참여자 수는 18개월마다 2배가 된다.
③ 컴퓨팅 가격은 18개월마다 반으로 떨어진다.
④ 마이크로프로세서의 성능은 18개월마다 2배가 된다.

해설 마이크로프로세서의 성능은 18개월마다 2배가 된다는 것은 인텔의 공동창업자인 무어가 제시한 무어의 법칙(Moore's Law)이다. 무어의 법칙은 컴퓨팅 성능은 18개월마다 2배가 되고, 컴퓨팅 가격은 18개월마다 반으로 떨어진다고도 해석된다.

08 프로그래밍 언어를 발달 순서대로 나열한 것은?

| ㄱ. 어셈블리 언어 | ㄴ. 기계어 |
| ㄷ. COBOL | ㄹ. XML |

① ㄱ → ㄴ → ㄷ → ㄹ
② ㄱ → ㄷ → ㄹ → ㄴ
③ ㄴ → ㄱ → ㄷ → ㄹ
④ ㄹ → ㄷ → ㄱ → ㄴ

해설 기계어는 제1세대 언어, 어셈블리어는 제2세대 언어이다. 그리고 FORTRAN, ALGOL 60, COBOL, BASIC, PASCAL, LISP, C 및 C++ 등이 제3세대 언어로 개발되었다.
한편 웹을 위한 프로그래밍 언어로는 JAVA, HTML, XML 등이 있다. JAVA는 썬마이크로시스템즈에서 개발한 객체지향 프로그래밍 언어로 C언어에 객체지향 개념을 추가한 C++와 달리 처음부터 객체지향 언어로 개발되었다.
한편 파이썬(Python)은 1991년에 발표된 인터프리터 방식의 프로그래밍 언어이다. 최근 가장 널리 사용되고 있는 프로그래밍 언어이다. XML은 HTML의 한계를 보완하여 1996에 개발되었다.

09 컴퓨터의 출력장치에 해당하는 것은?

① 모니터
② ROM
③ 마우스
④ 냉각장치

해설 ② 모니터는 프린터, 스피커 등과 함께 컴퓨터의 출력장치(Output Device)에 해당한다. 입력장치(Input Device)에는 키보드, 마우스, 마이크와 함께 스캐너, 터치스크린, 통신포트, 라이트펜 등이 포함된다.

정답 07 ② 08 ③ 09 ①

10 시스템 모델링 및 설계 방법론 중 객체지향개발에 대한 설명으로 옳은 것은?

① 클래스와 상속 개념에 기초한다.
② 프로세스 지향적인 방법으로 프로세스로부터 데이터를 분리한다.
③ 이미 만들어진 객체는 재사용하기가 매우 어렵다는 단점이 존재한다.
④ 데이터 흐름도(DFD), 프로세스 명세서, 구조도 등이 주된 도구로 사용된다.

> **해설** ① 객체지향개발(object-oriented development)은 클래스(class)와 상속(inheritance) 개념에 기초한다. 특정 클래스 또는 유사한 객체들의 일반화된 카테고리에 속하는 객체는 그 클래스의 속성을 갖는다. 각 클래스는 좀 더 일반적인 클래스의 구조와 속성을 상속받을 수 있으며, 상속 후에는 각 개체에 유일한 변수와 속성을 추가하게 된다.
> ③ 객체지향개발은 다른 프로그램에서 이미 만들어진 소프트웨어 객체를 재사용할 수 있기 때문에(객체의 재사용성) 시간과 비용을 절약할 수 있다.
> ②, ④는 1970년대 이후 사용된 전통적인 구조적(structured) 방법론에 대한 설명이다(K. C. Lauden et al. 10e, p. 436).

11 다음 설명에 해당하는 단계는?

> • 시스템 개발 수명주기(SDLC) 개발과정이다.
> • 최종 사용자의 비즈니스 요구사항을 수집·검토하여 이를 시스템의 기능과 목적에 맞게 다듬어가는 과정이다.

① 설계   ② 분석
③ 개발   ④ 유지보수

> **해설** 시스템 개발 수명주기(SDLC)의 순서는 '시스템 조사 → 시스템 분석 → 시스템 설계 → 시스템 구현 → 시스템 유지·보수'로 구분한다.
> 사용자의 비즈니스 요구사항을 수집·검토하여 이를 시스템의 기능과 목적에 맞게 다듬어가는 과정은 분석단계이다. 즉, 분석단계에서는 사용자가 원하는 것을 정확히 파악하기 위하여 조직을 분석하고 이와 함께 기존에 사용하고 있는 시스템들의 효율성을 분석한다(김용성 등, 정보기술의 이해).

12 다음 설명에 해당하는 소프트웨어는?

> 기존의 애플리케이션을 연결함으로써 전사적인 통합을 달성하기 위한 목적으로 사용된다.

① 펌웨어   ② 운영체제
③ 미들웨어   ④ 응용프로그램

정답 10 ① 11 ② 12 ③

해설 미들웨어(middle ware)는 분산 컴퓨팅 환경에서 서로 다른 기종의 하드웨어나 프로토콜, 통신환경 등을 연결하여, 응용프로그램과 그 프로그램이 운영되는 환경 간에 원만한 통신이 이루어질 수 있게 하는 소프트웨어를 말한다.

13 ( ) 안에 공통으로 들어갈 말로 알맞은 것은?

- (　　)은/는 애플리케이션 소프트웨어를 구축하고 통합하기 위한 정의 및 프로토콜의 집합이다.
- (　　)은/는 개발자가 새로운 애플리케이션 구성요소를 기존 아키텍처에 통합하는 방식을 간소화시켜 준다.
- (　　)을/를 사용하면 구현방식을 알지 못해도 제품 또는 서비스가 서로 커뮤니케이션할 수 있으며 개발을 간소화하여 시간과 비용을 절약할 수 있다.

① API
② UML
③ CASE
④ UI/UX

해설 제시된 내용은 API(Application Programming Interface)에 대한 설명이다. API는 운영체제가 제공하는 함수의 집합체로, 한 프로그램이 다른 프로그램과 상호작용하는 방법을 정의하는 일련의 규칙과 명세를 말한다.

14 다음 설명에 해당하는 개념은?

새로운 하드웨어나 차세대 운영체제의 등장 등을 소프트웨어에 반영하는 것으로 시스템의 기능상의 변화와는 관련이 없다.

① 예방적 유지보수
② 오류 수정형 유지보수
③ 기능 개선형 유지보수
④ 변화 수용형 유지보수

해설 정보시스템 개발단계에서 마지막 단계에 해당하는 유지보수(program maintenance)의 유형 중 문제에 제시된 개념은 변화 수용형 유지보수 또는 적용형(adaptive) 유지보수이다.

정답 13 ① 14 ④

15 파일처리 시스템의 한계가 아닌 것은?

① 응용프로그램이 데이터 파일에 종속적이다.
② 응용프로그램마다 파일을 별도로 유지해야 한다.
③ 데이터베이스관리시스템(DBMS)에 의해서만 관리된다.
④ 동일 데이터가 여러 파일에 중복으로 저장될 수 있다.

> **해설** ③ 데이터베이스관리시스템(DBMS)에 의해서 관리되는 것은 파일처리 시스템 이후에 등장한 데이터베이스 시스템이다.
> 전통적인 파일처리방식에서는 데이터 파일들이 각각의 응용 프로그램에 맞도록 개별적으로 설계되고, 이와 같은 용용프로그램들이 분리·실행되어 필요한 문서나 보고서를 산출하게 된다. 이러한 데이터의 처리방식은 데이터의 중복과 비일관성, 데이터 접근의 어려움, 데이터의 고립, 무결성 문제, 원자성 문제, 동시 액세스 문제 등이 있다.

16 데이터베이스에 대한 설명으로 옳지 않은 것은?

① 하나의 데이터베이스는 다수의 애플리케이션을 지원한다.
② 일반적으로 개체, 속성, 레코드 등과 같이 계층구조로 구성된다.
③ 데이터의 중복, 일관성의 결여 등을 효율적으로 통제할 수 있도록 지원한다.
④ 데이터가 각 애플리케이션에 대한 별개의 파일들에 저장됨으로써 처리속도가 증가한다.

> **해설** 데이터베이스는 특정한 주제에 관한 정보들이 들어 있는 데이터 파일의 체계적인 조직으로, 데이터가 일관된 형식으로 통합저장되어 있어 다수의 사용자나 다수의 응용프로그램이 공유할 수 있다.

17 다음 설명에 해당하는 것은?

> • 중앙집중적인 권한 없이 즉시 네트워크에서 거래를 생성하고 확인할 수 있는 기술이다.
> • 거래를 컴퓨터 네트워크의 여러 컴퓨터에 분산 원장으로 저장하며, 일단 기록되면 변경할 수 없다.
> • 사용자 검증 및 거래 유효성 인증 비용과 기업의 거래 정보 저장 및 처리와 관련된 위험을 대폭 감소시킬 수 있다.

① 클라우드
② 데이터마트
③ 블록체인
④ 데이터웨어하우스

> **해설** 제시된 설명에 해당하는 내용은 블록체인이다. 블록체인(blockchain)은 분산 원장 또는 공공거래장부라고 불리며, 암호화폐로 거래할 때 발생할 수 있는 해킹을 막는 기술에서 출발했다. 다수의 상대방과 거래를 할 때 데이터를 개인 사용자들의 디지털 장비에 저장하여 공동으로 관리하는 분산형 정보기술이다.

정답 15 ③ 16 ④ 17 ③

18 관계형 데이터베이스와 관련 없는 것은?

① 키(key)
② 객체(object)
③ 엔티티(entity)
④ 속성(attributor)

해설 관계형 데이터베이스는 데이터를 구분하는 키(key)와 그 값들의 관계를 테이블(table)화하여 간단히 원하는 자료를 검색하는 데이터베이스이다. 테이블에서 각 열의 위치를 필드(field) 또는 속성(attribute)이라고 부르며, 각 행은 레코드(record) 또는 튜플(tuple)이라고 부른다.

19 다음 설명에 해당하는 것은?

> 관리자나 기타 사용자들이 보다 더 정보에 기반한 의사결정을 할 수 있도록 기업 환경에서 발생하는 데이터의 저장, 조직, 보고, 분석 등을 지원하는 데이터 및 소프트웨어를 지칭한다.

① 프로세스 마이닝
② 비즈니스 인텔리전스
③ 로보틱 처리 자동화
④ 비즈니스 프로세스 관리

해설 비즈니스 인텔리전스(business intelligence)는 관리자나 사용자의 의사결정을 지원하는 데이터 및 소프트웨어 도구들을 가리키는 것으로, 모든 경영수준에서의 의사결정을 다룬다.

20 집단의사결정시스템의 지원기능이 아닌 것은?

① 전자결제
② 전자문서관리
③ 화상회의시스템
④ 멀티미디어 프레젠테이션

해설 집단의사결정이 이루어지기 위해서는 다수의 참여자가 동시에 접속하여 의견을 제시할 수 있는 시스템이 구축되어야 한다.
전자결제는 전통적인 상거래에서의 대금결제를 전자적인 방식으로 대체한 것이다. 집단의사결정과는 관계가 없다.

정답 18 ② 19 ② 20 ①

21 중역정보시스템의 특징이 아닌 것은?

① 드릴다운 기법
② 거래 데이터 수집 및 저장
③ 사용하기 쉬운 인터페이스
④ 전략적인 문제해결을 위한 정보제공

해설 ② 거래 데이터 수집 및 저장은 운영관리자에게 필요한 거래처리시스템(TPS)의 특징이다. 중역정보시스템(EIS : Executive Information System, ESS)은 고위 관리층의 의사결정을 지원하는 시스템으로, 전략적인 문제를 해결하는 데 요구되는 정보를 제공하여야 하고, 정보를 보다 쉽게 이해할 수 있는 형태로 제공하여야 한다. EIS는 사용자가 사용하기 쉬운 인터페이스가 필요하고, 정보를 제공하는 데 있어 드릴다운(Drill-down) 기법이 반드시 필요하다.

22 다음 설명에 해당하는 머신러닝 방법은?

> 학습모델을 학습시킬 때 결괏값을 주지 않는 대신에 모델의 특정 행동에 보상값을 줌으로써 모델이 보상값을 최대화하는 행동을 선택하게 하여 성능을 높인다.

① 강화학습
② 온톨로지
③ 지도학습
④ 유전알고리즘

해설 제시된 설명에 해당하는 머신러닝 방법은 강화학습이다.
① 강화학습(reinforcement learning)은 게임을 예로 들면 규칙을 따로 입력하지 않고 자신(agent)이 게임환경에서 현재상태(state)에서 높은 점수(reward)를 얻는 방법을 찾아가며 행동(action)하는 학습방법이다. 특정 학습횟수를 초과하면 높은 점수를 얻을 수 있는 전략이 형성된다. 단, 행동(action)을 위한 행동 목록(방향키, 버튼) 등은 사전에 정의되어야 한다.
③ 지도학습(supervised learning)에서는 인간이 사전에 식별한 원하는 입력과 출력의 구체적인 예를 제공함으로써 시스템이 '훈련'된다. 즉 정답을 알려주면서 학습시키는 것이다. 지도학습에는 크게 분류(classification)와 회귀(regression)가 있다.
비지도학습(unsupervised learning)에서는 지도학습과 동일한 절차를 따르지만 인간은 시스템에 예제를 제공하지 않는다. 대신 시스템은 개발 데이터베이스를 처리하고 찾은 패턴을 보고하도록 요청받는다(Laudon p. 436).

23 블록체인과 관련 없는 것은?

① 해시
② 분산 원장
③ 드롭박스
④ 지분 증명

정답 21 ② 22 ① 23 ③

해설 ③ 드롭박스(dropbox)는 블록체인과는 관련이 없고 클라우드 컴퓨팅과 관련이 있다. 드롭박스를 사용하면 파일을 클라우드에 업로드하거나 전송하고 누구에게든 공유할 수 있다.

블록체인(blockchain)은 분산원장 또는 공공거래장부라고 불리며, 암호화폐로 거래할 때 발생할 수 있는 해킹을 막는 기술에서 출발했다. 다수의 상대방과 거래를 할 때 데이터를 개인 사용자들의 디지털 장비에 저장하여 공동으로 관리하는 분산형 정보기술이다.

블록체인은 중앙 서버없이 노드(node)들이 자율적으로 연결되는 P2P(peer-to-peer)방식을 기반으로 각 노드에 데이터를 분산·저장하는 데이터분산처리기술이다.

24 대역폭이 가장 큰 전송매체는?

① WiFi
② 광섬유케이블
③ 동축케이블
④ 5G 셀룰러 통신

해설 대역폭(bandwidth)이 가장 큰 전송매체는 광케이블(fiber optic cable)이다. 대역폭은 어느 특정 통신채널에서 수용할 수 있는 주파수의 범위를 말한다.

대역폭은 하나의 채널이 수용할 수 있는 최고 및 최저 주파수 간의 차이를 의미한다. 주파수의 범위가 커질수록 대역폭은 넓어지고 그 채널의 전송용량은 증가한다.

WiFi나 5G 셀룰러 통신은 전송매체가 아니고 무선 네트워크 기술이다.

25 다음 설명에 해당하는 것은?

> 조직이나 개인이 자신만의 플랫폼을 제작하여, 승인받은 회원들만 사용할 수 있도록 하는 자체적인 소셜 네트워크 서비스이다.

① 모바일 소셜 네트워크 서비스
② 콘텐츠 기반 소셜 네트워크 서비스
③ 화이트 라벨 소셜 네트워크 서비스
④ 프로파일 기반 소셜 네트워크 서비스

해설 ④ 프로파일 기반 소셜 네트워크 서비스는 조직이나 개인이 자신만의 플랫폼을 제작하여, 승인받은 회원들만 사용할 수 있도록 하는 자체적인 소셜 네트워크 서비스이다.

정답 24 ② 25 ④

26 다음 설명에 해당하는 TCP/IP 애플리케이션은?

> 텍스트, 프로그램, 그래픽, 수치 데이터를 포함한 네트워크에 업로드하거나 다운로드할 수 있게 한다.

① PTP
② SMTP
③ HTTP
④ SNMP

해설 웹에서는 FTP, Telnet, HTTP, SMTP, POP 등 여러 프로토콜이 쓰인다. 그중에서도 가장 흔히 쓰이는 프로토콜이 HTTP(Hyper Text Transfer Protocol)다. HTTP를 이용하면 사용자는 다양한 응용 프로그램에 접근하여 텍스트/그래픽/애니메이션을 보거나 사운드를 재생할 수 있다. HTTP는 웹 처리 전반에 걸쳐 토대가 되기 때문에 웹 서버를 HTTP 서버라 부르기도 한다.

27 다음 설명에 해당하는 것은?

> 네트워크에서 두 지점 간 정보를 원활히 주고받기 위한 통신방법에 대한 규칙과 약속이다.

① 패킷
② 컴파일
③ 모뎀
④ 프로토콜

해설 ④ 컴퓨터 네트워크에서 통신이 성공적으로 수행되기 위해서는 개체들이 일정한 약속에 따라 데이터를 송신하고 수신하여야 하는데, 이때 사용되는 약속을 프로토콜(protocol)이라고 한다. 즉 프로토콜은 컴퓨터와 컴퓨터 사이 또는 한 장치와 다른 장치 사이에서 정보를 원활히 주고받기 위한 통신방법에 대한 규칙과 약속을 의미한다.

28 다음 설명에 해당하는 통신기기는?

> 네트워크 구성요소들을 연결하는 가장 단순한 장치로서 네트워크에 연결된 다른 장치로 패킷을 보낼 수 있다.

① 모뎀
② 스위치
③ 허브
④ 라우터

해설 모뎀(modem)은 컴퓨터의 디지털 신호를 아날로그 신호로 변환하여 전화선을 통해 전송하거나, 전화선의 아날로그 신호를 디지털 신호로 변환하여 컴퓨터로 전송하는 역할을 한다.

정답 26 ③ 27 ④ 28 ①

29 지리적으로 가장 광범위한 지역을 연결하는 데 사용되는 네트워크는?

① CAN
② WAN
③ MAN
④ LAN

해설 지리적으로 가장 광범위한 지역을 연결하는 데 사용되는 네트워크는 WAN(wide area network), 즉 원거리 통신망이다.
한편 사무실, 빌딩 등에서 비교적 가까운 거리에 있는 각종 정보처리 기기들을 연결하기 위해 설치하는 통신망은 근거리통신망(LAN)이다. 그리고 광대역 지역통신망(MAN)은 지역적으로 산재한 근거리 통신망을 상호 연결하기 위하여 탄생한 새로운 개념으로서, 근거리 통신망(LAN)과 원거리 통신망(WAN)의 중간 형태를 취한다.

30 다음 설명에 해당하는 것은?

> 고객, 협력사, 제휴업체, 공급업체 등에게 접속이 허용되도록 구축하여 조직들을 서로 연결하는 조직 간 정보네트워크이다.

① 인터넷
② 인트라넷
③ 이더넷
④ 엑스트라넷

해설 ④ 엑스트라넷(Extranet)은 인터넷 기술을 기반으로 공급사·고객·협력업체들의 인트라넷을 연결하는 협력적 네트워크이다. 자기 회사와 관련 있는 기업체들과의 원활한 통신을 위해 인트라넷의 이용범위를 그들 관련 기업체 간으로 확대한 것이다.
공급사슬관리(SCM)의 정보네트워크가 대표적인 엑스트라넷이다.

31 다음 설명에 해당하는 것은?

> - 인터넷 보급의 확대에 따라 폭발적으로 증가하는 인터넷 주소에 대한 수요에 대응하기 위한 주소체계이다.
> - 2^{128}개의 도메인을 사용할 수 있다.
> - 모든 사물에 주소를 할당해야 하는 사물인터넷의 증가로 중요성이 증가하고 있다.

① FTP
② VoIP
③ IPv6
④ 인터넷2

해설 IPv6(Internet Protocol version 6)는 IPv4에 이어서 개발된, 인터넷 프로토콜(IP) 주소 표현 방식의 새로운 버전으로 128bit의 주소체계를 가지고 있다. IPv6은 과거에 사용되었던 IP 주소체계인 32bit IPv4의 단점을 개선하기 위해 개발된 새로운 IP 주소체계이다.

정답 29 ② 30 ④ 31 ③

32 다음 설명에 해당하는 플랫폼 비즈니스 형태는?

> 제품이나 서비스를 직접 구매하는 것이 아니라 소비자가 판매자에게 비용을 지불하고 일정기간 사용할 수 있는 권리를 구매하는 것이다.

① 구독경제
② 모바일커머스
③ 공유경제
④ 크라우드소싱

해설 소비자가 판매자에게 비용을 지불하고 일정기간 사용할 수 있는 권리를 구매하는 것은 구독경제(Subscription Economy)이다. 구독경제란 '일정 금액을 내고 정기적으로 제품이나 서비스를 받는 것'을 통칭하는 경제 용어이다.

33 전자상거래에 대한 설명으로 옳지 않은 것은?

① 상거래에 있어서 시간적·공간적 제약을 받지 않는다.
② 고객이 적합한 제품을 찾는 데 소요되는 탐색비용이 증가한다.
③ 상인들이 상품을 시장에 출시할 때 시장 진입비용이 감소한다.
④ 소비자의 구매이력 등을 기반으로 특정 고객에 알맞은 마케팅 메시지를 만들 수 있다.

해설 전자상거래가 활성화되면 과거의 오프라인 거래에 비해 고객이 적합한 제품을 찾는 데 소요되는 탐색비용은 크게 감소한다.

34 다음 설명에 해당하는 것은?

> 인터넷 서점의 경우 베스트셀러처럼 종류는 적지만 대량 판매되는 책보다 희귀서적처럼 다양한 종류의 소량 판매되는 책의 판매액이 더 크게 나타난다.

① 파레토 효과
② 무어의 법칙
③ 롱테일 효과
④ 멧칼프의 법칙

해설 2004년 미국의 인터넷 비즈니스 관련 잡지 와이어드(Wired)의 편집장이었던 크리스 앤더슨(Chris Anderson)이 주장한 롱테일 법칙(Long Tail Theory)에 대한 설명이다.
롱테일 법칙은 매출의 80%는 20%의 핵심고객에게 나온다는 파레토(Pareto) 법칙에 반대되는 것으로, 80%의 고객에게서 20%에 해당하는 핵심고객보다 더 많은 매출이 발생할 수 있다는 법칙이다.

정답 32 ① 33 ② 34 ③

35 다음 설명에 해당하는 것은?

- 2개의 조직 간에 컴퓨터 대 컴퓨터 통신을 통해서 청구서, 선하증권, 배송일정, 구매주문서 처리 등과 같은 표준 업무수행을 가능하게 한다.
- 거래 내역들은 하나의 정보 시스템에서 네트워크를 통해 다른 정보 시스템으로 자동적으로 전송된다.

① 전자데이터 교환(EDI)　　② 공급망관리 시스템(SCM)
③ 고객관계관리 시스템(CRM)　　④ 전사적 자원관리 시스템(ERP)

해설 EDI(Electronic Data Interchange), 즉 전자문서교환은 거래업체 간에 상호합의된 전자문서표준을 이용한 컴퓨터와 컴퓨터 간의 구조화된 데이터의 전송을 의미한다.
EDI는 기업 간에 데이터를 효율적으로 교환하기 위해 지정한 데이터와 문서의 표준화 시스템이다. 이메일이나 팩스와 더불어 전자상거래의 한 형태이며, 기업 간 거래에 관한 데이터와 문서를 표준화하여 컴퓨터 통신망으로 거래당사자가 직접 전송·수신하는 정보전달시스템이다.

36 다음 설명에 해당하는 컴퓨터 범죄 수법은?

컴퓨터에 침입하여 데이터를 암호화해 놓고 해독 프로그램을 주겠다며 보상을 요구한다.

① 버그　　② 랜섬웨어
③ 피싱　　④ 스파이웨어

해설 랜섬웨어는 '몸값'(Ransom)과 '소프트웨어'(Software)의 합성어다. 시스템을 잠그거나 데이터를 암호화해 사용할 수 없도록 만든 뒤, 이를 인질로 금전을 요구하는 악성 프로그램을 일컫는다.

37 다음에 해당하는 정보보호의 목표는?

정보의 저장과 전달 시 인가받지 않은 방식으로 정보가 변경·삭제·파괴되지 않도록 정확성과 완전성을 보장한다.

① 가용성　　② 기밀성
③ 항상성　　④ 무결성

해설 무결성(Integrity)은 정보전달 도중 정보가 훼손되지 않았는지를 확인하는 것이다. 즉 무결성은 데이터의 정확성 또는 유효성을 의미하며 일관된 데이터베이스 상태를 정의한다. 자료의 오류가 없는 정확성·안정성을 나타낸다.

정답 35 ①　36 ②　37 ④

38 정보자원 보호를 위한 도구 및 기술로 옳지 않은 것은?

① 토큰
② 스니퍼
③ 방화벽
④ 전자인증서

해설 스니퍼(Sniffer)는 해킹기법의 하나로 네트워크를 통해 전달되는 정보를 감시하는 도청 프로그램의 한 유형이다. 즉 인터넷을 통과하는 개인정보를 몰래 탐색하여 개인의 암호나 전송메시지 전체를 복사하는 프로그램을 말한다.

39 다음 설명에 해당하는 업무는?

> 정보시스템의 감사활동은 적합한 보안대책이나 관리규정이 수립되어 있는지, 만약 수립되어 있다면 정확하게 지켜지고 있는지를 평가하는 것이다.

① 정보시스템 보수
② 정보시스템 통제
③ 정보시스템 보안
④ 정보시스템 감사

해설 정보시스템의 감사활동은 적합한 보안대책이나 관리규정이 수립되어 있는지, 만약 수립되어 있다면 정확하게 지켜지고 있는지를 평가하는 것이다.
정보시스템 감사는 컴퓨터 시스템의 효율성, 신뢰성, 안정성을 확보하기 위해 컴퓨터 시스템에서 독립된 감사인들이 국제감사기준을 근거로 하여 컴퓨터 시스템을 점검·평가하고 감사하는 것을 말한다.

40 다음 설명에 해당하는 보안의 위험요인은?

> 사용자가 자신의 브라우저에 정확한 웹페이지 주소를 입력하더라도 이를 가짜 웹페이지로 방문하게 만든다.

① 파밍
② 스파이웨어
③ SQL 인젝션
④ 세션 하이재킹

해설 사용자를 가짜 웹페이지로 방문하게 만드는 해킹기법은 파밍이다. 파밍(Pharming)은 합법적으로 소유하고 있던 사용자의 도메인을 탈취하거나 DNS 이름을 속여서 사용자들이 진짜 사이트로 오인하도록 유도하는 피싱의 변형된 인터넷 사기수법이다.

정답 38 ② 39 ④ 40 ①

2023 마케팅조사 기출문제

01 다음 사례에 알맞은 조사방법은?

> 금붕어 낚시회사는 낚시미끼를 전문적으로 생산하는 제조 회사이다. 최근에 송어낚시용 미끼를 생산하려고 준비하고 있다. 회사는 송어낚시용 미끼를 생산한 경험이 전혀 없기 때문에 이에 대한 구체적인 정보를 얻는 연구조사를 할 계획이다.

① 인과조사
② 기술조사
③ 탐색조사
④ 결론조사

해설 탐색조사는 조사문제를 충분히 이해하지 못한 상황에서 현재 기업이 처한 문제점의 가능한 원인들을 파악하기 위해 실시되는 조사를 말한다. 탐색조사 방법에는 문헌조사, 관찰조사, 면접조사, 사례조사 등이 있다.

02 다음 사례에 대한 설명으로 옳은 것은?

> 고객의 충성도를 최근성을 기준으로 평가할 수 있다. 예를 들면, 온라인 쇼핑몰에 방문하여 제품을 구매한 날짜가 현재 시점으로부터 가까울수록 높은 점수를 부여하는 것이다. C 온라인 쇼핑몰의 충성도를 평가하기 위해 최근성을 기준으로 예비조사를 실시하였고, 그 결과 10점 만점 기준으로 평균점수 5.7인 편익추구형 세분시장 A와 평균점수 7.2인 가격중시형 세분시장 B로 나타났다. 이 결과를 토대로 가설을 설정하기로 한다.

① A의 모집단 평균과 B의 모집단 평균은 다르다.
② A의 모집단 평균은 B의 모집단 평균보다 더 크다.
③ $\mu_A - \mu_B$에 대한 기각역은 확률분포의 좌측에 위치한다.
④ 검정력을 높이기 위하여 양측 검증을 실시해야 한다.

해설 사례는 A시장과 B시장의 평균이 다르게 나타났음을 설명하고 있어 각각의 모집단 평균이 다르다는 가설을 설정할 수 있다.
②는 A와 B의 평균점수만 언급되었고, 그중 어느 쪽이 크거나 작은지에 대한 비교는 직접 언급되지 않았다. ③은 기각역은 검정의 유의수준과 검정통계량에 따라 결정되며, 좌측이나 우측에 위치하는 것은 검정 방향에 따라 달라진다. ④는 가설을 세우는 방향에 대한 언급이 없으므로 양측 검증을 할 필요가 있는지 여부를 판단할 수 없다.

정답 01 ③ 02 ①

03 다음 사례에 해당하는 탐색조사 기법은?

> A : 감자칩을 고를 때 어떤 속성을 기준으로 선택하시나요?
> B : 가격을 보고 구매를 할 때가 많아요.
> A : 가격을 보고 선택을 하는 이유는 무엇인가요?
> B : 그냥 저는 감자칩은 다 거기서 거기인 것 같더라고요. 그래서 싼 걸 골라요.
> A : 그럼 비싼 브랜드는 그만한 가치를 못 갖고 있다고 생각하시나요?
> B : 비싼 것이 맛있다곤 하는데, 그냥 그 돈 주고 사먹기는 아깝다는 생각이 있긴 하죠.

① 문헌조사
② 표적집단면접법
③ 전문가 의견조사
④ 탐사방식 심층면접법

해설 심층면접법은 비체계적인 방식으로 응답자들로부터 조사주제에 대한 정보를 수집하는 방법으로 조사자와 응답자 간의 1대1 대면접촉에 의해 조사주제에 관한 응답자의 잠재된 동기, 신념, 태도 등을 발견하는 데 사용된다. 표적집단면접법(FGI)은 소수의 응답자들을 한 장소에 모이게 한 후 응답자들이 자유롭게 의사를 표시하도록 하는 면접방식이다.

04 다음 대화와 가장 관련 깊은 조사방법은?

> A : 영화의 개봉 첫 주 흥행 실적에 영향을 미치는 요인은 무엇일까?
> B : 아마도 개봉 전 영화평론가의 평점이 아닐까?
> A : 그런데 보통 영화평론가가 영화를 추천한다고 관람객들이 그대로 영향을 받는 것은 아니잖아. 평론가의 평점과 흥행실적 사이에 상관관계가 있을 것 같은데…
> B : 아마도 제3의 요인이 존재하는 것 같아. 예를 들면, 영화의 품질에 대한 관람객들의 인식 또는 평가가 중요한 역할을 할 수 있을 듯해.

① 인과조사
② 기술조사
③ 탐색조사
④ 신디케이트조사

해설 탐색조사는 새로운 현상이나 문제에 대해 선행된 이론과 가설 없이 새로운 가설을 찾아내기 위해 수행하는 조사방법이다. A와 B는 영화의 흥행 실적과 영화평론가의 평점 이외에 제3의 요인을 찾아보고 있어 탐색조사를 먼저 수행해야 할 것이다. 기술조사는 조사대상으로부터 수집한 자료를 분석하고 그 결과를 기술(Descriptive)하는 것을 말한다. 이는 설문지와 같은 표준화된 측정도구를 이용하여 많은 응답자들로부터 동일한 자료를 수집하게 된다. 신디케이트조사는 기업고객들에게 판매하기 위하여 조사기관이 주기적으로 자료를 수집하는 것이다.

정답 03 ④ 04 ③

05 마케팅조사 절차에서 조사계획의 수립에 포함되지 않는 것은?

① 조사대상의 결정
② 조사목적의 결정
③ 자료분석방법의 결정
④ 조사유형과 자료유형의 결정

해설 조사목적의 결정은 조사계획의 수립 단계가 아닌 조사문제의 결정에서 이루어지는 단계이다. 조사계획 수립에는 조사유형과 자료유형의 결정(탐색, 기술, 인과조사), 자료수집방법의 결정(FGI, 서베이, 실험법, 관찰법), 조사대상의 결정(전수조사, 표본조사), 자료분석방법의 결정(비계량적 자료, 계량적 자료) 등이 포함된다.

06 다음 설명에 해당하는 정보는?

> 측정도구의 타당성과 신뢰성은 마케팅조사 결과 획득하게 되는 정보를 의미한다.

① 사실
② 예측
③ 추정
④ 관계

해설 ① 사실은 현재의 상태나 사건에 대해 객관적이고 명확한 정보를 나타낸다. 측정도구의 타당성은 측정하는 개념이나 변수를 정확하게 측정하고 있는지를 평가하는데 중요하게 작용하고, 타당성이 높을수록 측정 결과가 신뢰성 있고 정확하며, 실제 현상과 일치한다.
② 예측은 과거 데이터나 현재 상태를 기반으로 통계적 모델이나 추론을 통해 미래의 결과를 예상하는 것을 말한다.
③ 추정은 마케팅조사 결과를 기반으로 모집단의 특성을 예상하거나 추측하는 것을 말한다.
④ 관계는 두 변수 또는 데이터 간의 상관관계나 연관성을 의미한다.

07 다음 사례에서 독립변수는?

> 인구수가 적은 지방 보다는 도시가, 도시 중에서도 더 크고 변화한 도시일수록 범죄율이 높다.

① 지방
② 도덕성 수준
③ 범죄율
④ 도시화 정도

해설 사례는 지방과 도시의 구분을 나타내는 도시화 정도(예 도시화율)를 독립변수로 선정하여 종속변수인 범죄율과의 관계를 나타낸 것이다.

정답 05 ② 06 ① 07 ④

08 다음 사례에 해당하는 지표는?

A 식품회사는 코로나19 팬데믹으로 인한 식생활 트렌드 변화에 대해 많은 관심을 가지고 있다. 다음의 표는 B 시장 조사 업체에서 식품 패널들을 대상으로 조사한 자료를 정리한 것이다.

구분	2022년 3월	2022년 4월	2022년 5월
직접조리	2,105	2,433	2,367
가정간편식	1,222	1,239	1,245
배달	1,282	1,285	1,392
방문외식	1,142	752	1,005

① 매체패널자료
② 신디케이트자료
③ 점포조사자료
④ 내부 2차 자료

해설 신디케이트자료는 기업에 판매하기 위하여 조사기관이 주기적으로 수집한 자료로 주로 패널(소비자, 소매점)에 의해 수집된다. 보기는 조사업체가 소비자패널을 대상으로 수집한 자료이다. 매체패널자료는 특정 매체(미디어)의 이용 현황을 파악하기 위해 조사된 자료로 기업의 매체결정에 이용될 수 있다. 점포조사자료는 소매점을 대상으로 특정제품/브랜드가 판매되는 양을 조사하는 것이다.

09 다음 설문문항에 해당하는 자료는?

귀하께서 최근 2년 내 구매하신 가전 제품은 무엇입니까? 모두 선택해주세요.

① 상태자료
② 행동관련자료
③ 심리적 자료
④ 의도관련자료

해설 행동관련자료는 조사대상자들의 실제 행동과 관련된 정보를 수집하는 자료를 말한다. 상태자료는 조사시점에서 조사대상자들의 현재 소득, 건강 상태 등의 정보를 수집하는 자료이다. 심리적 자료는 조사대상자들의 태도, 만족도 등과 같은 심리적 측면에 관련된 정보를 수집하는 자료이다. 의도관련자료는 조사대상자들의 구매의도, 추전의사 등의 의도나 계획에 대한 정보를 수집하는 자료를 말한다.

10 다음 설명에 해당하는 작업은?

어떤 구성의 단위에 숫자를 부여함으로써 의미를 갖는 수량화를 시도하는 작업을 의미한다.

① 측정
② 명목
③ 척도
④ 서열

정답 08 ② 09 ② 10 ③

해설 측정은 어떤 대상의 속성에 숫자를 부여하는 체계적인 과정이다. 측정은 어떤 형태의 척도를 이용해 이루어진다. 척도(Scale)는 대상의 특성을 숫자로 표현하기 위해 수량화(Quantification)하는 과정을 말한다. 척도는 명목, 서열, 등간, 비율척도로 나누어지며, 어떤 척도를 사용하느냐에 따라 측정의 결과 얻어진 숫자들의 의미와 사용되는 통계기법이 달라진다.

11 마케팅 자료수집에 있어서 2차 자료의 특징이 아닌 것은?

① 시간의 절약
② 비용의 절약
③ 자료의 최신성
④ 다른 조사자가 수행

해설 2차 자료는 다른 조사목적을 위해 수집된 자료이므로 당면 의사결정문제에 적절한 정보를 제공하지 못할 수 있으며 관련된 정보라고 하더라도 시간이 상당히 경과하여 효용이 별로 없는 경우가 많다. 그러나 의사결정문제에 도움이 되는 2차 자료를 입수할 수 있다면 조사자는 시간과 비용을 절감할 수 있다.

12 다음 사례에 해당하는 척도는?

> 음료 A와 음료 B를 시음한 뒤, 두 개 중 어느 것이 맛있는지 비교하는 '비교척도'를 의미한다.

① 서열척도
② 명목척도
③ 등간척도
④ 비율척도

해설 서열척도는 범주를 순서대로 나열하고 순서에 따라 상대적인 순위를 부여하는 척도이다. 보기는 음료 A와 음료 B를 시음한 뒤 어느 것이 맛있는지 비교("음료 A > 음료 B" 또는 "음료 B > 음료 A")하는 것으로, 음료들의 상대적인 순위를 매기는 것이다.

13 다음 설문문항에 해당하는 척도는?

> 집안일에 대해 귀하의 책임범위는 어느 정도입니까?
> (전혀 안 하실 경우 0, 본인 혼자 다 하실 경우 100을 선택해 주세요.)

① 서열척도
② 명목척도
③ 등간척도
④ 비율척도

정답 11 ③ 12 ① 13 ③

> **해설** 등간척도는 범주 간 간격이 동일하며 상대적 크기를 비교할 수 있는 척도이다. 보기는 선택지로 0부터 100까지의 범주를 제시하고 있다. 이렇게 범주 간의 간격이 동일하고 숫자로 표현되므로 등간척도에 해당된다. 비율척도는 절대적인 영점과 비율이 적용되는 척도로서 가장 높은 측정 수준을 갖는다.

14 다음 사례에 해당하는 신뢰도는?

> 소셜미디어 행동 개념을 '좋아요', '댓글', '공유' 등의 설문 항목으로 측정하였다.

① 동형검사 신뢰도
② 대안항목 신뢰도
③ 반복측정 신뢰도
④ 내적일관성 신뢰도

> **해설** 내적일관성 신뢰도는 동일한 개념을 여러 문항으로 질문하여 이러한 항목들이 유사한 값들을 갖는지를 측정하는 방법이다. 내적일관성 신뢰도는 크롬바흐 알파계수를 이용하여 측정된다. '좋아요', '댓글', '공유' 항목은 소셜미디어 행동 개념을 평가할 수 있는데 상관관계가 낮은 항목은 상이한 개념을 측정하는 것으로 처리하여 이를 제거시킴으로써 크롬바흐 알파계수가 1에 가까워진다면 남아 있는 항목들 간의 상관관계는 높다고 할 수 있다.

15 다음 설문문항에 해당하는 척도는?

> 당신은 어떤 계절에 태어났습니까?
> 1. 봄 2. 여름 3. 가을 4. 겨울

① 서열척도
② 명목척도
③ 등간척도
④ 비용척도

> **해설** 명목척도는 관찰 대상을 몇 개의 범주 또는 그룹으로 분류하는 척도이다. 조사대상에 할당된 수는 대상들 간의 구분 이외의 의미는 전혀 없으므로 다른 척도에 비해 정보량이 가장 적은 척도이다. (예) 성별 : 1. 남, 2. 여, 지역 : 1. 서울, 2. 부산 등, 직업 : 1. 전문직, 2. 사무직, 3. 공무원, 4. 학생 등)

16 다음 사례에 해당하는 타당성의 형태는?

> 기업의 입사면접시험에서 높은 점수를 받은 사람이 입사 후, 상대적으로 낮은 점수를 받은 사람보다 능력이 더 뛰어나다.

① 내용 타당성
② 수렴
③ 기준 타당성
④ 이해

정답 14 ④ 15 ② 16 ③

해설 기준 타당성은 척도와 기준변수(종속변수) 간의 상관관계에 관한 것으로써 입사면접시험에서 높은 점수를 받은 사람과 능력과의 관계를 측정하여 낮은 점수를 받은 사람보다 상관관계가 높게 나왔다면 업무능력에 대하여 기준 타당성이 높다고 할 수 있다.

17 다음 설문지 질문의 문제점은?

> 당신은 현재 보유 중인 세탁기에 대해 어떤 경험을 하셨나요?
> - 가끔 긍정적인 경험을 한다.
> - 때때로 긍정적인 경험을 한다.
> - 자주 긍정적인 경험을 한다.

① 유도성 질문이다.
② 애매모호한 표현을 사용하고 있다.
③ 너무 자세한 지식이 요구되는 질문이다.
④ 한 질문에 두 가지 내용을 포함하고 있다.

해설 "가끔", "때때로", "자주"와 같은 단어들은 각 사람마다 그 의미를 다르게 해석할 수 있어서 애매모호한 표현으로 각 단어가 어느 정도의 빈도를 의미하는지 명확히 정의되어 있지 않기 때문에 응답자들이 이해하는 바가 상이할 수 있다.

18 척도의 타당성과 신뢰성에 대한 설명으로 옳지 않은 것은?

① 측정시점에 현실적으로 참값을 알기 어렵기 때문에 추정할 뿐이다.
② 측정이 잘못되었기 때문에 분석결과 연구가설이 지지되지 못하는 경우가 발생할 수 있다.
③ 측정대상을 척도로 측정한 경우 측정값은 참값, 체계적 오류, 비체계적 오류의 합으로 정의된다.
④ 체계적 오류가 작을수록 척도의 신뢰성은 높고 비체계적 오류가 작을수록 척도의 타당성은 높아진다.

해설 항목척도의 신뢰성이란 비체계적 또는 일시적 오류의 발생을 의미한다. 측정당시의 일시적 상황 변화에 기인하여 측정상의 오류가 발생된다면 이는 측정의 신뢰성에 문제가 있는 것이다. 타당성이란 측정항목에서의 체계적 또는 지속적인 오류의 발생 정도를 의미한다. 체계적 오류가 작을수록 척도의 타당성은 높고 비체계적 오류가 작을수록 척도의 신뢰성은 높아진다고 할 수 있다.

정답 17 ② 18 ④

19 확률표본추출에서 표본의 크기에 대한 설명으로 옳지 않은 것은?

① 허용오차가 높을수록 필요한 표본의 크기는 작아진다.
② 높은 신뢰수준을 원하는 경우 표본의 크기는 커야 한다.
③ 조사대상 변수의 분산이 클수록 표본의 크기는 커야 한다.
④ 신뢰수준과 관련된 z값이 클수록 필요한 표본의 크기는 작아진다.

> **해설** 신뢰수준과 관련된 z값은 신뢰수준의 정밀도를 나타내는 값으로서, 큰 값이면 신뢰수준이 더 높아지고 더 정확한 결과를 얻을 수 있다. 따라서 신뢰수준과 관련된 z값이 클수록 필요한 표본의 크기는 오히려 커야 한다.

20 ( ) 안에 들어갈 말로 알맞은 것은?

> 본 마케팅조사는 전국 만 19세 이상 29세 이하의 남녀 중 성별, 연령별, 지역별 측면에서 인구비례 ( )에 따른 표본 1,000명을 대상으로 구조화된 설문지를 이용한 온라인 패널 조사를 통해 분석한 결과를 담고 있다.

① 판단표본추출
② 편의표본추출
③ 할당표본추출
④ 눈덩이표본추출

> **해설** 할당표본추출법은 미리 정해진 분류기준에 의해 전체표본을 여러 집단으로 구분하고 각 집단별로 필요한 대상을 추출하는 방법으로 상업적 마케팅조사에서 가장 널리 이용되는 표본추출방법이다. 즉 추출된 표본이 인구통계적 특성에서 어느 한 부분으로 편중되지 않고 모집단의 특성이 적절히 반영되도록 모집단의 특성에 비례하여 표본을 추출한다.

21 다음에 해당하는 표본추출 용어는?

> - 유권자 명부
> - 패션잡지 정기구독자 명단
> - 신용카드회사의 카드소지자 명단

① 구성원
② 표본추출단위
③ 모집단
④ 표본추출프레임

> **해설** 표본추출프레임은 모집단 내에 포함된 조사대상자들의 명단이 수록된 목록을 의미한다. 정의된 모집단에 대한 표본추출프레임은 경우에 따라서 쉽게 획득할 수도 있지만 아예 획득하는 것이 불가능할 경우도 있다.

정답 19 ④ 20 ③ 21 ④

22 다음 사례에 해당하는 표본추출법은?

> 빅사이즈 의류회사의 경우 마케팅조사자가 직접 길거리에서 체격이 큰 사람들을 대상으로 표본을 모집한다.

① 판단표본추출법
② 군집표본추출법
③ 층화표본추출법
④ 무작위표본추출법

해설 판단표본추출법은 조사문제를 잘 알고 있거나 모집단의 의견을 반영할 수 있을 것으로 판단되는 특정집단을 표본으로 선정하는 방법이다. 군집표본추출법은 모집단을 소집단들로 나누고 일정수의 소집단을 무작위적으로 표본추출한 다음 추출된 소집단 내의 구성원들을 모두 조사하는 방법이다. 층화표본추출법은 모집단을 어떤 기준에 따라 서로 상이한 소집단들로 나누고 이들 각 소집단들로부터 표본을 무작위로 추출하는 방법이다. 무작위표본추출법은 표본프레임 내의 각 표본들에 대해 일련번호를 부여하고 이를 이용해 일정수의 표본을 무작위로 추출하는 방법으로 확률표본추출방법 중 가장 기본적이다.

23 다음 설명에 해당하는 패턴은?

> E 조사회사는 시계열 실험 디자인을 통해 제품 디자인 변경(P)이 매출에 미치는 영향을 조사하였다. 그 결과 제품 디자인 변화는 매출에 영향을 주지 않았다.

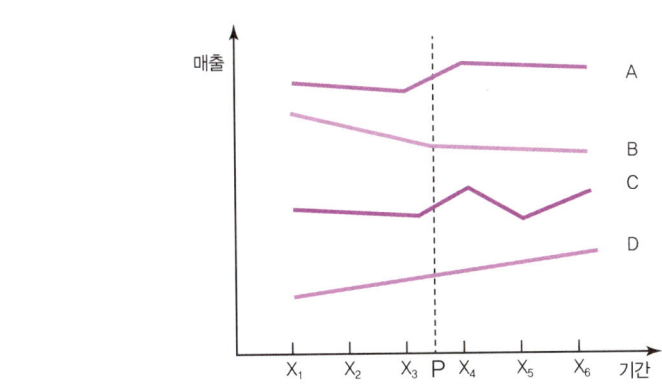

① A
② B
③ C
④ D

해설 시계열 실험 디자인(Time series design)은 단일집단과 통제집단 시계열 실험 설계로 나뉘는데 단일집단 시계열 설계는 비교 대상이 되는 통제집단을 사용하지 않고 동일한 실험대상자에 대해 실험변수를 도입하기 전·후의 반응을 일정한 간격을 두고 반복적으로 측정하는 방법이다. 실험 결과 매출에 미치는 영향을 검증하기 위해서는 일정한 방향성(추세성)이 인정되어야 한다. 보기 C는 상승과 하락을 반복하고 있으므로 이는 특정 조치의 영향력을 추정할 수 없다.

정답 22 ① 23 ③

24 다음 설명에 해당되는 외생변수 유형은?

> 신제품 광고효과 측정을 위하여 실험집단과 통제집단에 광고를 노출시키고 제품태도를 비교하는 조사를 실시하였다. 그 결과 통제집단에 비해 실험집단이 원래 해당 제품의 브랜드에 대해 호의적인 태도를 가지고 있음을 알게 되었다.

① 시험효과　　　　　　　　② 선택의 편향
③ 성숙효과　　　　　　　　④ 역사적 오염

해설 역사적 오염(우연적 사건)은 실험 외에 발생하는 구체적인 사건으로 실험 전에 예상치 못했지만 실험과정에서 발생하는 사건을 의미한다.
① 시험효과는 실험대상자에게 반복되는 측정을 했을 때 처음 측정을 받았다는 사실이 실험대상자의 반응에 변화를 주는 현상이다.
② 선택의 편향은 실험의 대상이 되는 집단의 차이가 결과변수에 영향을 미치는 현상이다.
③ 성숙효과는 시간의 경과에 따라 나타나는 시험단위의 육체적 또는 심리적 변화를 말한다.

25 다음에 해당하는 분석결과를 얻기 위한 실험디자인 유형은?

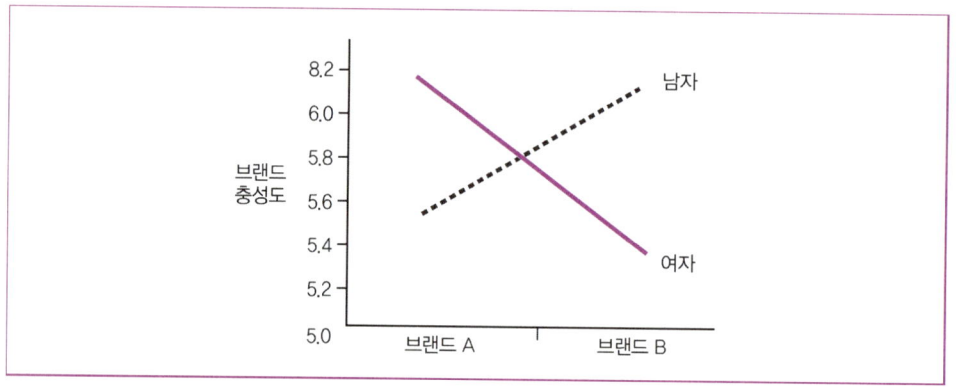

① 피실험자 내 디자인(Within-Subjects Design)
② 시계열 실험 디자인(Timeseries Experiment Design)
③ 피실험자 간 팩토리얼 디자인(Between-Subjects Factorial Design)
④ 사전사후 무작위 집단비교 디자인(Pretest-Posttest Control-Group Design)

해설 팩토리얼 디자인은 두 개 이상의 독립변수의 수준변화가 종속변수값의 변화에 미치는 효과를 조사하기 위한 실험설계에 기반하여 이루어지는 분산분석이다. 피실험자 내 디자인은 참가자들이 동일한 실험 조건에서 여러 차례 반복 측정되는 디자인이다. 시계열 실험 디자인은 일련의 시간 순서에 따라 변수들을 반복 측정하여 실험 조건에 따른 변화를 파악하는 디자인이다.

정답 24 ④　25 ③

26 〈보기〉에서 다음 밑줄 친 변수들 중 독립변수가 아닌 것은?

> **보기**
> ㄱ. <u>브랜드 태도</u>가 브랜드 충성도에 미치는 효과
> ㄴ. <u>브랜드 신뢰</u>가 소비자-브랜드 몰입 관계 형성에 미치는 영향
> ㄷ. 패키지 디자인과 매출의 관계에서 <u>진열위치</u>가 매출에 미치는 영향
> ㄹ. 라이프스타일 유형에 따른 <u>고객경험</u>이 고객 충성도에 미치는 영향

① ㄱ   ② ㄴ
③ ㄷ   ④ ㄹ

해설 독립변수는 연구자가 의도적으로 변화시키는 변수로서 다른 변수에 영향을 주지만 영향을 받지는 않는 변수를 말한다. ③ ㄷ의 진열위치는 독립변수가 아닌 외생변수이다.

27 다음 사례에서 결여된 타당성의 개념은?

> 실험법을 통해 신제품의 가격과 매출의 인과관계를 조사하고자 한다. 이 실험에서 조사자가 실험 참가자에게 가격 정보에 주의를 하도록 요구함으로써 참가자는 실제 구매 상황에 비해 더 가격의식적이 될 수 있다.

① 외적 타당성   ② 예측 타당성
③ 내적 타당성   ④ 내용 타당성

해설
① 외적 타당성은 연구결과를 일반화할 수 있는 정도를 의미한다. 보기는 실험목적에 대한 예상으로 실험참가자들이 실험목적을 파악하게 되어 조사자가 의도하는 방향으로 행동하거나 응답하는 현상으로 외적 타당성이 결여된 경우이다.
② 예측 타당성은 측정하고자 하는 개념과 그 개념과 높은 상관관계가 예상되는 다른 개념이 실제로 얼마나 높은 상관관계를 나타내는가를 예측하는 정도이다.
③ 내적 타당성은 척도 또는 측정도구 자체가 측정하고자 하는 개념을 정확히 반영할 수 있는가의 문제이며, 내적 타당성의 세부적인 유형으로는 내용 타당성, 기준 타당성, 구성(개념) 타당성의 세 가지가 있다.

28 표본으로부터 단 한번의 정보를 얻어서 분석하는 연구조사 방법은?

① 패널 연구   ② 종단적 연구
③ 횡단적 연구   ④ 회귀분석 연구

정답 26 ③ 27 ① 28 ③

해설 ③ 횡단적 연구는 모집단에서 추출된 표본을 대상으로 1회의 조사를 통해 정보를 수집하는 것으로 마케팅조사에서 가장 많이 이용되는 서베이조사와 같이 어떤 한 시점에서의 소비자 구매행태를 측정하여 시장의 전반적인 상황을 파악하는 것이다.
① 패널은 정기적으로 마케팅정보를 제공하기로 동의한 응답자집단을 말한다.
② 종단조사는 동일한 표본을 대상으로 시간 간격을 두고 반복적인 조사를 실시하는 것이다.

29 다음의 사례에서 오류가 발생한 이유는?

> 의사선생님께 환자의 면담시간에 대해 질문하였다. 의사선생님은 적어도 15분씩 면담을 한다고 대답하였으나 실제 측정결과는 단 5분이 안 되었다.

① 응답률　　　　　　　　　② 비용의 발생정도
③ 질문의 다양성　　　　　　④ 사회적 바람직성

해설 사회적 바람직성 응답은 조사대상자들이 자신의 의사와 관계없이 사회에서 용납하는 응답을 하는 경향을 말한다. 면담과 같은 개별 접촉시에는 조사응답자가 사회적으로 바람직한 응답을 할 가능성이 높다.

30 다음 사례에서 연구가설이 방향적 가설($\mu > 152$)로 바뀌는 경우의 유의확률값은?

> 연구가설 : 중학교 1학년 남학생들 평균키(μ)는 152cm와 다를 것이다.
>
> 〈가설검정결과〉
>
> | | t | 자유도 | 유의확률 |
> |---|---|---|---|
> | 키 | 1.996 | 29 | .055 |

① .01　　　　　　　　　　② .0275
③ .05　　　　　　　　　　④ .055

해설 모집단 μ가 152cm보다 클 것으로 대립가설에서 기대하는 경우 오른쪽 단측검증이 적용된다. 사례의 연구가설은 $\mu \neq 152$로 양측검정에 해당한다. 양측검정은 유의수준($\alpha = 0.05$)인 경우 $\alpha/2 = 0.025$로 좌우 양측의 기각역이 존재한다. 사례의 양측검증을 오른쪽 단측검정 할 경우 유의수준 $\alpha = 0.05$에서 유의확률(p 값)은 0.055를 2로 나눈 0.0275이다. 단측검정은 양측검정에 비해 기각역의 넓이가 두 배가 되어 귀무가설을 기각할 확률이 두 배가 된다.

정답 29 ④　30 ②

31 설문지법에 대한 설명으로 옳은 것은?

① 대규모 조사가 가능하다.
② 자료의 코딩이 불필요하다.
③ 조사결과를 일반화할 수 없다.
④ 계량적 방법으로 분석할 수 없다.

> **해설** 설문지법은 표준화된 자료수집과정을 거치기 때문에 설문조사를 통해 수집된 자료는 일관성이 있어 다양한 형태의 비교 또는 분석이 가능하다. 설문조사는 응답을 신속히 기록하여 이를 분석하기 위해서는 코딩 과정이 필요하고 조사 대상자들의 의견과 태도를 반영하며 일반화하여 모집단에 적용하기 위해 통계적 추론이 필요하다.

32 다음 사례에 알맞은 분석방법은?

> C 소비재 제조회사 마케팅관리자는 세탁세제의 매출이 패키지 디자인에 따라 다를 것이라는 생각을 가지고 패키지 디자인 A와 B를 제작하였다. 이 조사를 위해 8개의 슈퍼마켓을 선정하여 패키지 디자인 A와 B를 함께 진열하여 매출을 조사하였다.

① 독립성 검정
② 독립표본 t 검정
③ 대응표본 t 검정
④ 비율차이 z 검정

> **해설** 독립표본 t 검정은 서로 독립적인 두 집단의 평균간에 차이가 있는지를 검증하는 분석 방법이다. 보기는 독립적인 두 집단 디자인 A와 B에 대한 매출액 평균 차이를 분석하기 위한 조사이다. 대응표본 t 검정은 동일집단에 대해 마케팅자극을 노출하기 전과 노출한 후의 효과를 검증하는 경우와 같이 한 모집단 내에서 표본의 값이 짝을 이루고 있고 이 값들 간에 차이가 있는지를 검증하는 분석방법이다.

33 다음 사례에 알맞은 분석방법은?

> 세탁기 광고의 유무에 따라 구매하는 세탁기의 크기가 다른지를 알기 위하여 광고를 본 주부와 안 본 주부들을 대상으로 광고에 의한 구매 여부를 조사하였다.

① x^2 독립성 검정
② x^2 적합성 검정
③ 대응표본 t 검정
④ 모집단 평균차이 t 검정

정답 31 ① 32 ② 33 ①

해설 카이제곱(x^2) 독립성 검정은 두 범주형 변수 사이의 관계를 검증하는 비모수적 통계 방법으로, 두 변수가 서로 독립적인지 아니면 관련이 있는지를 파악하는 것이다. 사례는 각 그룹 내에서 광고에 의한 구매 여부를 조사하여 광고와 세탁기 크기의 독립성을 검정하는 것이다. 적합성 검정은 하나의 범주형 변수가 주어진 분포와 일치하는지 여부를 검정하는 방법이다. 대응표본 t 검정은 동일한 대상을 서로 다른 두 시점에서 측정하고, 두 시점의 차이가 유의미한지를 검정하는 방법이다. 모집단 평균차이(독립표본) t 검정은 두 개의 독립된 그룹 간에 평균의 차이가 유의미한지를 검정하는 방법이다.

34 다음 사례에서 다중회귀분석의 해석결과로 옳지 않은 것은?

A 연구원은 배우자와 동거 여부, 연령 및 교육 기간이 TV 시청 시간에 미치는 영향에 대해 조사하였다.

모형	비표준화 계수	표준오차	표준화계수	t	유의확률
(상수)	1.495	2.637		.567	.577
동거 여부	-1.176	.316	-.510	-3.726	.001
연령	.039	.032	.191	1.214	.238
교육 기간	-.152	.050	-.476	-3.039	.006

1. 동거 여부 변수에서 동거 중이면 1, 그렇지 않으면 0으로 더미코딩함.
2. 가설검정을 위한 유의수준은 5%임.

① 통계적으로 유의한 예측변수는 2개이다.
② 배우자와 동거하는 경우 TV 시청 시간은 평균 1.176시간 적을 것으로 예측된다.
③ 교육 기간에 대한 연구가설 '교육 기간이 길수록 TV 시청 시간이 적어진다'는 유의확률이 5% 미만이므로 지지된다.
④ 예측변수들의 상대적 영향력을 표준화된 회귀계수로 비교하는 경우, 위 표에서 연령이 .191이므로 가장 영향력이 큰 변수이다.

해설 연령은 유의확률이 .238로 유의수준(α) 0.05를 초과하여 통계적으로 유의하지 않게 나타나 종속변수에 영향을 미친다는 가설은 기각되었다. 따라서 영향력의 존재 유무를 말할 수 없다.

정답 34 ④

35 다음 사례에 알맞은 분석방법은?

> 매출에 대한 광고의 효과를 분석하기 위해 매출액 변화와 광고의 노출횟수 간의 연관정도를 측정한다.

① 요인분석
② 군집분석
③ 결합분석
④ 상관관계분석

해설 상관관계분석은 등간척도 또는 비율척도로 측정된 두 변수들간의 선형적 연관의 정도의 행태와 강도를 조사하기 위한 통계적 추론방법으로 상관계수를 계산하여 두 변수 간의 선형적 관계를 통계적 수치로 표현한다.

36 다음 사례에 알맞은 분석방법은?

> A 마케팅관리자는 가전제품에 대한 브랜드 태도조사를 진행하고 있다. 소비자행동 분야에서 개발된 척도를 사용하여 브랜드 친밀감과 브랜드 열정이 브랜드 충성도에 미치는 영향을 분석하고자 한다.

① 분산분석
② 회귀분석
③ 군집분석
④ 판별분석

해설 회귀분석은 하나 또는 둘 이상의 변수들이 다른 하나의 변수에 영향을 미치는 영향의 정도와 방향을 파악하고 독립변수들의 변화에 따른 종속변수의 변화를 예측하기 위한 통계기법이다. 보기는 브랜드 친밀감, 브랜드 열정이 독립변수로 종속변수인 브랜드 충성도와의 관계를 분석하는 다중회귀분석이다.

37 다음 설문문항들의 바탕을 이루는 구조를 정의하기 위해 사용하는 분석방법은?

> • 나는 한번 브랜드를 사용하면 지속적으로 사용하는 편이다.
> • 나는 좋아하는 브랜드가 생기면 타인에게 추천하고 싶다.
> • 나는 지금 사용하는 브랜드들을 바꿀 마음이 없다.

① 빈도분석
② 요인분석
③ 분산분석
④ 군집분석

해설 ② 요인분석은 수집된 자료에 유사한 성격의 변수들이 많이 포함되어 있을 경우 변수에 포함되어 있는 정보의 손실을 최소화하면서 소수의 요인으로 축약하는 통계기법이다. 설문문항들을 분석하여 브랜드 사용에 관련된 구조를 정의하고 파악하기 위해서는 요인분석을 사용한다.
③ 분산분석은 명목척도로 측정된 독립변수와 등간 또는 비율척도로 측정된 종속변수 사이의 관계를 연구하는 통계기법으로 독립변수에 의해 분류된 두 개 이상의 집단 간의 평균값을 비교하는 데 사용된다.

정답 35 ④ 36 ② 37 ②

38 다음 사례에서 알맞은 분석방법은?

> 은행의 신용카드 발급 담당자는 신용우량자와 신용불량자의 차별적 특성을 이해한다면 새로운 고객이 신용카드 발급을 신청했을 때 그 고객의 특성을 토대로 발급여부를 결정할 수 있다.

① 판별분석 ② 분산분석
③ 요인분석 ④ 회귀분석

해설 판별분석은 집단들 간의 차이를 판별해주는 변수들을 파악하는 데 이용되는 분석방법으로 분류된 집단 간의 차이를 의미 있게 설명해 줄 수 있는 독립변수들로 이루어진 최적 판별식을 찾아내는 통계기법이다.

39 다음 사례에 해당하는 분석방법은?

> 세탁기 경쟁브랜드들에 대한 소비자 의식조사에 의해 유사 브랜드들끼리 그룹핑함으로써 어떤 브랜드들이 보다 직접적인 경쟁관계에 있는지 시각화할 수 있다.

① 회귀분석 ② 판별분석
③ 군집분석 ④ 요인분석

해설 ③ 군집분석은 측정대상들을 그들이 공유하는 특성을 토대로 유사한 대상들끼리 그룹핑하는 통계기법으로 시장세분화나 시장내의 경쟁구조 분석 등에 이용될 수 있다.
④ 요인분석은 상관관계가 높은 변수들을 묶어 이들을 하나의 새로운 변수 또는 요인으로 만드는 통계기법이다.

40 다음 사례에서 사용할 수 있는 분석방법은?

> 소형가전제품을 생산하는 기업의 제품관리자는 미니가습기의 제품설계를 위해 디자인, 브랜드, 가격, 제품성능 보증여부 등을 주요속성으로 고려하고 있다. 그는 제품설계를 진행하기 전에 소비자들이 각 속성에 대해 중요시하는 순서를 알고자 한다.

① 요인분석 ② 컨조인트분석
③ 군집분석 ④ 다차원척도분석

해설 컨조인트분석은 속성수준들의 조합으로 구성된 가상적 제품대안들을 소비자에게 제시하고 각 대안에 대한 선호를 물어 개별속성의 상대적 중요성과 속성수준에 대한 선호를 알아내는 방법이다. 이는 제품구매 시 소비자가 중요하게 생각하는 제품속성별로 그들의 선호하는 속성수준을 찾아냄으로써 최적의 신제품을 개발하는 데 유용한 조사기법이다.

정답 38 ① 39 ③ 40 ②

2023 생산운영관리 기출문제

01 ( ) 안에 들어갈 말로 알맞은 것은?

> 생산운영시스템에서 투입요소를 원하는 산출물로 바꾸는 기능을 생산시스템의 ( ) 기능이라고 한다.

① 저장
② 변환
③ 통제
④ 공정

해설 생산운영시스템은 투입물을 경제적으로 변환하는 과정을 거쳐 제품과 서비스를 산출하는 시스템이다. 이때, 변환의 범위는 물리적 변환, 장소적 변환, 시간적 변환, 생태적 변환을 포함한다.

02 포드가 주창한 3S에 해당하지 않는 것은?

① 제품의 단순화
② 부품의 표준화
③ 생산의 자동화
④ 작업의 전문화

해설 포드는 생산의 표준화를 위해 제품의 단순화, 부분품의 규격화, 기계·공구의 전문화, 작업의 단순화를 제시하였다. 이를 통해 오늘날 대량생산의 일반원칙인 3S, 즉 단순화(Simplification), 표준화(Standardization), 전문화(Specialization)를 확립하였다.

03 ( ) 안에 들어갈 말로 알맞은 것은?

$$가치 = \frac{(\quad)}{가격}$$

① 투자
② 재고
③ 비용
④ 품질

해설 가치는 들인 비용(가격) 대비 품질 또는 기능을 통해 나타난다. 이는 제품이나 서비스가 특정의 목적을 발휘하게 하는 작용을 말한다. 가치의 범위는 실용가치, 귀중가치, 사용가치, 휘소가치, 원가가치, 교환가치 등이다.

정답 01 ② 02 ③ 03 ④

04 지속가능한 친환경 생산과 관계 없는 것은?
① 산출물을 양보다는 질의 관점에서 생산한다.
② 총 탄소배출량을 최소화한다.
③ 에너지 소비를 줄인다.
④ 대기오염, 수질오염 및 폐기물오염을 방지한다.

해설 UN의 지속 가능한 개발 목표(SDGs)는 지속 가능한 생산이란 더 적은 자원으로 많은 것을 실천하는 것으로 정의한다. 이는 보다 친환경적인 원자재부터 친환경 디자인, 재활용 가능성에 이르기까지 제품의 라이프사이클과 자원 관리를 고려하는 것을 의미한다. 지속가능한 친환경 생산이 곧 에너지 소비를 줄이는 것은 아니며 친환경적인 시스템을 통해 에너지 소비를 감소시키고자 한다.

05 제품이나 서비스를 설계할 때 환경을 고려하는 설계 방식은?
① 에코 설계
② 품질기능설계
③ 모듈러 설계
④ 로버스트 설계

해설
① 에코 설계(eco-design)는 전체 사용시간 동안 미치게 되는 환경적 오염 감소 및 친환경적으로 고려하여 만들어진 제품의 디자인이다.
② 품질기능설계는 제품개발의 각 단계에서 고객의 요구사항을 규명하여 이를 적절한 설계요건으로 변환시키는 활동을 수행한다.
③ 모듈러 설계는 다수의 부품 또는 표준화된 중간조립품을 조합하여 제품의 다양화를 도모하는 방식이다.
④ 로버스트 설계는 공정을 설계하는데 있어서 노이즈(잡음)에 영향을 받지 않거나 덜 받도록 설계하는 것을 의미한다.

06 제품개발의 성과를 측정하기 위한 척도로 옳지 않은 것은?
① 품질
② 수출비율
③ 생산성
④ 신제품 출시 속도

해설 경쟁적 시장에서 조직이 계속적으로 존속·성장하기 위해서는 시장의 요구에 부응하여 제품을 개발해 나가야 한다. 제품개발의 성과는 품질, 생산성, 수요에 부응한 출시 속도 등으로 측정할 수 있다. 수출비율은 기업을 경영하는데 있어서 마케팅 또는 판매성과를 측정하는데 활용하나 제품개발의 성과와는 거리가 있다.

정답 04 ③ 05 ① 06 ②

07 다음에서 설명하는 설비배치 방식은?

> • 동일한 가공 장비가 필요한 부품 및 조립품을 식별하고 부품군으로 그룹화하는 배치의 형태이다.
> • 제품 중심 배치의 범주에 속하며 제조 셀(cell) 또는 소규모 조립영역을 마련하는 배치로 그룹테크놀로지 배치라고도 한다.

① 고정형 배치 ② 셀룰러 배치
③ 제품별 배치 ④ 공정별 배치

해설 ② 셀룰러 배치는 다수의 유사 부품이나 부품군의 생산에 필요한 서로 다른 기계들을 가공진행 순서에 따라 모아놓은 형태다. 다양한 부품을 중·소량으로 생산하는 기업에 적합하다. 셀룰러 배치를 GT배치(그룹테크롤로지 배치)라고도 한다.
① 고정형 배치는 제품의 크기, 무게 및 기타 특성 때문에 제품 이동이 곤란한 경우에 생기는 배치 형태다. 제품은 한 장소에 고정되어 있고, 자재, 공구, 장비 및 작업자가 제품이 있는 장소로 이동해 와서 작업을 수행한다. 조선소, 각종 건설 공사 등이 예다.
③ 제품별 배치는 각 제품이 만들어지는 작업순서에 따라 기계설비나 작업을 배치하는 형태다. 작업흐름은 직선적이거나 미리 정해진 패턴을 따라가며, 각 작업장은 전문화된 하나의 작업만을 수행한다. 자동차 조립라인, 전자제품 생산라인이 대표적이다.
④ 공정별 배치는 유사한 기계설비나 기능을 한 곳에 모아 배치하는 형태다. 각 주문작업은 가공요건에 따라 필요한 작업장이나 부서를 찾아 이동하므로 작업흐름이 서로 다르고 혼잡하다. 대학병원, 기계의 주문 제작 등이 예다.

08 일반적으로 효율성이 가장 높은 생산공정의 유형은?

① 개별공정 ② 배치공정
③ 라인공정 ④ 프로젝트 공정

해설 ③ 라인공정은 동일한 생산과정을 반복적으로 거쳐 대량생산하는 형태로 효율성이 매우 높다.
① 개별공정은 주문생산 방식에 근거하여 상품을 생산하는 형태로 수요 변화에 대한 유연성이 높다.
② 배치공정은 수주 또는 계획된 생산물량을 배치 또는 로트로 생산(가구, 제화, 그릇 등)하는 형태로 유연성은 높으나 효율성은 낮다.
④ 프로젝트 공정은 교량, 건설, 비행기, 선박, 영화제작 등과 같이 프로젝트의 완성에 필요한 세부 과업들이 선행관계에 따라 연결되어 있는 형태다.

09 조립라인을 설계하기 위한 고려 사항에 해당하지 않는 것은?

① 조립라인의 균형화 ② 과업 간 선행관계 파악
③ 작업대 사이클 타임 결정 ④ 유사기능의 장비 및 기계 배치

정답 07 ② 08 ③ 09 ④

해설 라인 밸런싱(Line Balancing)은 제조 공정을 합리적으로 결정하는 것으로 라인을 구성하는 각 공정 간의 균형을 최적으로 조정하여 최대의 생산 효율을 높이는 것을 의미한다. 과업 간 선행관계를 파악하여 조립라인을 균형화하고, 각 작업장의 주기시간(cycle time)을 고려하여 각 공정의 여력을 균형화시켜야 한다.
④ 유사기능의 장비 및 기계 배치는 라인 밸런싱이 아닌 공정별 배치를 분석하는 용도다.

10 공정분석의 목적이 아닌 것은?

① 아웃소싱 확대
② 생산기간 단축
③ 공정 개선 및 설계
④ 공정관리 시스템의 문제 파악

해설 공정분석은 단위 공정의 합리성을 검토하여 생산활동을 총합적으로 개선하려는 데 목적을 둔다. 공정분석을 통해 생산기간을 단축하고, 공정 개선 및 개선을 위한 설계를 기대할 수 있으며 공정관리 시스템의 문제를 파악할 수 있다. 공정분석을 통해 아웃소싱의 범위를 판단을 할 수는 있으나 아웃소싱을 확대하고자 공정분석을 하지는 않는다.

11 A 제품의 생산에 5,000만 원의 고정비용이 발생하고, 제품 하나당 2,500원의 변동비용이 발생한다. 이 제품을 개당 5,000원에 판매할 때 손익분기점은?

① 1만 개
② 2만 개
③ 3만 개
④ 4만 개

해설 A 제품의 생산에 5천만원의 고정비용이 발생하고 5000원 판매에 대한 2500원의 변동비용이 발생할 경우 손익분기점은 2만 개다.
$$\frac{50000000}{5000-2500} = 20000$$

12 프로세스의 이해와 소통 및 문제진단을 위해 프로세스 흐름도를 작성할 때 활용되는 기호와 의미가 바르게 짝지어지지 않은 것은?

① ▭ – 작업(처리)
② ⬭ – 시작(종료)
③ ◇ – 판단(결정)
④ ⇨ – 지연(저장)

해설 ⇨는 운반을 나타는 기호로 원료, 재료, 부품 또는 제품의 위치에 변화를 주는 과정이다.

정답 10 ① 11 ② 12 ④

13 조립라인에서 4개의 공정(작업장)을 거쳐 완성되는 어느 제품의 제품 단위당 각 공정의 소요시간은 다음과 같다. 이 조립라인의 최소주기시간은?

공정	1	2	2	4
소요시간	2	4	3	1

① 1분 ② 2분
③ 4분 ④ 10분

해설 4개의 공정을 거쳐 완성되는 제품의 총 작업시간은 10분이고 최소주기시간은 선행도표상 첫 번째 공정(1번)이 완성되는 2분이다.

14 수요예측을 위해 지수평활법을 사용하고자 할 때 필요한 자료가 아닌 것은?

① 가중치 ② 직전 기간 예측값
③ 예측치의 평균값 ④ 직전 기간 실제 수요

해설 수요예측 기법 중 가중치를 반영하는 것은 이동평균법이다. 지수평활법은 가중평균법에 속하지만 가중치가 아닌 평활계수를 설정하여 예측치를 활용한다.

15 수요의 변동에 영향을 미치는 대표적인 요인으로서 수요예측 시 주로 고려해야 하는 요인이 아닌 것은?

① 추세변동 ② 순환변동
③ 계절변동 ④ 금리변동

해설 수요예측 시 과거에 발생된 제품이나 서비스에 대한 수요 자료를 시계열에 따라 그래프로 그리면 일정한 패턴, 즉 시계열적 변동이 나타난다. 이 변동은 추세변동, 순환변동, 계절변동, 불규칙변동으로 구분된다.

16 전문가들에게 여러 차례 설문지를 돌려 예측지를 얻는 예측 기법은?

① 패널동의법 ② 시장조사법
③ 델파이법 ④ 역사적 유추법

해설 ① 패널동의법은 한 개인의 의견보다는 경영자, 판매원, 소비자 등 다양한 계층에서 패널을 구성하여 자유롭게 의견을 제시하여 수요를 예측한다.
② 시장조사법은 시장 상황에 대한 자료를 수집하기 위해 소비자를 표본으로 선정하여 설문, 면접 등을 이용한다.
④ 역사적 유추법은 이용하여야 할 자료가 없을 경우 과거의 비슷한 제품이나 판매자료를 이용하여 결과를 예측하는 기법이다.

정답 13 ② 14 ① 15 ④ 16 ③

17 A 백화점의 지난 5개월간 매출액은 다음과 같다. 3개월 이동평균법을 이용하여 예측한 6월의 매출액은?

기간	1월	2월	3월	4월	5월
매출액(억 원)	100	105	90	102	108

① 95 ② 100
③ 105 ④ 110

해설 3개월 이동평균법을 이용하여 예측한 6월의 매출액은 $\frac{90+102+108}{3}=100$억 원이다.

18 생산능력의 단기조정방법으로 옳지 않은 것은?

① 하청계약 ② 재고수준의 변화
③ 고용수준 변동 ④ 생산설비의 확장

해설 생산능력이란 기업이 일정 기간 동안 만들어 낼 수 있는 최대의 생산량을 의미한다. 단기적으로는 하청, 재고수준, 고용수준, 종업원 교육, 납기, 가동률을 통해 조정할 수 있다. 생산설비, 입지와 관련한 조정은 장기 생산능력 조정방법에 해당한다.

19 수요관리의 방법이 아닌 것은?

① 가격정책 ② 광고 및 판매촉진
③ 종업원의 고용과 해고 ④ 추후납품 또는 사전 예약

해설 변화하는 시장수요에 대응하는 방법으로 가격 정책, 광고 및 판매촉진, 추후납품 또는 사전 예약이 유용하다. 종업원의 고용과 해고는 생산계획의 일환이며 수요관리와는 직접적인 관련이 없다.

20 총괄생산계획을 수립할 때 고려 요소가 아닌 것은?

① 품질수준 ② 생산수준
③ 재고수준 ④ 고용수준

해설 총괄생산계획은 생산자원의 적정배분과 비용의 최소화를 목적으로 일정 기간 동안에 생산율(생산수준) 및 고용수준, 재고수준, 잔업 및 하청 등을 중심으로 수립되는 생산계획이다.

정답 17 ② 18 ④ 19 ③ 20 ①

21 공급관리의 방법이 아닌 것은?

① 재고
② 보완상품의 개발
③ 임시적 근로자 사용
④ 잔업과 근로시간 단축

> **해설** ② 보완상품 개발은 공급관리 영역보다는 제품개발 활동과 관련된다.
> 실제 생산현장에서는 정확하게 수요를 전망하는 것이 어려우므로 상황에 맞는 공급관리가 필요한데 비수기에 생산해 놓은 재고 활용, 잔업과 근로시간 단축 및 임시 근로자 사용, 종업원의 해고와 채용 등을 생각해 볼 수 있다.

22 프로젝트 일정계획을 수립하고 실행하기 위해 개발된 기법은?

① JIT
② BPR
③ MRP
④ PERT

> **해설** 1950년대에는 대형 프로젝트를 관리하기 위한 방법으로 PERT(Program Evaluation and Review Technique)와 CPM(Critical Path Method)이라는 두 가지 모형이 개발되었다. 두 계획 기법은 프로젝트를 효과적으로 수행할 수 있도록 네트워크를 이용하여 일정, 노력, 비용, 자금 등과 관련시켜 프로젝트를 합리적으로 계획하는 데 중점을 둔다.
> ① JIT는 적시생산이다.
> ② BPR은 업무과정 재설계다.
> ③ MRP는 자재소요계획이다.

23 다음 설명에 해당하는 일정계획 방법은?

- 수립계획과 실제의 작업량을 작업일정이나 시간으로 견주어서 평행선으로 표시하여 계획과 통제기능을 동시에 수행할 수 있는 막대도표이다.
- 활동이 수행되는 순서와 이에 관련된 시간의 양을 동시에 보여주어 전체 생산의 일정계획을 수립하는 데 활용된다.

① 점검표
② 산점도
③ 간트차트
④ 히스토그램

> **해설** 간트차트는 1913년 간트(H. L. Gantt)가 도식을 통해 생산활동을 표시하고 모든 종류의 생산일정계획을 세우는 방법을 개발한 데서 연유한다. 간트차트는 기본적으로 작업할당 도표(work-load chart)와 일정계획 도표(scheduling chart)의 두 가지 기능을 제공한다.

정답 21 ② 22 ④ 23 ③

24 다음 사례에서 주문 작업의 총 대기시간을 최소화하는 작업의 순서는?

> 어느 작업장에 A, B, C라는 주문 작업 3개가 대기하고 있다. 작업소요시간은 A는 4일, B는 5일, C는 2일이다. 납기일은 A는 4일, B는 9일, C는 2일이다.

① A → B → C
② B → A → C
③ C → A → B
④ C → B → A

해설 최소작업시간 우선원칙(SPT)은 작업소요시간이 가장 짧은 작업부터 처리하는 원칙으로 이에 따른 작업순서는 C → A → B이다.

작업	작업시간	납기시간	흐름시간	납기지연시간
C	2일	2일	2일	0
A	4일	4일	6일	2
B	5일	9일	11일	2

25 프로젝트 관리의 일정계획 단계에 해당하지 않는 활동은?

① 프로젝트 조직의 구성
② 활동 간의 선행관계 파악
③ 프로젝트의 아이디어 구상
④ 각 활동의 시작 및 완료시간 결정

해설 ③ 프로젝트의 아이디어 구상은 일정계획 단계 전에 확정이 되어 있어야 한다.
프로젝트의 일정계획 단계에서는 프로젝트의 목표에 따라 이해관계자를 파악하고 활동 간의 선행관계를 분석하여 작업 일정(시작 및 완료시간)을 결정한다. 실제 작업을 수행할 조직을 결정하고 담당자를 배정한다.

26 작업장에서 처리될 작업 5개의 작업시간과 납기일은 다음과 같다. 최소납기일(EDD) 규칙을 적용할 경우, 작업을 순서대로 나열한 것은?

작업	작업시간	납기일
A	3	4
B	4	8
C	5	7
D	6	9

① A → C → B → D
② C → A → B → D
③ D → B → A → C
④ D → B → C → A

정답 24 ③ 25 ③ 26 ①

해설 최소납기일(EDD) 규칙은 납기일이 가장 빠른 작업부터 처리하는 것으로 A → C → B → D순으로 처리한다.

작업	작업시간	납기일	흐름시간	납기지연시간
A	3	4	3	0
C	5	7	8	1
B	4	8	12	4
D	6	9	18	9

27 다음 설명에 해당하는 재고관리 방법은?

- 주로 독립 수요 재고를 관리하기 위한 방법으로 활용되며 연간 재고 비용이 높은 비중을 차지하는 제품에 주의를 기울이기 위한 방안으로 설계된 방법론이다.
- 연간 소비와 재고에서 차지하는 비중을 고려하여 품목별로 등급을 분류하고 재고를 관리하기 위해 차별화된 가이드 라인을 제시한다.

① 주기 재고관리 ② ABC 재고관리
③ 이동 재고관리 ④ RFID 재고관리

해설 소수가 중요한 사회적 지위를 차지하고 그 나머지를 다수가 차지한다는 파레토의 법칙은 다양한 상황들에 적용될 수 있는데, 이를 재고관리에 응용한 것이 ABC 관리법이다. ABC 관리법은 다수의 경미항목(trivial many)에 해당하는 품목보다는 소수의 중요(vital few)품목을 중점적으로 관리하는 방식으로 중요에 따른 차별적 관리가 이루어진다.

28 재고의 기능으로 볼 수 없는 것은?

① 노동력을 절감하게 할 수 있다.
② 생산일정을 보다 탄력적으로 운영할 수 있게 한다.
③ 외부의 수요 변화에 적절하게 대응할 수 있게 한다.
④ 수량 할인이나 수송비 절감을 통해 이익을 증가시킬 수 있다.

해설 재고의 기능과 노동력 절감은 보기 중 가장 관련성이 낮다.
② **계절재고** : 생산일정을 보다 탄력적으로 운영할 수 있게 한다.
③ **안전재고** : 외부의 수요 변화에 적절하게 대응할 수 있게 한다.
④ **운전재고** : 수량 할인이나 수송비 절감을 통해 이익을 증가시킬 수 있다.

정답 27 ② 28 ①

29 다음 사례에서 1회 경제적 주문량(EOQ)은?

> 연간 수요량이 5만 개인 제품의 연간 재고 유지비용은 개당 100원이고, 1회 주문 비용은 1,000원이다.

① 1,000개
② 1,500개
③ 2,000개
④ 2,500개

해설 연간 재고유지비용은 개당 100원이고, 1회 주문 비용은 1000개이며 연간 수요량이 5만 개일 때 경제적 주문량은 1000개이다.

$$\sqrt{\frac{2 \times 50000 \times 1000}{100}} = 1000$$

30 수요, 공급 및 조달기간의 불확실성에 대비하기 위해 유지하는 재고는?

① 예비재고
② 주기재고
③ 안전재고
④ 운송재고

해설 ③ 안전재고는 갑작스러운 수요 증가, 리드타임, 부품의 공급 등의 예측하지 못한 상황(불확실성)으로 재고가 모두 소진되었을 때 대비할 수 있는 추가 재고이다.

31 공급사슬관리의 목적과 거리가 먼 것은?

① 재고수준의 감소
② 리드타임의 단축
③ 고객서비스 수준의 향상
④ 작업자의 생산성 향상

해설 공급사슬관리(SCM)란 제품의 생산을 위한 원자재 및 부품의 조달단계에서 소비자에게 최종 판매될 때까지의 모든 과정을 연결시켜 관리하는 것을 의미한다. 공급사슬관리는 자재의 흐름을 계획·조직화·통제하는 활동으로 낭비요소를 제거하고 비용을 최소화하는 데 목표를 둔다. SCM을 통해 재고수준 감소, 리드타임 단축, 고객서비스 수준의 향상을 기대할 수 있다. 유통 및 물류와 관련된 작업효율성을 향상시킬 수는 있으나 작업자의 생산성을 향상시키는 것은 공급사슬관리의 목적과 거리가 있다.

정답 29 ① 30 ③ 31 ④

32 다음 사례에서 최종제품 100개를 생산하기 위해 필요한 X의 소요량은?

> 계량기 1개를 생산하기 위해 중간조립품 A는 3개, B는 1개가 필요하다. A는 개당 3개의 X와 2개의 Y로 구성되며, B는 개당 1개의 X와 4개의 Y로 구성된다.

① 1,000개
② 1,500개
③ 2,000개
④ 2,500개

해설 계량기 1개를 생산하기 위해 A는 3개(X는 9개 필요), B는 1개(X는 1개 필요)가 필요하다. 완제품인 계량기 1개를 생산하기 위해서는 X가 10개가 필요하므로 100개를 생산하기 위해서는 총 1000개의 X가 필요하다.

33 전사적 자원관리를 위한 패키지형 비즈니스 소프트웨어 시스템인 ERP의 장점이 아닌 것은?

① 수요예측 향상
② 물류비용 감소
③ 소규모 초기비용
④ 재고·자산관리 개선

해설 ERP는 종래 독립적으로 운영되던 생산·재무·유통·인사 등의 정보시스템을 하나로 통합하여 수주에서 출하까지의 공급망(supply chain)과 기간업무를 지원하는 통합정보시스템이다. 기능 구축에 따른 초기비용이 소요되며 그 범위는 기능을 얼마만큼 광범위하고 정밀하게 구현하는지에 따라 큰 비용이 소요될 수도 있다.

34 자재소요량계획(MRP)을 수립하기 위해 필요한 입력정보가 아닌 것은?

① 자재명세서(BOM)
② 재고 및 리드타임
③ 공정능력지수
④ 주생산 일정계획(MPS)

해설 MRP 시스템을 활용하기 위해 수집된 정보는 프로그램에 입력될 수 있는 데이터로 변환되어야 한다. MRP 시스템의 입력 정보는 주일정계획, 자재명세서, 재고 관련 데이터 세 가지가 있다.

35 평균 재고가치가 5억 원이고 매출원가가 1,000억 원인 경우, 공급사슬 효율성을 측정하는 주요 지표인 재고회전율은?

① 100
② 200
③ 300
④ 400

해설 재고회전율은 일정 기간의 제품, 재공품, 원재료, 저장품 등의 출고량과 재고량의 비율로 $\frac{1000}{5} = 200$이다.

정답 32 ① 33 ③ 34 ③ 35 ②

36 협력적 공급자관계의 특징이 아닌 것은?

① 장기계약
② 다수 공급자 전략
③ 품질 향상 및 제품설계에 대한 공동 노력
④ 공급자의 경영, 기술 및 생산에 대한 구매자의 지원

> **해설** 공급자와 구매자의 관계는 90년대를 지나면서 거래적 관계에서 협력적 관계로 변화해 왔다.

구분	거래적 관계	협력적 관계
계약형태	일회성	장기간
거래 초점	가격	총 금액
정보교환	없음	있음
신뢰수준	약함	강함
협력수준	약함	강함
신제품개발 공헌도	낮음	높음
공급자 수	다수	소수

37 품질비용 중 나쁜 품질로 인해 소요되는 부적합비용이 아닌 것은?

① 예방비용
② 내부 실패비용
③ 폐기 비용
④ 외부 실패비용

> **해설** ① 예방비용은 장래에 발생할 가능성이 있는 결함을 사전에 방지하기 위하여 소비한 비용을 의미한다. 결함발생의 사전예방 목적으로 지출되는 것으로 품질계획, 품질교육, 제품 및 서비스 설계, 공정계획, 품질자료 수집 등에 소요되는 비용이므로 나쁜 품질에 따라 나타난 부적합비용이라 할 수 없다.
> ②, ③ 내부 실패비용은 제품, 부품 및 재료가 고객에게 인도되기 전, 생산공정상에서 품질요건을 충족시키지 못했을 때 발생하는 비용이다. 제품 및 서비스 설계에 대한 실패비용, 구매와 관련된 실패비용, 재작업 및 폐기에 따른 비용 등이 포함된다.
> ④ 외부 실패비용은 제품이 고객에게 이전된 후에 고객의 욕구를 충족시키지 못했을 때 발생하는 비용이다. 반품 및 양품교환에 따른 비용, 기업이미지 실추, 클레임 비용, 판매량 감소 등에 따른 비용을 포함한다.

38 린(Lean)생산 시스템 도입의 기대 효과로 옳지 않은 것은?

① 낭비의 제거
② 준비시간의 단축
③ 인건비 절감
④ 제품 품질의 향상

정답 36 ② 37 ① 38 ③

해설 린생산방식은 노력, 설비, 시간, 공간의 낭비 요소를 줄이거나 제거하여, 덜 투입하고도 더 많은 것을 얻을 수 있는 방법을 제공한다. Lean 개념은 도요타 시스템에서 시작되어 생산 분야만의 개념이 아니라 다양한 분야에서 적용되고 있다. 린 생산시스템은 준비교체시간 감소, 현장 낭비의 제거, 불량품 개선(품질 향상) 효과를 도모할 수 있으나 연공서열형 임금제도를 인정하고 있으므로 인건비의 가중을 야기할 수 있다.

39 다음 설명에 해당하는 품질개선 분석도구는?

- 공정의 문제 원인을 세분화하여 각 원인의 상대적 중요도를 파악하는 데 활용된다.
- 문제의 원인을 발생 빈도 순으로 차례대로 정렬하여 보여줌으로써 개선해야 하는 원인의 우선순위를 선정하는 것이 필수적이다.

① 흐름도 ② 파레토도
③ 런차트 ④ 특성요인도

해설 ② 파레토도는 중요한 20%의 원인이 전체 문제의 80%를 발생시킨다는 입장에서 문제의 원인을 사소한 다수와 중요한 소수로 분류한다. 문제의 중요도를 파악하고 우선순위를 파악할 수 있는데 활용된다.
① 흐름도는 하나의 프로세스에서 어떤 단계로 일을 수행할 수 있는 가능성을 입력과 출력으로 표현한다.
③ 런차트는 시간의 경과에 따른 데이터 분포의 변화를 시각적으로 나타내어 의미 있는 경향, 주기, 변동의 정도 등을 파악할 수 있다.
④ 특성요인도는 어떤 결과(특성)에 영향을 미치는 원인(요인)을 계통적으로 정리한 그림이다.

40 ISO 9000 표준이 준수하고 있는 품질경영 원칙이 아닌 것은?

① 종업원 참여 ② 프로세스 접근 방법
③ 지속적 개선 ④ 환경분야에 집중

해설 ISO 9000은 표준 제품군에 기반을 둔 7가지 품질 관리 원칙을 포함하여 품질 관리 시스템의 기본 사항 및 표준을 충족하고자 하는 조직이 이행해야 하는 요구 사항을 제시하고 있다.
» ISO 9000 7가지 품질 관리 원칙(QMP : quality management principles)
  QMP 1 – 고객 중심   QMP 2 – 리더십
  QMP 3 – 직원들의 참여   QMP 4 – 프로세스 접근법
  QMP 5 – 개선   QMP 6 – 데이터 기반 의사 결정
  QMP 7 – 관계 관리

정답 39 ② 40 ④

MEMO

독학사 2단계

YEAR
2022
기출문제

- 인적자원관리
- 마케팅원론
- 조직행동론
- 경영정보론
- 마케팅조사
- 생산운영관리

※ 본 기출문제는 수험생들의 기억력을 토대로 복원되어 실제로 출제된 문제와는 다소 차이가 있을 수 있습니다.

독학사 2단계

2022 인적자원관리 기출문제

01 과학적 관리론의 주요 특징이 아닌 것은?

① 권한 위임
② 성과급 제도
③ 과업관리의 합리화
④ 과학적 작업방식의 연구

> **해설** 테일러(F. W. Taylor)의 과학적 관리는 시간 및 동작연구를 기초로 표준과업을 설정하고 차별적 성과급제의 도입, 과업관리의 합리화, 직능식 조직 및 기능적 직장제도 등을 주요 내용으로 한다.
> ① 권한위임은 과학적 관리론과 인간관계론 이후에 등장한 주장이다.

02 다음 설명에 해당하는 인사관리자의 역할은?

- 관리자가 인사활동을 잘할 수 있도록 서비스 역할을 한다.
- 관리자에게 인사와 관련된 전문지식과 노하우를 제공한다.

① 보호자
② 지원자
③ 주도자
④ 변화담당자

> **해설** ② 지원자로서의 인적자원관리자는 관리자는 물론 라인이 되는 다른 각 부문에 인적자원관리에 관한 조언을 하게 된다. 관리자가 인적자원관리 활동을 잘할 수 있도록 지원하는 역할을 한다.

03 다음 설명에 해당하는 인적자원 접근법은?

기업을 개방적인 시스템으로 상정하고 주어진 경영환경에 적합한 인적자원관리가 기업 성과를 달성하는 데 효과적이라고 이해하는 접근법이다.

① 성과 접근법
② 상황적 접근법
③ 시스템 접근법
④ 인사결정 지향적 접근법

> **해설** ③ 기업을 개방인 시스템으로 상정하는 것은 시스템 접근법이다.
> » **시스템 접근법(system approach)** : 인적자원관리를 시스템의 관점에서 보아 하나의 전체적인 모형으로서 인적자원관리 시스템을 설계하려는 것으로, 하위시스템을 구성하여 전체적인 연결을 갖도록 하려는 것이다.

정답 01 ① 02 ② 03 ③

04 맥그리거(D. McGregor)의 XY 이론에 대한 설명으로 옳지 않은 것은?

① 조직 내 인적자원에 대한 통제근거를 제공한다.
② X 이론은 부정적이고 소극적인 인간관에 기반을 두고 있다.
③ Y 이론은 긍정적이고 적극적인 인간관에 기반을 두고 있다.
④ 인간의 욕구를 존재욕구, 관계욕구, 성장욕구로 유형화한다.

> **해설** ④ 인간의 욕구를 존재욕구(Existence needs), 관계욕구(Relation needs), 성장욕구(Growth needs)로 유형화하는 것은 동기부여의 내용이론 중 알더퍼(C. P. Alderfer)의 ERG이론이다.

05 인적자원관리의 최근 환경 특성에 해당하지 않는 것은?

① 위계적인 조직
② 스마트 워크의 확산
③ 삶의 질을 중요시하는 경향
④ 인력구성의 다양화 및 고령화

> **해설** 최근 경영환경에 큰 변화가 나타남에 따라 이에 능동적으로 대처하기 위하여 과거의 위계적이고 기계적인 조직에서 벗어나 수평적이고 유기적인 조직이 확산되고 있다.

06 인적자원관리의 사회적 목표가 아닌 것은?

① 고용의 보장
② 근로시간의 단축
③ 기업의 수익성
④ 의사결정의 자율성

> **해설** 인적자원관리는 경제적 효율성과 사회적 효율성을 동시에 추구한다. 기업의 수익성은 경제적 효율성을 통하여 달성하려는 기업 내부의 목표에 해당한다.

07 인적자원관리의 패러다임 변화가 아닌 것은?

① 연공 중심에서 능력 중심으로의 변화
② 스태프 중심에서 라인 중심으로의 변화
③ 반응적 관리에서 선행적 관리로의 변화
④ 외부노동시장 중심에서 내부노동시장 중심으로의 변화

> **해설** ② 인적자원관리의 패러다임 변화 중 한 가지는 과거의 라인 중심에서 스태프 중심으로의 변화를 들 수 있다.
> 연공 중심에서 능력·성과 중심으로, 일(또는 직무) 중심에서 사람 중심으로, 비용 중심에서 수익 중심으로, 개인에서 팀으로 패러다임이 변화되어 왔다.

정답 04 ④ 05 ① 06 ③ 07 ②

08 ( ) 안에 들어갈 말로 알맞은 것은?

> ( )은/는 직무를 구성하는 구체적인 과업을 설정하고 만족스러운 직무수행에서 요구되는 기술, 지식, 능력, 책임 등 정보자료를 수집·분석·정리하는 총괄적인 과정이다.

① 직무분류 ② 업무분장
③ 정보분석 ④ 직무분석

해설 제시된 내용은 직무분석에 대한 설명이다.
▶ **직무분석(job analysis)**: 특정 직무의 내용(또는 성격)을 분석해서 그 직무가 요구하는 조직구성원의 지식·능력·숙련·책임 등을 명확히 하는 과정이다.

09 다음 설명에 해당하는 직무정보의 수집 방법은?

> 직무수행자의 직무행동 사례를 수집한 후, 사례로부터 직무성과에 효과적인 행동패턴을 추출하여 분류한다.

① 관찰법 ② 질문지법
③ 면접법 ④ 중요사실기록법

해설 제시된 내용은 중요사실기록법이다.
▶ **중요사건법(critical incidents method, 중요사건서술법)**: 직무수행과정에서 직무수행자가 보였던 보다 중요한 또는 가치가 있는 행동을 기록해 두었다가 이를 취합하여 분석하는 방법이다.

10 직무의 효율적인 수행을 위해 직무담당자가 갖추어야 할 직무요건을 나열해 놓은 것은?

① 직무확대 ② 직무기술서
③ 직무명세서 ④ 직무설계서

해설
② 직무기술서(job description)에는 직무수행의 목적이나 내용 등 직무개요, 직무의 구체적 내용, 직무수행에 요구되는 조건, 즉 책임, 지식, 직무수행에 필요한 장비, 환경 등 직무요건(job requirement) 등의 정보를 수록하고 있다.
③ 직무분석 결과 직무를 수행하는 데 필요한 기능, 능력, 자격 등 직무수행자의 인적요건에 초점을 두어 작성한 것은 직무명세서(job specification)이다.

정답 08 ④ 09 ④ 10 ②

11 다음 설명에 해당하는 직무평가 방법은?

> • 조직의 규모가 작고 직무의 수가 적을 때 활용하기 좋다.
> • 직무 간의 상대적인 가치가 얼마나 차이 나는지는 알 수 없다.
> • 직무와 직무 간의 비교를 통해 직무평가를 실시한다.

① 서열법　　　　　　　　　② 분류법
③ 점수법　　　　　　　　　④ 요소비교법

해설 제시된 내용은 직무평가방법 중 요소비교법에 대한 설명이다.
　▶ 요소비교법(factor-comparison method) : 조직에서 가장 핵심이 되는 몇 개의 기준직무를 선정하고 각 직무의 평가요소를 기준직무의 평가요소와 결부시켜 비교함으로써 모든 직무의 상대적인 가치를 결정하는 방법이다.

12 인사고과의 수용성을 높이는 방안에 해당하지 않는 것은?

① 다양한 경로를 통한 피드백
② 복잡하고 정교한 평가제도 설계
③ 평가제도 개발 시 직원의 참여 유도
④ 인사고과제도에 대한 교육 및 평가자 훈련

해설 인사고과의 수용성은 인사고과가 피고과자에게 어느 정도 받아들여지는지를 말한다.
　▶ 인사고과의 수용성 증대방안 : ㉠ 피고과자의 고과 참여, ㉡ 능력개발형 고과, ㉢ 고과제도의 개발시 종업원 대표의 참여, ㉣ 고과제도를 구비하고 고과자 교육 실시, 강화, ㉤ 고과제도의 개발시 목적과 필요성을 투명하게 하고 종업원에게 교육 실시 등

13 균형성과표(balanced scorecard)의 평가영역 중 수익성, 성장성, 주주이익 등의 가치를 강조해야 하는 영역은?

① 고객만족　　　　　　　　② 학습 및 성장
③ 재무적 성과　　　　　　　④ 내부 프로세스

해설 균형성과표(BSC) : 회계나 재무적 관점으로만 경영성과를 평가하는 전통적 성과 평가방식을 탈피하여 재무, 고객, 내부 프로세스 및 학습·성장 등의 네 가지 관점에서 경영성과를 평가하는 기법이다.
　③ 수익성, 성장성, 주주이익 등의 가치를 강조해야 하는 영역은 재무적 성과이다.

정답 11 ④　12 ②　13 ③

14 〈보기〉에서 내부모집의 장점만을 있는 대로 고른 것은?

> **보기**
> ㄱ. 평가의 정확도　　　ㄴ. 특수한 인재 채용
> ㄷ. 직원의 사기진작　　ㄹ. 모집비용 절감

① ㄱ, ㄴ
② ㄱ, ㄷ, ㄹ
③ ㄷ, ㄹ
④ ㄴ, ㄷ, ㄹ

해설 내부모집의 장점으로는 모집의 비용이 적게 들고, 지원자에 대한 정확한 평가가 가능하다. 또한 종업원에게 승진기회를 제공하고 사기의 진작에 도움이 되며 이직률이 낮아진다는 점 등이 있다.

15 인력계획을 검토한 결과, 향후 인력이 남을 것으로 예상될 때의 대응방식으로 알맞지 않은 것은?

① 전환배치
② 자발적 퇴직
③ 비정규직 채용
④ 근로시간 또는 임금 조정

해설 향후 인력이 남을 것으로 예상될 때의 대응방식으로는 ㉠ 신규채용 억제, ㉡ 배치전환, ㉢ 근무시간 단축, ㉣ 직무분할제(job sharing), ㉤ 다운사이징, ㉥ 조기퇴직제도 등이 있다.

16 ( ) 안에 들어갈 말로 알맞은 것은?

> ( )는 평가자가 쉽게 기억할 수 있는 피평가자의 최근 업적이나 능력을 중심으로 평가할 때 발생하는 오류이다.

① 대비 오류
② 시간적 오류
③ 후광 효과
④ 상동적 오류

해설 평가자가 쉽게 기억할 수 있는 피평가자의 최근 업적이나 능력을 중심으로 평가할 때 발생하는 오류는 시간적 오류(temporal error)이다.

정답 14 ②　15 ③　16 ②

17 다음 설명에 해당하는 선발도구의 평가기준은?

> 선발도구가 측정하고자 하는 대상의 특성과 그 범위를 어느 정도 충실하게 측정하고 있는지에 관한 것이다.

① 신뢰도 ② 내용타당도
③ 예측타당도 ④ 비용편익분석

해설 제시된 선발도구의 평가기준은 내용타당성(content validity)이다.
❖ **내용타당성**: 선발도구가 실제 직무수행에서 나타나는 직무행위와 얼마나 유사한 내용을 담고 있는지를 판단한다.

18 ( ) 안에 들어갈 말로 알맞은 것은?

> ( )은/는 능력과 직무요건을 고려하여 선발된 종업원에게 특정 직무를 할당하고 조직구성원 자격을 부여하는 인사명령이다.

① 외부모집 ② 내부모집
③ 인사배치 ④ 인턴사원제

해설 능력과 직무요건을 고려하여 선발된 종업원에게 특정 직무를 할당하고 조직구성원 자격을 부여하는 인사명령은 배치(placement)이다.

19 ( ) 안에 들어갈 말로 알맞은 것은?

> ( )은/는 개인이 경력목표를 설정하고 이를 달성하기 위한 경력계획을 수립하여 조직의 필요와 개인의 욕구가 합치되도록 하는 활동이다.

① 경력분석 ② 경력욕구
③ 경력진로 ④ 경력개발

해설 제시된 내용은 경력개발에 대한 설명이다.
❖ **경력개발(CDP)**: 개인이 경력목표를 설정하고 이를 달성하기 위한 경력계획을 수립하여 조직의 필요와 개인의 욕구가 합치되도록 하는 활동이다.
경력개발은 인재의 효율적인 확보 및 배분을 통한 조직효율성의 증대와 종업원의 자아발전의 욕구충족에 목적이 있다. 즉 인재확보 및 배치, 종업원의 성취동기 유발, 후계자 양성 및 이직방지 등을 목적으로 한다.

정답 17 ② 18 ③ 19 ④

20 다음 설명에 해당하는 직무 내 훈련 방법은?

직장 내에서 직속 상사가 부하 직원에게 직무 수행방법을 개별지도하는 훈련 방법이다.

① 코칭
② 멘토링
③ 도제 프로그램
④ 직무현장훈련(OJT)

해설 직장 내 훈련(OJT) : 작업현장에서 직접 일하는 과정에서 감독자가 부하들을 개별적으로 실무 또는 기능에 관하여 훈련시키는 것이다. OJT는 현실적이고, 훈련과 생산이 직결되어 경제적이다. 따라서 저비용으로 훈련이 가능하다는 장점이 있다.

21 다음 설명에 해당하는 평가 방법은?

교육훈련 효과성에 대한 평가로 학습한 내용이 어떻게 업무성과로 이어지고 활용되는지를 평가하는 방법이다.

① 반응평가
② 학습성과의 평가
③ 선발평가
④ 적용효과의 평가

해설
④ 학습한 내용이 어떻게 업무성과로 이어지고 활용되는지를 평가하는 방법은 적용효과의 평가이다.
① 반응평가는 긍정적 혹은 부정적 태도를 파악하여, 훈련에 참여하는 모티베이션 정도를 파악하는 것이다.
② 학습성과의 평가는 훈련참가자가 훈련을 통해 기업이 원하는 수준에 도달하였는지 여부를 파악하는 것이다.

22 다음 설명에 해당하는 교육훈련 기법은?

- 인간관계에 대한 태도를 개선하고 인간관계 기술을 함양하는 데 목적이 있다.
- 특정 상황에서 기대되는 행동패턴을 학습한다.
- 참가자에게 아는 것과 행동하는 것 사이의 차이를 인식시킬 수 있다.
- 교육범위가 제한적이라는 단점이 있다.

① 사례연구
② 교류분석법
③ 역할연기법
④ 인 바스켓 훈련

해설 역할연기법(role playing) : 참가자 중에서 실제 연기자를 선출하고 주제에 따르는 역할을 실제로 연출시킴으로써 체험을 통하여 훈련효과를 높이는 방법으로, 지식체득보다는 태도변화에 적합한 교육훈련방식이다.
역할연기법의 장점은 교육의 참가자에게 흥미와 체험감을 주며, 연기에 나타난 문제점을 파악함으로써 교육참가자 개인이 갖고 있는 약점을 인식할 수 있으며, 아는 것과 행동하는 것의 차이를 인식시킬 수 있다.

정답 20 ④ 21 ④ 22 ③

23 인적자원계획에 대한 설명으로 옳지 않은 것은?

① 인력수요예측에 기반하여 중장기적 인력계획을 수립한다.
② 인력이 부족한 상황에 대비하여 인력확보 방안을 마련한다.
③ 공급 및 수요예측 시 통계적 방법을 활용해야만 한다.
④ 인력계획 목표 설정 시 양적 목표를 설정하는 것이 중요하다.

> **해설** ③ 인적자원계획에서 인력에 대한 수요와 공급을 예측하는 경우 질적 및 양적 방법을 모두 활용한다. 양적 수요예측을 하는 경우 통계적 기법은 물론 노동과학적 기법, 델파이 기법 등을 활용하면 예측의 정확도가 높아질 수 있다.

24 다음 설명에 해당하는 직무설계 방식은?

> • 직원이 수행하는 직무를 일정한 주기로 바꾼다.
> • 직원이 직무의 단조로움과 매너리즘에 빠지는 것을 방지한다.
> • 다양한 직무경험으로 직원의 직무수행 능력을 향상한다.

① 직무확대
② 직무순환
③ 직무교차
④ 직무충실화

> **해설** 제시된 내용은 직무순환(job rotation)에 대한 내용이다.
> ▶ **직무순환** : 개인적 차원의 직무설계방법 중 하나로 조직구성원에게 돌아가면서 여러 가지 직무를 수행하도록 하여 직무수행에서 지루함이나 싫증을 덜 느끼게 하려는 직무설계방안을 말한다. 즉, 직무 자체의 내용은 그대로 둔 상태에서 작업자들로 하여금 여러 직무를 돌아가면서 번갈아 수행하게 하는 것이다.

25 직무설계의 목적이 아닌 것은?

① 원가절감
② 생산성 향상
③ 이직 후 재취업
④ 직무를 통한 동기부여

> **해설** 직무설계(job design)는 직무를 수행하는 사람에게 의미와 만족을 부여하려고 함과 동시에 생산조직이 그 목표를 더욱 효율적으로 수행할 수 있도록 작업과 단위직무내용 및 작업방법을 결정하는 것이다. 직무설계의 근본적인 목적은 직무성과를 높임과 동시에 직무만족을 향상시키기 위한 것이다.

정답 23 ③ 24 ② 25 ③

26 직무특성모델의 핵심직무차원을 구성하는 요소가 아닌 것은?

① 자율성 ② 과업중요성
③ 기술다양성 ④ 과업복잡성

해설 핵크만(J. R. Hackman)과 올드햄(G. R. Oldham)의 직무특성모형에서 핵심직무차원은 기술다양성(skill variety), 과업정체성(task identity), 과업중요성(task significance), 자율성(autonomy), 피드백(feedback) 등이다.

27 ( ) 안에 들어갈 말로 알맞은 것은?

( )은/는 회사가 직원들에게 일정 수량의 주식을 사전에 약정된 가격으로 일정 시점에 매입할 수 있는 권리를 부여하는 것이다.

① 스톡옵션 ② 임프로쉐어
③ 우리사주 ④ 스캔론 플랜

해설 제시된 내용은 스톡옵션(stock option)에 대한 설명이다. 인적 자원에 대한 보상으로 임금관리와 복리후생관리에 더하여 활용하는 수단이다.
②, ④는 집단성과급제의 하나이다. 집단성과급제는 집단의 성과와 관련해서 기업에 이익의 증가나 비용의 감소가 있는 경우에 종업원에게 정상임금 이외에 부가적 급여를 제공하는 제도이다.

28 다음 설명에 해당하는 임금제도는?

- 직원의 장기근속을 유도하고 이직을 줄인다.
- 생계보장의 성격이 있어 직원의 생활 안정을 도모한다.
- 직원의 역량과 성과 수준에 대한 고려가 적다.
- 인건비 부담이 가중된다.

① 연공급 ② 직무급
③ 역할급 ④ 성과급

해설 제시된 임금제도는 임금체계 중 연공급(seniority-based pay) 임금체계에 대한 내용이다. 연공급 임금체계는 개인의 근속연수·학력·연령 등 인적 요소 기준을 중심으로 기본급이 변화하는 제도이다.
직원의 장기근속을 유도하고, 생계보장의 성격이 있어 직원의 생활 안정을 도모한다는 장점이 있으나 기업의 인건비 부담이 가중되고, 소극적·무사안일주의적인 근무 태도를 야기하는 등의 단점이 있다.

정답 26 ④ 27 ① 28 ①

29 복리후생제도 중 유형이 나머지 셋과 다른 하나는?

① 퇴직금
② 고용보험
③ 주거안정
④ 국민건강보험

해설 ③ 주거안정은 법정 외 복리후생제도이다. 나머지는 법정 복리후생제도이다.
» **법정 복리후생제도** : 기업이 종사원의 개인적 의사나 기업의 자율적 방침과는 관계없이 법률에 의해서 의무적으로 실시하여야 하는 복리후생시설이나 제도를 말하는 것이다. 이에는 국민건강보험, 국민연금보험, 고용보험, 산업재해보상보험, 퇴직금 및 연차유급휴가 등이 있다.

30 인간관계론에 대한 설명으로 옳지 않은 것은?

① 과학적으로 조직을 운영한다.
② 개인의 행동동기를 중요시한다.
③ 조직 내 사회적 관계를 중요시한다.
④ 직무만족의 향상과 인간중심적 관리에 초점을 둔다.

해설 ① 과학적인 조직 운영은 과학적 관리법의 주장이다. 테일러(F. W. Taylor)에 의해 시작된 과학적 관리는 기계적 인간관에 기초하여, 시간 및 동작연구, 표준과업의 설정, 기능적 조직 및 직장제도(functional foremanship) 등을 내용으로 한다.

31 다음 설명에 해당하는 선택적 복리후생은?

- 몇 가지 복리후생 항목을 집단화하여 직원에게 제시한다.
- 직원은 집단화된 복리후생 프로그램 중에서 특정 집단을 선택한다.

① 모듈형
② 선택항목 추가형
③ 혼합선택형
④ 선택적 지출계좌형

해설 문제에 제시된 내용은 카페테리아식 복리후생제도(선택적 복리후생제도) 중 모듈형(Modular Plan)으로 몇 개의 복리후생 항목들을 집단화하여 종업원들에게 제시하는 형태이다.
② 선택항목 추가형은 기업이 종업원 전체에게 꼭 필요하다고 판단되는 복리후생 항목을 제공한 후, 추가항목들에 대해 종업원들에게 선택권을 부여하는 형태이다.
④ 선택적 지출 계좌형은 종업원 개인에게 주어진 복리후생 예산 범위 내에서 종업원 개인이 자유로이 항목을 선택할 수 있는 형태이다.

정답 29 ③ 30 ① 31 ①

32 ( ) 안에 들어갈 말로 알맞은 것은?

> ( )은/는 조직 내 경영층에 대한 불만족을 의사소통하는 방법으로, 직원들이 자신이나 자신의 업무에 영향을 미치는 사람에 대해 불만을 토로할 수 있는 공식적인 과정이다.

① 멘토링 ② 고충처리절차
③ 카운슬링 ④ 소시오메트리

해설 고충처리제도(grievance procedure)는 「근로자참여 및 협력증진에 관한 법률」에 근거한 것으로 주로 근로자들의 직장생활의 애로사항이나 현장에서의 불만사항 등을 수시로 호소하게 함으로써 이를 근로자 대표와 사용자 대표로 구성되는 고충처리위원들의 협력으로 그때그때 해결하도록 하기 위한 제도이다.

33 근로자들이 집단적으로 행동하고 의도적으로 작업능률을 저하하는 쟁의 행위는?

① 태업 ② 불매운동
③ 피케팅 ④ 준법투쟁

해설 근로자들이 집단적으로 행동하고 의도적으로 작업능률을 저하하는 쟁의 행위는 태업이다.

34 근로자의 징계 사유가 아닌 것은?

① 업무방해 ② 노동조합 활동
③ 경력사항·문서 위조 ④ 회사시설의 무단이용

해설 ② 노동조합 활동을 이유로 근로자를 징계하는 것은 부당노동행위(ULP ; Unfair Labor Practices)에 해당된다.

35 숍 제도 중 유형이 나머지 셋과 다른 하나는?

① 오픈 숍 ② 클로즈드 숍
③ 유니언 숍 ④ 에이전시 숍

해설 ④ 에이전시 숍(agency shop)은 조합원이 아니더라도 모든 종업원에게 노동조합이 조합비를 징수하는 제도로 변형적 숍제도이다.
》 숍 시스템의 유형
• 기본적 숍 제도 : 오픈 숍, 유니언 숍, 클로즈드 숍
• 변형적 숍 제도 : 에이전시 숍, 프리퍼런셜 숍, 메인터넌스 숍

정답 32 ② 33 ① 34 ② 35 ④

36 종업원 지주제의 경영참가 유형은?

① 자본참가
② 이윤참가
③ 노동참가
④ 경영의사결정참가

> **해설** 종업원지주제는 노동자가 주식을 인수하고 주주로서 기업에 대한 발언권을 갖게 되는 경영참가 방식이다. 노동자 경영참가의 세 가지 유형은 ㉠ 자본참가 – 종업원지주제도와 노동주제도, ㉡ 이익참가 – 이윤분배제도, ㉢ 협의의 경영참가 – 종업원대표제나 노사협의제 등이다.

37 인적자원관리의 개별 제도 간 적합성에 해당하는 것은?

① 외적 적합성
② 상호 적합성
③ 내적 적합성
④ 연결 적합성

> **해설** 인적자원관리에서 확보, 개발, 활용, 보상 및 유지와 관련된 여러 제도들 간의 적합성은 내적 적합성이다.

38 ( ) 안에 들어갈 말로 알맞은 것은?

> ( )은/는 일정기간 수행된 인사관리활동을 일정시점에 계획과 성과를 종합적으로 평가·검토함으로써 기업경영의 건전성을 확보하고 유지하려는 활동이다.

① 인사결과
② 인사계획
③ 인사감사
④ 인사평가

> **해설** 인적자원감사(human resources audit)는 인적자원관리와 활동 그리고 성과에 관한 사실적 자료를 체계적으로 수집·평가하여 인적자원관리의 장점과 문제점을 발견·평가하고, 필요하면 개선방안을 제시하는 것이다.
> 인사감사의 유효성은 조직정책과 그 실체의 동질성을 확보, 인적자원관리 부서의 의무와 책임을 명확화, 효율적 인사절차를 통한 인적자원비용 절감, 인적자원관리 부서 구성원들의 책임감 증진 등에 있다.

정답 36 ① 37 ③ 38 ③

39 전략적 인적자원관리의 주요 특징이 아닌 것은?

① 구성원을 비용이 아닌 자산의 관점으로 본다.
② 거시적인 관점보다 미시적인 관점에 초점을 둔다.
③ 집권화된 의사결정보다 분권화된 의사결정을 강조한다.
④ 무엇을 하는가의 내부중심에서 무엇을 전달할 것인가의 고객중심으로 변화하였다.

> **해설** ② 전략적 인적자원관리는 조직의 전략수립과 실행시 조직의 인적자원에 대한 제반요건과 각 인적자원관리 기능을 고려하여 조직전략과 인적자원관리를 통합하는 것이므로 미시적인 관점보다는 거시적인 관점에 초점을 둔다.

40 다음 설명에 해당하는 인사부서의 역할은?

> 직원의 몰입을 이끌어 내기 위해 보상과 지원을 통해 역량을 향상한다.

① 행정전문가
② 종업원 옹호자
③ 변화주도자
④ 전략적 파트너

> **해설** 직원의 몰입을 이끌어 내기 위해 보상과 지원을 통해 역량을 향상시키는 것은 전략적 파트너로서 인사부서의 역할이다.

정답 39 ② 40 ④

2022 마케팅원론 기출문제

01 고객중심적 마케팅 철학에 대한 설명으로 옳지 않은 것은?
① 통합적 마케팅을 사용한다.
② 고객 니즈 충족을 중요시한다.
③ 명확한 표적시장을 중요시한다.
④ 생산 효율성 확보에 초점을 맞춘다.

> **해설** 생산 개념은 생산 효율성 확보, 원가 절감, 규모의 경제에 초점을 맞춘 기업중심적인 마케팅 철학을 말한다. 고객중심적 마케팅 철학은 고객입장에서 고객이 상품과 관련하여 갖고 있는 문제들을 해결하여 만족을 얻을 수 있도록 하는 것을 목표로 한다. 고객중심적 마케팅 철학은 마케팅 개념과 총체적 마케팅 개념을 포함한다.

02 마케팅 개념에서 핵심적인 요소는?
① 생산지향적 요소
② 판매지향적 요소
③ 교환을 창출하는 요소
④ 고객만족에 중점을 두는 요소

> **해설** 마케팅 개념은 고객욕구에 초점을 두고 고객만족을 통한 이윤 창출을 목표로 한다. 마케팅 관리 철학의 발전 과정은 생산개념 → 제품개념 → 판매개념 → 마케팅 개념 → 총체적 마케팅 개념으로 진화하고 있다.

03 다음 사례에서 B 음료가 속하는 BCG매트릭스상의 위치는?

> A 회사의 B 음료는 현재 음료수 시장의 마켓리더로서 매우 높은 시장점유율을 차지하고 있다. 하지만 새로운 음료가 계속 출시되고 있는 이때 앞으로의 시장전망이 밝지는 않다.

① 개(dog)
② 별(star)
③ 자금젖소(cash cow)
④ 물음표(question mark)

> **해설** ③ 자금젖소(cash cow)는 낮은 시장성장률과 높은 상대적 시장점유율의 사업단위이다.
> ① 개(dog)는 낮은 시장성장률과 낮은 상대적 시장점유율을 가진 사업단위를 말한다.
> ② 별(star)은 높은 시장성장률과 높은 상대적 시장점유율의 사업단위를 말한다.
> ④ 물음표(question mark)는 높은 시장성장률과 낮은 상대적 시장점유율의 사업단위이다.

정답 01 ④ 02 ④ 03 ③

04 다음 설명에 해당하는 것은?

> 회사의 개별부서 혹은 개별적인 이익 책임단위를 의미하는 것으로서 수익과 비용, 투자, 전략적 계획 등이 별개로 움직이며 평가되는 단위이다.

① 전략집단
② 핵심 역량 단위
③ 경쟁 우위 단위
④ 전략적 사업 단위

해설 전략적 사업 단위(strategic business unit : SBU)는 독자적인 마케팅 전략수립이 필요한 관련 사업들끼리 묶은 조직으로 정의될 수 있다. 한 전략 사업 단위는 다른 전략 사업 단위와 별개로 비용지출 및 마케팅 전략의 수립·집행이 가능하다.

05 구매의사결정을 위한 정보탐색의 유형이 나머지 셋과 다른 것은?

① A양은 동료에게 인기 있는 여행 장소를 추천받았다.
② B양은 오디오 구매를 위해 매장직원의 설명을 요청하였다.
③ C군은 점심으로 평소에 좋아하던 D 라면을 먹기로 하였다.
④ E군은 스마트폰 구매를 위해 인터넷 쇼핑몰에서 가격을 검색하였다.

해설 정보탐색은 내적 탐색과 외적 탐색으로 나눌 수 있다. 보기 ③은 필요를 인식한 소비자가 욕구를 채울 수 있을 만큼 만족스러운 제품이 머리에 떠오른다면 직접 그 제품을 구매할 것으로 이러한 상황은 내적 탐색에 해당한다. 외적 탐색은 동료나 친인척의 대화, 판매원이 제공하는 정보, 인터넷과 공적인 정보원천(정부 간행물, 뉴스보도)을 이용하는 것이다.

06 관여도와 구매행동에 대한 설명으로 알맞은 것은?

① 고관여 구매행동은 복잡한 구매행동의 특징이 있다.
② 고관여 구매행동은 다양성 추구 구매행동의 특징이 있다.
③ 저관여 구매행동은 부조화 감소 구매행동의 특징이 있다.
④ 저관여 구매행동은 신념이 개발되고 태도가 형성되는 특징이 있다.

해설 고관여 구매행동은 복잡한 구매행동과 부조화 감소 구매행동의 특징이 있다. 저관여 구매행동은 습관적 구매행동과 다양성 추구 구매행동의 특징이 있다.

정답 04 ④ 05 ③ 06 ①

07 다음 사례에 해당하는 현상은?

> 어떤 사람이 특정 회사를 신뢰하지 않기 때문에, 그 회사의 광고가 사실에 입각해 만들어졌다고 하더라도 이를 신뢰하지 않고 의심하게 된다.

① 선택적 주의
② 선택적 왜곡
③ 선택적 저장
④ 선택적 태도

해설 ② 선택적 왜곡은 주어지는 정보를 기존에 자신이 가지고 있던 신념에 동화시키려는 경향으로 주관적으로 해석한다는 내용이다.
① 선택적 주의는 사람들은 많은 자극들에 노출되어 있어 모든 자극들에 대하여 주의를 기울일 수 없기 때문에 대부분의 정보에 대하여 선택적으로 주의를 기울인다는 내용이다.
③ 선택적 저장(기억)은 사람들은 자신들이 얻은 정보의 내용을 상당수 잊게 되고 그들의 태도와 신념에 맞는 정보만을 기억하는 경향이 있다는 내용이다.

08 인지적 부조화와 주로 관련된 의사결정의 단계는?

① 정보탐색
② 구매 후 행동
③ 필요의 인식
④ 구매의사결정

해설 일반적으로 고객은 제품 구매 이후에 본인의 구매 의사결정이 바람직했는지를 확인하기 위해 추가 정보를 수집하고 구매 후 행동을 하기도 한다. 이러한 행동은 구매 후 갈등으로 인한 심리적 불편함, 즉 인지적 부조화에 의해 발생하는 것이다.

09 ( ) 안에 들어갈 말로 알맞은 것은?

> 매슬로의 욕구 단계설에 의하면 인간은 존경(esteem) 욕구가 충족된 이후에는 ( )를 충족시키고 싶어 한다.

① 안전 욕구
② 사회적 욕구
③ 생리적 욕구
④ 자아실현 욕구

해설 매슬로의 욕구 5단계론은 생리적 욕구(Physiological) → 안전 욕구(Safety) → 소속감(Love & Belongingness) → 존경 욕구(Esteem) → 자아실현 욕구(Self-Actualization)의 순으로 낮은 수준의 욕구가 충족되면 상위 수준의 욕구로 이동한다는 일련의 계층을 구성한다는 내용이다.

정답 07 ② 08 ② 09 ④

10 자료의 유형에 대한 설명으로 알맞은 것은?

① 2차 자료는 시간과 비용이 너무 많이 든다는 단점이 있다.
② 1차 자료는 자사와 상관없이 타 목적을 위해 이미 수집되어 있는 자료이다.
③ 2차 자료가 자사가 필요로 하는 정보를 충분히 제공해주지 못할 때 1차 자료를 수집해야 한다.
④ 2차 자료는 자사가 당면한 목적을 달성하기 위해 1차 자료의 수집으로는 부족할 때 직접 수집하는 자료이다.

> **해설** 1차 자료는 당면한 조사목적을 위하여 조사자가 직접 수집한 자료로써 자료의 정확성, 적합성, 시의적절성이 있지만 비용과 시간이 투입되어야 하는 단점이 있다. 2차 자료는 다른 목적을 위해 이미 수집된 자료를 말한다. 2차 자료는 1차 자료보다 비용이 저렴하고 신속하게 수집될 수 있다.

11 산업재와 산업재 구매자 행동의 특성으로 옳지 않은 것은?

① 산업재는 2차적 수요의 특성이 있다.
② 구매결정은 조직의 구매센터에서 이루어진다.
③ 구매자와 판매자는 서로 각자가 생산한 제품을 판매하고 구매해 주는 상호구매가 많다.
④ 구매자는 구매해야 할 제품의 규모가 크고 기술적으로 복잡하여, 광범위한 유통망을 통해 간접구매를 하는 것이 일반적이다.

> **해설** 소비재 구매와 비교하여 산업재 구매에는 보통 더 많은 사람들이 구매에 참여하게 되며 전문적인 구매노력을 기울인다.
> 산업재의 제품 규모가 크고 기술적으로 복잡한 경우 구매는 종종 경험이 많은 구매 중개인에 의하여 이루어지기도 한다. 이는 간접구매의 형태이다.

12 다음 설명에 해당하는 조사방법은?

> 마케팅 관리자들이 어떤 문제나 사안에 대해 보다 정확한 조사와 결론을 내리고 잠정적인 가설을 명확하고 구체적으로 나타내고 싶을 때 사용하는 조사방법이다.

① 기술적 조사방법 ② 결론적 조사방법
③ 실험적 조사방법 ④ 탐색적 조사방법

> **해설** 기술조사(descriptive research)는 조사문제가 비교적 명확할 때 실시된다. 주로 마케팅현상의 특징이나 마케팅변수와 소비자 반응 간의 관련성을 파악하기 위해 실시된다. 탐색조사는 조사문제를 찾거나 분석대상에 대한 아이디어나 가설을 도출하기 위해 사용된다. 인과조사는 마케팅변수들 간의 인과관계에 관한 잠정적 가설이 맞는지를 조사하는 방법이다.

정답 10 ③ 11 ③ 12 ①

13 관계마케팅에 대한 설명으로 옳지 않은 것은?

① 신규고객의 유치를 강조한다.
② 고객과의 신뢰형성을 강조한다.
③ 고객과의 지속적인 거래관계를 유지하고자 한다.
④ 데이터베이스 마케팅을 주요한 수단으로 활용한다.

> **해설** 관계마케팅은 기업이 고객, 공급업자, 유통업자 등의 주요 마케팅 파트너들과 서로 만족할 수 있는 장기적인 관계를 구축하는 것을 목표로 한다. 신규고객보다는 기존고객의 관계유지를 강조하는 마케팅 방법이다. 관계마케팅은 고객관계관리(customer relationship management : CRM)뿐만 아니라 파트너와의 관계관리(partner relationship management : PRM)를 포함하는 개념이다.

14 다음에 해당하는 비확률 표본추출 방법은?

> 마케팅 조사자들이 전체 조사대상자들로 구성된 모집단에서 표본을 추출할 때 사용하는 방법

① 임의 추출법
② 층화 추출법
③ 군집 추출법
④ 판단 표본 추출법

> **해설** 비확률 표본추출 방법은 조사대상이 표본으로 추출될 확률을 모르는 상태에서 표본이 선정되는 방법으로 편의(임의) 표본추출, 판단 표본추출, 할당 표본추출이 있다. 편의(임의) 추출은 조사자의 편의대로 표본을 선정하는 방법이다. 판단 표본추출은 조사목적에 가장 적합할 것으로 판단되는 특정집단을 표본으로 선정하는 방법이다. 확률 표본추출은 연구대상이 표본으로 추출될 확률을 미리 알 수 있는 표본추출방법으로 층화 표본추출, 군집 표본추출, 단순무작위 표본추출이 있다.

15 다음 설명에 해당하는 자료수집 방법은?

> 기업들이 많이 사용하는 자료수집 방법 중 하나로 면접 진행자가 소수의 응답자들을 한 장소에 모이게 한 후, 자연스러운 분위기 속에서 조사목적과 관련된 대화를 유도하고 응답자들이 의견을 표시하는 과정을 통해 자료를 수집한다.

① 서베이
② 표적집단면접법
③ 관찰조사
④ 고객 자문위원회

> **해설** ① 서베이는 설문지를 이용하여 표본으로 선정된 조사대상자들로부터 자료를 수집하는 방법이다.
> ③ 관찰조사는 조사대상을 관찰하여 자료를 수집하는 것으로 조사자가 직접 관찰하거나 기계를 이용하여 자료를 수집한다.

정답 13 ① 14 ④ 15 ②

16 시장세분화의 장점으로 옳지 않은 것은?

① 규모의 경제 효과를 얻을 수 있다.
② 새로운 마케팅 기회를 탐지할 수 있다.
③ 소비자의 다양한 욕구를 만족시킬 수 있다.
④ 세분시장에 근거하여 마케팅 자원을 효율적으로 분배할 수 있다.

해설 시장세분화는 전체시장을 기업이 제공하는 마케팅믹스에 대하여 유사한 반응을 할 것으로 추정되는 동질적 고객집단들로 나누는 과정이다. 규모의 경제 효과는 대량 마케팅에서 활용할 수 있는 마케팅 방법이다.

17 표적시장에서 기업이 선택할 수 있는 전략 중 하나인 무차별적 마케팅전략에 대한 설명으로 옳지 않은 것은?

① 규모의 경제 효과를 얻을 수 있다.
② 단일의 마케팅믹스로 전체 시장에 소구한다.
③ 매출액과 비용을 동시에 증대시키는 경향이 있다.
④ 특정 제품군의 수명주기상 초반기에 주로 사용될 수 있다.

해설 무차별적 마케팅전략을 사용하는 기업은 하나의 상품과 하나의 마케팅프로그램으로 시장을 공략한다. 단순한 생산라인은 제조 및 재고관리, 유통 등의 비용을 절감시키는 효과를 얻을 수 있다. 또한 단일 광고프로그램은 광고비용을 절감시키며 세분시장에 대한 조사와 기획의 필요성이 없기 때문에 마케팅조사비용과 제품관리비용을 절약할 수 있다.

18 다음 사례에서 사용된 세분화 방법은?

> A사는 여성 면도기 시장에서 완벽한 면도를 원하는 소비자, 빠르고 편리한 면도를 원하는 소비자, 피부에 부담을 주고 싶지 않은 소비자, 적당한 가격대와 기본적 성능을 원하는 소비자 등 4개의 세분시장으로 구분하고 이에 맞는 면도기 제품을 출시하였다.

① 소득 세분화
② 편익 세분화
③ 성별 세분화
④ 사이코 그래픽(심리묘사) 세분화

해설 편익 세분화는 소비자들이 제품을 구입할 때 고려하는 주요 편익의 차이에 따라서 소비자들을 몇 개의 차별적 집단으로 나누는 방법이다. 기업은 경쟁상대를 알아내고자 할 때나 새로운 편익을 찾거나 신제품 아이디어를 가지고 새로운 시장기회를 확보하기 위해 편익 세분화를 사용한다. 소득은 곧 구매력을 나타낼 수 있기 때문에 성별, 나이, 사회적 계층과 같이 인구통계학적 변수로 사용된다.

정답 16 ① 17 ③ 18 ②

19 다음 설명에 해당하는 것은?

> 마케팅 관리자가 각 세분시장의 매력도를 평가한 후, 몇 개의 세분시장을 표적으로 선정하고, 각 세분시장별로 서로 다른 시장 제공물을 개발하는 전략이다.

① 대량 마케팅
② 차별적 마케팅
③ 비차별적 마케팅
④ 대량 개별 고객화 마케팅

해설 대량 마케팅은 대량생산, 대량유통, 대량촉진을 통해서 한 종류의 제품을 모든 구매자들에게 판매하는 방식이다. 기업이 선택할 수 있는 마케팅전략은 비차별적 마케팅, 차별적 마케팅, 집중 마케팅의 세 가지가 있다. 비차별적 마케팅은 세분시장 간의 차이를 무시하고 하나의 제품으로 전체 시장을 공략하는 전략이다. 집중 마케팅은 큰 시장에서의 작은 시장점유율을 누리기보다는 하나 또는 소수의 적은 시장에서 높은 시장점유율을 누리기 위한 전략이다.

20 다음 사례에 해당하는 차별화 전략은?

> A 유업은 신선도를 지속적으로 유지시켜 주는 신공정으로 우유를 제조하기 때문에 맛이 매우 신선하다는 것을 강조한다.

① 제품 차별화
② 서비스 차별화
③ 이미지 차별화
④ 유통경로 차별화

해설 차별화 전략은 소비자들에게 경쟁사들이 제공하지 못하는 독특한 가치를 제공함으로써 경쟁우위를 확보하는 전략이다. 보기는 제품 차별화를 통해 브랜드이미지를 구축하거나 경쟁우위를 획득하려는 차별화 전략이다.

21 제품구성의 확장제품에 해당하지 않는 것은?

① A씨는 고장 난 냉장고의 A/S를 받았다.
② B씨는 주문한 55인치 TV를 배송받았다.
③ C전자는 D 모델을 D1 모델로 확장하였다.
④ E전자는 전제품 12개월 무이자 할부를 적용하였다.

해설 제품은 핵심제품, 유형제품, 확장제품으로 구성된다. 확장제품은 유형적 제품속성 이외의 부가적인 서비스 제공물들이 포함된 제품을 말하는데 제품의 설치, 배달, 대금결제방식, 보증, 애프터서비스 등이 포함된다.

정답 19 ② 20 ① 21 ③

22 다음에 해당하는 소비재는?

소비자가 제품구매를 위해 많은 노력을 기울이지 않는 제품으로서 상대적으로 저렴하고 자주 구매되는 소비재

① 선매품 ② 미탐색품
③ 전문품 ④ 편의품

해설 ② 편의품은 필수품, 충동품, 긴급품으로 나누어지며, 폭넓은 유통망과 대량촉진 마케팅전략이 요구된다.
① 선매품은 제품의 질, 디자인, 포장 등과 같은 제품특성을 비교 평가한 다음 구매하는 제품으로 가구나 가전제품 등에 해당한다.
③ 전문품은 제품을 구매하기 위해 특별한 노력을 기울이는 제품으로 스포츠카, 디자이너 의류 등이 해당한다.

23 다음 사례에 해당하는 서비스의 특징은?

A 병원은 환자 및 가족들에게 시각적·체험적 단서들을 제공하고 관리함으로써 병원의 장점과 가치를 구체적으로 제시하는 서비스를 제공한다.

① 무형성 ② 변동성
③ 소멸성 ④ 비분리성

해설 서비스는 유형제품과 비교하여 무형성(비유형성), 비표준화, 소멸성, 생산과 소비의 동시성을 갖는 특성이 있다. 의료서비스를 제공하는 병원은 서비스를 보다 유형적으로 보이게 하여 무형성을 극복할 수 있다. 즉 보기와 같은 내용을 통하여 서비스제공자는 소비자들로 하여금 가치 있는 무언가를 실제로 제공받게 된다는 믿음을 갖게 한다.

24 제품믹스에 대한 설명으로 옳지 않은 것은?

① 제품믹스의 넓이는 회사가 취급하는 제품계열의 수이다.
② 제품믹스는 기업이 제공하는 모든 개별제품들의 집합이다.
③ 제품믹스의 길이는 특정 제품계열 내의 각 제품이 제공하는 품목의 수이다.
④ 제품믹스의 구조는 제품믹스의 넓이, 제품믹스의 길이, 제품믹스의 깊이로 이루어진다.

해설 제품믹스의 길이는 각 제품계열의 제품 수로 정의된다. 보기 ③은 제품믹스의 깊이에 대한 정의로 제품믹스의 깊이는 각 제품 내에서 얼마나 다양한 품목들이 판매되는지를 나타낸다.

정답 22 ④ 23 ① 24 ③

25 다음에 해당하는 제품수명주기 단계는?

- 매출이 정점을 이룬 후, 점차 둔화되기 시작한다.
- 자사제품의 이익은 감소한다.

① 도입기 ② 성장기
③ 성숙기 ④ 쇠퇴기

해설 ③ 성숙기는 제품의 매출성장률이 둔화되기 시작하는 시점으로 가장 높은 매출을 실현하게 된다. 또한 경쟁기업들의 공격적 마케팅으로 자사제품의 이익은 줄어들게 된다.
① 도입기는 신제품 출시 초기 단계로 높은 유통개척비용과 광고비의 지출로 인해 손실을 보거나 이익이 낮은 단계이다.
② 성장기는 판매가 증가하는 단계로 이익이 높아 새로운 경쟁기업들이 보다 향상된 제품으로 진입함에 따라 시장의 규모는 확대된다.
④ 쇠퇴기는 절대적 판매량이 감소하는 단계이다. 판매량과 이익이 감소함에 따라 기업들이 시장에서 철수 또는 제품을 축소한다.

26 브랜드 자산에 대한 설명으로 옳지 않은 것은?

① 높은 브랜드 인지도는 브랜드 자산의 필수조건이자 충분조건이다.
② 브랜드 자산은 고객의 브랜드 인지도와 브랜드 연상으로부터 형성된다.
③ 경쟁상표보다 강력하고 독특한 연상을 가져야 강력한 브랜드 자산이 될 수 있다.
④ 강력한 브랜드 이미지로 얻어진 브랜드 자산은 높은 시장 점유율을 유지하는 데 중요한 역할을 한다.

해설 브랜드 인지도는 브랜드 자산의 필수조건이지만 충분조건은 아니다. 즉 브랜드 자산구축에는 브랜드 인지도가 반드시 필요하지만, 브랜드 인지도가 있다고 해서 반드시 브랜드 자산이 구축되는 것은 아니다.

27 제품을 사용한 과거 경험을 통해 소비자의 마음속에 형성되는 가격은?

① 유보가격 ② 내적 준거가격
③ 외적 준거가격 ④ 최저 수용가격

해설 ② 내적 준거가격은 소비자 마음속에 지니고 있는 가격으로써 어떤 특정 가격일 수도 있고 특정 가격의 범위일 수도 있다.
① 유보가격은 수용가능 가격범위 내에서 소비자가 지불하고자 하는 최고가격을 말한다.
③ 외적 준거가격은 제조업체나 유통업체가 판촉의 일환으로 다양한 수단을 통해 제시하는 비교 가격들을 말한다.
④ 최저 수용가격은 그 이하의 가격으로 판매되면 품질이 의심스러운 것으로 판단하는 가격이다.

정답 25 ③ 26 ① 27 ②

28 다음 사례에서 사과의 가격탄력성은?

> 사과 한 개의 가격이 500원일 때는 100개가 팔렸는데 한 개의 가격을 600원으로 인상했을 때는 50개가 팔렸다.

① 1.5
② 2.0
③ 2.5
④ 3.0

해설 가격탄력성 공식은 수요량 변화율/가격 변화율로 $E_d = \dfrac{(Q_a - Q_b)/Q_a}{(P_a - P_b)/P_a}$

수요량의 변화율((100-50)/100)/가격의 변화율((500-600)/500)이므로 0.5/0.2 = 2.5

29 다음 설명에 해당하는 것은?

> 심리적 가격전략의 하나로 화폐단위 이하로 제품가격을 책정하여 실제보다 가격이 저렴한 것으로 지각되게 한다.

① 묶음가격
② 단수가격
③ 준거가격
④ 시장침투가격

해설 단수가격의 예는 제품 가격에서 크게 차이가 나지 않지만 소비자들이 199,000원이 200,000원보다 싸다고 느끼게 하는 것이다. 준거가격은 소비자들이 어떤 제품을 구입하고자 할 때 자신이 적정하다고 생각하는 가격수준을 의미한다.

30 사전에 결정된 목표이익을 총비용에 가산함으로써 가격을 결정하는 방법은?

① 원가가산식 가격결정
② 가산이익률식 가격결정
③ 목표투자이익률식 가격결정
④ 손익분기점 분석식 가격결정

해설
② 가산이익률식 가격결정은 제품 한 단위당 생산원가나 구매원가를 계산한 후 판매원가의 충당과 적정이익 확보가 가능한 수준의 가산이익률을 결정하여 가격을 책정하는 방법이다.
③ 목표투자이익률식 가격결정은 기업이 목표로 하는 투자이익률(ROI)을 달성할 수 있도록 가격을 정하는 방법이다.
④ 손익분기점 분석식 가격결정은 손익분기점 이상에서 가격을 책정하는 방법이다.

정답 28 ③ 29 ② 30 ①

31 다음 사례에 해당하는 가격결정전략은?

> A 전자는 스마트폰을 처음 출시했을 때, 599달러에 판매하였다. 6개월 후 신규 구매자를 끌어들이기 위해 기존 제품을 499달러로 판매하였다. 이후 1년 이내에, 다시 299달러로 낮추어 판매하였다.

① 침투가격전략
② 제품라인가격전략
③ 초기고가전략
④ 프리미엄가격전략

해설 초기고가전략은 신제품을 시장에 내놓을 때 신제품이 지니고 있는 편익을 수용하고자 하는 조기수용자층을 상대로 가격을 높게 설정하는 정책이다.
초기고가전략은 특허에 의해 제품이 보호되거나 경쟁자의 진입이 용이하지 않을 경우, 대체품에 비하여 신제품이 지니고 있는 가치가 현저히 높을 경우 적절한 전략이다.

32 〈보기〉에 제시된 신제품의 가격책정 방법에서 초기고가전략을 사용하기에 알맞은 상황만을 있는 대로 고른 것은?

> **보기**
> ㄱ. 특허에 의해 신제품의 독점판매권이 보호될 때
> ㄴ. 대체품에 비하여 신제품의 기술적 우수성이 탁월할 때
> ㄷ. 신제품의 확산속도가 매우 느릴 것으로 예상될 때
> ㄹ. 표적시장의 규모가 작아 규모의 경제 실현이 어려울 때

① ㄱ, ㄴ
② ㄱ, ㄴ, ㄷ
③ ㄱ, ㄷ, ㄹ
④ ㄱ, ㄴ, ㄷ, ㄹ

해설 초기고가전략(Skimming pricing)은 신제품을 시장에 내놓을 때 신제품이 지니고 있는 편익을 수용하고자 하는 조기수용자층을 상대로 가격을 높게 설정하는 가격전략이다. 이는 보기의 내용뿐만 아니라 가격탄력성이 비탄력적인 경우, 경쟁자 진입이 어려운 경우, 높은 가격에도 잠재 수요가 있는 경우, 기업의 생산 대비 마케팅능력이 작은 경우 기업에서 사용할 수 있는 전략이다.

33 묶음가격에 대한 설명으로 옳지 않은 것은?

① 묶음가격에는 순수묶음가격과 혼합묶음가격이 있다.
② 기업은 묶음가격을 통해 매출과 이익을 증대시킬 수 있다.
③ 묶음가격은 개별상품에 대해 소비자가 평가하는 가치가 동질적일 때 더 효과적이다.
④ 다른 종류의 상품을 몇 개씩 묶어 하나로 상품화하고 여기에 부여한 가격을 말한다.

정답 31 ③ 32 ④ 33 ③

해설 묶음가격(Bundling Price)은 기본적인 제품과 선택사양, 서비스 등을 묶어서 하나의 가격으로 제시하는 것을 의미한다. 순수묶음가격은 개별 구매가 불가능하고 패키지로만 구입할 수 있는 가격전략이다. 혼합묶음가격은 하나 혹은 그 이상의 제품이나 서비스를 개별적으로 그리고 패키지로도 구입할 수 있도록 가격을 책정하는 방법이다. 묶음가격은 개별상품에 대해 소비자가 평가하는 가치가 다른 보완재인 경우 효과적이다.

34 촉진전략에 대한 설명으로 옳지 않은 것은?
① 상품에 따라 촉진믹스의 성격이 달라진다.
② 마케팅커뮤니케이션은 기업커뮤니케이션과 연계되어 있다.
③ 판매촉진은 장기적으로 브랜드 선호를 구축하는 데 적합하다.
④ 광고란 광고주에 의한 아이디어, 상품 및 서비스를 비인적 방식에 의해 제시하는 것이다.

해설 판매촉진은 단기적인 매출이나 이익을 목표로 하는 경우가 많다. 그 효과가 오래 가지 않으며 장기간에 걸친 브랜드선호도를 구축하는 데는 적합하지 않은 촉진방법이다.

35 다음에 해당하는 용어는?

> 정보전달에서 커뮤니케이션의 명확성과 정확도를 감소시키는 모든 것을 의미한다.

① 잡음　　　　　　　　② 부호화
③ 반응　　　　　　　　④ 해독화

해설 ② 부호화는 전달하고자 하는 생각을 문자, 그림, 말 등으로 상징화하는 과정이다.
③ 반응은 메시지에 노출된 후 일어나는 수신인의 행동이다.
④ 해독화는 발신인이 부호화하여 전달한 의미를 수신인이 해석하는 과정이다.

36 촉진믹스 중 조직과 공중과의 호의적인 관계를 형성하고 유지하기 위해 널리 이용되는 커뮤니케이션 활동은?
① PR　　　　　　　　② 인적판매
③ 광고　　　　　　　　④ 판매촉진

해설 ② 인적판매는 제품이나 서비스의 판매를 목적으로 기존 또는 잠재고객에 대한 판매 프레젠테이션 또는 대화 등의 개인적 커뮤니케이션을 말한다.
③ 광고는 제품과 서비스를 판매하거나 전달하기 위해 비용을 지불하고 진행되는 비대면적인 커뮤니케이션이다.
④ 판매촉진은 제품이나 서비스의 구매를 촉진하기 위한 단기적인 동기부여 수단(POP, 할인, 쿠폰, 제품시연 등)의 일체를 말한다.

정답　34 ③　35 ①　36 ①

37 광고예산 결정에 영향을 미치는 요인이 아닌 것은?

① 광고빈도
② 시장점유율
③ 생애주기
④ 제품의 차별성

> **해설** 광고예산 결정에 있어 제품수명주기상의 단계(신제품은 상대적으로 많은 광고예산 소요, 성숙기 제품은 매출액에 비해 낮은 비율의 광고예산 소요), 시장점유율(시장점유율이 높은 경우 비교적 낮은 비율의 광고예산 소요), 경쟁(경쟁이 치열한 경우 광고예산 높음), 광고빈도(광고의 잦은 반복은 많은 광고예산 소요), 제품의 차별성(제품차이가 크게 지각되지 않는 제품의 경우 소비자들이 경쟁자와 차별적으로 자사제품을 인식할 수 있도록 많은 광고예산 소요) 등이 영향을 미친다.

38 인적판매에 대한 설명으로 옳지 않은 것은?

① 인적판매는 풀(pull) 전략이다.
② 인적판매는 잠재고객의 구매를 실현하는 데 효과적인 방법이다.
③ 능력 있는 판매원의 선발은 판매성과에 직접적인 영향을 미친다.
④ 판매원의 판매과정은 준비단계, 설득단계, 고객관리단계의 3단계로 구성된다.

> **해설** 풀(pull) 전략은 생산자가 광고 등과 같은 마케팅 활동을 최종소비자에게 직접적으로 수행하는 전략으로 소비자들이 제품을 구매하도록 유도하기 위한 활동이다. 이에 반해 푸시(push) 전략은 인적판매나 중간상 판촉과 같은 활동을 수행하는데, 이는 유통경로 구성원들이 자사제품을 취급하도록 하고 제품을 최종 소비자에게 촉진하게끔 하기 위한 활동이다.

39 유통경로 선택대안에 대한 설명으로 알맞은 것은?

① 명품과 같은 전문품은 집약적 유통을 선택하는 것이 좋다.
② 가전제품과 같은 선매품은 전속적 유통을 선택하는 것이 좋다.
③ 유통경로에 대한 제조업자의 통제력이 가장 강력한 것은 전속적 유통이다.
④ 기업이 자사의 제품을 가능한 한 많은 점포에서 취급하도록 하기 위해서는 선택적 유통을 선택하는 것이 좋다.

> **해설** 전속적 유통은 한 지역에 하나의 점포에게 판매권을 부여하는 것으로 제조업자의 통제력이 매우 높은 특징이 있다. 상품 구매를 위해 적극적인 정보탐색을 하는 전문품(자동차, 고급패션의류)에 적절한 전략이다. 집약적 유통은 가능한 많은 점포들로 하여금 자사제품을 취급하도록 하는 유통으로 주로 편의품에 해당된다. 선택적 유통은 집약적 유통과 전속적 유통의 중간에 해당하는 전략으로 가전제품과 같은 선매품을 한 지역에 제한된 수의 점포들에게 판매권을 주는 유통경로이다.

정답 37 ③ 38 ① 39 ③

40 다음 설명에 해당하는 형태의 상점은?

> 점포형 소매상으로서 취급되는 상품의 수는 한정되어 있으나, 각 계열 내에서 매우 다양한 상품구색을 갖추고 있는 형태의 상점을 의미한다.

① 백화점 ② 전문점
③ 편의점 ④ 드러그스토어

해설 ② 전문점의 경쟁적 우위는 전문적 상품구색과 높은 서비스 제공에 있다. 주로 가전, 오디오, 의류, 운동용품, 가구, 서적 등의 제품계열에서 볼 수 있다.
① 백화점은 의류, 신변잡화류 등의 상품을 소비자들이 일괄 구매할 수 있도록 운영하는 대규모 소매점포를 의미한다.
④ 드러그스토어는 약품, 식품, 생활용품 등을 취급하는 일종의 잡화점을 말한다.

정답 40 ②

2022 조직행동론 기출문제

01 조직행동에 관한 설명으로 옳은 것은?
① 자금조달과 투자 간의 관계를 파악한다.
② 수익성에 영향을 미치는 제품을 선택한다.
③ 직원교육과 업무성과 간의 관계를 파악한다.
④ 자원을 재화나 서비스로 변환하는 과정이다.

해설 조직행동은 조직 안에서 행하는 인간의 행동을 말한다. 조직행동론에서 연구대상으로 삼는 인간의 행동은 조직 내에서의 직무와 관련된 행동이다. 따라서 ③ 직원교육과 업무성과 간의 관계를 파악하는 것이 조직행동론에서의 조직행동이다.

02 다음 설명에 해당하는 조직행동 이론은?

> 좋은 인재는 희귀하고 모방하기 어렵기 때문에 기업에 장기적인 이윤을 가져다줄 수 있다.

① 행동과학
② 인간관계론
③ 경영전략론
④ 자원기반이론

해설 제시된 내용은 자원기반이론(resource based theory) 또는 자원의존이론(resource dependence theory)에 대한 설명이다.
자원기반이론은 1960년대 상황적합이론(contingency theory) 이후에 등장한 것으로, 조직이 활용 가능한 핵심자원에 초점을 두는 이론이다. 즉 해당 사업 분야에서 경쟁우위를 점하기 위해 어떤 경영자원(물적 자원, 인적 자원 등)을 활용할 것인가 또는 기존의 자원을 어떻게 활용하는 것이 가장 효과적인 방법인가를 찾아내려는 것이다.

03 조직행동론에서 다루는 분석 수준이 아닌 것은?
① 개인
② 가족
③ 집단
④ 조직시스템

해설 조직행동의 분석은 개인차원, 집단차원 및 조직차원 등 세 가지 수준에서 이루어진다.
개인차원에서는 성격, 지각, 학습, 태도 및 동기부여 등을 분석하고, 집단차원에서는 커뮤니케이션, 의사결정, 조직정치와 갈등 및 리더십 등을 분석한다. 그리고 조직차원에서는 조직문화, 조직변화 및 조직개발 등을 분석한다.

정답 01 ③ 02 ④ 03 ②

04 다음 설명에 해당하는 것은?

- 개인이나 집단에 가해지는 괴롭힘이나 학대이다.
- 창피 주기, 따돌림, 조직적 학대가 이에 속한다.
- 특정인 또는 집단을 무기력하게 만들기 위한 행동이다.

① 생산방해 ② 기물파손
③ 인신공격 ④ 정치적 방해

해설 특정인 또는 집단을 무기력하게 만들기 위해 가해지는 창피 주기, 따돌림, 조직적 학대 등은 인신공격이다.

05 다음 사례에 해당하는 몰입 유형은?

- 나의 상사는 나를 교육하고 이끌기 위하여 많은 시간을 투자하였다.
- 회사는 나에게 사회초년생으로서 일할 기회를 제공하였다.
- 사장은 내가 어려움에 처했을 때 여러 번 도와주었다.

① 규범적 몰입 ② 정서적 몰입
③ 지속적 몰입 ④ 산술적 몰입

해설 제시된 내용은 상사와 사장에의 정서적 몰입에 대한 사례이다. 정서적 몰입(affective commitment) 또는 감정적 몰입은 개별구성원이 조직에 대해 감정적으로 애착을 가지고 조직과 일체감을 느끼는 것을 말한다.
조직몰입(organizational commitment)은 한 조직에 대한 개인의 동일시와 몰입의 상대적인 정도를 의미하는 것으로 종업원들의 호의적인 태도를 의미한다. 메이어(J. Meyer)와 알렌(N. Allen)은 조직몰입을 정서적(감정적) 몰입, 유지적(지속적) 몰입, 규범적 몰입으로 구분하고 있다.

06 조직시민행동에 해당하는 것은?

① 의견제시 ② 조직몰입
③ 직무만족 ④ 사보타지

해설 조직시민행동(OCB : Organizational Citizenship Behavior)은 조직의 규정에 명시된 직무행동이 아니고 공식적인 보상이 주어지지 않을 수도 있지만, 조직을 위해 구성원이 자발적으로 하는 행동을 말한다.
② 조직몰입은 조직시민행동의 한 유형으로 파악된다.

정답 04 ③ 05 ② 06 ②

07 다음 설명에 해당하는 개념은?

- 직원이 조직 및 목표와 자신을 동일시하고, 그 조직의 구성원으로 남아 있기를 바라는 태도를 말한다.
- 직원이 조직적 책임감을 가지게 한다.

① 조직몰입 ② 조직지원인식
③ 직무만족 ④ 조직시민행동

해설 직원이 조직 및 목표와 자신을 동일시하고, 그 조직의 구성원으로 남아 있기를 바라는 태도는 조직몰입이다.
조직몰입(organizational commitment)은 개인과 조직의 관계를 나타내는 개념으로 조직에 대한 개인의 충성심이나 애사심을 나타내기도 하며, 주로 조직에 대한 개인의 일체감, 집착, 관여, 동일시, 소속감 등의 정도를 의미한다.

08 ( ) 안에 공통으로 들어갈 말로 알맞은 것은?

- ( )은/는 사람들이 의식 또는 잠재의식 속에서 추구하거나 얻고자 희망하는 것을 의미한다.
- ( )은/는 직무만족을 설명하는 데에 매우 중요한 역할을 한다.

① 욕구 ② 가치
③ 필요 ④ 중요성

해설 제시된 내용은 가치에 대한 설명이다. 직무만족(job satisfaction)은 한 개인이 담당하는 직무가 자신의 가치관이나 신념, 욕구 등의 수준과 일치함으로써 갖게 되는 직무 자체에 대한 감정적이고 정서적인 만족상태이므로 가치에 의해 영향을 받는다.
가치(value)는 어떤 형태의 행동이나 존재양식이 다른 형태의 행동이나 존재양식보다 더 좋을 것이라는 기본적인 믿음이나 신념을 나타낸다.

09 다음 설명에 해당하는 개념은?

조직이 구성원 개인의 사적인 어려움이나 직무수행 관련 문제를 해결하기 위해 노력할 때 구성원이 느끼는 것이다.

① 직무만족 ② 조직시민행동
③ 조직지원인식 ④ 심리적 임파워먼트

해설 조직 구성원이 직무수행 관련 문제를 해결하기 위해 노력하다보면 스스로 자신의 능력이 향상되

정답 07 ① 08 ② 09 ④

고 문제를 해결할 수 있다는 자신감을 느끼게 되는데 이를 심리적 임파워먼트라고 한다.
동기부여로서 임파워먼트는 개인이 자신의 일을 유능하게 수행할 수 있다는 느낌을 갖도록 하는 활동과 그 결과 그렇게 되는 것을 가리키는 개념이다.

10 ( ) 안에 들어갈 말로 알맞은 것은?

( )은/는 직무에 불만족하는 직원이 능동적이고 건설적인 방식으로 문제를 개선하고자 하는 반응이다.

① 발언
② 방치
③ 충성
④ 퇴장

해설 직무에 불만족하는 직원이 능동적(적극적)이고 건설적인 방식으로 문제를 개선하고자 하는 반응은 발언(건의, voice)이다.
직무에 불만족하는 직원이 적극적이고 파괴적으로 문제를 해결하려는 반응은 이직(퇴장, exit), 소극적이고 파괴적인 방식으로 해결하려는 반응은 방치(무시, neglect), 소극적이고 건설적인 방식으로 해결하려는 반응은 충성(순종, royalty)이다.

11 다음 설명에 해당하는 것은?

• 일을 지시하는 과정에서 방법이나 요령이 분명하지 않을 때 종종 발생한다.
• 완성된 결과 상태가 어떤 상태인지 잘 모를 때 발생한다.
• 신입직원이 자주 경험한다.

① 역할갈등
② 역할과부하
③ 역할모호성
④ 업무복잡성

해설 제시된 내용은 역할모호성(role ambiguity)에 대한 설명이다. 권한이나 책임과 같은 역할에 대해 기대되는 행동이 불명확하거나 모호할 때 역할담당자는 역할모호성을 느끼게 된다.
기대되는 역할이 모호할 경우 역할담당자는 어떤 특정한 상황에서 어떻게 행동해야 할 것인가를 제대로 인식하기 어렵다.

12 직원의 직무만족에 따른 결과에 해당하지 않는 것은?

① 고객만족
② 조직시민행동
③ 인지부조화
④ 직무성과 향상

해설 직원이 직무에 만족하면 이직률·결근율 등이 감소하므로 직무성과가 향상되고, 이는 고객만족으로 이어진다. 또한 직무만족은 조직시민행동(OCB)을 부추기고 결과적으로 조직성과를 높이게 된다.

정답 10 ① 11 ③ 12 ③

13 스트레스에 대한 설명으로 적절하지 않은 것은?

① 모든 스트레스는 직무성과에 부정적인 영향을 미친다.
② 시간관리기법은 스트레스를 줄이는 데에 도움이 된다.
③ 동일한 상황에서도 스트레스를 받는 정도는 개인에 따라 다르다.
④ 직원에게 참여 기회를 부여하면 통제감을 높여 스트레스를 줄이는 데에 도움이 된다.

> **해설** ① 스트레스는 부정적 측면만 있는 것은 아니고 긍정적 측면, 즉 순기능을 가지고 있는데 이를 좋은 스트레스(eustress), 즉 유스트레스라고 한다.
> 좋은 스트레스는 마음의 기쁨 또는 즐거움으로 인해 받는 긍정적인 유익 스트레스로서 이러한 스트레스는 건강에도 좋다. 이 경우에는 열심과 감사, 평안, 즐거움, 사랑을 유발시킨다. 또한 좋은 스트레스는 인간의 창조적 행동과 문제해결을 가능하게 해준다는 점에서도 매우 긍정적이다.

14 직장에서 대인 간 상호작용을 할 때, 실제 느끼는 감정과 다르게 조직에서 요구하는 감정으로 표현하도록 하는 개념은?

① 감정노동   ② 감정조절
③ 감정지능   ④ 감정소진

> **해설** ① 직장에서 대인 간 상호작용을 할 때, 실제 느끼는 감정과 다르게 조직에서 요구하는 감정으로 표현하도록 하는 것을 감정노동(emotional labor)이라고 한다. 고객이나 상사와의 인간관계에서 조직이나 상급자가 원하는 감정을 어쩔 수 없이 표현해야 하는 경우를 말한다.

15 ( ) 안에 들어갈 말로 알맞은 것은?

> 보상이 실제 자신이 수행한 성과에 상응한다고 생각할 경우, 수행성과는 지급받은 보상에 대해 ( )을/를 지닌다.

① 기대   ② 수단성
③ 매력도   ④ 자기효능감

> **해설** 브룸(V. Vroom)의 동기부여의 기대이론에서 자신이 수행한 성과에 대한 조직의 보상이 개인목표나 욕구를 충족시키는 정도와 잠재적 매력도는 매력도 또는 유의성(valence)이다.
> 브룸(V. Vroom)의 기대이론은 개인의 특정행동에 대한 동기부여의 정도는, 특정행위가 가져다 줄 성과의 가능성(expectancy, 기대)과 그 성과가 보상을 가져다 줄 것이라는 주관적인 확률값(instrumentality, 수단성), 그리고 행위가 가져다주는 결과의 매력 정도(valence, 유의성)의 곱에 따라 결정된다고 보았다.

정답 13 ① 14 ① 15 ③

16 심리적 임파워먼트 수준을 결정하는 요소에 포함되지 않는 것은?

① 추진력
② 유의미성
③ 목표몰입
④ 자기결정권

해설 임파워먼트의 4가지 구성요인은 의미성(meaning), 역량감(competence), 자기결정성(self-determination), 영향성(impact) 등이다.
동기부여로서 임파워먼트(empowerment)는 개인이 자신의 일을 유능하게 수행할 수 있다는 느낌을 갖도록 하는 활동과 그 결과 그렇게 되는 것을 가리키는 것으로, 개인이 일을 하는 과정에서 지속적으로 주도권을 행사하는 것을 중시하는 개념이다.

17 자기결정이론에 대한 설명으로 옳은 것은?

① 사람은 태생적으로 일을 하기 싫어하는 존재이다.
② 불만족 요인이 없다는 것이 만족을 의미하는 것은 아니다.
③ 사람은 자신의 행동을 스스로 통제할 수 있을 때 만족을 느낀다.
④ 사람은 하위 단계의 욕구가 충족된 이후에야 상위 단계의 욕구를 추구한다.

해설 자기결정이론(self determination theory)은 사람들은 자기행동에 대해서 자기 스스로 통제할 수 있기를 희망한다는 이론이다. 즉, 자기 일은 자기가 결정하려 한다는 이론이다.
이에 따르면 자신이 스스로 결정한 일이 아니라 외재적 보상 때문에 의무감에서 행동하는 것이라면 만족감과 사기가 줄어든다는 것이다.

18 〈보기〉에서 허즈버그(Herzberg)의 2요인 이론 중 동기부여 요인을 고른 것은?

보기	
ㄱ. 직무환경	ㄴ. 개인성장기회
ㄷ. 성취	ㄹ. 급여조건

① ㄱ, ㄴ
② ㄱ, ㄹ
③ ㄴ, ㄷ
④ ㄷ, ㄹ

해설 허즈버그(Herzberg)의 2요인 이론에서 동기요인(motivators), 즉 만족요인은 성취감, 인정감, 도전감, 책임감, 성장과 발전, 일 그 자체 등을 의미한다.
한편 위생요인(hygiene factors), 즉 직무불만족 요인은 회사의 정책과 관리·감독, 작업조건, 개인 상호 간의 관계, 임금·보수·지위·안전 등이다.

정답 16 ③ 17 ③ 18 ③

19 능력(ability), 자상함(benevolence), 진실성(integrity)에 근거하여 형성되는 신뢰는?
① 신뢰성향
② 기질기반 신뢰
③ 정서기반 신뢰
④ 인지기반 신뢰

> **해설** 능력(ability), 자상함(benevolence), 진실성(integrity)에 근거하여 형성되는 신뢰는 정서기반 (affective) 신뢰이다. 정서기반 신뢰는 공감, 친밀관계, 자아개방을 포함하는 개념으로 오랜 친분으로 저절로 마음에서 우러나오는 신뢰이다.

20 공정성에 대한 설명으로 옳지 않은 것은?
① 발언권 부여와 수정 가능성은 절차공정성을 높인다.
② 일관성, 편향 억제, 대표성 그리고 정확성은 대인공정성을 높인다.
③ 회사가 의사결정 내용을 알기 쉽게 적절한 방식으로 설명하는 것은 정보공정성을 높인다.
④ 분배공정성은 대부분 업무상황에서 기여도가 높은 사람이 더 많은 보상을 받는 것을 의미한다.

> **해설** ② 대인공정성은 자원분배가 아닌 인간관계에서 상사와 부하 간에 또는 회사와 사원 간에 공정한 관계를 가졌는지 여부에 대한 지각을 말하는 것으로 일관성이나 편향 억제 등과는 관계가 없다.

21 의사결정 시 이전 의사결정이 잘못된 것인 줄 알지만 이를 지속하려는 성향은?
① 몰입상승
② 학습지향성
③ 귀인오류
④ 휴리스틱스

> **해설** 몰입상승(escalating commitment) 또는 몰입의 심화는 어떤 판단이나 의사결정이 잘못된 것임을 알게 된 후에도 이를 취소하지 못하고 계속해서 추진해 나가는 현상을 말한다.

22 직원들이 리더 등에게 인정 및 존중을 받고 있는지를 나타내는 개념은?
① 역할기대
② 상동적 태도
③ 권한위임
④ 상호작용 공정성

> **해설** 권한위임(power deligation) 또는 권한위양은 구성원들에게 조직을 위해 많은 공헌을 할 수 있는 능력이 있음을 확신시키는 결과를 가져온다.

정답 19 ③ 20 ② 21 ① 22 ③

23 학습조직의 특징으로 옳지 않은 것은?

① 모든 구성원이 동의할 수 있는 공유된 비전이 있다.
② 조직은 구성원과 상호관계를 맺으며 환경과도 상호작용한다.
③ 구성원은 조직의 미래 계획을 달성하기 위하여 서로 협력한다.
④ 잘못된 결과를 가져온 행동에 대해서는 그에 상응하는 처벌을 가한다.

> **해설** ④ 잘못된 결과를 가져온 행동이나 실패한 경험도 이를 재검토하고 평가하여 구성원들이 공개적으로 이용할 수 있는 여건을 마련하여야 학습조직이 구축될 수 있다.
> 피터 센지(Peter Senge)가 주장한 학습조직(learning organization)은 정보와 지식을 창조하고, 습득하고 전달하는 데 익숙하여 이 새로운 지식과 통찰을 바탕으로 조직의 전반적인 행동을 변화시키는 데 능숙한 조직이다.
> 센지는 학습조직모형을 구성하는 핵심적 요인들을 ㉠ 시스템적 사고, ㉡ 개인적 숙련, ㉢ 사고모형, ㉣ 비전의 공유, ㉤ 팀 학습 등 5가지로 제시하고 있다.

24 제한된 합리성의 특징에 대한 설명으로 옳지 않은 것은?

① 보다 현실적인 의사결정 접근법이다.
② 제약조건 하에서 수용 가능한 대안에 만족한다.
③ 복잡한 문제를 쉽게 접근할 수 있도록 단순화한다.
④ 모든 정보와 대안을 검토하여 가장 효과적인 대안을 선택한다.

> **해설** ④ 모든 정보와 대안을 검토하여 가장 효과적인 대안을 선택하는 것은 완전한 합리성의 특징이다.
> 사이먼(H. Simon)의 관리인모형에서 의사결정자는 모든 대체안을 모색할 수 없고, 대체안의 결과에 대한 불완전한 지식, 평가의 불완전성과 평가체계의 변이성 등의 특징을 들고 있다. 이러한 제한된 합리성(bounded rationality)으로 인해 의사결정자는 이상적인 최적(optimal)의 의사결정보다는 오히려 만족스러운(satisfying) 의사결정을 추구하게 된다.

25 의사결정의 오류를 방지하기 위한 방법으로 옳지 않은 것은?

① 분명한 목표를 정한다.
② 상황의 긍정적인 측면에 집중한다.
③ 가능한 많은 새로운 대안을 개발한다.
④ 기존 신념과 상반되는 정보를 탐색한다.

> **해설** ② 상황의 긍정적인 측면에만 집중하면 의사결정의 오류가 나타날 수 있다. 부정적인 측면을 함께 고려해야 의사결정의 오류에 빠지지 않을 수 있다.
> 의사결정의 오류에는 몰입의 상승 오류, 확신의 오류, 접근성의 오류, 과대평가의 오류 및 경험의 오류 등이 있다.

정답 23 ④ 24 ④ 25 ②

26 빅파이브 성격 모델 중 새로운 지식을 학습하고 변화하는 상황에 잘 적응하는 성격 유형은?

① 성실성　　　　　　　　② 개방성
③ 외향성　　　　　　　　④ 친화성

> **해설** 빅파이브(big five) 성격 모델 중 새로운 지식을 학습하고 변화하는 상황에 잘 적응하는 성격 유형은 개방성(openness) 또는 경험에 대한 개방성이다. 개방성은 창의적, 변화수용, 혁신, 창조, 예술, 관대함, 상상력이 강한 성향 등을 특징으로 한다.
> 빅파이브 성격 모델에는 외향성(extraversion), 친화성·포용성(agreeableness), 성실성·신중성(conscientiousness), 감정적 안정성(emotional stability) 또는 신경증(neuroticism), 개방성(openness) 등의 성격이 있다.

27 다음 설명에 해당하는 개념은?

> 홉스테드(Hofstede)가 제시한 문화의 특성으로, 계급이나 등급에 따른 불평등을 용인하는 정도를 나타낸다.

① 장기성향　　　　　　　② 개인주의
③ 권력격차　　　　　　　④ 불확실성 회피

> **해설** 홉스테드(Hofstede)가 제시한 문화의 특성으로, 계급이나 등급에 따른 불평등을 용인하는 정도를 나타내는 것은 권력격차(power distance)이다.
> 권력격차는 사회에 존재하는 힘의 불균형에 대해서 구성원이 받아들이는 정도를 말하는 것으로 권한의 분산·집중의 정도, 권한의 불평등 정도를 의미한다.

28 브레인스토밍 규칙에 해당하는 것은?

① 내용이 이상한 것은 발표하지 않는다.
② 다른 사람이 발표한 것을 활용하면 안 된다.
③ 다른 사람의 아이디어를 즉각적으로 평가한다.
④ 아이디어의 질보다는 가능한 한 많은 아이디어를 도출하는 데 초점을 둔다.

> **해설** 브레인스토밍(brainstorming)은 자유로운 분위기 속에서 창의적인 아이디어를 최대한 많이 도출하려는 것으로 아이디어의 질보다 양을 중시한다. 브레인스토밍에서는 다른 사람의 아이디어를 활용하고, 생각나는 모든 아이디어를 발표하며, 다른 사람의 아이디어를 비판하거나 평가하지 않는 규칙이 있다.

정답 26 ② 27 ③ 28 ④

29 다음 설명에 해당하는 개념은?

> 직원과 고용주 상호 간에 존재하는 조직 내 역할에 대한 암묵적 기대를 의미한다.

① 규범
② 심리적 계약
③ 역할갈등
④ 내집단 편애

해설 직원과 고용주 상호 간에 존재하는 조직 내 역할에 대한 암묵적 기대를 심리적 계약(psychological contract)이라고 한다.
그런데 이러한 기대가 어긋나면 직원들의 조직절도 행위와 이직률이 높아지고 생산성이 하락하게 된다.

30 조직 내에서 업무의 조직구조에 의해 정의되며 조직목표를 지향하는 집단의 유형은?

① 내집단
② 공식 집단
③ 외집단
④ 비공식 집단

해설 조직 내에서 업무의 조직구조에 의해 정의되며 조직목표를 지향하는 집단은 공식 집단(formal group)이다.
반면 비공식 집단(informal group)은 조직에 의해서 의도적으로 형성된 것이 아니라, 구성원들의 공동관심사나 정적 유대에 의해 자연발생적으로 형성된 집단이다. 비공식적 집단은 조직도상에는 존재하지 않으나 감정적 지원 추구, 타인과의 결속 추구, 사회정체성 유지 등을 목적으로 자발적으로 형성되는 그룹을 말한다.

31 리더십 대체요인에 해당하는 것은?

① 공식화
② 공간적 거리
③ 직무안정성
④ 집단 응집성

해설 리더십 대체요인은 리더의 행동을 불필요하게 만드는 상황요인을 말한다. 리더십 대체요인(substitute for leadership)으로는 공식방침과 규율, 집단규범과 응집성, 팀워크, 일상적 과업 및 부하의 성숙도 등을 들 수 있다.

32 다음 설명에 해당하는 팀 유형은?

> 팀 구성원을 선발하고 문제해결 방안을 제안·실행하며 그 결과에 대한 책임을 진다.

① 가상팀
② 기능횡단팀
③ 멀티팀
④ 자기관리팀

정답 29 ② 30 ② 31 ④ 32 ④

> **해설** 제시된 팀 유형은 자기관리(self-managing team)이다. 자기관리팀은 스스로의 업무를 일일 베이스로 관리하며, 팀 목표의 설정, 목표달성방법, 팀원 충원 등에서 완전한 자율권을 가지는 작업팀이다.

33 리더와 리더십에 대한 설명으로 옳은 것은?

① 동일한 리더십 스타일이라도 상황에 따라 효과성이 달라진다.
② 팀장의 리더십은 팀의 모든 구성원에게 동일한 영향을 미친다.
③ 위대한 리더는 타고나는 것이며, 후천적인 노력으로 만들어지기 어렵다.
④ 직무와 조직 시스템이 체계적으로 구축되어 있으면 리더십 효과가 대체된다.

> **해설** ① 동일한 리더십 스타일이라도 상황에 따라 효과성이 달라진다는 것은 1960년대 이후 등장한 리더십 상황적합이론(contingency)의 주장이다.

34 특정 개인에 대한 사랑, 존경, 충성심으로부터 나오는 권력 유형은?

① 준거적 권력　　　　　　　　② 보상적 권력
③ 합법적 권력　　　　　　　　④ 전문적 권력

> **해설** 특정 개인에 대한 사랑, 존경, 충성심으로부터 나오는 권력 유형은 준거적 권력이다. 준거적 권력(referent power)은 어떤 개인이 바람직한 특질을 지니고 있어 다른 사람들이 그 사람과 동일시하고 모방하려고 할 때 발생한다. 부하들이 리더를 존경하고 따르는 정도가 클수록 권력이 커진다.

35 다음 설명에 해당하는 조직설계 원리는?

> 조직 내 직무가 표준화되어 있는 정도를 의미하며, 일관된 산출물을 만들어 내는 데에 필요한 규칙·절차와 관련된다.

① 집권화　　　　　　　　　　② 부서화
③ 공식화　　　　　　　　　　④ 통제범위

> **해설** 제시된 내용은 조직설계의 기본변수 중 공식화(formalization)에 대한 설명이다. 공식화는 조직 내의 업무가 표준화되어 있는 정도를 나타낸다. 즉, 조직의 정책, 규칙 및 절차가 명문화된 형태로 존재하는 정도를 말한다.

정답 33 ①　34 ①　35 ③

36 〈보기〉에서 조직구조의 유기적인 모델에 대한 옳은 설명을 고른 것은?

> **보기**
> ㄱ. 자유로운 정보의 흐름을 갖는다.
> ㄴ. 직무가 전문화되어 있다.
> ㄷ. 분권화의 특성을 갖는다.
> ㄹ. 명확한 명령체계를 갖는다.

① ㄱ, ㄴ ② ㄷ, ㄹ
③ ㄴ, ㄹ ④ ㄱ, ㄷ

해설 유기적(organic) 조직은 상황에 따라 조직구조를 쉽게 바꿀 수 있는 조직으로, 직무의 권한과 책임관계의 유연성, 분권적 의사결정, 수평적·인격적 상호관계 등을 특징으로 한다.
반면 기계적(mechanistic) 조직은 정형화된 조직으로, 고도의 직무세분화, 권한과 책임의 명확성, 관료적·비인격적·수직적인 명령계통 등을 특징으로 한다.

37 조직 내에서 부서 간 조정과 정보공유를 원활하게 하기 위한 방법이 아닌 것은?

① 위원회 설치 ② 조직정체성 공유
③ 부서별 성과평가 ④ 직무순환제도 실시

해설 조직 내에서 부서 간 조정과 정보공유를 원활하게 하기 위해서는 전사적으로 성과평가를 하는 것이 필요하다. 부서별로 성과평가를 하면 부서 간 조정이나 정보공유가 이루어질 수 없다.

38 다음 설명에 해당하는 개념은?

> 조직 외부환경의 특성 중 고려해야 할 환경 요소의 수가 많고 서로 이질적인 정도를 나타낸다.

① 변동성 ② 복잡성
③ 희소성 ④ 기술변화

해설 복잡성은 조직 외부환경의 특성 중 고려해야 할 환경 요소의 수가 많고 서로 이질적인 정도를 나타내는 개념이다.

정답 36 ④ 37 ③ 38 ②

39 조직구성원에게 조직문화를 전달하는 방식으로 적절하지 않은 것은?

① 일화
② 독특한 용어 사용
③ 역할모델 제공
④ 모호한 승진기준 제시

해설 　조직구성원에게 조직문화를 전달하는 방식은 상징물과 징표, 전해 내려오는 일화, 의례와 의식 등이 있다. 명확한 승진기준을 제시해야 조직문화가 전달될 수 있다.

40 조직문화의 형성과 유지에 대한 설명으로 적절하지 않은 것은?

① 조직의 핵심가치를 사회화한다.
② 조직적합성이 높은 사람을 채용한다.
③ 창업자의 철학 및 가치를 내면화한다.
④ 채용과정에서 이상적인 조직문화에 대한 기대를 갖게 한다.

해설 　조직문화는 구성원에게 행동지침을 제공하고, 구성원의 조화와 단합을 이끄는 기능을 한다. 조직문화가 형성되어 있으면 조직적합성과 관계없이 필요한 인재를 채용해도 조직에 잘 적응하게 된다.

정답　39 ④　40 ②

2022 경영정보론 기출문제

01 정보시스템의 세 가지 기본 활동에 해당하지 않는 것은?

① 입력(input) ② 출력(output)
③ 관리(control) ④ 처리(processing)

해설 일반적으로 정보시스템을 구성하는 기본요소에는 입력(input), 처리(processing) 및 출력(output) 등이 있다.
기본요소에 피드백(feedback)과 통제요소(control)가 추가되기도 하는데, 피드백은 시스템의 성과에 대한 자료이고, 통제는 피드백된 자료를 관찰, 평가하는 것이다.

02 마이클 포터가 제안한 산업 내의 경쟁강도를 분석하는 5가지 힘에 해당하지 않는 것은?

① 대체재의 위협 ② 신규진입자의 위협
③ 구매자의 교섭력 ④ 정보시스템의 역량

해설 마이클 포터(M. Porter)의 산업경쟁에 영향을 미치는 5가지 요인(five forces)은 ㉠ 기존 경쟁자들 간의 경쟁정도, ㉡ 잠재적 진입자, ㉢ 대체재의 위협, ㉣ 구매자의 교섭력, ㉤ 공급자의 교섭력이다. 이 5가지가 약한 시장이라야 진입이 매력적이다.

03 다음 설명에 해당하는 개념은?

> 조직과 조직 파트너 및 고객에게 가치를 주는 제품 혹은 서비스를 생산하는 것과 관련된 활동들의 지속적인 집합이다.

① 업무 ② 자원
③ 경영 ④ 비즈니스 프로세스

해설 조직과 조직 파트너 및 고객에게 가치를 주는 제품 혹은 서비스를 생산하는 것과 관련된 활동들의 지속적인 집합은 비즈니스 프로세스(business process)이다.
비즈니스 프로세스를 근본적으로 개선하여 비용, 품질, 서비스, 신속성 등과 같은 주요 경영성과 지표에 있어 극적인 개선을 이루려는 경영혁신기법을 업무재설계(BPR ; Business Process Reengineering)라고 한다.

정답 01 ③ 02 ④ 03 ④

04 생산관리시스템의 하위 모듈이 아닌 것은?

① 구매 모듈
② 제품개발 모듈
③ 품질관리 모듈
④ 출하 및 입고 모듈

해설 ② 제품개발 모듈은 마케팅관리시스템의 하위모듈에 해당한다. 생산관리시스템의 하위 시스템에는 구매 등 자재관리시스템, 출하 및 입고시스템, 작업관리시스템, 품질관리시스템, 비용관리시스템 등이 포함된다.

05 중앙처리장치를 발달 순서대로 나열한 것은?

㉠ 트랜지스터
㉡ 진공관
㉢ 집적회로

① ㉠ → ㉡ → ㉢
② ㉡ → ㉠ → ㉢
③ ㉡ → ㉢ → ㉠
④ ㉢ → ㉠ → ㉡

해설 중앙처리장치(CPU)는 1940년대 진공관, 1950년 트랜지스터, 1960년대 집적회로(IC)의 순서로 발전해왔다. 그리고 그 이후 대규모 집적회로(LSI), 초규모 집적회로(VLSI)로 발전되었다.

06 〈보기〉에서 조직 내 사용자의 관점으로 중간관리자가 사용하는 정보시스템을 고른 것은?

보기
㉠ 거래처리시스템
㉡ 전사적협업시스템
㉢ 의사결정지원시스템
㉣ 중역정보시스템
㉤ 전략정보시스템

① ㉠, ㉡
② ㉡, ㉢
③ ㉢, ㉣
④ ㉣, ㉤

해설 조직 내 중간관리자가 사용하는 정보시스템은 전사적협업시스템과 의사결정지원시스템(DSS) 등이다. 거래처리시스템(TPS)은 현장관리자, 중역정보시스템(EIS)과 전략정보시스템(SIS)은 최고경영자가 사용하는 정보시스템이다.

정답 04 ② 05 ② 06 ②

07 컴퓨터 입력장치에 해당하지 않는 것은?

① 키보드
② 모니터
③ 마우스
④ 마이크

해설 ② 모니터는 프린터, 스피커 등과 함께 출력장치(output device)에 해당한다.
입력장치(input device)의 종류에는 키보드, 마우스, 마이크와 함께 스캐너, 터치스크린, 통신포트, 라이트 펜 등이 포함된다.

08 컴퓨터 중앙처리장치(CPU)의 구성요소가 아닌 것은?

① 레지스터(register)
② 제어장치(control unit)
③ RAM(Random Access Memory)
④ 산술논리장치(arithmetic logic unit)

해설 ③ RAM(Random Access Memory)은 주기억장치로, 중앙처리장치(CPU)에 의해 프로그램과 자료들에 즉시 접근할 수 있도록 저장용으로 사용된다.
컴퓨터의 기본 구성요소 중에서 연산장치(ALU ; Arithmetic & Logic Unit) 또는 산술논리장치와 레지스터(Register), 제어장치(Control Unit)를 합쳐서 중앙처리장치(CPU)라고 하며, 컴퓨터의 두뇌에 해당하는 부분이다.

09 클라우드 컴퓨팅의 특징이 아닌 것은?

① 클라우드 컴퓨팅은 광역망 접근을 활용한다.
② 클라우드 컴퓨팅은 가상화된 서버에서 이루어진다.
③ 클라우드 컴퓨팅은 주문형의 셀프 서비스를 제공한다.
④ 클라우드 컴퓨팅은 사용하기 위해 고객은 워크스테이션 등 고성능의 컴퓨터를 필요로 한다.

해설 ④ 클라우드 컴퓨팅(cloud computing)은 컴퓨터 프로세싱, 저장장치, 소프트웨어, 그리고 여타의 서비스들을 네트워크, 주로 인터넷을 통해 하나의 가상화된 자원들의 풀(pool)로서 제공되는 컴퓨팅 모델이므로 고객은 워크스테이션 등 고성능의 컴퓨터를 보유할 필요가 없다.
클라우드 컴퓨팅은 정보가 인터넷상의 서버에 영구적으로 저장되고, 데스크톱·태블릿 컴퓨터·노트북·넷북·스마트폰 등의 IT 기기 등과 같은 클라이언트에는 일시적으로 보관되는 컴퓨터 환경을 뜻한다.

정답 07 ② 08 ③ 09 ④

10 가장 최근에 개발된 프로그래밍 언어는?

① 기계어　　　　　　　　② COBOL
③ JAVA　　　　　　　　　④ 어셈블리어

> **해설**　기계어는 제1세대 언어, 어셈블리어는 제2세대 언어이다. 그리고 FORTRAN, ALGOL 60, COBOL, BASIC, PASCAL, LISP, C 및 C++ 등이 제3세대 언어로 개발되었다.
> ③ 가장 최근에 개발된 프로그래밍 언어는 JAVA이다. JAVA는 썬마이크로시스템즈에서 개발한 객체지향 프로그래밍 언어로 C언어에 객체지향 개념을 추가한 C++와 달리 처음부터 객체지향 언어로 개발되었다.

11 운영체제의 주요 역할에 해당하지 않는 것은?

① 바이러스의 접근 방지
② 다양한 프로그램의 실행
③ 여러 개의 작업을 수행할 수 있도록 컴퓨터의 자원 및 업무 할당
④ CPU, 주변기기, 주기억장치, 보조기억장치 등의 컴퓨터 자원 관리

> **해설**　운영체제(operating system)는 컴퓨터 시스템이 여러 개의 다른 작업을 수행할 수 있도록 컴퓨터의 자원 및 업무를 할당하고 컴퓨터 시스템 활동을 모니터하는 등 컴퓨터 시스템의 책임자 역할을 한다.
> 운영체제는 컴퓨터의 하드웨어 시스템을 효율적으로 운영하기 위한 소프트웨어로 컴퓨터를 작동하고 시스템 전체를 감시하며, 처리하여야 할 데이터의 관리와 작업계획 등을 조정하는 여러 가지의 프로그램으로 구성되어 있다.

12 애자일 개발 방법론(agile development)에 대한 설명으로 옳지 않은 것은?

① 사용자가 충분히 만족할 수 있을 때까지 반복적으로 수행한다.
② 순차적인 단계를 거쳐 이루어지며 철저한 검토 후에 다음 단계로 진행된다.
③ 사용자의 요구사항이 확정되기 전에 충분한 피드백을 받을 수 있도록 한다.
④ 개발 초기단계에서 개발하고자 하는 정보시스템의 전체적인 기능을 간략히 구현한다.

> **해설**　② 순차적인 단계를 거쳐 이루어지며 철저한 검토 후에 다음 단계로 진행되는 방법은 전통적인 개발 방법론의 특징이다.
> ※ **애자일 개발 방법론(agile development)** : 폭포수(waterfall) 모델로 대표되는 계획기반의 전통적인 소프트웨어 개발 방법론에 대비되는 방법론으로, 개발과정의 소통을 중요하게 생각하고 반복적인 개발을 통해 잦은 출시를 목표로 한다. 특징으로는 짧은 출시 주기, 다양한 요구 변화에 대응, 소통 및 협력 등을 들 수 있다. 애자일 개발의 절차는 요구 사항 – 설계 – 구현 – 시험 등의 단계를 거친다.

정답　10 ③　11 ①　12 ②

13 시스템 분석 단계에서 분석 대상이 아닌 것은?

① 조직과 최종사용자의 니즈
② 최신의 정보시스템 개발 기술
③ 현 시스템의 제반활동, 자원 및 산출물
④ 사용자의 니즈를 충족시키는 데 필요한 정보시스템 능력

> **해설** 시스템 개발 프로세스에서 시스템 분석은 최종사용자의 정보 니즈를 심도 있게 분석하는 단계이다. 시스템 분석은 새로운 정보시스템의 설계에 기초가 되는 기능적 요구사항을 산출한다. 이 단계에서는 ①, ③, ④의 사항을 상세히 분석한다.

14 다음 설명에 해당하는 방법은?

> 최근 기업은 자체적으로 어플리케이션을 구매하거나 개발하지 않고 임대하여 사용하는 경우가 많다. 이 방법은 공급업체가 어플리케이션을 제공하고 인터넷을 통해 고객에게 서비스로 소프트웨어를 제공한다.

① 아웃소싱(outsourcing)
② SaaS(software as a service)
③ 오픈소스 소프트웨어(open source software)
④ CASE(computer aided software engineering)

> **해설** 소프트웨어 서비스(SaaS ; Software as a Service)는 클라우드 컴퓨팅 서비스의 하나로 기업 또는 일반소비자가 다양한 소프트웨어를 인터넷 및 웹브라우저를 통해 제공하는 서비스로 제공받는 것이다.
> 클라우드 컴퓨팅 서비스는 사업자가 제공하는 IT 자원의 종류에 따라 인프라스트럭처 서비스(IaaS ; Infrastructure as a Service), 플랫폼 서비스(PaaS ; Platform as a Service), 소프트웨어 서비스(SaaS ; Software as a Service)로 분류한다.

15 다음 설명에 해당하는 것은?

> • 저렴한 비용으로 신속하게 실험시스템을 만들어 사용자의 평가를 받아보는 방식이다.
> • 사용자들은 시제품과의 상호작용을 통해 그들의 정보 요구 사항에 대한 더 좋은 아이디어를 제공할 수 있다.

① 품질관리
② 요구사항분석
③ 프로토타이핑
④ 시스템 구조설계

정답 13 ② 14 ② 15 ③

해설 프로토타이핑(Prototyping)은 새로운 시스템 솔루션에 대한 작업모델 또는 프로토타입(원형)을 신속하게 개발하고 테스트하는 방법이다. 프로토타이핑은 비교적 적은 비용으로 신속하게 시제품 또는 실험시스템을 만들어 사용자의 평가를 받아보는 방식이다. 또한 사용자들은 시제품을 사용하면서 요구사항에 대한 아이디어를 제시할 수 있다.

16 컴퓨터시스템은 계층적 구조로 데이터를 구성한다. 데이터를 작은 구조에서 큰 구조로 나열한 것은?

① 비트 → 필드 → 바이트 → 레코드 → 데이터베이스 → 파일
② 비트 → 바이트 → 레코드 → 필드 → 파일 → 데이터베이스
③ 비트 → 바이트 → 필드 → 레코드 → 파일 → 데이터베이스
④ 비트 → 바이트 → 필드 → 레코드 → 데이터베이스 → 파일

해설 컴퓨터 자료의 계층구조는 비트(bit) → 바이트(byte) → 필드(field) → 레코드(record) → 파일(file) → 데이터베이스로 구성되어 있다.

17 가트너가 제시한 빅데이터의 세 가지 특징이 아닌 것은?

① 용량(volume)
② 속도(velocity)
③ 다양성(variety)
④ 취약성(vulnerability)

해설 빅데이터(big data)란 디지털 환경에서 생성되는 데이터로 그 규모가 방대하고, 생성 주기와 유통 주기도 짧고, 형태도 수치 데이터뿐 아니라 문자와 영상 데이터를 포함하는 대규모 데이터를 말한다. 즉, 빅데이터는 조직 내외부의 정형적 데이터뿐만 아니라 비정형적 데이터까지 포함한 방대한 양의 데이터를 포함한다.
가트너 그룹은 빅데이터의 특징을 3V로 요약하고 있다. 즉 데이터의 양(Volume), 데이터 생성 속도(Velocity), 형태의 다양성(Variety)을 의미한다.

18 과거의 정보시스템은 프로그램과 그에 적합한 파일들로 개발되었는데, 이러한 파일처리 방식으로 나타나는 문제점이 아닌 것은?

① 부실한 보안성
② 데이터 중복 및 불일치
③ 프로그램 데이터 독립성
④ 데이터 공유 및 가용성 결여

해설 전통적인 파일처리방식에서는 데이터 파일들이 각각의 응용 프로그램에 맞도록 개별적으로 설계되고, 이와 같은 응용프로그램들이 분리·실행되어 필요한 문서나 보고서를 산출하게 된다. 이러한 데이터의 처리방식은 데이터의 중복과 비일관성, 데이터 접근의 어려움, 데이터의 고립, 무결성 문제, 원자성 문제, 동시 액세스 문제 등이 있다.

정답 16 ③ 17 ④ 18 ①

19 비즈니스 성과와 의사결정 향상을 위해 데이터베이스로부터 정보를 제공해주는 기술과 도구로 적절하지 않은 것은?

① 하둡
② 데이터마트
③ 파이썬
④ 데이터웨어하우스

해설 ③ 파이썬(python)은 1991년에 발표된 인터프리터 방식의 프로그래밍 언어이다. 최근 가장 널리 사용되고 있는 프로그래밍 언어이다.
① 하둡(hadoop)은 대용량의 빅데이터 처리기술이다.

20 데이터베이스관리시스템(DBMS)의 주요 기능으로 적절하지 않은 것은?

① 데이터 정의
② 데이터 정렬
③ 데이터 조작
④ 데이터 사전

해설 ④ 데이터 사전은 데이터베이스를 운용하는 또 다른 도구로, 컴퓨터에 기반한 데이터에 대한 데이터, 즉 메타데이터를 의미한다.
DBMS는 축적된 자료구조의 정의, 자료구조에 따른 자료의 축적, 데이터베이스 언어에 의한 자료 검색 및 갱신, 정보의 기밀보호 등의 기능이 있다. DBMS는 데이터베이스의 정의, 조작, 관리 등의 기능을 담당하며, 물리적 수준의 데이터베이스 구성, 효율적인 접근, 완전무결한 데이터베이스 관리를 가능하게 한다.

21 의사결정지원시스템(DSS)의 기본 분석 기능이 아닌 것은?

① 설문 분석
② 시나리오 분석
③ 민감도 분석
④ 목표 탐색 분석

해설 의사결정지원시스템(DSS)은 네 가지의 기본적인 분석모형이 있는데 What-if 분석, 민감도 분석, Goal-seeking 분석, 최적화 분석 등이다.

22 SQL 질의어 중에서 찾고자 하는 데이터의 검색에 사용되는 질의문은?

① SELECT 문
② INSERT 문
③ CREATE 문
④ UPDATE 문

해설 DBMS의 대표적인 질의 언어는 SQL(Structured Query Language)이다. SELECT, FROM, WHERE는 구조적 질의어 SQL의 기본 형식이다. SQL은 관계형 데이터베이스 관리시스템(RDBMS)의 표준화된 사용자 및 프로그램 인터페이스이다.

정답 19 ③ 20 ④ 21 ① 22 ①

23 다음 설명에 해당하는 정보시스템은?

> 오늘날 경영환경이 보다 복잡해지고 회사결정의 양이 급속하게 증가함에 따라, 종합적인 의사결정 지원도구로써 집단이 비정형적인 문제를 해결하고자 사용하는 시스템이다.

① 전문가시스템
② 중역정보시스템
③ 의사결정지원시스템
④ 집단의사결정지원시스템

해설 제시된 내용은 집단의사결정지원시스템(GDSS)에 대한 설명이다. GDSS는 의사결정자들이 그룹으로 함께 일할 때 구조적인 문제와 비구조적인 문제를 해결하는 데 사용되는 쌍방향의 컴퓨터 기반 시스템이다. 전자투표나 화상회의, 전자미팅 등 그룹웨어에 포함되어 그룹 간의 의사소통을 지원해 회의의 질과 효율성을 향상시키기 위해 개발되었다.

24 다음 설명에 해당하는 인공지능은?

> - 뇌의 처리 패턴을 흉내 낸 하드웨어와 소프트웨어를 사용하여 지식을 발견한다.
> - 대용량 데이터에 기반하여 난해하고 복잡한 문제들을 해결하기 위해 사용된다.
> - 지속적으로 상호작용하는 다수의 감지 및 처리 마디로 구성되어 있다.

① 신경망
② 진화알고리즘
③ 회귀모형
④ 서포트벡터머신

해설 데이터마이닝 기법 중 하나인 인공신경망(artificial neural networks)은 인간 두뇌의 복잡한 현상을 모방하여 신경망처럼 생긴 구조를 모형화하고, 기존에 수집된 자료로부터 반복적인 학습과정을 거쳐서 데이터에 내포되어 있는 규칙을 찾아내는 기법이다.
인공신경망은 신경세포인 뉴런(neuron)이 여러 개 연결된 망의 형태로, 구조 및 기능에 따라 여러 종류로 구분되는데 가장 일반적인 인공신경망은 한 개의 입력층과 출력층 사이에 다수의 은닉층(hidden layer)이 있는 다층 퍼셉트론(multilayer perceptron)이다.

25 지능형 정보시스템과 관련이 없는 것은?

① 프레임릴레이
② 지식기반시스템
③ 데이터마이닝
④ 사례기반시스템

해설 ① 프레임릴레이(frame relay)는 랜(LAN)들을 연결하는 고속통신기술의 하나이다. 지능형 정보시스템과는 관련이 없다.

정답 23 ④ 24 ① 25 ①

26. 전문가시스템의 구성요소가 아닌 것은?

① 추론엔진
② 지식베이스
③ 인터페이스
④ 메인프레임

해설 전문가시스템(expert system)은 특정 분야의 전문가의 지식과 사고능력을 모방한 첨단컴퓨터 시스템을 의미한다. 구성요소는 크게 지식베이스와 소프트웨어, 하드웨어, 추론엔진, 블랙보드, 인터페이스, 설명기능 부분 등으로 구별될 수 있다.
추론엔진(inference engine)은 지식기반을 통해 추론행위를 함으로써 주어진 규칙과 사실을 이용하여 새로운 사실을 탐색하는 행위를 하는 전문적인 프로그램을 말한다. 추론엔진에서 추론을 하는 방식은 크게 정방향 추론(forward chaining)과 역방향 추론(backward chaining)의 두 가지로 나누어 볼 수 있다.

27. 다음 설명에 해당하는 통신기기는?

> 네트워크 구성요소들을 연결하는 가장 단순한 장치로서 네트워크에 연결된 다른 장치로 패킷을 보낼 수 있다.

① 허브
② 스위치
③ 모뎀
④ 라우터

해설 모뎀(modem)은 컴퓨터의 디지털 신호를 아날로그 신호로 변환하여 전화선을 통해 전송하거나, 전화선의 아날로그 신호를 디지털 신호로 변환하여 컴퓨터로 전송하는 역할을 한다.

28. 다음 설명에 해당하는 방법은?

> 컴퓨터 통신에서 디지털 메시지를 작은 묶음으로 쪼개고 서로 다른 통신경로를 따라 전송하여 목적지에 도착한 작은 묶음을 다시 재조합한다.

① URL
② 회선 교환
③ 라우팅
④ 패킷 교환

해설 라우팅(routing)은 여러 경로를 이용할 수 있을 때 패킷을 보내기 위한 가장 좋은 경로를 선택하는 것을 의미한다. 이 경우 각각의 패킷은 목적지까지 서로 다른 경로를 통하여 전송되고 목적지에서 다시 모여 결합된다.
라우터는 상이한 규칙이나 프로토콜로 운영되는 네트워크들을 상호 연결하는 기기이다. 즉 서로 다른 네트워크를 연결하여 정보를 주고받을 때, 송신정보(packet)에 담긴 수신처의 주소를 읽고 가장 적절한 통신통로를 이용하여 다른 통신망으로 전송하는 장치이다.

정답 26 ④ 27 ③ 28 ③

29 다음 설명에 해당하는 토폴로지는?

- 최종사용 컴퓨터를 중앙컴퓨터에 직접 연결한다.
- 중앙컴퓨터는 연결된 모든 컴퓨터 간에 네트워크 트래픽을 통제하는 역할을 수행한다.
- 중앙컴퓨터가 고장나면 전체 네트워크가 영향을 받고 모든 통신이 정지된다.

① 링 토폴로지 ② 스타 토폴로지
③ 버스 토폴로지 ④ 메시 토폴로지

해설 제시된 내용은 스타 토폴로지(star topology) 또는 스타 네트워크에 대한 설명이다. 스타 네트워크는 최종사용 컴퓨터를 중앙컴퓨터에 직접 연결하므로 다수의 사용자들이 동시에 중앙컴퓨터를 사용할 수 있다는 장점이 있다.

30 통신시스템의 4가지 구성요소가 아닌 것은?

① 웹마이닝 ② 통신처리장치
③ 전송매체 ④ 통신프로토콜

해설 통신시스템의 4가지 구성요소에는 데이터 단말장치(Terminal), 전송매체(데이터 전송회선), 통신제어장치(communication control unit), 통신프로토콜 등이 있다.
① 웹마이닝(webmining) 또는 웹 로그 분석(weblog analysis)은 웹 사이트의 방문객이 남긴 자료를 근거로 웹의 운영 및 방문 행태에 대한 정보를 분석하는 것이다.

31 인터넷을 사용하기 위해 필요한 프로토콜은?

① IMAP ② FTP
③ 이더넷 ④ TCP/IP

해설 인터넷에서 서버와 클라이언트 컴퓨터의 기종과 운영체계의 차이를 극복하고 상호통신을 할 수 있게 만든 통신규약은 TCP/IP(Transmission Control Protocol/Internet Protocol)이다. TCP/IP는 패킷통신방식의 인터넷 프로토콜인 IP(Internet Protocol)와 전송조절 프로토콜인 TCP(Transmission Control Protocol)로 이루어져 있다.

정답 29 ② 30 ① 31 ④

32 ( ) 안에 들어갈 말로 알맞은 것은?

( )이란 제한된 지역 내에 있는 각종 정보처리기기들을 연결하여 정보 교환 및 자원 공유 등의 통신서비스를 제공하기 위한 고속의 신뢰도 높은 통신망을 말한다.

① 광역통신망(WAN)
② 전화통신망(PSTN)
③ 도시권통신망(MAN)
④ 근거리통신망(LAN)

해설 제시된 내용은 근거리통신망(LAN)에 대한 설명이다. LAN은 큰 건물, 제조공장, 대학캠퍼스 등 제한된 구역과 같이 지리적으로 한정된 구역에서 여러 가지 컴퓨터들을 서로 연결하여 음성, 데이터, 영상 등과 같은 종합적인 정보를 고속으로 전송하는, 지역적으로 한정된 통신망이다.

33 다음 설명에 해당하는 기술은?

세상에 존재하는 유·무형의 객체들을 다양한 방식으로 서로 연결하여 개별 객체들이 제공하지 못하는 새로운 서비스를 제공한다.

① 강화학습
② 딥러닝기술
③ 사물인터넷
④ 통신네트워크

해설 제시된 내용은 사물인터넷에 대한 설명이다. 사물인터넷(IoT ; Internet of Things)은 현실세계의 사물들과 가상세계를 네트워크로 상호 연결해 사람과 사물, 사물과 사물 간 언제 어디서나 서로 소통할 수 있도록 하는 새로운 인터넷 기술을 의미한다.
사물인터넷이 활용되기 위해서는 유무선 통신기술은 물론 인터넷 보안기술과 사물을 인식할 수 있는 센싱기술이 확보되어야 한다.

34 소셜미디어의 역기능이 아닌 것은?

① 프라이버시 침해
② 다양한 관계의 확장
③ 소셜미디어 중독 증가
④ 신 디지털 감시시대의 도래

해설 ② 다양한 관계의 확장은 소셜미디어의 순기능이다. 소셜네트워크서비스(SNS) 또는 소셜미디어(social media)는 사용자들이 서로의 비즈니스 또는 개인적 연관 관계를 통해 인맥을 형성함으로써 그들의 사회적 접촉을 확장시키기 위한 온라인 서비스이다.

정답 32 ④ 33 ③ 34 ②

35 개인이 상품이나 서비스를 다른 개인에게 판매하는 전자상거래 유형은?

① B2C
② B2B
③ B2G
④ C2C

> **해설** 개인이 개인 소비자에게 상품이나 서비스를 판매하는 것은 C2C(Consumer to Consumer)이다.
> ※ 전자상거래에 참여하는 주체에 따른 비즈니스 모델 분류 : 기업 간의 전자상거래(B2B), 기업과 소비자 간의 전자상거래(B2C), 소비자와 기업 간의 전자상거래(C2B), 소비자와 소비자 간의 전자상거래(C2C), 기업과 정부 간의 전자상거래(B2G), 정부와 소비자 간의 전자상거래(G2C) 등

36 다음 설명에 해당하는 것은?

> 전자상거래 비즈니스 모델 중 구매자와 판매자가 만나고 제품의 확인과 검색, 가격 결정을 할 수 있는 디지털 환경을 제공하는 것을 말한다.

① 포털
② 거래 중개자
③ 시장 생성자
④ 콘텐츠 제공자

> **해설** 전자상거래 비즈니스 모델 중 구매자와 판매자가 만나고 제품의 확인과 검색, 가격 결정을 할 수 있는 디지털 환경을 제공하는 것은 거래 중개자이다.

37 다음 설명에 해당하는 보안기술은?

> 인가받지 않은 트래픽으로부터 기업의 사설망을 보호하기 위해 기업의 사설망과 공공 인터넷 또는 다른 신뢰할 수 없는 네트워크 사이에 위치하는 기술이다.

① 방화벽
② 암호화
③ 침입탐지시스템
④ 안티바이러스 소프트웨어

> **해설** 방화벽(firewall)은 기업 내부의 네트워크가 기업 외부의 네트워크와 연결될 때 외부의 불법 사용자의 침입을 차단하여 해킹을 막는 것을 의미한다.
> 인터넷 보안대책으로는 방화벽(firewall), 침입탐지 시스템(intrusion detention system), 안티바이러스(antivirus) 소프트웨어, 통합위협관리시스템 등이 필수적이다. 침입탐지시스템(IDS)은 기업 네트워크의 가장 취약한 지점이나 핫스팟(hot spot)에 위치하여 침입자를 상시 감시할 수 있는 기능을 지닌다.

정답 35 ④ 36 ② 37 ①

38 위치기반 서비스에 해당하지 않는 것은?

① 지리광고서비스
② 지오소셜시스템
③ 지리정보서비스
④ 사물인식서비스

해설 위치기반서비스(LBS)는 이동하는 사용자들이 개개인에 맞춘 지역 콘텐츠에 바로 접속하도록 지원하여 사용자의 현재 위치를 파악하는 서비스이다. 위치추적시스템(GPS)과 지리정보시스템(GIS)과 연계하여 서비스가 제공된다.

39 정보자원 보호를 위한 주요 도구와 기술이 아닌 것은?

① 오픈소스 코드
② 무선네트워크 보안
③ 신원관리와 인증
④ 암호화와 공개키 인프라

해설 ① 오픈소스 소프트웨어(OSS)는 소프트웨어의 설계도에 해당하는 소스코드를 인터넷 등을 통하여 무상으로 공개하여 누구나 그 소프트웨어를 개량하고, 이것을 재배포할 수 있도록 하는 소프트웨어를 말하는 것으로 정보자원의 보호가 아니라 정보자원의 공개에 해당한다.

40 정보보호의 세 가지 주요 목표가 아닌 것은?

① 항상성
② 가용성
③ 무결성
④ 기밀성

해설 정보보호의 주요 목표로는 가용성(availability), 무결성(integrity), 기밀성(confidentiality) 등이 제시되고 있다. 이를 달성하기 위한 수단의 하나인 침입탐지 시스템(IDS ; Intrusion Detect System)은 컴퓨터 시스템의 무결성, 기밀성, 가용성을 저해하는 행위를 실시간으로 탐지하고 대응하기 위한 시스템이다.

정답 38 ④ 39 ① 40 ①

2022 마케팅조사 기출문제

01 탐색조사의 특징으로 알맞은 것은?
① 가설을 수립한 후 엄밀한 절차에 따라 수행하는 엄격성
② 구조화된 설문으로 대량의 자료를 확보하는 정보 다양성
③ 인과관계를 확인하기 위해 정확한 절차에 따라 행하는 과학성
④ 정확한 절차보다는 필요에 따라 적절한 방법으로 진행하는 유연성

> **해설** 탐색조사는 조사자가 조사연구를 수행할 때 해당 분야에 대한 충분한 이해가 없는 상황에 더욱 유용하다. 공식적인 조사의례나 절차가 없기 때문에 유연하고 융통성이 있다. 조사기법으로 문헌조사, 면접조사, 관찰조사가 주로 활용된다.

02 탐색조사를 실시해야 하는 상황이 아닌 것은?
① 배경 정보를 얻고자 할 때
② 문제점을 파악하고자 할 때
③ 가설을 분명하게 하고자 할 때
④ 변수들 간의 관계를 규명하고자 할 때

> **해설** 탐색조사는 조사문제를 충분히 이해하지 못한 상황에서 현재 기업이 처한 문제점의 가능한 원인들을 파악하기 위해 실시되는 조사를 말한다. 구체적인 가설에 대해 사전 예측과 독립변수와 종속변수를 측정하여 이들 간의 관계를 설명하는 것은 기술조사에 해당한다.

03 특정 집단의 소비 행위, 인구통계 특성 등을 확인, 분류, 분석하려 할 때 적합한 조사는?
① 기술조사
② 탐색조사
③ 실험조사
④ 신디케이트조사

> **해설** 기술조사는 조사대상으로부터 수집한 자료를 분석하고 그 결과를 기술(descriptive)하는 것을 말한다. 고객의 특성(인구통계적, 라이프스타일), 소비자반응(차이분석, 매출액조사) 등에 대한 조사가 해당된다.

정답 01 ④ 02 ③ 03 ①

04 순서가 결과에 영향을 미치는 경우 순서를 측정함으로써 외생변수를 통제하는 방법은?

① 제외(elimination)
② 균형화(matching)
③ 상쇄(counter balancing)
④ 무작위화(randomization)

> **해설** 상쇄는 몇 개의 실험변수가 개입하는 경우 실험대상에 실험변수를 가하는 순서를 바꿔가며 실험을 진행하는 통제 방법이다. 제외는 외생변수가 될 가능성이 있는 변수를 제거하는 방법이다. 균형화는 실험집단과 통제집단의 동질성을 확보하기 위한 방법이다. 무작위화는 모집단에서 표본집단을 무작위로 추출하여 외생변수의 영향이 실험집단과 통제집단에 동등하게 미칠 수 있도록 조정하는 방법이다.

05 1차 자료의 2차 자료에 대한 설명으로 옳지 않은 것은?

① 1차 자료는 다른 조사 목적으로 이미 수집된 자료이다.
② 1차 자료는 2차 자료에 비해 수집과정에서 시간과 비용이 많이 든다.
③ 1차 자료를 수집하기 전에 다양한 2차 자료를 파악할 필요가 있다.
④ 2차 자료는 당면 의사결정문제에 적절한 핵심적인 정보를 제공하지 못할 수 있다.

> **해설** 1차 자료는 당면한 의사결정문제를 해결하기 위해 조사자가 직접 수집하는 자료로 2차 자료들이 조사목적에 부합되지 않는 경우 1차 자료를 수집한다.

06 전문회사가 필요한 기업에 판매하기 위해 정기적으로 수집하는 자료는?

① 옴니버스자료
② 업계백서자료
③ 메타버스자료
④ 신디케이트 조사

> **해설** 신디케이트 조사는 정보를 필요로 하는 기업에 판매하기 위한 조사로 TV 시청률 조사, 브랜드 점유율 조사, 소비자 선호도 조사 등이 있다. 옴니버스자료는 하나의 조사에 여러 기업이 참여하는 조사에 쓰이는 자료이다.

정답 04 ③ 05 ① 06 ④

07 등간척도의 예로 알맞은 것은?

① 키, 몸무게
② 운동선수 등 번호
③ 서기 연도(예 : 서기 2015년)
④ 올림픽 메달의 색(예 : 금, 은, 동)

> **해설** 등간척도는 명목·서열척도에 포함된 정보 외에 측정척도들 간의 속성의 차이비교를 가능하게 한다. 그러나 절대 0점이 존재하지 않아 절대적 비교는 불가능하다. 등간척도의 예로는 섭씨 온도와 화씨 온도, 상표의 태도, 제품속성별 소비자 지각, IQ점수, 서기 연도 등을 측정하는 경우 사용된다.

08 다음 설문문항에서 사용된 척도는?

> 다음 브랜드들에 대한 여러분의 선호를 0~100점 사이로 골라 기입해 주시기 바랍니다.
> (전혀 좋아하지 않으면 0점, 완벽하게 좋아하면 100점)
> A (   )   B (   )   C (   )

① 명목척도
② 서열척도
③ 비율척도
④ 등간척도

> **해설** 비율척도는 명목·서열·등간척도들의 모든 성질을 소유하고 있고 다른 척도들이 표현할 수 없는 절대적 영점(0점)의 표현이 가능하다. 즉, A 측정값 40은 B 측정값 20의 2배임을 자신 있게 말할 수 있다. 비율척도의 일반적인 예는 키, 몸무게, 나이, 금액 등 절대적 가치를 의미하는 척도들이 대표적이다.

09 서열척도로 측정된 자료에서 의미가 있는 통계량은?

① 평균값
② 중앙값
③ 최빈값
④ 상관계수값

> **해설** 서열척도는 집단 구분 외에 측정대상들 간의 순서개념을 측정하기 위해 사용된 수를 말한다. 측정값은 순위만을 나타내므로 측정값들의 대표치로서 중앙값(Median)을 이용한다. 중앙값은 조사대상자들의 반응을 순위에 따라 나열했을 때 가운데에 위치한 응답자의 반응을 의미하기 때문에 순위를 기반으로 하는 서열척도에 적합한 통계량이다.

정답 07 ③ 08 ③ 09 ②

10 측정항목들의 타당성에 대한 설명으로 옳지 않은 것은?

① 내적 타당성은 외생변수의 통제와 관련이 된다.
② 외적 타당성은 인과관계의 일반화 여부를 의미한다.
③ 내적 타당성과 외적 타당성은 상충관계에 있는 경우가 많다.
④ 기업 실무에서는 외적 타당성보다 내적 타당성이 더 중시된다.

> **해설** 내적 타당성은 종속변수의 변화가 실제로 독립변수의 조작에 의해 일어났는지의 여부를 의미한다. 만약 외생변수들이 통제가 안되고 종속변수의 변화에 영향을 미쳤다면 내적 타당성이 있다고 할 수 없다. 내적 타당성과 외적 타당성의 상충관계는 내적 타당성을 높이기 위해서 외적 타당성을 어느 정도 포기해야 하는 경우가 발생한다는 의미이다. 기업 실무에서는 조사에 대해 내적 타당성을 엄격히 통제할 수 있는 환경 조성이 어려우므로 외적 타당성을 높여 일반화에 중점을 두는 경향이 있다.

11 설문항목의 내적 일관성에 의한 신뢰성을 측정하는 방법은?

① 반문법
② 다중공선성
③ 비율 분할법
④ 크론바흐 알파(Cronbach's alpha)계수

> **해설** 내적 일관성에 의한 신뢰성은 동일한 개념을 여러 문항으로 질문하여 이러한 항목들이 유사한 값들을 갖는지를 측정하는 방법으로 크론바흐 알파(Cronbach's alpha)계수를 이용하여 측정된다. 이는 개별측정항목과 다른 항목들 간의 상관관계를 말하는데, 상관관계가 낮은 항목은 제거시킴으로써 항목들 간의 내적 일관성을 향상시키는 것이다.

12 다음 사례가 충족시키지 못한 측정항목은?

> 제품의 선호도에 대한 문항에서 "당신이 좋아하는 브랜드는 무엇입니까?" 대신에 "당신이 다음에 구매하려는 브랜드는 무엇입니까?"라고 질문하였다.

① 내용 타당성
② 판별 타당성
③ 집중 타당성
④ 개념 타당성

> **해설** 내용 타당성은 측정항목이 조사자가 관심을 갖고 있는 개념을 실제로 반영하고 있는가에 대한 내용으로 명목 타당성이라고도 한다. 보기는 제품의 선호도에 대한 문항 대신 구매의도를 묻는 질문이 되어 내용 타당성이 결여되었다.

정답 10 ④ 11 ④ 12 ①

13 타당성을 향상시키기 위한 방안과 관련 없는 것은?
① 측정대상인 구성개념을 정확히 이해해야 한다.
② 가능한 여러 측정방법을 사용하여 측정해야 한다.
③ 동일한 측정방법으로 가능한 여러 번 측정해야 한다.
④ 가능한 한 다른 연구에서 타당성을 검증받은 측정방법을 사용한다.

> **해설** 동일한 측정방법으로 여러 번 측정하는 것은 신뢰성과 관련된 문제이고 타당성을 높이기 위해서는 상관관계분석과 요인분석을 적용하여 상관관계가 낮은 항목들을 제거한 후 관계가 높은 변수들만을 개념측정에 이용하여야 한다.

14 신뢰성을 측정하는 방법은?
① 반분법
② 반복측정법
③ 판단추출법
④ 전문가 조사법

> **해설** 신뢰성이란 비체계적 또는 일시적 오류의 발생을 의미한다. 측정당시 응답자, 조사원, 주변 환경 등의 일시적 상황변화에 기인하여 측정상의 오류가 발생된다면 이는 측정의 신뢰성에 문제가 된다. 반복측정법은 동일 표본을 대상으로 동일한 측정도구를 이용하여 반복적으로 측정을 실시한 후 그 결과를 비교하는 방법이다.

15 다음 사례에 해당하는 외생변수의 유형은?

> 새로운 식품의 맛에 대한 조사를 하는 과정에서 피실험자가 장시간 동안의 시식으로 인해 포만감을 느껴 맛에 대한 평가가 나빠진다.

① 시험효과
② 성숙효과
③ 통계적 회귀
④ 실험목적에 대한 예상

> **해설** 성숙효과는 시간의 경과에 따라 나타나는 시험단위의 육체적 또는 심리적 변화를 말한다. 시험효과는 반복되는 측정을 했을 때 처음에 측정을 받았다는 사실이 실험대상자의 반응에 변화를 주는 현상을 말한다. 통계적 회귀는 실험 전에 극단적인 특성을 가졌던 실험참가자들이 실험기간 동안 평균치에 접근하는 현상이다. 실험목적에 대한 예상은 실험과정에서 실험의 목적을 파악하게 되어 조사자가 의도하는 방향으로 행동하거나 응답하는 현상을 말한다.

정답 13 ③ 14 ② 15 ②

16 다음 질문의 문제점은?

> 당신은 이 레스토랑의 음식과 서비스에 대해 만족하십니까?

① 유도성 질문이다.
② 애매모호한 표현을 사용하고 있다.
③ 너무 자세한 지식이 요구되는 질문이다.
④ 한 질문에 두 가지 내용을 포함하고 있다.

해설 보기는 한 질문에 음식과 서비스를 동시에 제시하고 있다. 만일 소비자가 음식에는 만족하고 서비스에는 만족하지 않을 경우 정확한 응답을 하기 어려울 것이다.

17 확률표본추출방법에 대한 설명으로 옳지 않은 것은?

① 시간이 오래 걸릴 수 있다.
② 표본추출오류를 측정할 수 없다.
③ 표본의 구성원이 뽑힐 확률이 모두 같다.
④ 표본추출프레임을 이용하여 표본을 추출한다.

해설 확률표본추출방법은 표본추출프레임을 이용하여 표본을 추출함으로써 모집단 내의 각 대상들이 선택될 확률을 미리 알 수 있는 방법이다. 따라서 표본이 얼마나 모집단을 대표하는지를 정확히 파악할 수 있다. 반면 비확률표본추출방법은 표본프레임이 없어 모집단 내의 대상들이 선택될 확률을 사전에 모르는 상태에서 표본이 선정되는 방법이다. 이는 조사결과에 어느 정도의 오류가 발생할 것인지에 대한 정보를 제시해 주지 못한다.

18 밑줄 친 부분이 표본추출과정에서 의미하는 것은?

> 신용카드 회사의 <u>카드 소지자</u> 명단에서 500명을 표본추출하여 조사하였다.

① 모집단
② 표본추출단위
③ 표본구성원
④ 표본추출프레임

해설 표본추출프레임은 모집단 내에 포함된 조사대상들의 명단이 수록된 목록을 의미한다. 대표적으로 전화번호부, 우편명부, 주소록 등이 있다. 모집단은 통계적 분석을 위한 관찰의 대상이 되는 전체집단을 의미하며, 조사자의 관심의 대상이 되는 사람, 제품, 기업, 지역 등의 집합체이다.

정답 16 ④ 17 ② 18 ④

19 표본크기의 결정에 대한 설명으로 옳지 않은 것은?

① 연구목적에 따라 표본 수는 달라질 수 있다.
② 표본오차를 줄이고자 할 경우 표본 수를 줄여야 한다.
③ 표본 수가 커질수록 모수를 더 정확히 추정할 수 있다.
④ 시간과 예산이 충분하지 않을 경우 비확률표본추출을 사용할 수 있다.

> **해설** 표본오차는 표본을 통해 얻은 결과로부터 전체 모집단의 특성을 추정할 때 발생할 수 있는 오차의 정도로 표본오차를 줄이고자 할 경우에는 표본 수를 늘려야 한다.

20 투사법에 대한 설명으로 알맞은 것은?

① 조사의 목적을 조사대상자에게 말하지 않고 조사한다.
② 조사대상자가 외부 자극에 반응하는 양식을 분석한다.
③ 조사자가 조사대상자와 함께 살면서 행위를 관찰하고 분석한다.
④ 조사자가 고객으로 가장하고 구매를 하면서 서비스 수준 등을 분석한다.

> **해설** 투사법은 면접과정에서 고객 본인이 잘 모르거나 밝히려 하지 않는 주제를 자연스럽게 표현하도록 유도하는 심리학적 기법이다. 투사법은 조사목적을 조사대상자에게 제시하지 않는 간접적인 접근법이다.

21 다음 사례에 해당하는 표본추출방법은?

> 고가 의류시장에서 소비자들의 브랜드 선택행동에 대한 조사를 위해 모집단을 남성과 여성으로 분류한 후 각 집단에 대해 무작위로 표본을 추출하였다.

① 판단표본추출 ② 군집표본추출
③ 층화표본추출 ④ 할당표본추출

> **해설** 층화표본추출법은 모집단을 기준에 따라 서로 상이한 소집단으로 나누고 각 소집단들로부터 표본을 무작위로 추출하는 방법이다. 군집표본추출은 모집단을 소집단들로 나누고 일정 수의 소집단을 무작위적으로 표본추출한 다음 추출된 소집단 내의 구성원들을 모두 조사하는 방법이다. 판단표본추출은 조사문제를 잘 알고 있거나 모집단의 의견을 반영할 수 있을 것으로 판단되는 특정집단을 표본으로 선정하는 방법이다. 할당표본추출은 미리 정해진 분류기준에 의해 전체표본을 여러 집단으로 구분하고 각 집단별로 필요한 대상을 추출하는 방법이다.

정답 19 ② 20 ① 21 ③

22 실험과정에서 통제의 의미로 알맞은 것은?

① 종속변수의 변화를 정확히 측정하는 과정
② 실험대상자들을 실험실에서 집단으로 배치하는 과정
③ 외생변수가 변화하지 않도록 동일하게 유지하는 과정
④ 독립변수를 실험 및 통제 집단에 모두 변화시키는 과정

해설 외생변수를 통제하지 않는다면 통제되지 않은 외생변수는 결국 종속변수에 영향을 미치고 실험의 결과를 왜곡할 수 있다. 실험에서 외생변수를 동일하게 유지하는 것이 통제(control)이다. 보기 ①은 측정(measurement)에 해당되고, 보기 ④는 처치(treatment)에 해당된다.

23 간접관찰에 대한 사례로 알맞은 것은?

① 백화점에 주차된 승용차를 관찰하여 고객의 소득수준을 추정하였다.
② 광고가 인지도에 미치는 영향을 알기 위해 모의 매장에서 판매하였다.
③ 소비자에게 쿠폰을 제공하여 구매를 유도한 후 브랜드 구매 행위를 관찰하였다.
④ 눈 추적 장치(eye camera)를 이용하여 브랜드에 주목하는 정도를 관찰하였다.

해설 ① 주차된 승용차를 관찰하는 것으로 조사대상자들은 자신들이 관찰되고 있다는 것을 인식하지 못하는 비공개적 관찰 즉 간접관찰에 해당한다.
② 모의 매장과 같이 인위적으로 만들어진 환경에서 조사대상자의 행동을 관찰하는 인위적 관찰이다.
③ 피관찰자에게 현재 관찰되고 있음을 미리 알려주었는지가 불분명하다.
④ 관찰 장비가 관찰하고자 하는 현상을 기록하는 기계적 관찰에 해당한다.

24 다음 사례에 해당하는 외생변수 효과는?

> 배너광고가 브랜드에 대한 태도 변화에 미치는 영향에 관한 실험을 위해 브랜드 태도를 처치 전후 두 번 측정하였다. 한 실험 대상자가 두 번째 측정할 때 처음 측정하였던 측정치가 기억이 나서 그대로 표시하였다.

① 시험효과
② 선택의 편향
③ 성숙효과
④ 역사적 오염

해설 시험효과는 실험대상자에게 반복되는 측정을 했을 때 처음에 측정을 받았다는 사실이 실험대상자의 반응에 변화를 주는 현상으로 주시험효과와 상호작용효과로 나뉜다. 주시험효과는 첫 번째 측정이 두 번째 측정에 영향을 주는 것을 말한다. 상호작용효과는 실험변수에 노출되기 전에 실시된 측정이 실험참가자들로 하여금 실험변수 자체에 대해 보다 민감하게 반응하게 하는 현상을 말한다.

정답 22 ③ 23 ① 24 ①

25 정성조사에 속하는 조사방법으로 옳지 않은 것은?

① 관찰법　　　　　　　　② 현장실험
③ 투사법　　　　　　　　④ 표적집단면접법

> **해설** 정성조사는 소비자의 생각이나 행동에 대한 정보를 설문지를 통한 질문만으로 수집하기 어려운 경우에 적용되는 조사기법으로 면접조사(표적집단면접, 심층면접)와 관찰조사(투사법)가 있다.

26 패널(panel) 조사에 대한 설명으로 알맞은 것은?

① 같은 조사대상자들을 반복 조사하기 위한 방법이다.
② 패널 구성원은 조사를 시행할 때마다 새로 모집한다.
③ 패널 구성원은 그들이 조사되고 있다는 사실을 모르도록 조사를 진행한다.
④ 개인이 아니라 소매상 등 조직을 대상으로 패널을 구성할 수 없다는 한계가 있다.

> **해설** 패널(panel)은 조사회사 또는 기업과 계약을 맺고 지속적으로 자료를 제공하기로 한 소비자 또는 소매점들로 구성된 표본집단을 말한다. 패널조사는 조사회사 또는 기업이 패널을 구축한 후 패널 내의 응답자들로부터 정기적으로 제품구매 또는 사용과 관련된 자료를 수집하여 그 변화를 추적하는 조사방법이다. 응답자 특성에 따라 소비자, 소매점, 전문가패널조사 등 다양한 형태의 패널을 대상으로 한 조사가 있다.

27 표적집단면접법의 특징으로 알맞은 것은?

① 참여자와 일대일로 심도 있는 면접을 진행한다.
② 다른 참여자의 응답에 의견을 제시하면서 상호작용한다.
③ 조사대상으로 선정된 참여자가 집단으로 설문조사에 응한다.
④ 참여자 자신이 아니라 제3자의 행위를 묘사하고 해석하도록 한다.

> **해설** 표적집단면접법(Focus Group Interview : FGI)은 소수의 응답자들(8~10명)을 한 장소에 모이게 한 후 비체계적이고 자연스러운 분위기 속에서 조사목적과 관련한 대화를 유도하여 응답자들이 자유롭게 의사를 표시하도록 하는 면접방법이다.

28 서베이법 중 대인 인터뷰로 자료를 수집하는 방법에 대한 설명으로 옳은 것은?

① 면접원 편향이 발생할 가능성이 낮다.
② 온라인 방법에 비해 응답률이 상대적으로 낮다.
③ 면접원이 응답자의 질문에 답하는 것은 객관성을 위하여 금지된다.
④ 면접원이 응답자를 찾아가야 하기에 접촉범위가 좁은 경향이 있다.

정답 25 ②　26 ①　27 ②　28 ④

해설 대인 인터뷰는 응답자들이 질문내용을 이해하지 못하는 경우 면접원이 자세히 설명해 줄 수 있어 양질의 정보를 얻을 수 있다. 또한 사례품 증정 등으로 동기부여를 제공함으로써 응답률을 높이고 성실한 답변을 얻을 수 있다. 그러나 비용이 많이 들고 면접원이 응답자의 응답에 영향을 미쳐 응답의 객관성을 저해할 수 있다.

29 다음이 의미하는 바와 그에 대한 설명의 연결이 옳은 것은?

> 비율차이에 대한 검증을 위해 계산된 Z 통계량의 값이 임계치인 1.96보다 큰 4.21로 나타났다.

① 귀무가설 채택 – 두 비율은 다르다.
② 귀무가설 기각 – 두 비율은 다르다.
③ 귀무가설 채택 – 두 비율은 다르지 않다.
④ 귀무가설 기각 – 두 비율은 다르지 않다.

해설 계산된 검증통계량 값이 임계치보다 커지면 귀무가설이 기각될 가능성이 높으며 검증통계량이 작으면 귀무가설이 지지될 가능성이 높아진다. 유의수준 알파(α)=0.05인 경우 임계치(기각역)는 1.96으로 임계치보다 통계량 값이 크면 귀무가설을 기각하고 대립가설을 채택한다. 보기에서 귀무가설은 '두 비율은 다르지 않다'이고, 대립가설은 '두 비율은 다르다'이다. 귀무가설은 대립가설과 반대되는 진술로서 조사자가 부정하고 싶은 가설이다.

30 귀무가설이 틀렸지만 맞다고 판단하여 기각하지 않는 오류는?

① 1종 오류
② 검증 오류
③ 2종 오류
④ 진실성 오류

해설 1종 오류는 귀무가설이 참인데도 귀무가설을 기각하고 대립가설을 채택하는 오류이다. 2종 오류는 귀무가설이 거짓일 때 대립가설을 채택하지 않고 귀무가설을 채택하는 오류이다.

구분	귀무가설 참	대립가설 참
귀무가설 채택	옳은 결정	2종 오류
대립가설 채택	1종 오류	옳은 결정

31 비방향적 가설에 대한 설명으로 알맞은 것은?

① 양측 검증이 실시된다.
② '>' 혹은 '<'의 형태로 표현된다.
③ 기각력은 우측이나 좌측에 위치한다.
④ 예로는 '종업원의 EQ가 높을수록 서비스 품질이 높아진다.'를 들 수 있다.

정답 29 ② 30 ③ 31 ①

해설 비방향적 가설은 ≠로 표현되며 양측검증이 실시된다. 단측검증에서 기각역은 좌측이나 우측 한쪽에만 있지만 양측검증인 경우 기각역은 좌·우측 양쪽에 위치한다. 나머지 보기들은 방향적 연구가설로 단측검증이 실시된다.

32 다음 사례의 분석방법으로 알맞은 것은?

- 성별에 따라 주로 이용하는 백화점이 다른지를 파악하고자 한다.
- 20대, 30대, 40대 이상의 연령별로 선호하는 정당에 차이가 있는지를 파악하고자 한다.

① t 검정 ② 회귀분석
③ 교차분석 ④ 분산분석

해설 분산분석은 명목척도로 측정된 독립변수와 등간 또는 비율척도로 측정된 종속변수 사이의 관계를 연구하는 통계기법이다. 즉, 독립변수에 의해 분류된 두 개 이상의 집단 간의 평균값에서 차이가 있는지를 검증하는 데 이용된다. 나이(20대, 30대, 40대)에 따라 정당 선호도(가령 5점척도)에 차이가 나는지를 검증하는 경우에는 다원분산분석이 적용된다.

33 제품 만족도와 서비스 만족도가 백화점 재이용 의도에 미치는 영향을 조사하고자 할 때 알맞은 분석방법은?

① 분산분석 ② 교차분석
③ 회귀분석 ④ 요인분석

해설 회귀분석은 하나 또는 둘 이상의 변수들(독립변수)이 다른 하나의 변수(종속변수)에 미치는 영향의 정도와 방향을 파악하고 독립변수들의 변화에 따른 종속변수의 변화를 예측하기 위한 통계기법이다. 2개 이상의 독립변수와 종속변수 간의 관계를 분석하는 데 이용되는 기법은 다중회귀분석이다.

34 종속변수의 개념이 없는 통계분석기법은?

① 회귀분석 ② 분산분석
③ 군집분석 ④ 판별분석

해설 군집분석은 측정대상들을 그들이 공유하는 특성을 토대로 유사한 대상들끼리 그룹핑하는 통계기법이다. 즉, 종속변수에 대한 독립변수의 영향과 같이 사전에 정의된 특수한 목적이 없다.

정답 32 ④ 33 ③ 34 ③

35 다음 설명에 해당하는 경우는?

> 다중회귀분석의 기본 가정은 독립변수와 종속변수가 모두 최소한 등간척도화되어야 하지만 독립변수가 명목척도인 경우에도 사용할 수 있다.

① 명목척도의 독립변수를 더미변수로 전환할 경우
② 명목척도의 독립변수를 임시변수로 전환할 경우
③ 명목척도의 독립변수를 비율척도변수로 전환할 경우
④ 명목척도의 독립변수를 표준화된 베타계수로 전환할 경우

해설 명목척도로 측정된 독립변수를 범주형 변수인 더미(dummy)변수로 전환하여 회귀식에 포함시킨 다음 회귀분석을 실시할 수 있다.

36 다중회귀분석에서 둘 이상의 독립변수들 간의 상관관계가 높아 데이터 분석에 부정적인 영향을 미치는 현상은?

① 최소자승합　　　　　　② 다중공선성
③ 비표본오류　　　　　　④ 비체계적 오차

해설 다중공선성(multi-collinearity)은 둘 이상의 독립변수들 간의 상관관계가 높을 경우 발생하는데 상관계수를 파악하여 상관관계가 높은 두 변수들 중 하나를 제거하거나, 설명력이 있는 독립변수만을 모형에 포함시키도록 해야 한다.

37 다음 사례에 필요한 통계기법은?

> A 회사는 3가지 판촉 유형(10% 가격 인하, 판촉물 B 제공, 판촉물 C 제품)에 따라 점포별 매출 증가율(%)에 차이가 나타나는지를 검증하여 효과적인 판촉 유형을 결정하고자 한다.

① 회귀분석　　　　　　② 군집분석
③ 분산분석　　　　　　④ 요인분석

해설 분산분석은 명목척도로 측정된 독립변수와 등간 또는 비율척도로 측정된 종속변수 사이의 관계를 연구하는 통계기법이다. 독립변수가 1개이면 일원분산분석, 둘 이상의 범주형 독립변수와 종속변수 간의 관계를 검증하는 경우 다원분산분석으로 분류된다. 보기는 명목척도로 측정된 판촉 유형(3가지이지만 하나의 독립변수)과 점포별 매출 증가율을 분석하기 위한 일원분산분석이다.

정답 35 ①　36 ②　37 ③

38 시장세분화나 시장 내의 경쟁구조 분석에 이용되는 통계 기법은?

① 요인분석
② 다차원척도법
③ 군집분석
④ 컨조인트분석

해설 군집분석은 인구통계적 변수 또는 제품사용상의 특성변수 등을 이용하여 비슷한 특성의 소비자들끼리 묶음으로써 시장세분화의 분석도구로 활용된다. 또한 소비자들에 의해 유사하게 지각되는 상표들끼리 묶어 줌으로써 시장 내의 상표들 간의 경쟁관계를 파악할 수 있게 해 준다.

39 다음 설명에 해당하는 개념은?

> 각 요인의 생명력을 의미하는 것으로 각 요인이 기존 변수의 정보를 어느 정도 설명하는지를 나타내는 지표이다.

① 아이겐값(eigenvalue)
② 공통성(communality)
③ 요인점수(factor score)
④ 요인적재값(factor loading)

해설 아이겐값(eigenvalue)은 요인의 수를 몇 개로 하는지 결정하는 데 유용하다. 즉 요인분석에서는 아이겐값이 1 이상인 요인들의 수만큼 요인을 추출한다. 공통성(communality)은 추출된 요인들이 각 변수를 어느 정도 설명하는지를 보여주는 지표이다. 요인적재값(factor loading)은 각 요인과 변수와의 상관관계를 나타낸다.

40 다음 사례에서 사용할 수 있는 분석방법은?

> A 생활용품 회사는 칫솔시장에서 시장점유율을 높이기 위해 솔의 강도, 솔의 양, 칫솔대의 길이 등 중요 속성을 적절히 조합한 최적의 신제품을 개발하고자 한다.

① 요인분석
② 다차원척도법
③ 판별분석
④ 컨조인트분석

해설 컨조인트분석은 속성수준들의 조합으로 구성된 가상적 제품대안들을 소비자에게 제시하고 각 대안에 대한 선호를 물어 개별 속성의 상대적 중요성과 속성 수준에 대한 선호를 알아내는 방법이다. 제품 구매 시 소비자가 중요하게 생각하는 제품속성별로 그들이 선호하는 속성수준을 찾아냄으로써 최적의 신제품을 개발하는 데 유용한 조사기법이다.

정답 38 ③ 39 ① 40 ④

2022 생산운영관리 기출문제

01 ( ) 안에 들어갈 말로 알맞은 것은?

$$생산성 = \frac{산출}{(\quad)}$$

① 재고　　　　　　② 불량
③ 시간　　　　　　④ 투입

해설 생산성은 투입과 산출의 비율로 이 비율이 클수록 생산성이 높다. 생산성을 최대화하기 위해서는 주어진 투입으로 최대의 산출을 달성해야 한다.

02 다음 설명에 해당하는 생산시스템의 유형은?

- 석유화학, 제지, 비료, 시멘트 등 장치산업에서 흔히 볼 수 있는 제조형태로, 일반 원자재가 투입되면 논스톱으로 완제품에 이르기까지 자동적으로 생산이 이루어진다.
- 재공품이 있을 수 없고 매일매일의 상세한 생산계획이 필요 없으며 대규모 설비투자가 요구된다.

① 개별생산　　　　② 배치생산
③ 로트생산　　　　④ 연속생산

해설 ① 개별생산은 개별주문에 따라 생산을 하는 형태로 주문이 있을 때마다 해당 주문품을 생산한다.
② 배치생산은 다양한 품목의 제품을 범용설비를 이용하여 생산하며 일정한 분량이 산출된다.
③ 로트생산은 일정량씩을 반복하는 생산 시스템으로 일정한 조건 아래 일정한 수량이 산출된다.

03 다음 설명에 해당하는 대량생산의 기초 개념은?

- 애덤 스미스가 핀 제조공정의 관찰을 통해 제조공정을 여러 개의 작은 작업으로 세분화하고 각각의 개별작업을 나누어 담당하게 하면 생산성이 급증한다는 사실을 발견하였다.
- 작업의 세분화와 이 세분화된 작업의 기계화를 통해 품질의 변동을 없애고 관리통제를 손쉽게 하고자 하는 방향으로 초점이 맞추어졌다.

① 분업　　　　　　② 샘플링
③ 관리　　　　　　④ 표준화

해설 애덤 스미스는 핀 제조공정의 공정을 18개로 나누어 작업자 10명에게 분업을 시켰더니 하루에 약 48000개를 생산할 수 있었다. 분업으로 생산성이 240배 증가한 것이다.

정답 01 ④　02 ④　03 ①

04 생산운영관리의 최근 동향이 아닌 것은?

① 생산 및 운영의 글로벌화가 진행되고 있다.
② 컴퓨터, 인터넷 등 정보기술을 적극적으로 도입하고 있다.
③ 품질향상을 위해 설계와 공정보다는 검사에 집중하는 경향이 나타나고 있다.
④ 제품수명주기의 단축으로 제품개발과 시장출하속도를 빠르게 하는 시간에 의한 경쟁이 중요해지고 있다.

> **해설** 품질향상을 위해 검사뿐만 아니라 설계와 공정이 효율적으로 되도록 구성한다.

05 제품 디자인 전반에 걸쳐 다소 추상적인 소비자의 요구나 필요성, 기호 등에 대응하는 구체적인 요구 사항으로 전환하는 과정에 적용할 수 있는 도구는?

① 동시공학
② 모듈러 디자인
③ 품질기능전개
④ 유연제조시스템

> **해설**
> ① 동시공학은 병행설계 또는 동시병행설계라고도 한다. 전체 프로세스를 담당하는 모든 부서가 동시 진행과 상호 교류로 제품 개발의 성공가능성을 높이고, 개발 기간과 비용을 줄이는 방법이다.
> ② 모듈이란 다수의 부품으로 구성되어 있는 표준화된 중간조립품 또는 제품의 기본 구성품을 의미한다. 모듈러 설계를 통해 표준 부품을 조합함으로써 제품의 다양화를 도모하는 모듈러 생산이 가능하다.
> ④ 유연제조시스템은 자재취급 및 생산이 컴퓨터로 통제되고 자동화되는 시스템이다.

06 다음 설명에 해당하는 제품설계 방식은?

- 제품수준에서는 다양화를, 부품수준에서는 단순화를 동시에 달성할 수 있다.
- 부품수준에서는 규모의 경제를 이용하며, 동시에 차별화된 제품을 제공할 수 있다.
- 대량고객화(mass customization)를 실행하기 위한 방법 중 하나이다.

① 단순화 설계
② 표준화 설계
③ 모듈러 설계
④ 가치공학 설계

> **해설**
> ① 단순화 설계는 제품과 부분품의 낭비를 막기 위하여 불필요한 제품 종류, 품목, 크기 등의 품종을 줄이는 것이다.
> ② 표준화 설계는 제품의 규격, 치수, 원재료 등을 일정한 규격으로 통일하고 필요한 표준을 정함으로써 대량 생산을 가능하게 하고 생산 및 유통에 소요되는 비용을 절감하는 것이다.
> ④ 가치공학 설계는 제품의 기능적 요건을 충족시키면서도 비용을 고려하여 경제적으로 생산하는 것이다.

정답 04 ③ 05 ③ 06 ③

07 제품생산 및 설계에서 유연성이 가장 큰 생산체제는?

① 라인생산　　　　　　　② 배치생산
③ 계속생산　　　　　　　④ 개별생산

> **해설** 개별생산은 개별주문에 따라 생산을 하는 형태로 주문이 있을 때마다 해당 주문품을 생산하므로 유연성이 가장 큰 생산체제다.

08 제조업과 비교해서 서비스업의 특징이 아닌 것은?

① 재판매가 불가능하다.
② 서비스업은 생산과 소비가 거의 동시에 발생한다.
③ 서비스업은 고객과의 접촉 횟수가 빈번하여 품질측정이 용이하다.
④ 서비스업은 재고가 없으므로 고객 수요에 효과적으로 대응하기 어렵다.

> **해설** 서비스업은 고객과의 접촉 횟수가 빈번한데, 고객마다 느끼는 품질이 주관적이므로 품질측정이 용이하지 않다.

09 다음 설명에 해당하는 설비배치 방식은?

> • 항공기, 선박처럼 제품이 크고 그 구조가 복잡한 경우 주로 이용되는 생산형태로 프로젝트 생산시스템의 경우에만 이용된다.
> • 한 작업장에서 또 다른 작업장으로 생산할 품목을 이동 가공하는 대신, 모든 기계설비, 원자재, 부품, 작업자를 한곳에 집중시켜 생산해 나가는 배치방식이다.

① 공정별 배치　　　　　　② 그룹별 배치
③ 제품별 배치　　　　　　④ 고정형 배치

> **해설** ① 공정별 배치는 작업기능의 종류에 따라 공정(기계, 사람)들을 분류하고 같은 종류의 작업기능을 갖는 공정들을 한 곳에 모아 배치하는 형태이다.
> ② 그룹별 배치는 제품구조의 특성에 따라 생산품목을 몇 개의 그룹으로 나누어 각 그룹별로 생산설비를 배치하는 형태다.
> ③ 제품(라인)별 배치는 대량생산 내지 연속생산시스템에서 볼 수 있는 형태로, 제품이나 제공되는 서비스의 각 단위를 완성하는 데 필요한 작업절차에 따라 설비 및 장비를 배치한다.

정답 07 ④　08 ③　09 ④

10 대량고객화를 가능하게 하는 수단이 아닌 것은?

① 지연생산(postponement)
② 조립생산(assemble-to-order)
③ 빠른 작업전환(fast changeover)
④ 적층생산(additive manufacturing)

> **해설** 대량고객화 또는 대량맞춤이란 대량생산과 맞춤화 또는 고객화가 결합된 용어이다. 맞춤화된 상품과 서비스를 대량생산을 통해 비용을 낮춰 경쟁력을 창출하는 새로운 생산 및 마케팅 방식을 의미한다. 이를 위해서는 지연생산, 조립생산, 빠른 작업전환, 모듈화 설계 등이 활용된다. 적층생산은 3D 프린터를 활용한 제조방식으로 원료를 한 층씩 적층하여 조립공정 없이 최종 완성품을 제작하는 것이다. 이는 대량생산에 용이하지만 제조시간이 오래 소요되는 단점이 있다.

11 단속공정(intermittent process)에 대한 설명으로 옳지 않은 것은?

① 작업자들의 기술수준은 비교적 낮다.
② 특수기계보다는 범용기계를 사용한다.
③ 다양한 제품을 소량으로 생산하는 데 적합한 공정이다.
④ 단속공정에서 생산되는 제품의 생산원가는 비교적 높다.

> **해설** 단속공정은 범용설비를 이용하여 제품을 가공하므로 숙련도가 높은 작업자가 필요하여 인건비 부담이 가중될 수 있다.

12 다음 설명에 해당하는 문제해결기법은?

> • 이 문제해결기법은 불량의 유형과 이에 영향을 미치는 모든 요인 간의 관계를 이해하기 쉽게 나타내는 데 이용된다.
> • 최종적인 결과 또는 변수를 화살표 오른쪽 끝에 표시하고 그 원인들을 각 계통별로 나타내는 방법이다.

① 흐름도
② 특성요인도
③ 과태료도
④ 도수분포표

> **해설** 특성요인도란 일의 결과(특성)와 그것에 영향을 미치는 원인(요인)을 계통적으로 정리한 그림이다. 즉, 특성에 대하여 어떤 요인이 어떤 관계로 영향을 미치고 있는지 명확히 하여 원인규명을 쉽게 할 수 있도록 하는 기법이다. 특성이란 길이, 속도, 불량률 등 제품의 품질을 표시하는 품질특성을 나타낸다. 요인이란 원인 중에서 특성에 영향을 미친다고 생각되는 것을 말한다.

정답 10 ④ 11 ① 12 ②

13 수요예측기법 중 지수평활법에 대한 설명으로 옳지 않은 것은?
① 평활계수는 예측치와 실제치의 차이에 반응하는 속도를 결정한다.
② 평활계수가 1에 가까울수록 반응성이 커지고 평활성도 증가한다.
③ 가중치의 합이 1이므로 지수평활법은 가중이동평균법의 특수한 형태이다.
④ 예측치가 최근의 실제치에 민감하게 반응하길 원한다면 평활계수의 값을 크게 해야 한다.

해설 평활계수가 1에 가까울수록 반응성은 커지고 평활성은 감소한다.

14 수요예측의 접근방법이 나머지 셋과 다른 것은?
① 델파이법
② 지수평활법
③ 이동평균법
④ 시계열 분해법

해설 수요예측기법은 크게 정성적 예측기법과 정량적 예측기법으로 구분된다. 델파이법은 대표적인 정성적 예측기법이고, 지수평활법, 이동평균법, 시계열 분해법은 정량적 예측기법이다.

15 2022년도 A사의 1~5월 제품 판매량이 다음과 같을 때, 3개월 단순이동평균법을 활용한 2022년도 6월의 판매량 예측치는?

월	1월	2월	3월	4월	5월
판매량	10	14	18	16	11

① 14
② 15
③ 16
④ 17

해설 3개월 단순이동평균법을 활용한 2022년도 6월의 판매량 예측치는 15개이다.
$$\frac{18+16+11}{3}=15$$

16 추적지표(TS)에 대한 설명으로 옳지 않은 것은?
① 추적지표는 누적예측오차를 평균절대편차(MAD)로 나눈 값이다.
② 예측이 실제치보다 꾸준히 높게 되면 추적지표의 값은 정(+)의 값을 갖게 된다.
③ 사용하고 있는 예측기법이 실제치를 잘 따르고 있으면 추적지표의 값은 0에 가깝게 된다.
④ 추적지표의 값이 정(+)의 방향이나 부(-)의 방향으로 일정한 수준을 벗어날 경우에는 현재 사용하고 있는 예측 모형의 타당성을 재검토하여 수정조치를 취해야 한다.

정답 13 ② 14 ① 15 ② 16 ②

해설 추적지표는 예측의 정확도를 나타내 주는 신호로서 음수(-)의 값을 나타내면 예측치가 실제치보다 크고, 양수(+)의 값을 나타내면 예측치가 실제치보다 낮은 것을 의미한다.

17 생산계획을 계획기간에 따라 구분할 때, 장기계획에서 단기계획으로 순서대로 나열한 것은?

① MPS → MRP → 총괄생산계획 → 작업일정계획
② MPS → 총괄생산계획 → 작업일정계획 → MRP
③ 총괄생산계획 → MRP → MPS → 작업일정계획
④ 총괄생산계획 → MPS → MRP → 작업일정계획

해설 계획의 계층적 관계는 전략적 생산능력계획(장기) → 총괄생산계획(중기) → 주일정계획(중기, MPS) → 자재소요계획(중기, MRP) → 작업일정계획의 순서(단기)를 따른다.

18 다음 그림과 같이 수요가 꾸준히 증가하는 상황에서 생산능력(설비)을 증설하는 전략은?

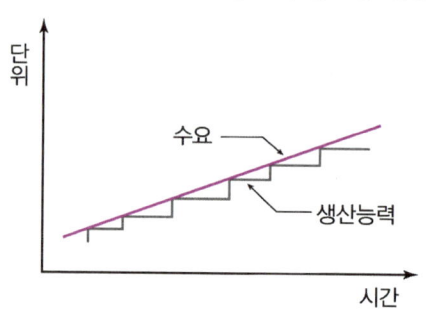

① 혼합전략   ② 사전확장전략
③ 사후증설전략   ④ 기대가치 유지전략

해설 그림은 수요가 꾸준히 증가하고 수요를 관망하다가 생산능력을 증설하는 보수적인 사후증설전략을 나타낸다. 사후증설전략은 투자 위험을 줄일 수 있으나 수요에 뒤처지며 생산능력 부족을 메우기 위해 잔업, 임시고용, 하청 등의 단기적인 대안에 의존하는 경우가 많다.

19 총괄생산계획에서 달성하고자 하는 목표로 알맞지 않은 것은?

① 재고투자 확대   ② 고객서비스 확대
③ 생산비용 감소   ④ 생산율 변화 감소

정답 17 ④ 18 ③ 19 ①

해설 총괄생산계획은 시장의 수요에 대응하여 생산량을 수량적, 시간적으로 적응해 나가는 계획과정이다. 총괄생산계획의 목표는 생산비용 감소, 고객서비스 확대, 재고수준의 최소화, 생산율 변화 감소, 고용수준 변동의 최소화, 잔업 및 하청의 최소화 등에 있다.

20 작업장에서 처리될 4개의 작업에 대한 처리시간과 납기가 다음과 같을 때, 납기초과일수가 가장 큰 작업은?

작업	처리시간(일)	납기(일)
A	5	11
B	9	10
C	7	9
D	11	23

① A
② B
③ C
④ D

해설 납기초과일 수가 가장 큰 작업은 11일로 B이다.

작업	처리시간(일)	납기(일)	흐름시간(일)	납기지연일
A	5	11	5	0
C	7	9	12	3
B	9	10	21	11
D	11	23	32	9

21 생산일정계획에 대한 설명으로 옳지 않은 것은?
① 생산능력, 설비, 노동을 효과적으로 할당하는 계획이다.
② 총괄생산계획에 의해 획득한 자원을 집행하는 사용계획이다.
③ 연속생산시스템은 공정처리 순서가 유동적이다.
④ 단속생산시스템은 여러 공정이나 작업장을 이동하여 생산한다.

해설 연속생산시스템은 대량생산시스템으로 공정처리 순서가 고정적이고 반복적이다.

정답 20 ② 21 ③

22 작업장에서 처리될 4개의 작업에 대한 대기시간과 처리시간, 납기까지 남은 시간이 다음과 같을 때, 긴급률(critical ratio) 규칙을 적용하는 경우에 먼저 처리되어야 할 작업 순서대로 나열한 것은?

작업	대기시간(일)	작업시간(일)	납기까지 남은 시간(일)
A	2	3	9
B	5	5	10
C	3	4	16
D	0	8	12

① A → B → D → C
② B → C → A → D
③ D → B → A → C
④ D → B → C → A

해설 긴급률 규칙은 긴급률이 작은 값부터 우선적으로 처리하는 것으로 D → B → A → C이다.

작업	대기시간(일)	작업시간(일)	납기까지 남은 시간(일)	긴급률
A	2	3	9	3/9=3
B	5	5	10	5/10=2
C	3	4	16	4/16=4
D	0	8	12	8/12=1.5

23 프로젝트에 대한 설명으로 옳지 않은 것은?
① 비반복적이고 주로 1회적이다.
② 동시에 두 활동을 처리할 수 없다.
③ 여러 관련 활동으로 구성되어 복잡한 성격을 띤다.
④ 완료기간의 지연은 큰 비용 및 손해를 초래할 수 있다.

해설 프로젝트란 대규모 건설, 신도시 개발 등과 같이 막대한 자본이 투하되면서 장시간에 걸쳐 작업이 완료되는 큰 사업이다. 프로젝트는 보통 특정 산출물을 생산하기 위하여 상호 관련된 수많은 작업과 활동이 포함되며, 이들 작업과 활동들이 명확한 시작시점과 종료시점을 갖고 있다. 그런 이유로, 프로젝트는 매일, 매주 또는 매월 수행되기보다는 단 한 번 수행되는 비반복적인 특성을 보유한다. 컴퓨터의 발달과 함께 프로젝트 관리는 소프트웨어 개발, 정보시스템 설치 같은 영역으로 확대되고 있으며 동시에 두 활동을 처리할 수 없는 것은 아니다.

정답 22 ③ 23 ②

24 프로젝트의 주공정로(critical path)에 해당하는 활동은?

활동	활동시간(일)	직전 선행활동
A	3	–
B	4	A
C	3	A
D	3	B
E	5	C
F	4	C
G	3	D, E
H	5	E, F
I	4	G, H

① B ② D
③ F ④ G

해설 프로젝트의 주공정로는 A → C → F → H → I이다.

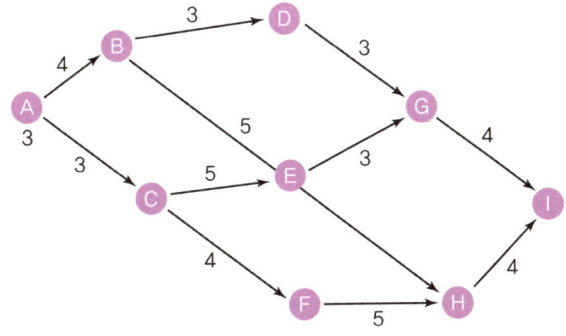

25 PERT를 사용하여 프로젝트를 관리할 때, 얻을 수 없는 정보는?

① 주공정(critical path)
② 프로젝트의 최단완료기간
③ 추가비용 없는 프로젝트 기간 단축
④ 각 활동(activity)의 시작일과 완료일

해설 MCX(Minimum Cost eXpending)란 전체 프로젝트의 비용을 절감하기 위해서 선정된 활동들의 일정을 단축시켜 나가는 것을 말한다. MCX를 적용하기 위해서는 시간과 비용의 관계를 고려해야 하며, 이는 단위시간당 증분비용(增分費用, Incremental Cost : K)을 파악하는 것에서부터 시작된다. 즉, 단위시간당 증분비용이란 일정을 단위시간(하루 또는 한주)만큼 단축하기 위해서 증가되는 비용을 말한다.

정답 24 ③ 25 ③

26 경제적 주문량(EOQ) 모형의 가정으로 옳지 않은 것은?

① 리드타임은 일정하다.
② 수량할인이 인정된다.
③ 재고부족현상이 발생하지 않는다.
④ 단위기간당 수요율(demand rate)은 일정하다.

> **해설** 경제적 주문량(EOQ) 모델은 연간 주문비용과 재고유지비용의 합을 최소로 하는 주문량을 결정하는 모델로 가격(수량)할인은 인정되지 않는다.

27 재고를 많이 비축함으로써 줄일 수 있는 비용이 아닌 것은?

① 기회비용　　　　　② 운송비용
③ 주문비용　　　　　④ 품절비용

> **해설** 재고를 많이 비축할 경우 재고부족비용을 절감할 수 있다. 재고부족비용은 재고부족에 따른 생산중단, 판매기회 손실(기회비용), 품절비용, 주문비용 등을 포함한다. 운송비용은 공급자에게 필요로 하는 물품을 주문하는 데 드는 비용으로 주문으로부터 인수하기까지의 과정에서 발생되는 비용이다.

28 공급업체의 납품 지연이 발생하거나 납품 수량이 불규칙할 경우, 또는 예상치 못한 고객 수요에 대비하기 위해 보유하는 재고는?

① 안전재고　　　　　② 주기재고
③ 이동재고　　　　　④ 예상재고

> **해설** 공급업체의 납품 지연이 발생하거나 납품 수량이 불규칙할 경우, 또는 예상치 못한 고객수요에 대비하기 위해 보유하는 재고는 안전재고다. 안전재고는 일일 평균수요, 납품 기간의 길이 및 불확실성, 고객서비스 수준에 영향을 받는다.

29 다음 사례에서 1회 경제적 주문량은?

> 연간 수요량이 4만 개인 제품의 연간 재고 유지비용은 400원이다. 1회 주문비용은 8만 원이다.

① 1,000개　　　　　② 2,000개
③ 3,000개　　　　　④ 4,000개

정답　26 ②　27 ②　28 ①　29 ④

해설 $\sqrt{\dfrac{2 \times 40000 \times 80000}{400}} = 4000$

30 다음 사례에서 재주문점(ROP)은?

- 제품의 하루 수요량은 평균 30개
- 주문 후 이를 받기까지는 3일 소요
- 정량발주시스템에서의 안전재고는 15개

① 90개 ② 95개
③ 100개 ④ 105개

해설 재주문점은 수요량 30개에 조달기간 3일을 곱한 90개에 안전재고 15개를 더한 105개이다.

31 MRP(자재소요계획)에 대한 설명으로 옳지 않은 것은?

① 종속수요 품목의 재고를 계획하고 통제한다.
② 부품은 주일정계획(MPS)에 의해 요구될 때 발주된다.
③ 부품재고가 낮은 수준에 도달하면 자동적으로 보충된다.
④ 주된 투입요소로서 주일정계획과 자재명세서(BOM), 재고기록철이 있다.

해설 부품재고가 낮은 수준에 도달하면 리드타임을 고려하여 미리 주문하거나 생산지시가 내려져야 한다.

32 다음 설명에 해당하는 경영시스템은?

- 최종고객에게 그들이 원하는 제품을 원하는 시기에 낮은 비용으로 제공하고자 하는 목적을 가지고 있다.
- 물류관리의 개념을 기업 간의 네트워크 관계로 접근하여 그 기능을 통합하여 관리하는 방식을 일컫는다.
- 공급기업이나 구매기업, 유통기업이나 운송기업 등에 이르는 전반의 물류관리를 제도적·실천적 시스템으로 구축한 것이다.

① TQM(Total Quality Management)
② SCM(Supply Chain Management)
③ ERP(Enterprise Resource Planning)
④ CRM(Customer Relationship Management)

정답 30 ④ 31 ③ 32 ②

해설 ② TQM은 전사적 품질경영이라고도 하며 제품이나 서비스의 품질뿐만 아니라 경영과 업무, 직장환경, 조직 구성원의 자질까지도 품질개념에 포함하여 관리할 것을 제안한다.
③ ERP는 전사적 자원관리로 종래 독립적으로 운영되던 생산·재무·유통·인사 등의 정보시스템을 하나로 통합하여 수주에서 출하까지의 공급망(supply chain)과 기간업무를 지원하는 통합정보시스템이다.
④ CRM은 고객관계관리로 고객과의 커뮤니케이션 및 고객의 시각에 맞는 마케팅 활동에 기반한 양호한 관계 유지를 목적으로 한다.

33 아웃소싱에 대한 설명으로 옳지 않은 것은?

① 한정된 자원의 역량을 기업이 잘하는 부분에 집중하고자 하는 노력의 일환이다.
② 아웃소싱 의존도를 높임으로써 부품공급업체에 대한 통제력을 강화할 수 있다.
③ 가치사슬 중 경쟁력이 높은 프로세스 외의 나머지 프로세스를 외부기업에 할당하는 것이다.
④ 기업의 가치창출에 큰 영향을 주지 않는 복잡한 프로세스를 아웃소싱하는 것이 바람직하다.

해설 아웃소싱 의존도가 증가될 경우 부품공급업체에 대한 통제력을 상실할 수 있다.

34 공급사슬 내의 흐름 중 고객사슬 상하위 모든 단계에서 양방향으로 이동하는 것은?

① 정보흐름
② 원자재흐름
③ 조립품흐름
④ 자금의 흐름

해설 ② 원자재흐름은 상류에서 하류로 이동한다.
③ 조립품흐름은 하류에서 상류로 이동한다.
④ 자금의 흐름은 하류에서 상류로 이동한다.

35 다음 사례에서 재고회전율은?

> 공급사슬 성과를 측정하기 위한 대표적인 지표로 재고회전율이 활용된다. 작년 평균재고가 200억 원이고 매출원가가 1000억 원이었다.

① 5
② 10
③ 15
④ 20

정답 33 ② 34 ① 35 ①

해설 재고회전률은 5이다.
$$\frac{1000}{200}=5$$

36. 밑줄 친 용어에 해당하는 요소가 아닌 것은?

> 린 생산시스템 도입의 첫 단계는 작업장의 정비에서 시작되며 이에 대한 구체적인 방법론은 3정5S이다.

① 정리 ② 정보
③ 습관 ④ 청소

해설 린 생산시스템의 5S는 정리, 정돈, 청소, 청결, 생활화(습관)이다.

37. 린(Lean) 생산시스템에서 낭비의 예가 아닌 것은?

① 대기 ② 초과생산
③ 재고 ④ 설비증설

해설 린(lean) 생산시스템에서 규정하고 있는 7대 낭비는 과잉생산, 재고, 가공, 동작, 운반, 대기, 불량생산이다.

38. 적시생산(JIT) 시스템과 관련 없는 것은?

① 푸시 시스템(push system)
② 칸반 시스템(kanban system)
③ 집중화 공장(focused factory)
④ 균일한 작업부하(uniform workload)

해설 적시생산(JIT)의 생산원칙은 풀 방식(pull process)으로 고객의 주문이 접수되는 시점부터 제품이 만들어지는 형태로 시장수요에 맞춘 생산 전략에 입각해 있다.

정답 36 ② 37 ④ 38 ①

39 6시그마의 5단계를 순서대로 나열한 것은?

① 정의 → 측정 → 통제 → 분석 → 개선
② 정의 → 측정 → 분석 → 개선 → 통제
③ 통제 → 정의 → 측정 → 분석 → 개선
④ 통제 → 정의 → 분석 → 개선 → 측정

해설 6시그마의 해결 기법 과정은 DMAIC로 설명된다. 이는 정의(Define), 측정(Measure), 분석(Analyze), 개선(Improve), 관리(통제, Control)를 거쳐 최종적으로 6시그마의 기준에 도달하게 되는 것을 의미한다.

40 다음 설명에 해당하는 것은?

- 용도에 대한 적합성으로 주란(Juran)에 의해 제시된 정의이며 규격에의 일치 여부와 소비자 만족도 수준의 두 측면을 모두 포괄하고 있다.
- 협의의 개념으로는 규격에 일치하는 정도로 정의되며, 소비자 관점에서는 디자인이나 기능의 우수 여부 등을 포함한다.

① 판매
② 생산
③ 품질
④ 제조

해설 품질관리란 광의로는 시장성이 높은 제품을 경제적으로 생산하기 위한 일련의 체계적 조치를 포괄한다. 협의의 품질관리는 과학적 원리를 응용하여 제품 품질의 유지, 향상을 기하기 위한 관리를 의미한다. 주란(Juran)은 품질의 표준을 설정하고 여기에 도달하기 위하여 사용되는 모든 수단을 품질관리로 보았다.

정답 39 ② 40 ③

독학사 2단계

YEAR
2021 기출문제

- 인적자원관리
- 마케팅원론
- 조직행동론
- 경영정보론
- 마케팅조사
- 생산운영관리

※ 본 기출문제는 수험생들의 기억력을 토대로 복원되어 실제로 출제된 문제와는 다소 차이가 있을 수 있습니다.

독학사 2단계

2021 인적자원관리 기출문제

01 다음 설명에 해당하는 인적자원관리자의 역할은?

> 인적자원관리자는 사회적·기술적 변화에 대응하는 인간과 관련된 제도를 의미 있게 변화시키는 촉진자 역할을 한다.

① 부문 간 조정 역할
② 변화담당자로서의 역할
③ 라인에 대한 서비스 역할
④ 최고경영층에 대한 역할

해설 사회적·기술적 변화에 대응하여 인간과 관련된 제도를 의미 있게 변화시키는 촉진자 역할을 하는 것은 변화담당자(change agent)로서의 역할이다. 변화담당자는 기업의 변화를 자극하고 지도·안정시키는 역할을 수행한다.

02 인사관리자의 역할에 해당하지 않는 것은?

① 보호 역할
② 서비스 역할
③ 투자자 역할
④ 변화담당 역할

해설 인적자원관리자, 즉 인사관리자는 부문 간의 조정자로서 구성원을 보호하는 보호 역할, 라인에 대한 서비스 역할 및 변화담당자로서의 역할을 한다.

03 페이욜(H. Fayol)이 분류한 경영활동 중 다음 설명에 해당하는 것은?

> 조직의 목적달성을 위해 계획, 조직화, 지휘, 조정, 통제하는 활동을 의미한다.

① 상업활동
② 보전활동
③ 관리활동
④ 기술활동

해설 ③ 조직의 목표를 달성하기 위해 계획, 조직화, 지휘, 조정, 통제하는 활동은 관리활동에 해당한다. 페이욜(H. Fayol)은 경영의 활동을 ㉠ 기술활동(생산, 제조, 가공), ㉡ 상업활동(구매, 판매, 교환), ㉢ 재무활동(자본의 조달과 운영), ㉣ 보전활동(재화와 종업원의 보호), ㉤ 회계활동(재산목록, 대차대조표, 원가, 통계), ㉥ 관리활동(계획, 조직, 지휘, 조정, 통제) 등 6가지로 구분한다.

정답 01 ② 02 ③ 03 ③

04 ( ) 안에 들어갈 말로 알맞은 것은?

( )은/는 정보기술기기 등을 활용해 장소나 시간에 구애받지 않고 일하는 방식을 말한다.

① 인공지능
② 스마트워크
③ 사물인터넷
④ 사이버-물리시스템

해설 스마트워크(Smart Work)는 언제 어디서나 일을 할 수 있는 정보통신기술 환경을 가리키는 말이다. 집에서 회사 일을 하거나 정보통신기기를 이용해 시간과 장소에 얽매이지 않고 이동하며 일하는 방식을 말한다.

05 직무분석의 절차를 순서대로 나열한 것은?

ㄱ. 배경정보 수집
ㄴ. 직무정보 획득
ㄷ. 직무기술서 작성
ㄹ. 직무명세서 작성
ㅁ. 분석되어야 할 대표직위 선정

① ㄱ → ㄴ → ㅁ → ㄷ → ㄹ
② ㄱ → ㅁ → ㄴ → ㄷ → ㄹ
③ ㅁ → ㄴ → ㄱ → ㄷ → ㄹ
④ ㅁ → ㄱ → ㄴ → ㄷ → ㄹ

해설 직무분석은 준비작업 및 배경정보의 수집 → 분석하여야 할 대표직무의 선정 → 직무정보의 획득 → 직무기술서의 작성 → 직무명세서의 작성의 순으로 이루어진다.

06 다음 설명에 해당하는 직무평가 방법은?

어떠한 기준에 따라서 사전에 만들어 놓은 등급에 각 직무를 적절히 판정하여 맞추어 넣는 평가방법이다.

① 분류법
② 서열법
③ 쌍대비교법
④ 요소비교법

해설 직무평가 방법 중 분류법에 대한 설명이다. 분류법(job-classification method)은 어떠한 기준에 따라서 사전에 직무등급을 결정해 놓고, 각 직무를 적절히 판정하여 맞추어 넣는 직무평가방법이다. 강제배정의 특성이 있어 정부기관이나 학교, 서비스업체 등에서 많이 이용한다.

정답 04 ② 05 ② 06 ①

07 다음 설명에 해당하는 개념은?

> 그가 속한 사회적 집단에 대한 지각을 기초로 하여 타인을 평가할 때 나타나는 오류이다.

① 현혹효과
② 대비오류
③ 상동적 태도
④ 편견에 의한 오류

해설 상동적 태도(stereotyping)는 사람에 대한 경직적인 편견(rigid bias)을 가진 지각을 의미하는 것으로, 그가 속한 사회적 집단(인종, 지역, 출신학교 등)에 대한 지각을 기초로 하여 타인을 평가할 때 나타나는 오류이다.

08 ( ) 안에 들어갈 말로 알맞은 것은?

> ( )는 직무급 임금체계 실시의 기초작업이며, 조직에서 직무의 상대적 가치를 타 직무와 비교하여 결정하는 체계적인 과정이다.

① 직계제도
② 직무평가
③ 직무기술서
④ 직무명세서

해설 직무급 임금체계는 직무의 중요성과 곤란도 등에 따라서 각 직무의 상대적 가치를 평가하고, 그 결과에 의거하여 임금액을 결정하는 체계이다. 각 직무의 상대적 가치를 평가하는 것은 직무평가(job evaluation)이다.

09 다음 설명에 해당하는 인력공급 방법은?

> 제품 및 서비스 수요의 지속적인 증가가 예상될 경우, 생산기능의 일부분을 다른 기업에 의뢰하여 초과인력수요에 대응한다.

① 초과근무(overtime)
② 하도급(subcontracting)
③ 리스 고용(employee leasing)
④ 임시적 고용(temporary employee)

해설 제품 및 서비스 수요의 지속적인 증가가 예상될 경우, 생산기능의 일부분을 다른 기업에 의뢰하여 대응하는 것은 하도급(subcontracting)이다.

정답 07 ③ 08 ② 09 ②

10 다음 설명에 해당하는 인력예측 방법은?

> 안정적인 조건에서 승진, 이동, 퇴사의 일정 비율을 적용하여 장래 각 기간에 걸친 인원의 변동상황을 예측하는 방법이다.

① 델파이기법 ② 추세분석
③ 마코브 분석 ④ 전문가 예측법

해설 마코브 분석(Markov analysis)은 인력의 공급예측 방법의 하나로, 안정적인 조건하에서 승진, 이동, 이직 등의 일정 비율을 적용하여 미래의 각 기간에 걸쳐 현재 인원의 변동을 예측하는 기법이다.

11 ( ) 안에 들어갈 말로 알맞은 것은?

> ( )은/는 기업이 모집단계에서 직무지원자에게 직무에 대한 정확한 정보를 제공하는 것이다. 이는 직무지원자에게 직무의 긍정적, 부정적 측면을 제공하여 미래의 이직률을 감소시키는 데 목적을 둔다.

① 직무충실 ② 소시오메트리
③ 바이오데이터 ④ 현실적 직무소개

해설 모집단계에서 직무지원자에게 직무에 대한 모든 정보를 정확하게 제공하는 것은 현실적 직무소개이다.
✪ 바이오데이터(biodata)
이력서나 지원서 및 면접 등을 통해 확보된 입사지원자 개인 신상에 관한 모든 정보를 말한다. 성별, 연령, 학력 등의 검증 가능한 정보뿐 아니라 취미, 태도, 신념, 가치관 등 검증이 어려운 정보들도 포함한다.

12 다음 설명에 해당하는 인력수요예측 기법은?

> 미래 기업환경이 매우 불안정하고 복잡한 변화가 예상되어 해당 기업의 직무, 조직구조 및 생산기술의 변화에 대한 예측이 용이하지 않을 경우, 이를 예측하기 위해 활용된다.

① 노동과학적 기법 ② 자격요건분석 기법
③ 회귀분석 ④ 시나리오 기법

해설 시나리오 기법은 미래에 발생할 것으로 예상되는 변화와 이에 대한 기업의 기회(opportunity)와 위협(threat) 요인을 파악한 후 각 직무내용에 대한 수요를 예측하는 기법이다.

정답 10 ③ 11 ④ 12 ④

13 ( ) 안에 들어갈 말로 알맞은 것은?

> ( )이란 당초에 측정하려고 의도한 것을 얼마나 정확하게 측정하고 있는지를 의미한다.

① 정확성 ② 신뢰성
③ 타당성 ④ 예측가능성

해설 타당성(validity)이란 인사평가가 당초에 측정하려고 의도하였던 것을 얼마나 정확히 측정하고 있는가를 밝히는 정도를 말한다. 즉, 인사평가에서 우수한 성적을 얻은 사람이 근무성적 또한 예상대로 우수할 때 그 평가는 타당성이 인정된다.

14 다음 설명에 해당하는 것은?

> 현직 종업원에 대하여 시험을 실시해서 그 시험성적과 현재 그 종업원의 직무성과를 비교하여 타당성을 검사하는 것이다.

① 예측타당성 ② 동시타당성
③ 내용타당성 ④ 구성타당성

해설 동시타당성(concurrent validity)은 기준타당성의 하나로, 현 종업원을 상대로 한 시험성적과 그 종업원의 직무성과를 비교하여 선발도구의 타당성을 측정하는 방법이다.
이 방법은 현 종업원을 대상으로 동시에 실시하므로 예측타당성에 비해 시간과 비용이 적게 소요된다는 이점이 있으나, 현 종업원은 고용되기 이전 지원자였을 때보다 높은 시험성적을 올리려는 유인이 적을 수 있다는 한계가 있다.

15 신입사원이 조직과 실무현장, 그리고 배치된 직무를 잘 수행할 수 있도록 하는 과정은?

① 직무배치 ② 순환근무
③ 교육훈련 ④ 오리엔테이션

해설 제시된 내용은 오리엔테이션(orientation)에 대한 설명이다. 오리엔테이션은 신규로 채용된 종업원에게 채용 후 일정 기간 동안 직무에 관한 요건, 근무태도와 방법 등을 훈련시키는 것을 말한다. 신입자에 대한 교육훈련의 종류에는 입직훈련(오리엔테이션)과 멘토시스템이 있다.
신입사원이 회사 밖에서 형성한 태도·습관은 조직이 기대하는 태도, 표준, 가치기준, 행동유형과 다르다. 그러므로 기업에 대한 조직사회화를 위해 교육훈련을 실시한다.

정답 13 ③ 14 ② 15 ④

16 다음 설명에 해당하는 면접방법은?

> 지원자에 대하여 아무런 정보 없이 오로지 능력과 성과에 적합한 사람을 선발하고자 할 때 사용하는 면접이다.

① 패널 면접 ② 블라인드 면접
③ 상황 면접 ④ 스트레스 면접

해설 블라인드 면접(blind interview)은 면접시험관의 선입견을 없애기 위해 지원자의 출신 대학이나 전공 등 일체의 이력 사항을 모르는 상태로 지원자의 직무능력만을 확인하기 위한 면접을 말한다.

17 경력개발의 목적으로 옳지 않은 것은?

① 효율적 인적자원개발의 촉진
② 적정배치의 실현과 조직활성화
③ 공정한 임금관리 토대의 마련
④ 조직구성원의 동기부여와 고용의 정착화

해설 경력개발(CDP)은 인재의 효율적인 확보 및 배분을 통한 조직효율성의 증대와 종업원의 자아발전의 욕구충족에 목적이 있다. 즉 인재확보 및 배치, 종업원의 성취동기 유발, 후계자 양성 및 이직 방지 등을 목적으로 한다.

18 비자발적 이직에 해당하지 않는 것은?

① 전직 ② 정년퇴직
③ 일시해고 ④ 징계해고

해설 자발적 퇴직(임의퇴직, 의원면직)에는 사직, 명예퇴직 및 전직이 있고, 비자발적 퇴직(강제퇴직)에는 정년퇴직, 직권면직, 일시적 해고, 징계적 해고 등이 있다.

19 〈보기〉에서 속인기준에 해당하는 승진의 유형을 고른 것은?

> **보기**
> ㄱ. 직위승진 ㄴ. 역직승진 ㄷ. 신분자격승진 ㄹ. 직능자격승진

① ㄱ, ㄴ ② ㄴ, ㄷ
③ ㄱ, ㄹ ④ ㄷ, ㄹ

정답 16 ② 17 ③ 18 ① 19 ④

해설 승진기준으로서 속인기준은 종업원에게 주어진 신분계층(주로 근속연수)에 따른 신분자격 승진과 종업원이 보유하는 직무수행능력에 따른 직능자격 승진 등이 있다. 역직승진과 직위승진은 속직기준(속업무기준)에 따른 승진이다.

20 다음 설명에 해당하는 이론은?

- 행동과 인지의 상호작용을 중시한다.
- 반두라(Bandura)에 의해 정립되었다.
- 관찰과 경험에 의해 학습이 이루어진다.
- 관찰학습, 모방학습, 자아통제, 자기효능감의 특성을 가진다.

① 인지적 학습이론
② 사회적 학습이론
③ 고전적 조건화이론
④ 조작적 조건화이론

해설 반두라(A. Bandura)에 의해 정립된 것은 사회적 학습이론(social learning theory)으로 관찰과 경험에 의해 학습이 이루어진다는 주장이다.

21 두 사람 간에 나타나는 대화 내용을 분석함으로써 인간관계 능력을 향상시키는 데 활용하는 교육훈련 기법은?

① 교류분석법
② 행동모델법
③ 역할연기법
④ 인바스켓 훈련

해설 교류분석(TA, Transactional Analysis)은 개인 간의 관계를 증진하기 위해 많은 기업들이 사용하고 있는 기법이다. 개인의 특성이나 인간관계의 유형을 다양하게 분석하여 개인이나 집단의 성숙을 목표로 하는 기법으로 세일즈 훈련, 조직개발훈련 등에 많이 사용되고 있다.

22 다음 설명에 해당하는 훈련방법은?

가상의 경영상황을 시나리오로 만들고 5~10인의 교육훈련 참가자로 구성된 가상의 회사들이 상호경쟁을 통해 성과를 분석하게 만드는 훈련방법이다.

① 청년중역회의법
② 브레인스토밍
③ 비즈니스 게임
④ 인바스켓 훈련

정답 20 ② 21 ① 22 ③

해설 제시된 내용은 비즈니스 게임(business game)에 대한 설명이다. 비즈니스 게임은 의사결정과 관련되는 주요한 부분을 보다 간단한 형식으로 표현함으로써 교육훈련을 받는 사람들이 쉽사리 기업상황을 이해하고 의사결정을 할 수 있도록 마련한 것으로서 일종의 사례연구법이라 할 수 있다.

23 다음 설명에 해당하는 것은?

- Y 이론적 관점
- 성장과 발전에 대한 높은 욕구
- 협력을 통한 개인 및 조직목표의 달성 가능
- 개인이나 집단의 욕구를 충족시킬 수 있는 조직구조의 설계 가능

① 직무확대
② 조직문화
③ 조직개발
④ 경력모티베이션

해설 조직개발은 직원들의 태도, 가치관, 신념의 변화를 통해서 조직의 변화를 추구하는 방법을 의미한다. 조직의 인간적 측면, 즉 행위중심적인 측면에서 행동과학적 지식과 기법을 활용하여 조직의 목적과 개인의 성장의욕을 결부시켜 조직 전체의 변화·발전을 도모하려는 것이다. 조직의 유효성 증진을 목적으로 실행되는 조직개발은 Y이론적 관점에서 인적자원을 가정함으로써 비로소 도입될 가능성이 있게 된다.

24 직장 외 교육훈련(Off-JT)의 장점으로 옳지 않은 것은?

① 참가자는 훈련에만 집중할 수 있다.
② 실시가 용이하고 비용이 들지 않는다.
③ 교육훈련 내용을 통일하기가 용이하다.
④ 전문적인 강사에 의해 교육이 이루어질 수 있다.

해설 ② 실시가 용이하고 비용이 들지 않는 것은 직장 내 교육훈련(OJT)이다. 직장 외 교육훈련(Off-JT)은 훈련시설의 설치 등에 비용이 소요된다.
직장 외 훈련(OFF JT)은 직장에서의 실무 또는 직업을 떠나서 전문적으로 실시하는 훈련으로써 보통 단체적으로 행한다. 직장 외 훈련의 장점은 종업원에게 통일적인 훈련을 할 수 있고, 전문적인 강사에 의해 교육이 이루어지며, 종업원은 직무부담에서 벗어나서 새로운 학습에 전념할 수 있어서 훈련효과가 높다는 것이다.

정답 23 ③ 24 ②

25 가능근무시간대 중 고정시간대를 제외하고 작업자가 근무의 시작과 종료를 선택할 수 있는 근무시간설계는?

① 탄력근무시간제 ② 압축근무시간제
③ 근무시간계정제 ④ 부분근무시간제

> **해설** 근로기준법 제51조에 규정된 탄력적 근로시간제에 대한 설명이다. 특정일의 노동시간을 연장하는 대신 다른 날의 노동시간을 단축해 일정기간 평균 노동시간을 법정노동시간에 맞추는 방식이다.

26 ( ) 안에 들어갈 말로 알맞은 것은?

> ( )는 한 작업자가 하는 여러 종류의 일(task)의 숫자를 줄이는 것이다.

① 직무교차 ② 직무전문화
③ 직무충실화 ④ 직무재설계

> **해설** ② 직무전문화는 '분업의 원리'를 기초로 작업을 가능한 한 단순화·전문화·표준화시켜 노동의 효율성을 증대시키는 것을 말한다.
> ① 직무교차는 수평적 직무확대로 집단 내 각 작업자의 직무의 일부분을 타 작업자와 공동으로 수행하게 하는 직무설계방식이다.
> ③ 직무충실화는 전통적인 직무설계방법과는 달리 직무성과가 직무수행에 따른 경제적 보상보다도 개인의 심리적 만족에 달려있다는 전제하에, 개인적 성장과 의미 있는 작업경험에 대한 기회를 제공할 수 있도록 직무를 수직적으로 확대하는 것이다.

27 직무담당자가 수행하는 기본적인 업무의 범위를 수직적으로 늘리는 것은?

① 직무충실화 ② 직무확대
③ 직무단순화 ④ 직무순환

> **해설** 직무충실화(job enrichment)는 보다 높은 수준의 지식과 기술이 요구되며, 작업자에게 자신의 성과를 계획하고 통제할 수 있는 자주성과 책임이 보다 많이 부여되고, 개인적 성장과 의미 있는 작업경험에 대한 기회를 제공할 수 있도록 직무의 내용을 수직적으로 재편성하는 것을 의미한다.

정답 25 ① 26 ② 27 ①

28 다음 설명에 해당하는 것은?

- 다민족 국가인 미국에서 다양성을 고려하여 발생되었던 개념이다.
- 소수민족 및 여성과 같은 사회 내 비주류 세력이 고위직으로 진출하고자 할 때 겪는 '보이지 않는 장애'를 일컫는 표현이다.

① 전직지원제도 ② 프로틴 경력
③ 유리천장   ④ 프렌치시스템

해설 ③ 유리천장(glass ceiling)은 여성과 소수민족 출신자들의 고위직 승진을 막는 조직 내의 보이지 않는 장벽을 뜻하는 말이다. '눈에 보이지는 않지만 결코 깨뜨릴 수 없는 장벽'이라는 의미로 사용되는 개념이다.

29 ( ) 안에 공통으로 들어갈 말로 알맞은 것은?

21세기 기업인력의 트렌드는 ( )이다. 구성원의 국적, 인종, 성별, 그리고 세대별 ( )이/가 증가할 것이다.

① 창의성   ② 윤리의식
③ 가치차이 ④ 다양성

해설 21세기 기업인력의 트렌드는 다양성이다. 많은 기업에서 종업원의 국적, 인종, 성별, 그리고 세대별 다양성이 크게 증가하고 있다.

30 ( ) 안에 들어갈 말로 알맞은 것은?

경제적 측면에서 ( )은/는 경영자에게는 혁신적인 생산비용이 되며, 국민경제 차원에서는 물가, 노사관계 안정, 사회안정 등에 영향을 미친다.

① 임금   ② 고용률
③ 복리후생 ④ 안전관리

해설 임금에 대한 설명이다. 임금은 기업에 있어서는 생산비용이고, 종업원에게는 소득의 원천이며, 국민경제 차원에서는 물가, 노사관계 안정, 사회안정 등에 영향을 미친다.

정답 28 ③ 29 ④ 30 ①

31 임금체계의 결정기준으로 옳지 않은 것은?

① 연공급 – 필요가치
② 직능급 – 직무가치
③ 성과급 – 결과가치
④ 역할급 – 역할 크기

> 해설   임금체계(wage structure)란 조직내 구성원들 간의 임금격차를 두는 기준을 의미하는 것으로 공정성이 확보되어야 한다. 격차를 두는 기준에는 필요기준, 직무기준, 능력기준 및 성과기준이 주로 활용되고 있다.

32 집단성과급(group performance)에 해당하지 않는 것은?

① 임프로쉐어(Improshare)
② 럭커 플랜(Rucker plan)
③ 이익배분제(Profit-sharing)
④ 스캔론 플랜(Scanlon plan)

> 해설   ③ 이익배분제(Profit-sharing)는 기본적인 보상 이외에 각 영업기마다 결산이익의 일부를 종업원에게 부가적으로 지급하는 제도로 집단성과급제에는 해당하지 않는다.
> 집단성과급제에는 스캔론 플랜, 럭커 플랜, 임프로쉐어 플랜 이외에도 링컨 플랜, 카이저 플랜, 프렌치시스템 등이 있다.
> 집단성과급제(group performance)는 집단의 성과와 관련해서 기업에 이익의 증가나 비용의 감소가 있는 경우에 종업원에게 정상임금 이외에 부가적 급여를 제공하는 제도이다.

33 퇴직금제도에 대한 설명으로 옳은 것은?

① 퇴직 전에는 정산이 불가능하다.
② 퇴직금을 받을 권리는 1년간 행사하지 않으면 소멸된다.
③ 계속근로기간 6개월에 대해 30일분의 평균임금을 지급해야 한다.
④ 퇴직하는 경우 지급사유가 발생한 날부터 14일 이내 지급해야 한다.

> 해설   사용자는 근로자가 퇴직한 경우에는 그 지급사유가 발생한 날부터 14일 이내에 퇴직금을 지급하여야 한다. (「근로자퇴직급여 보장법」 제9조)
> ① 사용자는 주택구입 등의 사유로 근로자가 요구하는 경우에는 근로자가 퇴직하기 전에 해당 근로자의 계속근로기간에 대한 퇴직금을 미리 정산하여 지급할 수 있다. ② 퇴직금을 받을 권리는 3년간 행사하지 아니하면 시효로 인하여 소멸한다. ③ 퇴직금은 계속근로연수 1년에 대한 30일분의 평균임금을 곱하여 산정한다.

정답   31 ④   32 ③   33 ④

34 법정 복리후생제도에 포함되지 않는 것은?

① 공제제도　　　　　　② 고용보험
③ 유급휴식제도　　　　④ 산업재해보상보험

> **해설** 법정 복리후생제도란 기업이 종사원의 개인적 의사나 기업의 자율적 방침과는 관계없이 법률에 의해서 의무적으로 실시하여야 하는 복리후생시설이나 제도를 말하는 것이다. 이에는 국민건강보험, 국민연금보험, 고용보험, 산업재해보상보험, 퇴직금 및 연차유급휴가 등이 있다.

35 보상받은 행동은 반복되는 반면, 보상받지 못한 행동에 대해서는 소거되는 경향을 설명한 이론은?

① 성숙이론　　　　　　② 강화이론
③ 기대이론　　　　　　④ 욕구단계설

> **해설** 강화이론(Reinforcement Theory)은 바람직한 행위를 했을 때 그에 상응하는 보상을 하게 되면 그러한 행위를 하는 빈도가 높아진다는 이론이다.

36 조합원이 되면 단체협약의 유효기간 동안 조합원의 탈퇴를 금지하는 숍시스템은?

① 오픈 숍　　　　　　② 유니온 숍
③ 에이전시 숍　　　　④ 메인티넌스 숍

> **해설** 메인티넌스 숍(maintenance shop)은 조합원유지 숍제도라고 하며, 조합원이 되면 일정 기간 동안 조합원으로 머물러 있어야 하는 제도이다.

37 다음 설명에 해당하는 것은?

> 사용자의 입장에서 취할 수 있는 쟁의행위로, 근로자의 노무수령을 집단적으로 거부하고 임금을 지급하지 않는 것을 의미한다.

① 파업　　　　　　　　② 직장폐쇄
③ 준법투쟁　　　　　　④ 피케팅

> **해설** 직장폐쇄(lock-out)에 대한 설명이다. 사용자가 자기의 주장을 관철하기 위하여 근로자 집단에 대해 생산수단에의 접근을 차단하고 근로자의 노동력 수령을 조직적·집단적·일시적으로 거부하는 행위를 말한다.

정답 34 ① 35 ② 36 ④ 37 ②

38 부당노동행위에 해당하지 않는 것은?

① 황견계약
② 노동쟁의
③ 단체교섭 거부
④ 지배·개입 및 경비원조

> **해설** 부당노동행위에는 황견계약, 단체교섭 거부 등 외에도 반조합적인 불이익 처분, 보복적인 불이익 처분 등이 있다. (「노동조합 및 노동관계조정법」 제81조)
> 노동쟁의(labor disputes)라 함은 노동조합과 사용자 또는 사용자단체 간에 임금·근로시간·복지·해고 기타 대우등 근로조건의 결정에 관한 주장의 불일치로 인하여 발생한 분쟁상태를 말한다. (「노동조합 및 노동관계조정법」 제2조)

39 다음 설명에 해당하는 것은?

- 조합비의 확보와 노조의 안정을 유지하기 위한 제도이다.
- 조합원 2/3 이상의 동의가 있으면 회사의 급여계산 시에 월급에서 일괄공제하여 조합에 인도하는 방법이다.

① 타임오프제
② 황견계약
③ 스캔론 플랜
④ 체크오프시스템

> **해설** 체크오프시스템(check-off system)은 조합비의 확보를 통해 노동조합의 안정을 유지하기 위한 제도로, 조합비 일괄공제제도라고 한다. 즉, 사용자가 노동조합의 의뢰에 의하여 조합비를 급료 계산시에 일괄공제하여 전달해 주는 방법이다.

40 전략적 인적자원관리에 대한 설명으로 옳지 않은 것은?

① 교육훈련을 통한 능력개발을 강조한다.
② 기능관리에 초점을 둔다.
③ 인적자원을 기업경쟁력의 원천으로 인식한다.
④ 자원기반 이론에 근거를 주고 있다.

> **해설** ② 기능관리에 초점을 두는 것은 전통적 인적자원관리의 특징이다. 전략적 인적자원관리(SHRM)는 조직의 전략수립과 실행시 조직의 인적자원에 대한 제반요건과 각 인적자원관리 기능을 고려하여 조직전략과 인적자원관리를 통합하는 것을 의미한다.

정답 38 ② 39 ④ 40 ②

2021 마케팅원론 기출문제

01 인간의 필요(needs)를 잘 나타낸 문장은?

① A는 요가 수업을 듣는다.
② B는 파란색 셔츠를 즐겨 입는다.
③ C는 배고픔을 느낀다.
④ D는 저녁으로 햄버거를 먹는다.

> **해설** 필요(needs)는 본원적인 욕구로서 의, 식, 주, 안전, 소속감 등과 같은 기본적인 욕구이다. 즉 배고픔을 느끼는 것은 인간이 생리적으로 갖고 있는 needs에 해당한다. 구체적인 욕구인 wants는 본원적인 needs를 충족시켜 주기 위한 구체적인 대상을 말한다. 수요(demands)는 구매력이 뒷받침된 needs를 말한다.

02 ( ) 안에 들어갈 말로 알맞은 것은?

> 마케팅은 '제품, 서비스, (㉠)을/를 창출하고, 이들의 가격을 결정하고, 이들에 관한 정보를 제공하며, 이들을 배포하여 (㉡)을/를 통해 조직 자체, 고객 및 이해 관계자, 나아가 사회 전체에 혜택을 주는 활동'이다.

	㉠	㉡
①	가치	관리
②	고객	관리
③	브랜드	교환
④	아이디어	교환

> **해설** 마케팅은 고객과 조직의 목표를 충족시키기 위한 교환이 일어날 수 있도록 제품, 서비스, 아이디어의 설계 및 가격 결정, 촉진, 유통을 계획하고 실행하는 과정이라고 1985년 미국마케팅협회에서 정의하였다. 이후 2004년 조직과 이해관계 당사자들에게 이익이 되는 방법으로 고객 가치를 창조하고, 알리고, 전달하며 고객관리를 위한 조직의 지능과 일련의 과정이라고 재정의하였다.

정답 01 ③ 02 ④

03 고객만족을 설명하는 요소들의 조합은?

① 제품의 성능과 제품에 대한 기대치
② 제품에서 얻을 수 있는 효익과 제품에 대한 기대치
③ 제품구매에 드는 비용과 제품에서 얻을 수 있는 효익
④ 제품을 사용함으로써 얻는 경험과 제품구매에 드는 비용

> **해설** 기대불일치 모델에 따르면 고객만족은 제품에서 얻을 수 있는 효익 또는 성과에서 제품 구매 전 기대치를 뺀 개념으로 효익이 더 높으면 만족하고 반대로 기대치가 더 높으면 불만족하는 것으로 고객이 느끼는 포괄적인 감정이다.

04 다음 설명에 해당하는 개념은?

> 고객의 욕구를 잘 파악한 뒤, 이를 충족하는 제품을 생산하여 고객에게 제공함으로써 기업의 중장기 이윤을 확보한다.

① 판매개념　　　　　　　② 생산개념
③ 제품개념　　　　　　　④ 마케팅개념

> **해설** ④ **마케팅개념** : 고객들의 필요와 욕구를 찾아내어 경쟁자들보다 더 효과적이고 효율적으로 충족시키고자 하는 것으로 고객을 만족시킴으로써 이윤을 창조하고자 하는 개념이다.
> ① **판매개념** : 소비자들이 자발적으로 기업의 제품이나 서비스를 구매하지 않을 것으로 판단하여 기업들이 공격적인 영업 및 촉진활동을 펼쳐야만 하는 것으로 생각하는 시장접근방법이다.
> ② **생산개념** : 수요가 공급을 초과하여 만들기만 하면 팔려나가는 상품이거나 원가를 낮춰야 팔려나가는 상품을 생산하는 기업에서 볼 수 있는 경영철학이다.
> ③ **제품개념** : 소비자들이 최고의 품질과 성능을 가진 제품을 선호할 것이라 믿고 기술적으로 우수한 혁신적 제품을 만들고 개선하는 데 주력하는 개념이다.

05 다음에 해당하는 효용은?

> 제주에서 생산된 감귤이 전국 각지에 이전됨으로써 발생하는 효용

① 시간효용
② 장소효용
③ 소유효용
④ 형태효용

정답 03 ②　04 ④　05 ②

> **해설** ② 장소효용은 소비자들이 원하는 장소에서 구매할 수 있도록 하면서 발생한다.
> ① 시간효용은 소비자들이 원할 때 구매할 수 있도록 하면서 발생한다.
> ③ 소유효용은 소비자가 상품을 소유할 수 있도록 도와줌으로써 창출된다.

06 ( ) 안에 들어갈 말로 알맞은 것은?

> 포터(porter)가 제시한 경쟁의 5가지 힘은 현재의 경쟁자, 구매자, 공급자, 잠재적 진입자, ( )이다.

① 혁신기업　　　　　　② 대체상품
③ 다국적 기업　　　　　④ 과거의 경쟁자

> **해설** 포터(porter)는 산업에 참여하는 주체들을 기존기업(경쟁자), (원자재)공급자, 구매자, 잠재적 진입자, 대체재 등 5가지로 나누고 이들 간의 경쟁관계에서의 우위에 따라 각 기업과 산업의 수익률이 결정되는 것으로 보았다.

07 BCG 매트릭스의 4가지 사업유형 중 현금젖소(cash cow)의 특징과 거리가 먼 것은?

① 높은 이익창출
② 안정적이고 성공적인 사업
③ 성장을 위한 지속적 투자 요망
④ 낮은 시장 성장률과 높은 시장 점유율

> **해설** 현금젖소(cash cow)의 사업단위에서는 저성장 시장에서 활동을 하므로 신규설비투자 등에 많은 비용을 지출할 필요가 없다. 현금젖소는 투자를 위한 자금지출은 없으면서 많은 이익을 얻고 있으므로 기업에게 자금을 공급하는 역할을 한다.

08 SWOT 분석을 이용한 전략수립 시 WT 전략을 활용한 경우는?

① 시장철수 전략 또는 집중화 전략을 취한다.
② 시장과 제품의 다각화를 추구하여 사업기반을 확대한다.
③ 제품확충의 강점을 활용하여 시장에 침투하거나 제품라인을 추가한다.
④ 핵심역량을 갖춘 기업과의 전략적 제휴를 통해 선도기업의 장점을 활용한다.

정답 06 ② 07 ③ 08 ①

해설 SWOT 분석은 기업의 내부와 외부 상황을 동시에 파악할 수 있고 현재의 강점, 약점을 파악해 경쟁적인 환경을 대비하게 하는 상황분석 기법이다. 자사의 약점(Weakness)과 외부환경의 위협(Threat)인 WT 전략은 약점을 보완하고 위협요인을 회피하는 전략(방어/철수)을 구사하여 시장철수나 부분적인 선택과 집중화 전략(전략적 제휴, 벤치마킹)을 취한다.

09 다음 설명에 해당하는 개념은?

> 기업이 사업을 정의할 때, 소비자의 편익 위주로 정의하지 않고 생산된 제품 위주로 정의할 때 발생할 수 있는 위험이다.

① 마케팅 근시
② 전략과 전술의 간극
③ 관계마케팅의 위험
④ 기업의 사회적 책임

해설 마케팅 근시(Marketing myopia)는 기업의 제품 위주로 한정하여 고객의 표현된 구체적인 욕구만을 만족시키는 경우로 좁게 정의하면 기업은 침체에 빠질 수 있음을 경고하는 말이다. 즉 기업은 근시안적 사고에서 벗어나 고객의 잠재적이고 본원적인 욕구를 충족시킬 수 있는 능동적 마케팅 지향성을 갖추어야 한다.

10 '고령화 사회'가 속하는 마케팅의 환경영역은?

① 거시적 환경
② 기술적 환경
③ 미시적 환경
④ 경제적 환경

해설 사회·문화적 환경으로는 연령, 인종, 성별, 종교, 관습, 예술 등이 있고 다른 환경들과 마찬가지로 지속적으로 변화하는 모습을 나타내고 있다. 고령화, 출생률, 결혼 적령기, 미혼자 비율 등은 기업이 통제할 수 없는 거시적인 환경이다.

정답 09 ① 10 ①

11 다음 사례에 해당하는 집단은?

> 한 초등학생 야구선수는 언젠가 훌륭한 프로야구 선수가 되기를 원한다.

① 열망집단
② 회피집단
③ 일차적 회원집단
④ 이차적 회원집단

해설 준거집단은 개인의 태도와 행동을 형성하는 데 직접적 또는 간접적으로 비교의 기준이 되거나 준거점으로 작용한다. 사람들은 종종 자신이 속하지 않은 준거집단으로부터 영향을 받기도 하는데 보기는 열망진단(선망집단)의 예이다.
일차적 회원집단은 가족, 친구, 동료 등이고 이차적 회원집단은 종교적 집단, 전문가 협회, 노동조합 등이다.

12 다음 사례에 해당하는 앤소프(Ansoff)의 전략은?

> 기업이 새로운 성장기회를 모색하는 데 유용하게 활용될 수 있는 분석체계로, 앤소프는 제품-시장 확장그리드(혹은 앤소프의 전략기회 매트릭스)를 제시하였다. 예를 들어서 필라델피아 크림치즈를 통해 빵에 발라 먹는 용도 이외에 과자와 샐러드에도 넣어 먹을 수 있다는 광고 캠페인을 소개한다.

① 다각화 전략
② 제품개발 전략
③ 시장개척 전략
④ 시장침투 전략

해설 ③ **시장개척(개발) 전략** : 기존의 제품을 활용하여 새로운 시장이나 유통경로를 개발하는 것을 말한다. 보기는 기존 제품을 새로운 고객층으로 확대하는 성장전략의 일환으로 판매영역을 확장하거나 동일한 성능을 다른 시장에서 판매하는 경우이다.
① **다각화 전략** : 새로운 제품을 개발하여 새로운 시장에 투입하는 전략이다.
② **제품개발 전략** : 새로운 제품을 개발하여 기존의 시장에 판매하는 것을 말한다.
④ **시장침투 전략** : 기존의 시장에서 기존의 제품으로 점유율을 높이는 전략이다.

정답 11 ① 12 ③

13 다음 설명에 해당하는 욕구는?

> 매슬로(Maslow)의 욕구 단계설(hierarchy of needs)에 의해 정의되었으며, 집단에 소속되어 인정받고 싶어 하는 욕구를 의미한다.

① 안전 욕구
② 생리적 욕구
③ 사회적 욕구
④ 자아실현 욕구

해설 욕구 5단계 중 3단계인 사회적 욕구는 인간은 사회적 존재이기 때문에 여러 가지 집단에 소속하고 싶은 욕구와 받아들여지고 싶은 욕구로서 친분, 우정, 소속감 등에 대한 관심으로 나타난다.

14 구매의사결정과정을 순서대로 나열한 것은?

① 문제인식 → 정보탐색 → 대안평가 → 구매유도 → 구매
② 정보탐색 → 문제인식 → 대안평가 → 관여도 측정 → 구매
③ 문제인식 → 정보탐색 → 대안평가 → 구매 → 구매 후 평가
④ 정보탐색 → 문제인식 → 대안평가 → 구매 → 구매 후 평가

해설
- **문제인식** : 자신이 처해 있는 현 상황과 바라는 이상적인 상황과의 괴리가 심할 때 문제나 필요를 인식하게 되는데 이 단계가 구매의사결정의 첫 단계이다.
- **정보탐색** : 자신의 욕구를 만족시킬 수 있는 해결책을 위한 정보를 탐색하는 과정이다.
- **대안평가** : 정보탐색과정을 거친 뒤 어떤 상표선택에 도달하기 위하여 대안들에 관한 정보 처리 단계이다.
- **구매** : 자신이 가장 선호하는 상표를 구매하는 것을 말한다.
- **구매 후 평가** : 구매한 제품에 대하여 만족 또는 불만족 등의 반응을 나타내며 재구매 여부를 결정한다.

15 라이프스타일의 측정도구로 가장 많이 사용하는 AIO 척도가 아닌 것은?

① 의견
② 활동
③ 관심사
④ 지적능력

해설 라이프스타일은 한 개인의 생활패턴으로 개인의 행동(actives), 관심(interests), 의견(opinions) 등을 표현하는 것으로 이해할 수 있다. 동일한 사회적 지위나 직업을 가진 사람들이라도 그들의 라이프스타일은 상당히 다를 수 있다.

정답 13 ③ 14 ③ 15 ④

16 소비자의 지각적 추론에 해당하는 현상이 아닌 것은?

① 후광효과
② 원산지 효과
③ 우연적 노출 효과
④ 가격-품질 연상관계

> **해설** 지각적 추론은 소비자가 한 대상을 평가할 때 직접적인 평가가 아닌 다른 것으로부터 추리를 통해 평가하는 것을 말한다.
> ① **후광효과** : 한 대상에 대한 두드러진 특징 하나로 전체를 긍정, 부정으로 평가하게 되는 일종의 편향이라고 볼 수 있다.
> ② **원산지 효과** : 특정 국가의 제품이나 기업브랜드에 그 국가(원산지)의 이미지가 반영되어 제품 평가에 영향을 미치는 효과를 말한다.
> ④ **가격-품질 연상관계** : 가격이 싸면 품질이 나쁠 것으로 추정하는 것이다.

17 다음과 같은 현상을 파악하기 위해 실시하는 조사방법은?

> 백화점 아동복 매장의 매출이 최근 급격히 줄어들고 있다. 그러나 백화점 관리자는 이 현상이 어떤 요인들 때문에 나타난 결과인지 전혀 알 수가 없었다.

① 2차적 조사
② 기술적 조사
③ 탐색적 조사
④ 인과적 조사

> **해설** ③ **탐색적 조사** : 조사문제가 명확하지 않을 때 조사문제를 찾거나 분석 대상에 대한 아이디어나 가설을 도출하기 위해 사용된다.
> ② **기술적 조사** : 조사문제가 비교적 명확할 때 마케팅 변수와 소비자반응 간의 관련성을 파악하기 위해 실시된다.
> ④ **인과적 조사** : 마케팅변수들 간의 인과관계에 관한 잠정적 가설이 맞는지를 조사하는 것이다.

정답 16 ③ 17 ③

18 ( ) 안에 들어갈 조사방법으로 알맞은 것은?

> ( )는 조사문제의 구성요소들 간의 관계에 대한 가설 검증을 위해 사용된다.

① 인과적 조사　　　　　② 탐색적 조사
③ 실험적 조사　　　　　④ 기술적 조사

해설
- 인과적 조사는 변수들 간의 인과관계에 관한 가설의 검증을 위해 사용되는 조사 방법으로 실험조사가 대표적인 방법이다.
- 실험조사는 실험대상자들을 몇 개의 집단으로 나누고 원인변수를 다르게 조작한 다음 결과변수의 차이를 측정하는 것이다.

19 ( ) 안에 들어갈 말로 알맞은 것은?

> ( )은 소비재 시장세분화의 기준으로, 예를 들면, 탄산음료의 구매 및 소비형태에 대한 호남지방과 영남지방 사이의 차이점을 보는 것과 같다.

① 지리적 특성　　　　　② 민족적 특성
③ 인구통계적 특성　　　④ 사회계층적 특성

해설 지리적 특성은 국가, 지방, 도시 등의 지역에 따라 소비자를 세분화하는 기준으로 다른 세분화 방법보다 시장을 구분하는 것이 용이한 이점이 있고 각 지역마다 소비자들 간의 뚜렷한 차이를 보이는 경우에는 매우 효과적인 세분화가 될 수 있다.

20 시장세분화의 요건과 가장 거리가 먼 것은?
① 시장의 특성이 측정가능하여야 한다.
② 시장에 효과적으로 접근가능하여야 한다.
③ 시장 크기가 충분한 이익을 창출할 만큼 커야 한다.
④ 세분시장 내에서는 이질적, 세분시장 간에는 물질적 특징이 나타나야 한다.

해설 시장세분화의 요건은 측정가능성, 접근가능성, 충분한 규모의 시장, 차별화 가능성, 실행가능성 등이 있다. 시장세분화는 소비자들을 집단 내에서는 제품에 대한 욕구와 구매행동이 유사하고 집단 간에는 상이하도록 몇 개의 소비자 집단으로 군집화하는 것이다.

정답 18 ①　19 ①　20 ④

21 마케팅전략 중 세분시장 각각에 알맞은 마케팅믹스로 공략하는 방법을 일컫는 개념은?

① 대량 맞춤 마케팅전략
② 집중 마케팅전략
③ 차별화 마케팅전략
④ 비차별화 마케팅전략

> **해설** ③ 차별화 마케팅전략은 여러 개의 표적시장을 선정하여 기업의 제품과 여타 마케팅믹스의 다양성을 통하여 각 세분시장 안에서 높은 판매고와 강력한 위치를 차지하려는 전략이다.
> ② 집중 마케팅전략은 기업의 자원이 제한되어 있는 경우 하나 또는 소수의 적은 시장에서 높은 시장점유율을 누리기 위한 전략이다.
> ④ 비차별화 마케팅전략은 세분시장 간의 차이를 무시하고 하나의 제품으로 전체시장을 공략하는 전략이다.

22 소비재의 4대 유형 중 전문품의 특징이 아닌 것은?

① 가격이 비교적 높음
② 브랜드 명성이 중시됨
③ 특별한 구매 노력이 듦
④ 많은 광고와 인적판매가 필요함

> **해설** 전문품은 소비자가 그 제품을 구매하기 위해서 특별한 노력을 기울이는 제품으로 높은 제품차별성, 소비자 관여도, 강한 상표충성도의 특징을 갖는다. 전문품은 일반적으로 고가격 제품이기 때문에 구매력이 있는 소비자들만 표적시장으로 선정해서 이들을 겨냥한 광고나 판촉활동을 실시해야 효과적이다.

23 포지셔닝(positioning)에 대한 설명으로 옳지 않은 것은?

① 부각해야 할 경쟁적 우위를 선택하여야 한다.
② 최초의 포지셔닝이 실패한 경우 재포지셔닝 할 수 없다.
③ 경쟁제품과의 상대적 위치로서 인지시키는 과정이다.
④ 제품을 소비자의 마음속에 자리매김하는 과정이다.

> **해설** 포지셔닝은 고객들의 인식 속에서 차별적인 위치를 차지하기 위해 자사제품이나 기업의 이미지를 설계하는 행위이다. 기업은 제품의 속성, 편익, 사용상황에 따라 재포지셔닝을 할 수 있고 이를 통해 시장점유율을 높일 수도 있고 그렇지 않을 수도 있다.

정답 21 ③ 22 ④ 23 ②

24 다음 설명에 해당하는 제품은?

> 헌혈이나 장례식과 같이 소비자들이 그 제품에 대해 모르거나, 그 제품을 구매하려고 미처 생각하지 않는 제품의 경우, 공격적인 광고나 인적판매활동이 필요하다.

① 전문품
② 편의품
③ 선매품
④ 비탐색품

해설 ④ 비탐색품 : 소비자에게 알려져 있지 않거나 알려졌더라도 구매의사가 낮은 제품이다. 기업은 이를 소비자에게 인지시키기 위해 보기와 같은 방식의 마케팅활동이 필요하다.
① 전문품 : 소비자가 그 제품을 구매하기 위해 특별한 노력을 기울이는 제품으로 높은 제품차별성, 높은 관여도, 강한 충성도의 특징이 있다.
② 편의품 : 제품 구매를 위해 많은 노력을 기울이지 않는 제품으로서 가격이 저렴하다.
③ 선매품 : 소비자들이 제품의 질, 디자인, 포장 등과 같은 제품특성을 토대로 대안들을 평가한 다음 구매하는 제품을 말한다.

25 전기자동차를 3차원 제품 개념으로 분석할 때, 각 차원이 '핵심제품-유형제품-확장제품'의 순서대로 연결된 것은?

① 이동성-가격-A/S
② 브랜드 명성-가격-A/S
③ 가격-디자인-품질
④ 에너지효율-브랜드-가격

해설
- 핵심제품 : 소비자의 핵심적 추구편익 제품으로 소비자들은 제품이 주는 혜택을 구매한다. 자동차의 경우 편리하고 안전한 이동 및 운송이 소비자들이 추구하는 편익이다.
- 유형제품 : 핵심제품을 구체화한 제품으로 품질, 특성, 포장, 브랜드명 등을 구성요소로 한다. 제품품질은 고객들이 지불하는 가격과 그들의 기대에 상응하는 품질을 일관성 있게 전달할 수 있는 요소이다.
- 확장제품 : 유형제품에 추가적 서비스가 결합된 형태이다. 보장, 대금결제방식, 배달, A/S, 설치 등이 구성요소이다.

26 서비스의 4대 속성으로 짝지어진 것은?

① 감각, 인지, 감성, 경험
② 감각, 인지, 감성, 관계
③ 무형성, 이질성, 비분리성, 감수성
④ 무형성, 이질성, 비분리성, 소멸성

정답 24 ④ 25 ① 26 ④

해설
- **무형성**: 소비자는 구매 전까지 서비스를 보거나 만져볼 수 없기 때문에 비유형적이다.
- **이질성**: 서비스 제공자에 따라 서비스가 달라지므로 표준화된 서비스가 제공되기 어렵다.
- **비분리성**: 서비스는 생산과 소비가 동시에 이루어지기 때문에 분리가 가능하지 않다.
- **소멸성**: 서비스는 저장이 불가능하여 제공되는 시점에 이를 소비하지 않으면 사라져 버린다.

27 브랜드자산의 원천에 해당하는 것은?

① 브랜드 명성과 브랜드 가치
② 브랜드 인지도와 브랜드 이미지
③ 브랜드 이미지와 브랜드 혜택
④ 브랜드 명성과 브랜드의 최초 상기도

해설
- 브랜드자산은 제품이나 서비스가 브랜드를 가졌기 때문에 발생된 바람직한 마케팅효과(브랜드충성도, 수익)를 말한다.
- **브랜드 인지도**: 소비자가 한 제품범주에 속한 특정브랜드를 재인하거나 회상할 수 있는 능력을 말한다.
- **브랜드 이미지**: 브랜드와 관련하여 기억으로부터 떠오르는 모든 것을 말한다.

28 〈보기〉에서 브랜드명이 갖추어야 할 요소만을 있는 대로 고른 것은?

보기
ㄱ. 품질/혜택의 제안 ㄴ. 기억용이성 ㄷ. 독특성 ㄹ. 법적 보호성

① ㄱ
② ㄱ, ㄴ
③ ㄱ, ㄴ, ㄷ
④ ㄱ, ㄴ, ㄷ, ㄹ

해설 브랜드명이 갖추어야 할 요소
- ㉠ **암시성**: 제품의 속성을 적절하게 암시해야 한다.
- ㉡ **기억용이성**: 기억하기 쉬워야 한다.
- ㉢ **차별성**: 경쟁 브랜드 네임과 차별화/독창성이 있어야 한다.
- ㉣ **법적 보호성**: 법적으로 등록을 받을 수 있어야 하고 상표등록에 의해 보호받을 수 있다.

정답 27 ② 28 ④

29 다음 설명에 해당하는 개념은?

> 신제품의 카테고리 중 기존제품을 새로운 시장 또는 새로운 세분시장을 대상으로 목표를 변경하거나 재구성하는 것을 의미한다.

① 발명제품
② 가격인하 제품
③ 리포지셔닝
④ 기존제품 계열에 추가

해설 리포지셔닝하는 것은 기업에게는 참신성이 낮지만 소비자에게는 참신성이 높은 신제품의 경우이다. 이는 기업이 기존제품을 가지고 소비자들로부터 새로운 용도를 찾아 신시장에 진입하는 것이다.

30 혁신의 확산 그래프에서 가장 큰 영향력을 행사하는 사람들이 속해 있는 집단은?

① 혁신소비자
② 조기다수자
③ 조기수용자
④ 후기다수자

해설 조기수용자(Early Adopters)는 혁신소비자(Innovators) 보다는 조금 늦지만 의견 선도자로서 사회규범을 잘 따르고 다른 사람의 모범이 되어 소속 집단 내에서 존경을 받고 큰 영향력을 행사하는 사람들이다. 조기다수자(Early Majority)에게 구전을 통해 신제품을 채택하도록 설득하는 역할을 한다.

31 소비자의 가격탄력성에 해당하는 것은?

① 소득의 증가에 따른 구매량의 변화율
② 가격의 변화율에 대비한 판매량의 변화율
③ 할인된 가격 제시 시 품질 문제를 떠올리는 고객의 비율
④ 경쟁사 가격이 상승할 때 자사로 유입되는 소비자의 수

해설 수요의 가격탄력성은 제품의 가격이 변화함에 따라 판매량이 얼마나 변화하는지를 나타내는 지표이다. 탄력적 수요는 가격탄력성의 절대값 1보다 큰 경우로서 약간의 가격변화에 수요량이 크게 변화한다. 비탄력적 수요는 가격탄력성의 절대값이 1보다 작은 경우로서 가격을 인하하면 그보다 더 작은 비율로 수요량이 증가하게 된다.

정답 29 ③ 30 ③ 31 ②

32 다음 설명에 해당하는 제품 수명주기 단계는?

> 경쟁이 점점 더 치열해져서 가격이 하락하고 고비용 기업은 시장에서 살아남지 못하며, 고도로 세분화된 시장으로 인해 유통경로가 중요한 비용요인이 된다.

① 도입기
② 성장기
③ 성숙기
④ 쇠퇴기

해설 쇠퇴기는 판매량과 이익이 감소함에 따라 기업은 제품에 대해 유지, 수확, 철수전략 중 하나를 선택할 수 있다. 시장에 남아 있는 기업들은 시장규모가 작은 세분시장과 성과가 저조한 중간상들을 제거하며 촉진예산도 충성고객들만을 유지하는 수준으로 줄이고 가격도 계속 인하한다.

33 가격결정의 접근법 중 원가중심 가격결정에 해당하지 않는 것은?

① 비용가산 가격결정법
② 목표이익 가격결정법
③ 가산이익 가격결정법
④ 시장가격중심 가격결정법

해설 시장가격중심 가격결정법은 경쟁중심적 가격결정의 방법으로 기업은 비용구조나 수요보다는 시장의 가격을 보다 중요하게 생각하며 보통 주된 경쟁자가 책정한 가격과 동일하거나 비슷한 수준에서 가격을 책정한다.

34 다음 설명에 해당하는 가격책정전략은?

> 1,000원 대신 990원 또는 10,000원 대신 9,950원과 같이 가격을 책정하는 전략을 일컫는다.

① 단수가격 전략
② 할인가격 전략
③ 유보가격 전략
④ 명성가격 전략

해설 단수가격 전략은 제품가격의 숫자에 대한 소비자들의 심리적인 반응에 따라 가격을 변화시키는 방법이다. 이는 화폐 단위 이하로 제품가격을 책정함으로써 실제보다 제품가격이 저렴한 것으로 지각되게 하는 방법이다.

정답 32 ④ 33 ④ 34 ①

35 초기고가전략에 대한 설명으로 옳지 않은 것은?

① 제품가격이 높을수록 품질이 좋다고 인식할 때 사용한다.
② 고가격에도 상당수의 소비자가 제품구매를 원할 때 사용한다.
③ 생산량이 증가할수록 제조원가와 유통비용이 빨리 하락할 때 사용한다.
④ 고가격전략에도 불구하고 경쟁사의 시장진입 속도가 느릴 때 사용한다.

> **해설** 초기고가전략은 신제품을 시장에 내놓을 때 신제품이 지니고 있는 편익을 수용하고자 하는 조기 수용자층을 상대로 가격을 높게 설정하는 정책이다. 이러한 전략은 특허에 의하여 제품이 보호되거나 경쟁자의 진입이 용이하지 않을 경우, 대체품에 비하여 신제품이 가치가 현저히 높은 경우 적절하다.

36 마케팅커뮤니케이션 믹스 중 풀(pull) 전략에 주로 사용하는 것으로 보기 어려운 것은?

① PR
② 광고
③ 인적판매
④ 소비자대상 판매촉진

> **해설** 풀(pull) 전략은 생산자는 광고 등과 같은 마케팅활동을 최종소비자들에게 직접적으로 수행한다. 이는 소비자들이 제품을 구매하도록 유도하기 위한 활동이다. 인적판매나 중간상 판촉은 푸시(push) 전략의 촉진활동이다.

37 ( ) 안에 들어갈 말로 알맞은 것은?

> 마케팅커뮤니케이션 과정은 '발신자기 메시지를 (㉠)하여 수신인에게 전달하면 수신인이 (㉡)하는 과정'을 의미한다.

	㉠	㉡
①	부호화	해독
②	매개화	해독
③	부호화	피드백
④	매개화	피드백

> **해설**
> • 부호화는 전달하고자 하는 생각을 문자, 그림, 말 등으로 상징화하는 과정이다.
> • 해독은 발신인이 부호화하여 전달한 의미를 수신인이 해석하는 과정이다.

정답 35 ③ 36 ③ 37 ①

38 광고의 도달률(reach)에 해당하는 것은?

① 광고를 본 사람의 수를 노출된 광고 횟수로 곱한 점수
② 일정 기간 동안 특정 광고에 1회 이상 노출된 사람의 수
③ 일정 기간 동안 특정 광고에 최대 빈도로 노출된 사람의 수
④ 전체 소비자 중 광고를 본 후 광고의 내용은 기억하는 사람의 비율

> **해설** 도달률(reach)은 일정 기간 동안 광고에 노출된 표적소비자의 비율로 측정된다. 즉 광고에 1회 이상 노출된 소비자의 수 혹은 비율(퍼센트)을 말한다.

39 다음 설명에 해당하는 소매점은?

> 소매업의 유형 중 식료품과 일용잡화 등의 가정용품을 갖추어 놓고 저가격, 저마진, 대량판매, 셀프서비스로 운영되는 소매점을 의미한다.

① 편의점
② 백화점
③ 슈퍼마켓
④ 드럭스토어

> **해설** 슈퍼마켓은 셀프서비스에 의한 쇼핑을 도입함으로써 저렴한 가격을 실현할 수 있었다. 우리나라에서는 대형 할인점들이 대규모 부지 확보의 어려움으로 인해 슈퍼마켓과 할인점의 중간형태를 띤 소매업태인 SSM(super super market)의 형태로 점포 수를 확대하고 있다.

40 다음 설명에 해당하는 유통경로 정책은?

> 기업은 유통집약도의 수준결정에 있어서 선택을 할 수 있다. 이때 자사의 제품을 누구나 취급할 수 있도록 취급 점포 수를 늘려 시장노출도를 높인다.

① 전속적 유통경로
② 개방적 유통경로
③ 중립적 유통경로
④ 선택적 유통경로

> **해설** ② **개방적 유통경로** : 집약적 유통경로라고도 불리며 가능한 많은 소매상들로 하여금 자사제품을 취급하도록 함으로써 시장의 범위를 최대화하는 전략이다.
> ① **전속적 유통경로** : 판매지역별로 하나 혹은 극소수의 중간상에게 자사제품의 유통에 대한 독점권을 부여하는 전략이다.
> ④ **선택적 유통경로** : 집약적 유통과 전속적 유통의 중간에 해당하는 전략으로 제한된 수의 점포들에게 판매를 허용하는 전략이다.

정답 38 ② 39 ③ 40 ②

2021 조직행동론 기출문제

01 다음 설명에 해당하는 관리이론은?

> 19세기 후반과 20세기 초에 미국의 테일러(Taylor)가 기초를 다진 경영학 이론으로서, 작업능률을 향상하여 작업방법을 개선하고 과업을 수행하는 유일한 최선의 방법(one best way)을 탐구하는 데 흥미가 있었다.

① 관료제이론 ② 과학적 관리론
③ 인간관계론 ④ 행동과학이론

해설 테일러(F. W. Taylor)가 기초를 다진 경영학 이론은 과학적 관리론이다. 테일러의 과학적 관리론(scientific management theory)은 작업능률과 방법을 향상시키고 과업을 수행하는 유일한 최선의 방법(one best way)을 과학적으로 탐구하는 데 관심을 가지고 있었다.

▶ 테일러의 과학적 관리론의 주요 내용
테일러의 과학적 관리론의 주요 내용은 ㉠ 전문화의 원리에 입각한 직무설계, ㉡ 과업관리를 위한 시간 및 동작연구, ㉢ 경제인적 가설에 따른 모티베이션으로써 차별성과급제도, ㉣ 직능식 조직과 직장제도, ㉤ 계획부와 지시표 제도 등이다. 그러나 테일러의 과학적 관리는 생산성만 강조하고 인간의 감정적 측면은 등한시했다는 비판을 받았다.

02 조직을 시스템이론적 관점에서 다룰 때 시스템의 속성에 해당되지 않는 것은?

① 목표 ② 폐쇄성
③ 전체성 ④ 상호관련성

해설 시스템이론에서 파악하는 시스템의 속성은 전체성(whole), 구조성(structure), 목표성(objectives), 기능성(function), 개방성(openness), 피드백(feedback) 또는 통제 등이다.
한편 시스템을 구성하는 요소로는 투입물(inputs), 변환과정(transformation process), 산출물(outputs), 피드백(feedback) 등을 들 수 있다.

정답 01 ② 02 ②

03 다음 설명에 해당하는 개념은?

> 목표 달성을 위해 경영자에게 요구되는 기술(skill) 중 복잡한 상황을 분석하고 진단할 수 있는 정신적 능력을 의미한다.

① 네트워킹 기술
② 전문적 기술
③ 개념적 기술
④ 대인관계 기술

해설 로버트 카츠(Robert L. Katz)는 경영자의 기술(skill)로 개념적 기술, 인간관계적 기술 및 전문적 기술을 제시하고 있다.
이 중 개념적 기술(conceptual skills)은 상황판단능력 또는 인지적 능력이라고도 하며, 기업의 모든 이해관계와 활동을 조정하고 통합할 수 있는 능력을 말한다. 특히, 최고경영자에게 상대적으로 더 중요하게 요구되는 경영능력이다.

04 인간관계론에 대한 설명으로 옳은 것은?

① 비공식 집단을 강조한다.
② 제한된 합리성을 강조한다.
③ 경영관리 과정을 제시한다.
④ 관리원칙 14개를 제시한다.

해설 인간관계론의 기초가 된 호손실험(Hawthorne experiment)의 결과 공식적 집단보다는 비공식적 집단이 작업자의 태도와 성과를 결정하는 주요 요인이라는 것이 밝혀졌다.
② 제한된 합리성은 인간관계론 이후 사이먼(H. Simon)에 의해서 제시된 개념이다. ③, ④ 경영관리 과정과 관리원칙 14개는 1916년 프랑스의 사업가인 앙리 페이욜(H. Fayol)에 의해 주장되었다.

05 테일러(F. W. Taylor)의 과학적 관리에 대한 설명이 아닌 것은?

① 과업관리를 활용한다.
② 비경제적 보상을 강조한다.
③ 시간·동작연구를 활용한다.
④ 조직적 태업(systematic soldiering)의 원인을 파악하여 개선하고자 한다.

해설 테일러(F. W. Taylor)의 과학적 관리론(scientific management theory)은 당시 노동자들의 조직적 태업을 해결하기 위해서는 시간연구와 동작연구에 의한 표준작업량의 설정이 중요하다고 주장한다.
테일러는 임금률을 두 가지로 나누어 과업을 달성한 자에게는 높은 임금률을, 이를 달성하지 못한 자에게는 낮은 임금률을 적용하는 차별성과급제의 도입을 주장하여 경제적 보상이 중요하다는 점을 강조한다.

정답 03 ③ 04 ① 05 ②

06 상황이론의 연구모형에서 조직유효성 변수에 속하는 것은?

① 환경
② 성과
③ 기술
④ 규모

해설 ② 상황이론에서 조직유효성 변수는 성과 또는 능률을 나타내는 변수이다.
상황이론의 고유한 변수로는 상황변수와 조직특성변수 및 조직유효성 변수 등 3가지를 들 수 있다.
상황변수는 조직을 둘러싼 상황의 특성을 나타내는 일반적인 환경·기술·규모 등의 변수이고, 조직특성변수는 조직의 내부특성을 나타내는 조직구조·관리체계 등의 변수이다.

07 다음 설명에 해당하는 기능은?

> 관리의 기능 중 조직의 목표를 정의하고 그 목표를 달성하기 위한 전략을 수립하며 제반 업무의 통합 및 조정에 대한 전반적인 활동과 관련이 있는 기능이다.

① 계획화(planning)
② 리딩(leading)
③ 조직화(organizing)
④ 통제화(controlling)

해설 경영의 관리과정(management process) 또는 관리기능은 경영을 효율적으로 달성하기 위해 요구되는 기본적인 기능이다. 관리과정에는 계획(planning), 조직화(organizing), 지휘(leading) 및 통제(controlling)의 네 가지가 있다.
① 조직의 목표를 정의하고 그 목표를 달성하기 위한 전략을 수립하며 제반업무의 통합 및 조정에 대한 전반적인 활동과 관련이 있는 기능은 계획화(planning)이다.

08 조직시민행동에 대한 설명이 아닌 것은?

① 구성원은 조직시민행동을 하지 않아도 처벌을 받지 않는다.
② 조직시민행동의 예로서 업무량이 많은 동료를 도와주는 행동을 들 수 있다.
③ 조직에서는 조직시민행동을 보인 구성원에게 반드시 보상을 한다.
④ 조직에서 수행해야 할 공식적인 직무가 아닌데도 구성원이 자발적으로 수행하는 것을 말한다.

해설 ③ 조직시민행동(OCB : Organizational Citizenship Behavior)은 자발적이고 자유재량적인 것으로 보상을 받기 위한 것도 아니고 조직이 보상을 해야 하는 것도 아니다.

정답 06 ② 07 ① 08 ③

09 스트레스에 대한 설명으로 옳지 않은 것은?

① 스트레스에는 부정적 측면만 존재한다.
② 상황적 요구가 과다한지는 개인의 특성에 따라 다를 수 있다.
③ 스트레스를 극복하지 못할 경우에는 심한 우울증과 열등감을 느낄 수 있다.
④ 어떤 상황이나 사건이 주는 과다한 심리적, 신체적 요구(압력)에 대한 적응 양식이다.

> **해설** ① 스트레스는 부정적 측면만 있는 것이 아니고 긍정적 측면, 즉 순기능을 가지고 있는데 이를 좋은 스트레스(eustress), 즉 유스트레스라고 한다.
> 좋은 스트레스는 마음의 기쁨 또는 즐거움으로 인해 받는 긍정적인 유익 스트레스로서 이러한 스트레스는 건강에도 좋다. 이 경우에는 열심과 감사, 평안, 즐거움, 사랑을 유발시킨다.
> 또한 좋은 스트레스는 인간의 창조적 행동과 문제해결을 가능하게 해준다는 점에서도 매우 긍정적이다.

10 〈보기〉에서 허즈버그(Herzberg)의 2요인 이론 중 위생요인(hygiene factor)에 해당하는 것을 고른 것은?

보기	
ㄱ. 상사와의 관계	ㄴ. 작업 조건
ㄷ. 임금(급여)	ㄹ. 성취

① ㄱ, ㄴ, ㄷ ② ㄱ, ㄴ, ㄹ
③ ㄱ, ㄷ, ㄹ ④ ㄴ, ㄷ, ㄹ

> **해설** 허즈버그(Herzberg)의 2요인 이론에서 회사의 정책과 관리·감독, 작업조건, 개인 상호 간의 관계, 임금·보수·지위·안전 등은 직무불만족 요인인 위생요인(hygiene factors)에 해당한다. 동기요인(motivators), 즉 만족요인은 성취감, 인정감, 도전감, 책임감, 성장과 발전, 일 그 자체 등을 의미한다.

11 브룸(Vroom)의 기대이론에서 어느 개인의 특정 결과에 대한 선호를 의미하는 것은?

① 능력
② 기대
③ 유의성
④ 수단성

정답 09 ① 10 ① 11 ③

> **해설** 브룸(V. Vroom)의 기대이론은 개인의 특정행동에 대한 동기부여의 정도는, 특정행위가 가져다 줄 성과의 가능성(expectancy, 기대)과 그 성과가 보상을 가져다 줄 것이라는 주관적인 확률치 (instrumentality, 수단성), 그리고 행위가 가져다주는 결과의 매력 정도(valence, 유의성) 등에 따라 결정된다고 보았다.
> ③ 어느 개인의 특정 결과에 대한 선호, 즉 결과의 중요성 또는 가치의 정도를 의미하는 것은 유의성이다.

12 ERG 이론에 대한 설명이 아닌 것은?

① 이 이론에서 욕구는 선천적인 것이 아니라 학습된 것이다.
② 이 이론에서 욕구는 존재욕구, 관계욕구, 성장욕구로 구성된다.
③ 매슬로가 제시한 욕구 5가지를 재분류하였다.
④ 특정 욕구가 충족되지 못했을 때 하위 욕구로의 퇴행이 일어날 수도 있다.

> **해설** 앨더퍼(C. P. Alderfer)의 ERG 이론은 매슬로(A. H. Maslow)의 욕구단계설이 지니고 있는 한계를 극복하려는 의도에서 제시된 것으로, 매슬로(A. Maslow)의 5단계 욕구를 존재(existence)욕구·관계(relation)욕구·성장(growth)욕구의 3가지 범주로 재분류하였다.
> ① ERG 이론에서 욕구는 학습된 것이 아니라 선천적으로 주어진 욕구이다. 그리고 한 시점에서 둘 이상의 욕구가 동시에 발생할 수 있다고 주장한다.

13 결과를 결정하는 데 사용되는 과정의 공정성을 의미하는 것은?

① 대외 공정성
② 분배 공정성
③ 절차 공정성
④ 상호작용 공정성

> **해설** 애덤스(J. S. Adams)의 공정성이론(equity theory)과 관련하여 조직공정성을 분배(distributive)·절차(procedural)·상호작용(interactional) 공정성 등 세 측면으로 구분할 수 있다.
> 이 중 절차 공정성은 과정의 공정을 의미하는 것으로 구성원들에게 나누어 줄 분배량을 결정하는 과정이 공정했는지의 여부를 의미한다.

정답 12 ① 13 ③

14 다음 설명에 해당하는 개념은?

> • 다른 사람이 기회주의적으로 행동하지 않을 것이라는 긍정적인 기대감을 의미한다.
> • 청렴성, 친절(호의), 능력 등의 요인에 의하여 영향을 받는다.

① 일탈　　　　　　　　② 강화
③ 신뢰　　　　　　　　④ 소거

해설　제시된 내용은 신뢰(trust)에 대한 설명이다. 신뢰란 '다른 사람의 태도나 행동을 긍정적으로 생각하고 기꺼이 그들을 믿고자 하는 태도'이다. 즉, 우리가 의존하고 있는 사람들이 그들에 대한 우리의 기대를 저버리지 않을 것이라는 믿음을 의미한다.
신뢰의 기초가 되는 핵심 차원은 성실(integrity), 능력(competence), 일관성(consistency), 충성심(loyalty), 솔직함(openness) 등이다.

15 강화의 법칙 중 이미 존재하는 불유쾌하고 부정적인 결과를 제거함으로써 그 행동을 반복하도록 유도하는 것은?

① 벌　　　　　　　　　② 소거
③ 긍정적 강화　　　　　④ 부정적 강화

해설　④ 이미 존재하는 불유쾌하고 부정적인 결과를 제거함으로써 그 행동을 반복하도록 유도하는 것은 부정적 강화(negative reinforcement), 또는 소극적 강화이다.
부정적 강화는 긍정적 강화(적극적 강화)와 마찬가지로 요구되는 행위를 강력하게 해주는 방법이긴 하지만, 보상을 주는 것이 아니라 불쾌한 자극을 제거해 줌으로써 행위를 강화시켜 주는 것이다.

16 다음 설명에 해당하는 학습의 유형은?

> A 회사는 업무 성적이 우수한 직원 5%에게 1,000%의 특별 보너스를 매년 지급한다. 작년에 같은 사무실에서 일하는 홍길동이 특별 보너스를 받았다. 이를 부러워하는 직원들은 자신들도 특별 보너스를 받고자 열심히 일을 한다.

① 사회적 학습(social learning)
② 인지 학습(cognitive learning)
③ 고전적 조건화(classical conditioning)
④ 작동적 조건화(operant conditioning)

정답　14 ③　15 ④　16 ①

해설 다른 직원이 보너스 받는 것을 보고 보너스를 받기 위해 열심히 일하는 것은 사회적 학습이다. 사회적 학습(social learning)이란 타인들을 보고 배우는 인지적이고 이성적인 과정을 통하여 새로운 행동이 습득되는 학습방식이다. 즉, 단순히 반응적이거나 강화나 벌에 의한 작동적인 조건 없이도 타인을 관찰하면서 생각과 깨달음을 통하여 새로운 행동을 배울 수 있다는 것이다.

17. 다음 사례에 해당하는 강화 일정 계획의 유형은?

> A 카페에서는 손님이 커피를 구매할 때마다 손님의 쿠폰에 스탬프를 찍는다. 열 번째 커피를 구매할 때 무료 커피를 제공한다.

① 고정비율법
② 고정간격법
③ 변동간격법
④ 변동비율법

해설 열 번째 커피를 구매할 때 무료 커피를 제공하는 강화스케줄은 고정비율법이다. 일정한 빈도(수)의 바람직한 행동이 나타났을 때 강화요인을 제공하는 것이다.

18. 관리인모형에 따른 의사결정자의 속성이 아닌 것은?

① 이상적 의사결정자
② 모든 대체안을 모색할 수 없음
③ 대체안의 결과에 대한 불완전한 지식
④ 평가의 불완전성과 평가체계의 변이성

해설 ① 이상적 의사결정자는 합리적 경제인모형에서 의사결정자의 속성이다.
사이먼(H. Simon)의 관리인모형에서 관리인은 모든 대체안을 모색할 수 없고, 대체안의 결과에 대한 불완전한 지식, 평가의 불완전성과 평가체계의 변이성 등의 특징을 들고 있다. 따라서 의사결정자는 제한된 합리성 아래에서 의사결정을 내리지 않으면 안 된다는 것이다.
제한된 합리성(bounded rationality) 때문에 의사결정자는 이상적인 최적(optimal)의 의사결정보다는 오히려 만족스러운(satisfying) 의사결정을 추구하게 된다.

정답 17 ① 18 ①

19 〈보기〉에서 긍정심리자본(positive psychological capital)으로 평가되는 것만을 있는 대로 고른 것은?

> **보기**
> ㄱ. 자기효능감(self-efficacy)　　ㄴ. 희망(hope)
> ㄷ. 낙관주의(optimism)　　ㄹ. 회복탄력성(resiliency)

① ㄱ, ㄴ
② ㄷ, ㄹ
③ ㄴ, ㄷ, ㄹ
④ ㄱ, ㄴ, ㄷ, ㄹ

해설 주어진 내용 모두 인간의 긍정적 심리에 해당한다. 이외에도 용기, 정의감, 조직공정성, 부정정서 조절력, 창의성과 유연성, 실패의 극복력 등이 긍정적 심리에 해당한다.

20 내적 귀인이 아닌 것은?

① 오늘 운이 좋았다.
② 나의 노력이 부족하였다.
③ 시험공부를 제대로 하지 않았다.
④ 나는 충분한 능력을 갖고 있다.

해설 하이더(F. Heider)의 귀인이론(attribution theory, 또는 귀속이론)에서 내적 귀인(internal attribution)은 어떤 행위의 원인을 능력이나 동기, 성격과 같은 내적인 원인에 의한 것으로 이해한다. 반면 외적 귀인은 어떤 행위의 원인을 상황요인과 같은 외적인 원인에 의한 것으로 이해한다.

21 통제의 위치가 내부에 있는 내재론자의 태도가 아닌 것은?

① 나의 운명은 내가 만든다.
② 내가 노력하면 성공할 수 있다.
③ 열심히 공부하면 좋은 학점을 받을 수 있다.
④ 비가 많이 와서 홍수가 나는 것은 어쩔 수 없다.

해설 통제의 위치(locus of control)가 어디에 있다고 믿느냐에 따라 사람들은 크게 내재론자와 외재론자로 구분될 수 있다. 내재론자(internals)는 그들의 운명이 정해지는 데 있어 자신들의 행동이 결정적이라고 믿는다. 반면, 외재론자(externals)는 기회, 운, 강력한 기관(사람이나 제도)이 자신들의 미래에 대해 자신들의 행동보다 강력한 영향을 미친다고 믿는다.

정답 19 ④　20 ①　21 ④

22 다음 설명에 해당하는 개념은?

> 홉스테드(Hofstede)의 문화에 따른 국가 분류에서 '사회에 존재하는 힘의 불균형에 대해서 구성원이 받아들이는 정도'를 의미한다.

① 권력 격차
② 개인주의
③ 불확실성 회피 성향
④ 남성적 대 여성적 경향

해설 홉스테드(G. Hofstede)의 문화에 따른 국가 분류에서 사회에 존재하는 힘의 불균형에 대해서 구성원이 받아들이는 정도는 권력 격차(power distance)이다. 이는 권한의 분산·집중의 정도, 권한의 불평등 정도를 의미한다.

23 〈보기〉의 성격유형에서 A형 성격에 대한 설명만을 있는 대로 고른 것은?

> **보기**
> ㄱ. 참을성이 없다.
> ㄴ. 한 번에 여러 가지 일을 하려고 한다.
> ㄷ. 속도가 빠르다.
> ㄹ. 스트레스를 받기 쉽다.

① ㄱ, ㄴ
② ㄱ, ㄷ
③ ㄴ, ㄷ, ㄹ
④ ㄱ, ㄴ, ㄷ, ㄹ

해설 프리드먼과 로즈먼(Friedman & Roseman)의 A형, B형의 성격구분법에서 A형은 언제나 움직이고, 항상 급하고 경쟁적이며 성공을 바란다. 인내심이 없고, 동시에 여러 가지 일을 하는 성격이다. 이에 반해 B형은 느긋하고 승부에 집착하지 않는다. 스트레스 관점에서 볼 때 A형이 B형보다 스트레스를 많이 받는다.

24 빅파이브(Big Five) 성격 유형 중 민감함, 유연함, 창의성, 호기심이 많음을 포함하고 있는 특성은?

① 친화성
② 성실성
③ 정서적 안정성
④ 경험에 대한 개방성

정답 22 ① 23 ④ 24 ④

해설 개방성(openness)은 자신이 경험한 것을 있는 그대로 받아들이는 것으로서 낯선 것에 대해 인내하고 탐색하는 것을 말한다. 이 특질을 나타내는 말은 호기심 많음, 여러 영역에 대한 흥미와 관심이 많음, 창의적, 독창적, 상상력이 풍부함, 비관습적 등이다.

25 다음 설명에 해당하는 집단의사결정기법은?

> 이 기법에서는 구성원들 간의 의견교환이 허용되지 않는다. 구성원들이 모이면 어떤 주제에 대해 정보를 주고 아이디어를 익명으로 제출하도록 한 후, 진행자는 이를 정리하여 기록한다. 구성원들은 누구의 아이디어인지 알 수 없는 상태에서 각 아이디어의 장단점을 평가하고 순위를 정한다.

① 브레인스토밍(brainstorming)
② 명목집단법(nominal group technique)
③ 델파이법(delphi technique)
④ 지명반론자법(devil's advocate method)

해설 제시된 내용은 명목집단법(nominal group technique)에 대한 설명이다. 명목집단법은 구성원들이 타인들의 의견에 영향을 받지 않고 독립적으로 문제를 생각해 볼 수 있으며, 의사결정을 하는 데 적은 시간이 소요된다는 장점이 있다.

26 다음 설명에 해당하는 팀의 유형은?

> 직무충실화가 집단 수준에서 이루어진 것으로, 작업 할당, 작업 속도, 휴식 시간, 검사 절차 등을 구성원이 스스로 결정할 수 있는 팀의 유형이다.

① 가상팀
② 교차기능팀
③ 자율적 작업팀
④ 품질관리분임조

해설 자율적 작업팀(autonomous work group)에 대한 설명이다. 이는 직무충실화가 집단수준에서 이루어진 것으로서, 구성원들 간의 작업할당·작업속도·휴식시간·검사절차 등을 자유롭게 결정할 수 있는 자유관리팀이다.

정답 25 ② 26 ③

27 비공식집단에 대한 설명으로 옳은 것은?

① 권한, 절차, 의무 등에 관해 규정이 명확하게 되어 있다.
② 조직 목표 달성을 위해 규정이나 상사의 명령에 의해 만들어진다.
③ 집단 내의 상하 관계 및 보고 질서 등이 분명하게 설정되어 있다.
④ 구성원들 간의 정서적인 친밀함을 주된 목적으로 하는 경우가 많다.

> **해설** 비공식 집단(informal group) 조직에 의해서 의도적으로 형성된 것이 아니라, 구성원들의 공동 관심사나 정적 유대에 의해 자연발생적으로 형성된 집단이다.
> 비공식적 집단은 조직도상에는 존재하지 않으나 감정적 지원 추구, 타인과의 결속 추구, 사회정체성 유지 등을 목적으로 자발적으로 형성되는 그룹을 말한다.

28 집단응집력을 증가시키는 요인이 아닌 것은?

① 집단 간 경쟁
② 만족스러운 경험
③ 집단 규모의 증가
④ 집단 목표에 대한 동의

> **해설** 다른 집단에서는 볼 수 없는, 그 집단만이 가지고 있는 어떤 단결된 분위기 또는 공통의 태도나 행위를 집단응집성(group cohesiveness)이라고 한다.
> 집단응집성을 증대시키는 요인으로는 집단목표에 대한 동조, 상호작용의 빈도 증가, 개인적 매력, 집단간 경쟁, 호의적인 평가 등이 있다. 기타 구성원의 동질성이 높거나, 집단별로 보상이 주어지거나, 다른 집단들로부터 멀리 떨어져 있는 경우에도 응집성은 증가한다. ③ 집단의 규모가 커지면 집단응집성은 낮아진다.

29 피들러(Fiedler)가 주장한 리더십 유효성의 상황이론에 포함되는 구성요소가 아닌 것은?

① 과업구조
② 팔로워십
③ 리더-성원관계
④ 리더의 직위권한

> **해설** 피들러(F. Fiedler)의 리더십 유효성의 상황이론(상황 - 유효성이론)에서 리더에게 호의적인가의 여부를 결정하는 리더십 상황은 리더와 부하의 관계, 과업구조 및 리더의 직위권한 등의 3가지 요소로 구성된다.

정답 27 ④ 28 ③ 29 ②

30 비정형적 의사결정(non-programmed decisions)에 대한 설명이 아닌 것은?

① 복잡하고 명확하지 않은 과업에서 이루어지기 쉽다.
② 정보가 부족하고 분석하기 어려운 상황에서 일어나기 쉽다.
③ 과거에 발생했던 적이 없었던 문제이거나 상황에서 이루어지기 쉽다.
④ 의사결정자가 사전에 정해진 규정과 절차에 따라서 행하는 경우가 많다.

해설 ④ 의사결정자가 사전에 정해진 규정과 절차에 따라서 행하는 경우는 정형적(programmed) 의사결정이다.
비정형적 또는 비구조적(nonprogrammed) 의사결정은 정보가 부족하고 사전에 알려진 해결책이 없는 경우에 이루어지는 의사결정이다. 주로 최고경영자가 행하는 전략적 의사결정이 대표적이다.

31 의사결정의 합리성 모델에 대한 설명이 아닌 것은?

① 최적이기보다는 만족스러운 수준의 의사결정이 이루어진다.
② 현실에서는 합리성 모델에 따라 의사결정 하기가 쉽지 않다.
③ 의사결정자가 합리적으로 행동하고 경제적으로 판단한다고 가정한다.
④ 의사결정자가 모든 대안에 관한 완벽한 정보를 갖고 있다고 가정한다.

해설 ① 최적이기보다는 만족스러운 수준의 의사결정이 이루어진다는 것은 사이먼(H. Simon)에 의해 제시된 제한된 합리성 모델이다.
완전한 합리성 모델은 실제의 의사결정을 제대로 설명해 주지 못하고 있다. 따라서 완전한 합리성 모델에 대해 문제를 제기하고 실제의 의사결정을 설명하기 위한 시도로서 등장한 것이 사이먼(H. A. Simon)의 제한된 합리성(bounded rationality) 모델이다.

32 다음 설명에 해당하는 리더십 유형은?

- 자신의 이해관계를 넘어 부하직원의 성장과 발전에 초점을 맞추는 리더십 스타일이다.
- 리더십의 독특한 행동양식에 경청하기, 공감하기, 설득하기, 관리자로서의 책임감을 수용하기, 부하직원의 잠재능력을 적극적으로 계발하기 등이 포함된다.

① 슈퍼 리더십
② 셀프 리더십
③ 영성 리더십
④ 서번트 리더십

해설 서번트 리더, 즉 섬기는 리더는 자신을 서번트 또는 후원자(supporter)로 인식하여 조직에서 가장 가치 있는 자원을 사람이라고 보고 경청, 설득, 대화로 업무를 추진하고 공동체를 형성하고 권한을 위임하는 리더이다. 두 번째 설명은 그린리프가 제시하는 서번트 리더십 핵심적인 내용이다.

정답 30 ④ 31 ① 32 ④

33 다음 설명에 해당하는 권력의 유형은?

> 어떤 개인이 바람직한 특질을 지니고 있어 다른 사람들이 그 사람과 동일시하고 모방하려고 할 때 발생한다. 부하들이 리더를 존경하고 따르는 정도가 클수록 권력이 커진다.

① 준거적 권력
② 보상적 권력
③ 전문적 권력
④ 정보적 권력

해설 제시된 내용은 준거적 권력(referent power)이다. 준거적 권력은 어떤 사람이 '특별한 자질'을 가지고 있어서 다른 사람들이 그를 닮으려고 할 때 생기는 권력이다. 이러한 자질에는 웅변술, 인간관계 능력, 높은 도덕적 자질 등이 포함된다.

34 변혁적 리더십의 특성이 아닌 것은?

① 자유 방임
② 지적 자극
③ 이상적인 영향
④ 영감을 주는 동기부여

해설 바스(B. M. Bass)는 변혁적 리더(transformational leader)란 네 가지 특성에서 적극적인 리더라고 보고 있다. 즉, 카리스마, 영감적 동기부여 또는 고취능력(inspiration), 지적인 자극, 개인적 배려(individualized consideration) 등이 있다.
변혁적 리더십을 발휘하는 리더는 구성원들에게 목표를 성취할 수 있는 능력을 키워 주고 신뢰를 구축함으로써 구성원들 개개인에게 '에너지를 불어넣는' 즉, 부하들을 임파워먼트하는 리더이다.

35 유기적 조직구조에 대한 설명이 아닌 것은?

① 공식화의 정도가 상당히 높다.
② 부문 간 업무의 유사성이 높다.
③ 수평적 커뮤니케이션이 활성화되어 있다.
④ 구성원에게 배분된 업무가 쉽게 변경될 수 있다.

해설 ① 공식화의 정도가 상당히 높은 것은 기계적 조직이다.
번스와 스토커(J. Burns & G. Stalker)는 정보의 불확실성과 복잡성을 기준으로 환경을 분류하고, 시장여건과 기술정보의 변화에 따라 관리시스템도 변하게 된다는 것을 밝혔다.
기계적(mechanistic) 조직은 정형화된 조직으로, 고도의 직무세분화, 권한과 책임의 명확성, 관료적·비인격적·수직적인 명령계통 등을 특징으로 한다.
반면 유기적(organic) 조직은 상황에 따라 조직구조를 쉽게 바꿀 수 있는 조직으로, 직무의 권한과 책임관계의 유연성, 분권적 의사결정, 수평적·인격적 상호관계 등을 특징으로 한다.

정답 33 ① 34 ① 35 ①

36 다음 설명에 해당하는 조직구조는?

> 구성원 1명이 관리자 2명에게 소속되어 있다. 예를 들면 홍길동 사원은 기능분야의 관리자와 제품별(또는 프로젝트나 지역별) 관리자에게 소속되어 업무를 수행한다.

① 직계식 조직구조 ② 프로세스 조직구조
③ 매트릭스 조직구조 ④ 사업부제 조직구조

해설 구성원 1명이 관리자 2명에게 소속되어 있는 이중권한 구조(two boss system)를 형성하는 조직구조는 매트릭스 조직이다. 매트릭스 조직은 기능식 조직과 프로젝트 조직을 결합한 형태이다.

37 다음 설명에 해당하는 조직의 형태는?

> 조직구조의 기본 유형으로서, 특정한 목표를 달성하기 위하여 일시적으로 인적, 물적 자원을 결합하는 조직 형태이다.

① 매트릭스 조직 ② 직능식 조직
③ 사업부제 조직 ④ 프로젝트 조직

해설 프로젝트 조직은 특정 과업수행을 위해 여러 부서에서 파견된 사람들로 구성되어, 과업해결시까지만 존재하는 임시적·탄력적 조직, 기동성과 환경적응성이 높은 조직이다.

38 분권화(decentralization)에 대한 설명이 아닌 것은?

① 소규모 기업에서 효과적이다.
② 새로운 환경 변화에 신속하게 대응할 수 있다.
③ 경영자를 육성하기 위한 훈련 기회를 제공한다.
④ 구성원을 의사결정에 참여시켜 동기유발할 수 있다.

해설 ① 소규모 기업에서는 집권화가 효과적이다. 집권화(centralization)란 조직의 의사결정권한이 어디에 존재하느냐에 관한 것으로, 의사결정권이 조직 내의 한 지점에 집중되어 있는 정도를 의미한다.
반면 분권화(decentralization)는 의사결정권한이 조직의 중간계층이나 하위계층에 상당부분 위임되어 있어 중간경영자나 일선관리자들이 상당한 자유재량권을 갖는 정도를 말한다.

정답 36 ③ 37 ④ 38 ①

39 조직문화의 본질을 보여주는 주요 특성 중 조직의 활동이 성장보다는 현상 유지를 강조하는 정도를 의미하는 것은?

① 안정성
② 팀 지향
③ 사람 지향
④ 혁신과 위험 신호

해설 조직문화의 본질을 보여주는 일곱 가지 특성이 있다. 즉 혁신과 위험선호, 세부사항에 대한 주의, 결과지향성, 사람지향성, 팀지향성, 공격성, 안정성 등이다. ① 이 중 성장보다는 현상 유지를 강조하는 정도를 의미하는 것은 안정성이다.

40 기능별 조직구조에 대한 설명이 아닌 것은?

① 급속히 변화하는 환경일 때 더욱 효과적이다.
② 구성원은 자신이 속한 부문의 목표 달성에만 치중하기가 쉽다.
③ 유사한 기능을 결합시켜 부문으로 만들기 때문에 전문화를 촉진할 수 있다.
④ 구성원들은 소속된 기능 부서 내에서 짧은 기간에 필요한 기술을 익힐 수 있다.

해설 기능별 조직(functional organization)은 안정된 환경에 적합하고, 부서별로 분업이 이루어짐에 따라 전문화를 촉진시켜 능률을 향상시킬 수 있는 조직이다.

정답 39 ① 40 ①

2021 경영정보론 기출문제

01 지식에 대한 설명으로 적절하지 않은 것은?

① 지식은 항상 옳은 것이다.
② 지식은 무형자산이다.
③ 지식은 상황적이다.
④ 지식은 여러 형태를 가지고 있다.

해설 ① 지식이라고 해서 항상 옳은 것은 아니다. 또한 옳게 여겨졌던 지식이 상황이 바뀌면 틀릴 수도 있고, 그 반대의 경우도 있다.
수집한 자료(data)를 의사결정에 유용한 형태로 처리한 것을 정보(information)라고 하고, 이러한 정보가 체계화되어 축적되면 지식(knowledge)이 된다.

02 ( ) 안에 들어갈 말로 알맞은 것은?

- (㉠)는 사물, 사건, 활동, 거래 등에서 발생하는 일에 대한 사실의 기초적 서술이다.
- (㉡)은/는 수신자에게 특정 의미와 가치를 가지도록 정리된 (㉠)이다.
- (㉢)은/는 (㉠)와 (㉡)을/를 정리하고 처리하여 특정 문제에 해당하는 이해, 경험, 노하우 등을 전달할 수 있도록 한 것이다.

	㉠	㉡	㉢
①	정보	데이터	지능
②	데이터	정보	지혜
③	데이터	지식	지능
④	데이터	정보	지식

해설 발생하는 일에 대한 사실(facts)은 자료(data)이고, 자료가 의미와 가치를 가지도록 정리되면 정보(information)이다.
토머스 데이븐포트(Thomas H. Davenport)는 『정보생태학』(Information Ecology)에서 '정보도 그 특성에 따라 데이터, 정보 및 지식으로 계층을 나누어 볼 수 있다'고 주장하였다. 일반적으로, 수집한 자료(data)를 의사결정에 유용한 형태로 처리한 것을 정보(information)라고 하고, 이러한 정보가 체계화되어 축적되면 지식(knowledge)이 된다.

정답 01 ① 02 ④

03 다음 설명에 해당하는 법칙은?

> 기존 오프라인 시장에서 집중하지 못했던 틈새시장을 온라인 매장들이 파고들어 많은 매출을 올릴 수 있다. 실제로 아마존은 전체 총매출액 대비 25%를 틈새시장을 통해 달성하고 있다.

① 파레토 법칙(Pareto's Law)
② 무어의 법칙(Moore's Law)
③ 롱테일 법칙(Long Tail Theory)
④ 멧칼프의 법칙(Metcalfe's Law)

해설 ③ 2004년 미국의 인터넷 비즈니스 관련 잡지 와이어드(Wired)의 편집장이었던 크리스 앤더슨(Chris Anderson)이 주장한 롱테일 법칙(Long Tail Theory)에 대한 설명이다.
롱테일 법칙은 매출의 80%는 20%의 핵심고객에게 나온다는 파레토(Pareto) 법칙에 반대되는 것으로, 80%의 고객에게서 20%에 해당하는 핵심고객보다 더 많은 매출이 발생할 수 있다는 법칙이다.

04 다음 설명에 해당하는 용어는?

> - 가치 있는 제품 또는 서비스를 생산하기 위해 업무가 조직, 조정, 집중되는 방식이다.
> - 제품이나 서비스를 생산하기 위해 요구되는 활동들의 집합이다.
> - 조직이 업무, 정보, 지식을 관리하는 독특한 방식과 경영층이 업무를 조정하기 위해 선택하는 방식이다.

① 지식 경영
② 품질 경영
③ 비즈니스 모델
④ 비즈니스 프로세스

해설 ④ 제품 또는 서비스를 생산하기 위해 업무가 조직, 조정, 집중되는 방식은 비즈니스 프로세스이다. 비즈니스 프로세스(business process)는 조직이 제품 또는 서비스를 생산하기 위하여 업무활동, 정보, 지식을 조정하고 조직하는 고유한 방식을 의미한다. (K. C. Lauden et al., Essentials of Management Information, Systems 10e, Pearson, 2012. p. 18.)

05 비즈니스 프로세스 리엔지니어링(BPR)에 대한 설명으로 옳지 않은 것은?

① 기업의 가장 근본적인 문제부터 다루는 것이 필요하다.
② 조직요소보다는 프로세스 중심으로 문제해결에 접근한다.
③ 기존의 업무방식을 완전히 무시하고 영점에서 출발한다.
④ 경영 성과를 급격하게 변화시키는 것보다 점진적으로 개선하는 데 역점을 둔다.

정답 03 ③ 04 ④ 05 ④

해설 ④ 비즈니스 프로세스 리엔지니어링(BPR)은 비즈니스 프로세스의 급진적인 재설계를 의미한다. 즉, BPR은 낭비를 줄이기 위해 업무단계를 통합하고, 비용, 품질, 서비스를 개선하고 정보기술의 효과를 최대화하기 위한 것이다.

06 다음 설명에 해당하는 시스템은?

> 운영 관리자가 판매, 영수증, 현금 예금, 급여, 신용도 결정, 공장의 자재 흐름과 같은 조직의 기본적인 활동과 거래를 관리하는 데 필요한 시스템이다.

① 경영정보시스템 ② 인사정보시스템
③ 생산관리시스템 ④ 거래처리시스템

해설 ④ 거래처리시스템(TPS)은 판매, 급여, 구매, 재고 등의 업무수행에 의해 발생되는 거래자료를 신속하고 정확하게 처리하는 정보시스템으로 다른 정보시스템에 데이터를 제공하는 역할을 한다. 그 주요 기능은 거래처리, 마스터파일의 보전, 보고서 출력, 데이터베이스에 자료의 제공과 검색 등이다.

07 채찍효과에 대한 설명으로 옳지 않은 것은?

① 부정확한 수요예측이 주요한 발생 원인이다.
② 공급망 구성원들 간의 정보를 공유함으로써 불확실성을 줄일 수 있다.
③ 조금씩 자주 주문하는 것보다 대량 배치주문을 함으로써 재고를 유지할 수 있다.
④ 공급망과 최종 소비자의 거리가 멀수록 수요와 재고의 불안전성이 확대되는 현상이다.

해설 ③ 대량으로 배치(batch)주문을 하는 것은 채찍효과를 발생시키는 원인이 된다. 따라서 조금씩 자주 주문해야 채찍효과를 예방할 수 있다.
채찍효과(Bullwhip Effect)란 정보전달의 지연, 왜곡 및 확대현상으로 일반소비자로부터 주문 및 수요의 변동이 일어났을 때 이에 대한 정보가 소매상, 도매상, 유통센터 등을 거슬러 전달되는 과정에서 발생하는 현상을 말한다.
채찍효과를 줄이는 방법으로는 공급사슬상의 수요 및 재고정보의 실시간 공유, 실시간(real time) 주문처리, 불확실성의 제거, 주문량의 변동폭 감소, 리드타임의 단축 등을 들 수 있다.

정답 06 ④ 07 ③

08 다음 설명에 해당하는 법칙은?

> • 마이크로프로세서의 성능은 18개월마다 2배가 된다.
> • 컴퓨팅 성능은 18개월마다 2배가 된다.
> • 컴퓨팅 가격은 18개월마다 반으로 떨어진다.

① 무어의 법칙(Moore's Law)   ② 황의 법칙(Hwang's Law)
③ 파레토 법칙(Pareto's Law)   ④ 멧칼프의 법칙(Metcalfe's Law)

해설 ① 마이크로프로세서의 성능은 18개월마다 2배가 된다는 것은 인텔의 공동창업자인 무어가 제시한 무어의 법칙(Moore's Law)이다. 황의 법칙(Hwang's Law)에서는 이를 12개월마다 2배가 되는 것으로 바꾸어 놓았다.

09 주로 인터넷을 통해 컴퓨팅 자원들(컴퓨터, 저장장치, 애플리케이션, 서비스)에 대한 접근을 가능하게 하는 컴퓨팅 모델은?

① 메인프레임   ② 클라우드 컴퓨팅
③ 모바일 컴퓨팅   ④ 클라이언트/서버 컴퓨팅

해설 클라우드 컴퓨팅(Cloud Computing)은 컴퓨터 프로세싱, 저장장치, 소프트웨어, 그리고 여타의 서비스들을 네트워크, 주로 인터넷을 통해 하나의 가상화된 자원들의 풀(pool)로서 제공되는 컴퓨팅 모델이다.

10 컴퓨터 시스템의 하드웨어가 아닌 것은?

① 입력장치   ② 컴파일러
③ 중앙처리장치   ④ 보조기억장치

해설 컴퓨터 시스템의 하드웨어는 컴퓨터의 본체를 구성하는 중앙처리장치(CPU), 기억장치, 입출력장치를 말한다. ② 컴파일러(Compiler)는 시스템 소프트웨어이다.

11 다음 설명에 해당하는 정보기술은?

> 판매시점에 스캐너로 읽으면 각종 판매정보가 기록 및 저장되며, 소매업자의 경영 활동에 관한 각종 정보를 판매 시점에 파악하여 관리하게 하는 종합적 소매정보시스템이다.

① POS(Point of Sales)   ② RTE(Real-Time Enterprise)
③ EDI(Electronic Data Interchange)   ④ RFID(Radio Frequency IDentification)

정답 08 ① 09 ② 10 ② 11 ①

해설 ① 판매시점정보관리시스템(POS)은 소매점포의 판매시점(point of sales)에서 수집한 POS 데이터를 통해 재고관리, 제품 생산관리, 판매관리를 효율적으로 하려는 정보 의사소통 방법을 말한다. POS 시스템에서는 상품별 판매정보가 컴퓨터에 보관되고, 그 정보는 발주, 매입, 재고 등의 정보와 결합하여 필요한 부문에 활용된다.

12 다음 기능을 수행하는 컴퓨터 하드웨어는?

- 처리를 위해 산술연산장치로 전송되기 전까지 데이터를 보관
- 처리 과정마다 데이터와 결과를 저장
- 처리 후 출력장치로 전송되기 전까지 데이터를 보관

① 입력장치
② 중앙처리장치
③ 주기억장치
④ 보조기억장치

해설 주기억장치(main memory unit)에 대한 설명이다. 주기억장치는 컴퓨터 시스템에서 처리하는 명령어 데이터를 저장시켜놓는 장치이다.
주기억장치는 프로그램을 기억하는 프로그램 영역과 입력자료를 기억하는 영역, 출력자료를 기억하는 영역, 작업을 실행하여 중간계산 결과를 기억하는 작업영역으로 구성된다.

13 ( ) 안에 공통으로 들어갈 말로 알맞은 것은?

전통적인 프로그래밍에서는 프로그램이 변할 때마다 다시 프로그램을 제작해야 했다. 이와 달리 ( )에서의 소프트웨어 개발은 객체를 표준화시킴으로써 개발 프로그램을 재사용하기 위한 부품이나 모듈로 다루어 프로그램을 만든다. 이러한 재사용성이 ( )의 가장 큰 이점이다.

① 3세대 언어
② 4세대 언어
③ 5세대 언어
④ 객체지향 프로그래밍

해설 설명하는 내용은 객체지향 프로그래밍(Object-oriented programming)이다. 객체지향 프로그래밍의 가장 큰 이점은 소프트웨어 개발에 있어서 재사용성(reusability)을 활용(시간과 비용의 절약)하는 데 있다.

정답 12 ③ 13 ④

14 다음 설명에 해당하는 소프트웨어는?

> 컴퓨터 시스템이 여러 개의 다른 작업을 수행할 수 있도록 컴퓨터의 자원 및 업무를 할당하고 컴퓨터 시스템 활동을 모니터하는 등 컴퓨터 시스템의 책임자 역할을 한다.

① 언어 처리기 ② 응용 소프트웨어
③ 운영체제 ④ 시스템 유틸리티

해설 ③ 컴퓨터의 자원 및 업무를 할당하고 컴퓨터 시스템 활동을 모니터하는 등 컴퓨터 시스템의 책임자 역할을 하는 것은 운영체제(Operating System)이다.
운영체제는 컴퓨터의 하드웨어 시스템을 효율적으로 운영하기 위한 소프트웨어로 컴퓨터를 작동하고 시스템 전체를 감시하며, 처리하여야 할 데이터의 관리와 작업계획 등을 조정하는 여러 가지의 프로그램으로 구성되어 있다.

15 프로토타이핑(prototyping)에 대한 설명으로 옳지 않은 것은?

① 반복적 시스템 개발 프로세스이다.
② 한 단계의 작업이 완료되어야 다음 단계가 시작된다.
③ 요구사항이나 설계에 불확실성이 높을 경우에 유용하다.
④ 저렴한 비용으로 신속하게 실험시스템을 만들어 사용자의 평가를 받아보는 방식이다.

해설 시제품(prototype)은 정보시스템의 전체 또는 일부 기능이 실제로 작동되도록 구현되지만 그것은 예비적인 모델이다. 사용자들은 시제품을 사용하면서 정보 요구사항에 대한 아이디어를 얻게 되고, 그에 따라 시제품은 여러 차례 수정된다.
프로토타이핑 접근방법의 과정은 '기본적인 요구사항 분석 → 초기 시제품 개발 → 시제품 사용 → 시제품의 수정과 개선'으로 행해지는데 3단계와 4단계를 여러 차례 반복하여 최종 운영 시제품을 만든다.

16 시스템 개발 프로세스의 단계를 순서대로 나열한 것은?

① 분석 → 설계 → 프로그래밍 → 검사 → 전환 → 유지보수
② 분석 → 설계 → 검사 → 프로그래밍 → 전환 → 유지보수
③ 분석 → 설계 → 프로그래밍 → 전환 → 검사 → 유지보수
④ 설계 → 분석 → 프로그래밍 → 전환 → 검사 → 유지보수

해설 시스템 개발 수명주기(SDLC)의 순서는 '예비조사 → 요구사항 분석 → 시스템 설계 → 시스템 개발 → 시스템 구현 → 시스템 유지·보수'의 순서이다.
또는 '시스템 조사 → 시스템 분석 → 시스템 설계 → 시스템 구현 → 시스템 유지·보수'로 구분하기도 한다.

정답 14 ③ 15 ② 16 ③

17 파일시스템의 문제점이 아닌 것은?

① OLTP 방식을 따라야 한다.
② 응용프로그램이 데이터 파일에 종속적이다.
③ 응용프로그램마다 파일을 따로 유지해야 한다.
④ 동일 데이터가 여러 파일에 중복 저장될 수 있다.

> **해설** ① 파일시스템은 저장된 자료의 집합인 파일을 처리하므로 온라인 분석처리(OLAP) 방식을 따른다. 전통적인 파일시스템에서는 데이터 파일들이 각각의 응용 프로그램에 맞도록 개별적으로 설계되고, 이와 같은 용용프로그램들이 분리·실행되어 필요한 문서나 보고서를 산출하게 된다. 이러한 파일시스템은 데이터의 중복과 비일관성, 데이터 접근의 어려움, 데이터의 고립, 무결성 문제, 원자성 문제, 동시 액세스 문제 등이 있다.

18 다음 설명에 해당하는 용어는?

> 대용량 데이터베이스들에 숨긴 패턴과 관계성들을 찾아내고 이런 패턴 및 관계성들을 통해 미래의 행위를 예측한다.

① 웹 마이닝　　　　　② 텍스트 마이닝
③ 데이터 마이닝　　　④ 데이터웨어하우스

> **해설** 데이터 마이닝(Data Mining)은 대용량의 데이터베이스로부터, 과거에는 알지 못했던 데이터 모델을 새로이 발견하여 실행 가능한 유용한 지식을 추출해 내는 과정을 의미한다.

19 ( ) 안에 들어갈 말로 알맞은 것은?

> ( )은/는 너무 거대하고 복잡해서 전통적인 데이터베이스 관리시스템을 사용하여 관리하는 것이 어려운 데이터의 집합이다.

① 인공지능　　　　② 클라우드
③ 빅데이터　　　　④ 사물인터넷

> **해설** 빅데이터(big data)란 디지털 환경에서 생성되는 데이터로 그 규모가 방대하고, 생성 주기와 유통 주기도 짧고, 형태도 수치 데이터뿐 아니라 문자와 영상 데이터를 포함하는 대규모 데이터를 말한다. 즉, 빅데이터는 조직 내외부의 정형적 데이터 뿐만 아니라 비정형적 데이터까지 포함한 방대한 양의 데이터를 포함한다.

정답 17 ①　18 ③　19 ③

20 다음 설명에 해당하는 용어는?

> 관계형 데이터베이스에서 다른 테이블의 행을 유일하게 확인하는 필드(혹은 필드의 그룹)로 2개의 테이블 사이에서 연결을 설정하는 역할을 한다.

① 기본키(primary key) ② 외래키(foreign key)
③ 후보키(candidate key) ④ 보조키(secondary key)

해설 ② 관계형 데이터베이스에서 2개의 테이블 사이에서 연결을 설정하는 역할을 하는 것은 외래키(foreign key)이다. 외래키는 관계형 데이터베이스에서 테이블 사이에 관계변수를 관장하는 키이다.

21 관계형 데이터베이스와 관련된 용어가 아닌 것은?

① 키(key) ② 필드(field)
③ 튜플(tuple) ④ 객체(object)

해설 관계형 데이터베이스는 데이터를 구분하는 키(key)와 그 값들의 관계를 테이블(table)화하여 간단히 원하는 자료를 검색하는 데이터베이스이다. 테이블에서 각 열의 위치를 필드(field) 또는 속성(attribute)이라고 부르며, 각 행은 레코드(record) 또는 튜플(tuple)이라고 부른다.

22 다음 설명에 해당하는 데이터 모델은?

> 데이터베이스를 구축하기 위해서 데이터베이스에 대한 개념적 설계를 데이터 모델로 작성한다.

① 구조도(structure chart)
② 자료흐름도(data flow diagram)
③ 비즈니스 프로세스 리엔지니어링(BPR)
④ 개체관계도(entity-relationship diagram)

해설 ④ 개체관계도(ERD : Entity Relationship Diagram)는 시스템에서 처리되는 개체(자료)와 개체의 구성과 속성, 개체 간의 관계를 표현하여 자료를 모델화하는 데 사용된다. 개체관계도를 통해 관계형 데이터베이스를 구성하고 있는 테이블들의 관계를 명확하게 할 수 있다.

정답 20 ② 21 ④ 22 ④

23 다음 프로그램이 사용되는 곳은?

> SELECT field_name 1 [field_name2…. field_name N]
> FROM table_name 1 [table_name2…. table_name N]
> WHERE condition

① 파일시스템
② 관계형 데이터베이스
③ 객체형 데이터베이스
④ 구조형 데이터베이스

해설 SELECT, FROM, WHERE는 구조적 질의어 SQL(Structured Query Language)의 기본 형식이다. SQL은 관계형 데이터베이스 관리시스템(RDBMS)의 표준화된 사용자 및 프로그램 인터페이스이다. 현재 대부분의 RDBMS는 SQL(Structured Query Language)을 제공하고 있다.

24 다음 설명에 해당하는 정보시스템은?

> 기업의 생산, 물류, 재무, 회계, 판매, 구매, 재고 등 기간 업무 프로세스를 통합적으로 연계 및 관리해 주며, 기업 내외부적으로 발생하는 정보를 서로 공유하고 새로운 정보를 생성하며 빠른 의사결정을 도와주는 기업 통합 정보시스템이다.

① SCM(Supply Chain Management)
② PDM(Product Data Management)
③ ERP(Enterprise Resource Planning)
④ CRM(Customer Relationship Management)

해설 생산, 물류, 재무, 회계, 판매, 구매, 재고 등 기업의 업무 프로세스를 통합적으로 연계하여 관리해 주는 것은 전사적 자원계획(ERP)이다.
ERP는 기업의 인적·물적자원을 효율적으로 활용하는 관리시스템으로서 통합업무 패키지 또는 기간업무 시스템으로 불리며, 기업경쟁력 강화를 위한 통합정보시스템 구축을 목적으로 한다.

25 다음 설명에 해당하는 시스템은?

> 경영활동에 있어 의사결정자들이 당면하는 문제를 해결하기 위해 효과적인 의사결정을 할 수 있도록 분석 모형과 데이터를 지원한다.

① 전문가 시스템
② 경영정보시스템
③ 지식관리 시스템
④ 의사결정지원시스템

정답 23 ② 24 ③ 25 ④

해설 ④ 경영지원시스템(MSS)의 하나인 의사결정지원시스템(DSS)은 컴퓨터를 사용하여 정형화되지 않는 문제(주로 반구조적인 문제)에 관해 의사결정자가 효과적인 의사결정을 할 수 있도록 지원하는 것이다.
DSS는 데이터베이스 시스템(데이터관리 하위시스템), 모델베이스 시스템, 지식베이스 하위시스템, 사용자 인터페이스, 사용자 등으로 구성된다.

26 중역정보시스템에 대한 설명으로 옳지 않은 것은?

① 최고경영층이 신속하고 정확한 의사결정을 하도록 다양한 분석도구를 갖추어야 한다.
② 최고경영층 스스로 원하는 정보를 검색할 수 있도록 쉬운 사용자 인터페이스를 제공해야 한다.
③ 거래가 발생할 때마다 정보를 처리해야 하므로 자료 처리량이 많고 처리 속도가 빨라야 한다.
④ 최고경영층이 조직의 운영결과나 상황 평가, 감시 및 계획 수립에 필요한 각종 정보에 쉽게 접근할 수 있어야 한다.

해설 ③ 거래가 발생할 때마다 정보를 처리해야 하므로 자료 처리량이 많고 처리 속도가 빨라야 하는 것은 거래처리시스템(TPS)이다.
중역정보시스템(EIS)은 최고경영층(중역)의 의사결정에 필요한 정보를 적시에 제공하고 필요한 경우 의사결정을 지원하는 시스템이다.

27 다음 설명에 해당하는 용어는?

> 방대한 양의 데이터로부터 인간이 분석하기에는 어렵고 복잡한 패턴과 관계들을 찾는 인공지능 기술이다.

① 퍼지논리   ② 사례기반추론
③ 신경망   ④ 유전자 알고리즘

해설 ③ 데이터 마이닝 기법 중 하나인 인공신경망(Artificial Neural Networks)은 인간 두뇌의 복잡한 현상을 모방하여 신경망처럼 생긴 구조를 모형화하고, 기존에 수집된 자료로부터 반복적인 학습과정을 거쳐서 데이터에 내포되어 있는 규칙을 찾아내는 기법이다.

정답 26 ③ 27 ③

28 빅데이터 분석 기법이 아닌 것은?

① 군집분석
② 소셜네트워크 분석
③ 행동모델
④ 텍스트 마이닝

해설 빅데이터(big data)는 수치 데이터뿐 아니라 문자와 영상과 같은 텍스트 데이터 등을 포함하는 대규모 데이터로 데이터 마이닝, 텍스트 마이닝, 웹 마이닝 등의 분석기법을 통해 분석한다.

29 패킷 데이터를 다른 네트워크를 통해서 정확한 주소로 전달하기 위해 사용되는 통신 프로세서는?

① 허브
② 모뎀
③ RFID
④ 라우터

해설 ④ 라우터(Router)는 서로 다른 네트워크를 연결하여 정보를 주고받을 때, 송신정보(packet)에 담긴 수신처의 주소를 읽고 가장 적절한 통신 네트워크를 이용하여 다른 통신망으로 전송하는 장치이다.

30 패킷교환방식에 대한 설명으로 옳지 않은 것은?

① 데이터양이 많고 통신으로 점유시간이 긴 경우에 유리하다.
② 여러 패킷을 동시에 처리하므로 회선교환방식에 비해 이용률이 높다.
③ 망의 독점사용으로 인한 회선대기시간과 같은 비효율성을 낮출 수 있다.
④ 데이터를 패킷이라는 단위의 작은 조각으로 나누어 서로 다른 경로를 통해 전송하는 방식이다.

해설 ① 패킷교환(Packet Switching)방식은 통신회선의 이용도가 높고, 패킷단위로 축적하므로 빠른 응답시간이 요구되는 응용에 사용된다. 디지털 전송을 기본으로 하므로 전송품질과 신뢰성이 높다. 데이터 전송을 위한 추가 데이터가 필요하고, 짧은 메시지와 낮은 정보량의 전송에 적합하다.

31 컴퓨터 통신망에서 프로토콜에 대한 설명으로 옳은 것은?

① 패킷이 이동하는 경로이다.
② 통신망에서 주요 컴퓨터이다.
③ LAN에서 음성과 데이터의 교환을 처리하는 장치이다.
④ 네트워크에서 정보 전송을 관리하는 일단의 절차와 규칙 집합이다.

정답 28 ③ 29 ④ 30 ① 31 ④

해설 ④ 컴퓨터 네트워크에서 통신이 성공적으로 수행되기 위해서는 개체들이 일정한 약속에 따라 데이터를 송신하고 수신하여야 하는데, 이때 사용되는 약속을 프로토콜(protocol)이라고 한다. 즉 프로토콜은 컴퓨터와 컴퓨터 사이 또는 한 장치와 다른 장치 사이에서 정보를 원활히 주고받기 위한 통신방법에 대한 규칙과 약속을 의미한다.

32 대역폭(bandwidth)이 가장 큰 전송매체는?

① 광케이블
② 블루투스
③ 동축케이블
④ 꼬임 구리선

해설 대역폭(bandwidth)이 가장 큰 전송매체는 광케이블(fiber optic cable)이다. 대역폭은 어느 특정 통신채널에서 수용할 수 있는 주파수의 범위를 말한다.
대역폭은 하나의 채널이 수용할 수 있는 최고 및 최저 주파수 간의 차이를 의미한다. 주파수의 범위가 커질수록 대역폭은 넓어지고 그 채널의 전송용량은 증가한다.

33 사물인터넷 관련 기술이 아닌 것은?

① 센싱기술
② 보안기술
③ 머신러닝기술
④ 유무선 통신기술

해설 사물인터넷(Internet of Things : IoT)은 현실세계의 사물들과 가상세계를 네트워크로 상호 연결해 사람과 사물, 사물과 사물 간 언제 어디서나 서로 소통할 수 있도록 하는 새로운 인터넷 기술을 의미한다.
사물인터넷이 활용되기 위해서는 유무선 통신기술은 물론 인터넷 보안기술과 사물을 인식할 수 있는 센싱기술이 확보되어야 한다.
③ 머신러닝(machine learning)은 인공지능의 한 분야로, 패턴인식과 컴퓨터 학습 이론의 연구로부터 진화한 분야이나. 딥러닝(deep learning)은 머신러닝의 한 분야로 데이터를 컴퓨터 처리 가능한 형태인 벡터나 그래프 등으로 표현하고 이를 학습하는 모델을 구축하는 연구를 포함한다.

34 다음 설명에 해당하는 것은?

> 고객, 협력사, 제휴업체, 공급사 등에 접속이 허용되도록 구축된, 조직과 조직을 서로 연결하는 정보네트워크이다.

① 인트라넷(Intranet)
② 근거리통신망(LAN)
③ 원거리통신망(WAN)
④ 엑스트라넷(Extranet)

정답 32 ① 33 ③ 34 ④

해설 ④ 엑스트라넷(Extranet)은 인터넷 기술을 기반으로 공급사·고객·협력업체들의 인트라넷을 연결하는 협력적 네트워크이다. 자기 회사와 관련 있는 기업체들과의 원활한 통신을 위해 인트라넷의 이용범위를 그들 관련 기업체 간으로 확대한 것이다.

35 VPN(Virtual Private Network)에 대한 설명으로 옳은 것은?

① 음성 통신을 제공하는 인터넷 기반 서비스이다.
② 개인 기업에 의해 개발된 특허 네트워크 서비스 기술이다.
③ 텔넷(telnet)을 사용하여 안전하고 암호화된 통신을 제공한다.
④ 공용 네트워크 내에 구성된 안전하고 암호화된 사설 네트워크이다.

해설 가상사설망(VPN)은 기업에서 공중망 인터넷을 마치 자신의 인트라넷처럼 사용하는 방식으로, 터널링(tunneling)기법을 사용해 데이터를 암호화하여 데이터를 안전하게 전송함으로써 제3자의 접근을 막고 안전성을 확보한다.

36 다음 설명에 해당하는 것은?

> 제3자에게 구매자의 결제대금을 예치해 놓았다가 배송이 정상적으로 완료되면 대금을 판매자에게 지급한다.

① 공인인증서
② 안심클릭 서비스
③ 에스크로 서비스
④ 지불 게이트웨이

해설 ③ 에스크로 서비스(Escrow Service)는 전자상거래에서 발생할 수 있는 허위거래나 사기사건 발생을 방지하기 위한 대책으로 구매자나 판매자가 입을 수 있는 피해를 예방하여 거래의 양 당사자를 모두 보호할 수 있다.
에스크로는 구매자의 결제대금을 제3자에게 예치하고 있다가 배송이 정상적으로 완료된 후 대금을 판매자에게 지급하는 거래안전장치이다.

37 다음 설명에 해당하는 전자상거래 유형은?

> 실시간으로 특정 제품이나 서비스의 가격이나 재고보유여부 등 구매자가 찾기 어려운 정보를 탐색함으로써 구매자의 시간을 절감해 준다.

① 경매 중개
② 거래 중개
③ 검색 에이전트
④ e-마켓플레이스

정답 35 ④ 36 ③ 37 ③

해설 ③ 실시간으로 특정 제품이나 서비스의 가격 등 구매자가 찾기 어려운 정보를 탐색함으로써 구매자의 시간을 절감해 주는 것은 검색 에이전트(search agent)이다.

38 네트워크 보안기술에 해당하는 것은?

① 암호시스템
② 홍채인식시스템
③ 지문인식시스템
④ 침입탐지시스템

해설 인터넷 보안대책으로는 방화벽(firewall), 침입탐지시스템(Intrusion Detention System), 안티바이러스(antivirus) 소프트웨어, 통합위협관리시스템 등이 필수적이다. 암호시스템과 지문・홍채・음성 등을 이용하는 생체인증(biometric authentication)은 신원관리와 인증을 위한 보안기술이다. 침입탐지시스템(IDS)은 기업 네트워크의 가장 취약한 지점이나 핫스팟(hot spot)에 위치하여 침입자를 상시 감시할 수 있는 기능을 지닌다.

39 해킹에 해당하지 않는 것은?

① 웜
② 스푸핑
③ 디도스
④ 스니핑

해설 웜(worm)은 주로 네트워크에서 연속적인 복사 기능을 수행함으로써 자가 증식해서 기억장치를 소모하거나 저장된 데이터를 파괴하는 프로그램으로, 고의로 남의 컴퓨터 시스템에 침입하여 범죄를 저지르는 해킹(hacking)에는 해당하지 않는다.

40 다음 설명에 해당하는 악성코드는?

> 사용자의 동의 없이 컴퓨터에 잠입해 인터넷 이용과 관련된 개인정보를 수집하는 컴퓨터 소프트웨어이다.

① 바이러스
② 애드웨어
③ 스파이웨어
④ 트로이목마

해설 ③ 스파이웨어(spyware)는 스파이(spy)와 소프트웨어(software)의 합성어로 사용자가 모르게 컴퓨터에 몰래 숨어 들어가 있다가 중요한 개인정보를 빼가는 프로그램을 지칭한다. 컴퓨터 시스템에는 손상을 주지 않는다.

정답 38 ④ 39 ① 40 ③

2021 마케팅조사 기출문제

01 마케팅조사의 실시 여부를 결정할 때, 고려할 요인으로 옳지 않은 것은?
① 정보의 보유 정도
② 시간의 제약성
③ 기업환경의 복잡성
④ 의사결정의 중요성

> **해설** 마케팅조사는 기업이 처한 현재의 문제에서 출발한다. 문제를 명확히 하고 이를 해결하기 위해 마케팅조사 여부를 판단한다. 조사에 필요한 정보를 기업이 보유하고 있는지와(2차 자료) 조사의 결과가 의사결정을 하는 데 있어서 어느 정도 기여하는지, 조사 기간의 제한이나 비용 등이 조사를 실시하는 데 영향을 미친다.
> 기업환경의 복잡성은 조사 실시 이후 환경분석에 관련된 내용이다.

02 조사유형에 대한 설명으로 옳은 것은?
① 정량조사는 설문지를 사용하는 경우 비정형화된 질문을 사용하는 조사이다.
② 서술조사는 표적모집단 행동의 인과관계를 규명하는 조사이다.
③ 탐색조사는 조사문제가 불명확할 때 기본적인 통찰과 아이디어를 얻기 위해 실시되는 조사이다.
④ 인과관계조사는 설문지를 사용하며 조사대상자들과 면담, 전화 혹은 우편을 이용하여 자료를 수집하는 조사이다.

> **해설** ③ 탐색조사는 비교적 적은 표본수로 본조사설계의 전단(Pre-test)의 목적을 가지고 시행하며 관찰, 면접, 전문가 조사, 사례조사 등의 방법으로 진행한다.
> ① 정량조사는 체계적이고 구조적이며 설문지는 정형화된 질문을 사용하는 조사이다.
> ② 서술조사(기술조사)는 비교적 많은 표본수를 이용하여 현상 간의 상관관계를 설명하는 조사이다.
> ④ 인과조사는 실험을 통한 명확한 인과관계를 규명하는 조사로 변수의 통제가 엄격한 편이다.

정답 01 ③ 02 ③

03 인과관계의 요건에 해당하지 않는 것은?

① 동반발생
② 시간적 순서
③ 선택의 편향
④ 외생변수의 통제

해설 인과관계의 요건은 공존성, 순차성, 외생변수의 통제라는 세 가지 조건이 만족되어야 한다.
- **공존성**(동시발생) : 인과관계의 원인과 결과가 같이 존재하거나 발생하여야 한다.
- **순차성**(시간적 순서) : 사건 원인의 발생이 사건의 결과 전에 일어나거나 최소한 동시에 일어나야 한다.
- **외생변수의 통제** : 원인변수와 결과변수 외에 인과관계에 영향을 미칠 수 있는 외생변수를 엄격하게 통제하거나 제거해야 함을 말한다.

04 설문지법이나 관찰법 등을 사용할 때, 오차를 최소화하기 위해 실시하는 것으로 옳지 않은 것은?

① 조사원에 대해 지속적으로 교육한다.
② 조사원에 할당된 조사분량에 대해 사전에 검증한다.
③ 설문지 주요 항목이 누락되었는지에 대해 확인한다.
④ 무응답도 실제 현상이므로 무응답 설문지도 분석에 최대한 반영한다.

해설 표본으로 선택된 대상자들 중 일부로부터 원하는 정보를 얻지 못하는 경우를 무응답(nonresponse)이라 한다. 무응답은 조사 대상자로부터 전혀 정보를 얻지 못하는 단위 무응답과 문항 중 일부 문항에 대해서 응답하지 않은 항목 무응답이 있다. 이러한 무응답 설문지를 분석에 활용하면 편의(bias)가 발생되기 쉬우므로 오차를 최소화하기 위해서는 분석에서 제거하는 것이 바람직하다.

05 마케팅관리자가 조사기법을 이해해야 하는 이유로 가장 거리가 먼 것은?

① 조사자가 추출한 정보 이외의 중요한 정보를 추출할 수 있다.
② 추출된 정보가 불충분한 경우, 추가적 요구를 구체적으로 할 수 있다.
③ 조사결과의 해석에 관여할 수 있기 때문에 조사비용을 감소시킬 수 있다.
④ 조사과정에 구체적 의견을 제시하여 원하는 정보를 획득할 수 있다.

해설 조사비용은 마케팅조사 계약 당시 정해지므로 마케팅관리자가 조사기법을 이해한다고 하여 조사비용에는 영향을 미치지 않는다.

정답 03 ③ 04 ④ 05 ③

06 다음 설명에 해당하는 개념은?

> 정보의 종류 중 하나이며, 한 대상에 대해 측정한 값을 다른 대상에 적용시키는 경우, 그 값을 의미한다.

① 예측
② 사실
③ 관계
④ 추정

해설 ① 예측 : 과거나 현재의 값으로부터 미래의 값을 추정하는 것이다.
② 사실 : 객관적인 형태의 정보를 의미한다.
③ 관계 : 두 개 이상의 변수들 간의 관계에 관한 것이다.

07 1차 자료의 특성에 해당하지 않는 것은?

① 자료 수집의 과정은 신속하고 쉽다.
② 자료 수집 시 비용이 많이 든다.
③ 자료 수집 시 시간이 오래 걸린다.
④ 자료 수집의 목적은 당면한 문제이다.

해설 ①은 2차 자료에 관한 내용으로 기존에 공개되어 있는 자료를 의미한다. 2차 자료는 상대적으로 적은 비용(시간, 금전)으로 관련 조사 문제에 대한 최근 현황을 파악할 수 있다.

구분	1차 자료	2차 자료
수집목적	현안문제의 직접적 해결	현안문제와 관계없는 목적
수집과정	매우 복잡함	빠르고 쉬움
수집비용	높음	상대적으로 낮음
수집시간	길다	짧다

08 척도에 대한 설명으로 옳지 않은 것은?

① 명목척도는 대상들을 분류하는 특성이 있으며, 마케팅 예로는 매출액이 해당한다.
② 간격척도는 대상들 간의 차이를 나타내는 특성이 있으며, 0점은 임의적으로 부여한 값이다.
③ 비율척도는 대상들 간의 비율을 나타내는 특성이 있으며, 0점은 절대적 의미를 갖는다.
④ 서열척도는 대상들의 상대적 위치를 나타내는 특성이 있으며, 마케팅 예로는 브랜드 선호순서가 해당한다.

정답 06 ④ 07 ① 08 ①

해설 명목척도는 측정값에 특별한 상징을 부여하는 방식으로 측정값을 분류하고 구분하는 것이다. 예를 들면 남성은 1, 여성은 2로 숫자를 배정할 수 있고 이때 배정된 숫자는 숫자로서의 어떠한 가치나 정보를 가지지 않고 대상의 분류들 간의 구분 이외의 의미는 존재하지 않는다. 명목척도는 성별, 직업, 브랜드, 점포 등 다른 대상들을 분류하기 위해 사용되므로 매출액은 비율척도의 예라고 볼 수 있다. 비율척도는 키, 몸무게, 비용, 시장점유율 등이 사용된다.

09 신뢰성 측정 방법으로 옳지 않은 것은?

① 반분법
② 재측정법
③ 다중공선성
④ 내적 일관성법

해설 신뢰성이란 반복적인 측정이 이루어졌을 때 척도가 일관되게 측정하는 정도를 의미한다. 신뢰성 검증이란 동일한 개념에 대하여 동일한 측정도구로 측정하였을 때 동일한 응답이 나오는 정도를 확인함으로써 이루어진다.
③ **다중공선성**은 3개 이상의 독립변수들 간의 강한 선형관계를 보이는 현상으로 신뢰성 측정 방법과 관련이 없다.
① **반분법** : 두 개의 동등한 측정문항을 만들어 동일한 대상에게 다른 시간에 각각 다른 측정항목으로 측정을 실시한 후 그 상관관계를 계산하여 신뢰성을 검증하는 방법이다.
② **재측정법** : 동일한 대상에게 동일한 측정도구를 가지고 다른 시간에 반복적으로 측정한 반복측정결과를 비교하는 방법이다.
④ **내적 일관성법** : 여러 개의 측정문항에 대한 응답의 유사성을 평가하여 하나로 총합구성된 측정개념의 신뢰성을 평가하는 방법으로 크롬바흐 알파 값을 사용한다.

10 명목척도로 측정된 자료에서 의미가 있는 통계량은?

① 최빈값
② 중앙값
③ 기하평균
④ 스피어먼 상관계수

해설 ① **최빈값**(MODE) : 개체수 또는 빈도수가 가장 많은 개체 또는 계급을 의미하기 때문에 출현 횟수 또는 빈도만을 활용할 수 있는 명목척도에서 활용할 수 있는 적합한 통계량이다.
② **중앙값** : 서열을 바탕으로 한 중심 성향 대푯값으로 크기 순으로 나열하였을 때 가장 중앙에 위치하는 값을 말한다.
③ **기하평균** : 성장률과 같이 곱셈으로 표현되는 비율들의 평균을 계산하고자 할 때 적합하다.
④ **스피어먼 상관계수** : 서열척도에 의한 비연속적인 양적 변수일 때 두 변수 간의 상관 정도를 측정하기 위해 사용된다.

정답 09 ③ 10 ①

11 다음에 해당하는 척도는?

> A 자동차의 품질은 B 자동차의 품질보다 뛰어나다.

전혀 그렇지 않다	그렇지 않다	보통이다	그렇다	매우 그렇다
1	2	3	4	5

① 쌍대비교척도 ② 의미차별화척도
③ 스타펠(Stapel)척도 ④ 리커트(Likert)척도

해설 ④ 리커트척도 : 응답자들로 하여금 측정대상들이 갖는 연속적 상태에 대해 동의와 비동의 정도를 표시하게 하는 척도로 구성된다. 5점 이외에 7점, 9점 리커트척도도 사용된다.
① 쌍대비교척도 : 두 개의 비교대상을 제시하고 조사대상자는 어떠한 기준에 따라 비교대상 중 하나를 선택하는 측정법이다.
② 의미차별화척도 : 소비자의 태도나 방향 혹은 정도를 파악하기 위한 방법으로 양극단에 차이가 있는 반의어들로 구성하는 측정법이다.
③ 스타펠척도 : 단일의 일방향의 등급을 갖는 범주형의 척도이며 중위점인 0이 없는 +5점부터 -5점까지로 형성된 척도이다.

12 다음 설문문항에서 사용된 척도는?

> 지난 학기에 수강한 마케팅 관련 과목은?
> 1) 마케팅원론 ·· (   )
> 2) 마케팅조사 ·· (   )
> 3) 소비자행동 ·· (   )
> 4) 유통관리 ·· (   )
> 5) 신제품개발 ·· (   )
> 6) 브랜드관리 ·· (   )
> 7) 광고커뮤니케이션 ····································· (   )

① 명목척도 ② 비율척도
③ 서열척도 ④ 등간척도

해설 명목척도는 측정값에 특별한 상징을 부여하는 방식으로 측정값을 분류하고 구분하는 것으로 숫자들은 등급 또는 범주를 위한 이름표로서의 역할을 한다. 명목척도를 사용하여 수집된 자료는 집단별 빈도, 비율, 백분율에 대한 분석만이 가능하고 전체집단에 대한 대표치는 최빈치만을 이용하여 나타낼 수 있다.

정답 11 ④ 12 ①

13 다음 설문문항에서 사용된 척도는?

> 1) 귀하는 지난 10일 동안 식품을 구매하러 점포에 몇 번 갔습니까? ……(　　)회
> 2) 귀하의 나이는 몇 세입니까? …………………………………… 만 (　　)세
> 3) 귀하는 지난 10일 동안 몇 km 정도 걸었습니까? ………………(　　)km

① 비율척도　　　　　　　② 간격척도
③ 서열척도　　　　　　　④ 명목척도

해설 비율척도는 명목, 서열, 등간척도들의 모든 성질들을 소유하고 있고 다른 척도들이 표현할 수 없는 절대적 영점(0점)의 표현이 가능하다. 즉, 측정대상을 확인하거나 분류할 수 있고 순위를 매길 수 있으며 간격이나 차이를 비교할 수 있을 뿐만 아니라 비율과 배율도 계산할 수 있다. 비율척도는 제품가격, 소득과 같이 금전적 가치를 측정하거나 연령, 종업원의 수와 같은 절대적 수량을 측정하는 경우에 주로 활용된다.

14 어떤 개념을 측정하는 데 신뢰성이 높다고 평가할 수 있는 경우는?

① 타당성이 높을수록
② 총오차가 적을수록
③ 체계적 오차가 적을수록
④ 비체계적 오차가 적을수록

해설 신뢰성이란 반복적인 측정이 이루어졌을 때 척도가 일관되게 측정하는 정도를 의미한다. 비체계적 오차는 우연한 변화로 비일관성을 만들어 내어 측정의 신뢰성에 직접적으로 부정적인 영향을 미친다. 비체계적인 오차가 적을수록 신뢰성이 높고 체계적 오차가 적을수록 타당성이 높다.

15 질문을 표현할 때, 옳지 않은 것은?

① 쉽게 질문한다.
② 암시적으로 질문한다.
③ 유도질문을 삼간다.
④ 한 번에 두 개 이상의 질문을 하지 않는다.

해설 질문항목을 결정함에 있어서 각각의 질문항목이 필요한 정보를 정확히 얻을 수 있는지를 평가해야 한다. 하나의 질문에 여러 개의 중복된 의미가 포함되는 것과 다양한 의미의 응답이 나오는 질문구조는 피해야 한다.

정답　13 ①　14 ④　15 ②

16 다음 사례에 대한 설명으로 옳은 것은?

> 듣기, 어휘, 독해, 발표능력 등의 항목을 통해 어학능력을 측정한 후, 신장과 체중을 측정항목으로 추가하였다.

① 예측타당성이 하락할 것이다.
② 기준타당성이 향상될 것이다.
③ 반복측정 신뢰성이 향상될 것이다.
④ 크론바하 알파값이 작아질 것이다.

해설
- 예측타당성은 측정하고자 하는 개념과 그 개념과 높은 상관관계가 예상되는 다른 개념이 실제로 얼마나 높은 상관관계를 나타내는가를 확인함으로써 측정개념이 예측개념을 예측하는 정도로 타당성을 평가하는 방법이다. 어학능력의 측정항목과 신장과 체중 측정항목은 서로 상관관계가 높지 않으므로 예측타당성은 낮아질 것이다.
- 기준타당성은 측정결과를 평가할 수 있는 외적 기준을 선정하여 타당성을 평가하는 방법으로 예측타당성과 동시타당성의 방법이 있다.

17 다음 질문의 문제점은?

> 당신이 피자를 처음 먹었던 해를 적으시오.

① 유도성 질문이다.
② 애매모호한 표현을 사용한 질문이다.
③ 민감하게 반응할 가능성이 있는 질문이다.
④ 기억하지 못해 응답하기 어려운 질문이다.

해설 보기는 비구조적 또는 개방형 질문의 형식으로 주로 주관식 응답을 추구하는 형태로 이루어진다. 보기는 응답자들이 질문에 대해 즉각적으로 답변이 생각이 나지 않을 경우 성의 있는 응답을 받아내기 어려운 질문이다.

18 질문의 순서를 결정할 때, 고려해야 할 사항으로 옳은 것은?

① 설문지 앞부분에 응답자 신상에 관한 질문을 배치한다.
② 설문지 전체 내용을 짐작할 수 있는 질문은 설문지 앞부분에 배치한다.
③ 응답이 곤란한 질문은 설문지 가운데에 배치한다.
④ 설문이 많은 경우, 주요 질문은 설문지 뒷부분에 배치한다.

정답 16 ① 17 ④ 18 ②

해설 설문지로부터 얻을 수 있는 정보의 유형은 기본정보, 분류정보, 식별정보의 순으로 확보할 수 있다. 기본정보는 연구주제와 직접적으로 관련이 있는 정보로서 설문지 앞부분에 배치한다. 분류정보는 응답자의 인구통계적 특성 정보이고 식별정보는 응답자의 이름, 주소, 전화번호 등 개인신상정보를 의미한다.
어렵고 민감한 질문, 당황스럽고 복잡한 질문, 재미없고 따분한 질문항목일수록 설문지의 마지막에 배치하여야 한다.

19 전수조사가 표본조사보다 정확하지 않은 경우가 발생하는 이유로 옳은 것은?

① 체계적 오차가 발생할 가능성이 표본조사보다 높기 때문이다.
② 설문지가 잘못되었을 가능성이 표준조사보다 높기 때문이다.
③ 표본을 추출하는 과정에서 발생하는 오차가 전수조사의 장점을 상쇄하기 때문이다.
④ 코딩 및 편집의 오류, 현장 조사자의 태만 등으로 인한 측정의 오류가 발생할 가능성이 높기 때문이다.

해설 표본오차는 표본추출 과정에서 발생할 수 있는 오차로서 우연히 발생할 수도 있고 편의 또는 특정한 의도에 의해 표본이 잘못 추출되는 경우에 발생한다. 비표본오차는 표본추출과정이 아닌 다른 과정에서 발생하는 조사오차로서 주로 관찰이나 기록상의 잘못으로 발생하는 측정오차를 의미한다. 비표본오차는 측정의 횟수나 방법을 최소화시켜 해당 오류를 줄일 수 있다. 비표본오차가 큰 경우 측정의 양이 많은 전수조사보다는 표본조사를 더 선호하게 된다. 반면 표본추출오류의 가능성이 큰 경우 표본추출오류의 원천인 표본추출 자체를 기피하게 되어 표본조사보다는 전수조사를 더 선호하게 된다.

20 ( ) 안에 들어갈 말로 알맞은 것은?

( )은/는 표본추출을 하는 데 사용되는 전화번호부, 협회명부, 인터넷 사이트 회원 데이터 등을 의미한다.

① 군집
② 모집단
③ 표본추출 단위
④ 표본추출 프레임

해설 ④ 표본추출 프레임 : 모집단 대상들의 집합 또는 그 집합을 목록화한 것을 의미한다.
① 군집 : 동일한 성격을 가진 여러 개의 그룹을 조사 목적에 맞는 대상으로 분류한 부분집단을 말한다.
② 모집단 : 조사자가 관심 있는 특성이나 정보를 포함한 대상들의 집단이다.
③ 표본추출 단위 : 표본에 포함될 대상의 단위로서 통상 마케팅조사에서는 개인, 가구, 조직 등이 된다.

정답 19 ④ 20 ④

21 확률표본추출의 유형으로 옳지 않은 것은?

① 층화 표본추출
② 체계적 표본추출
③ 눈덩이 표본추출
④ 단순무작위 표본추출

> 해설 확률표본추출법은 확률을 바탕으로 표본대상들을 선택하는 것을 의미한다. 확률표본을 위해서는 표본프레임을 사전에 확보하여 각 대상이 선택될 확률을 미리 정의할 수 있을 때 가능하다.
> 눈덩이 표본추출법은 비확률표본추출법의 종류로 조사대상자들에게 모집단에 속하는 대상들을 추천받아 추가적인 표본을 늘려 나가는 방식으로 표본을 선정하는 것으로 표본의 증가가 눈덩이처럼 증가한다고 하여 눈덩이 표본추출법(Snowball Sampling)이라고 한다.

22 다음 사례에 해당하는 표본추출방법은?

> 투표를 마치고 나오는 유권자들을 20명 간격으로 인터뷰를 실시하였다.

① 할당 표본추출
② 층화 표본추출
③ 군집 표본추출
④ 체계적 표본추출

> 해설 체계적 표본추출은 표본이 임의시점에서 선택되어지며 표본 프레임으로부터 매 i번째 요소들을 선택한다. 표본추출간격인 i는 전체 모집단 수를 표본의 수로 나눈 값이 된다.
> 보기와 같이 표본추출간격 i가 20인 경우 유권자의 수가 10,000명인 모집단에서 500개의 표본을 추출하는 것을 의미한다.

23 관찰법의 장점에 대한 설명으로 옳은 것은?

① 행위의 동기를 측정할 수 있다.
② 자료를 객관적으로 해석할 수 있다.
③ 성의 있는 응답을 할 가능성이 높다.
④ 조사대상자가 의사 표현이 불가능한 경우도 조사할 수 있다.

> 해설 • 관찰조사 장점
> ㉠ 행동에 대한 측정이 실제 행동이므로 왜곡에 의한 오류의 가능성을 줄일 수 있다.
> ㉡ 조사대상자가 인식하지 못하거나 의사소통할 수 없는 행동유형(유아의 행동)도 수집된다.

정답 21 ③ 22 ④ 23 ④

- 관찰조사 단점
  ㉠ 관찰된 행동에 대한 이유를 알 수 없다(동기, 신념, 태도, 선호 등).
  ㉡ 관찰자의 선택적 지각이 자료를 왜곡시킬 수 있다.
  ㉢ 개인의 사적인 활동과 같은 형태의 행동은 관찰하기 어렵다.
  ㉣ 조사대상자의 동의가 없는 경우 비윤리적인 문제에 봉착할 수 있다.

24 2차 자료의 수집방법으로 옳은 것은?

① 어린이들이 장난감을 가지고 노는 행위를 관찰하였다.
② A 대학 신입생들이 A 대학을 인지하게 된 경로를 알기 위해 설문조사를 실시하였다.
③ 신제품에 대한 소비자의 선호를 알기 위해 시험시장을 개설하여 소비자의 반응을 조사하였다.
④ 소매상에서 판매되는 음료 브랜드별 매출액을 알기 위해 인터넷을 이용하여 데이터를 찾아보았다.

> **해설**
> - 2차 자료는 조사자가 해결하고자 하는 조사목적과 관계없이 특별한 다른 목적을 위해 수집한 자료나 특별한 목적 없이 일상적이고 상시적인 자료수집과정에서 수집된 자료를 의미한다.
> - 1차 자료는 조사자가 가지고 있는 문제를 직접적으로 해결하기 위한 특별한 목적으로 수집된 자료를 의미한다. 자료 수집 방법으로 서베이 관찰, 면접, 실험 등이 있다.

25 참여자 간 상호작용을 통하여 참신한 아이디어가 창출될 가능성이 큰 조사법은?

① 실험법
② 투사법
③ 표적집단면접법
④ 전문가 의견조사

> **해설** 표적집단면접법은 응답자들이 자유롭게 의사를 표시하도록 하는 면접방식이다. 표적집단면접법은 시제품 아이디어의 도출, 소비자들의 제품구매 및 사용실태에 대한 전반적인 이해, 본조사 전의 설문지 작성에 필요한 기본적 정보의 수집 등을 위해 활용된다.

정답 24 ④ 25 ③

독학사 2단계

26 다음 사례에서 음악과 매출액 간 인과관계를 확인하기 위해 성립해야 하는 조건에 대한 설명으로 옳은 것은?

> 매장의 음악과 매출액의 인과관계를 실험하던 중 날씨도 역시 매출에 영향을 미쳤다는 결론에 도달하였다. 음악과 매출 간 인과관계를 확인할 수 없었다.

① 한 변수가 변화하면 다른 변수도 변화해야 한다.
② 독립변수가 종속변수보다 먼저 발생해야 한다.
③ 독립변수가 변화하면 가설이 예측한 대로 종속변수가 변화해야 한다.
④ 종속변수의 변화에 대해 독립변수의 변화 이외에 다른 설명이 없어야 한다.

해설 인과관계 성립의 조건
  ㉠ 원인과 결과가 모두 존재하며 측정이 가능해야 한다.
  ㉡ 원인으로 추측되는 현상이 결과로 추측되는 현상보다 먼저 발생해야 한다.
  ㉢ 외생변수는 엄격하게 통제되거나 제거되어야 한다.
  보기는 날씨라는 외생변수가 매출액이라는 결과변수에 영향을 미친 경우로 외생변수의 통제가 이루어지지 않았음을 의미한다.

27 전화조사의 장점에 대한 설명으로 옳은 것은?

① 조사가 신속히 이루어진다.
② 길고 복잡한 질문이 가능하다.
③ 시각 자료의 활용이 가능하다.
④ 조사대상자가 의사 표현이 어려운 경우에도 조사할 수 있다.

해설 전화조사는 조사자가 조사대상자를 직접 만나는 대신에 전화를 통하여 조사대상자로부터 응답을 받는 방법이다.
  • 장점 : ㉠ 빠른 시간 내에 저렴한 비용으로 조사가 가능하다. ㉡ 전화번호부를 표본프레임으로 활용하기 때문에 개별 접촉에 비해 표본선정이 용이하다.
  • 단점 : ㉠ 질문내용이 어렵거나 설문내용이 길어지면 조사대상자들로부터 협조를 얻기 어렵다. ㉡ 표본프레임이 불완전한 경우 표본의 대표성에 문제가 발생할 수 있다.

정답 26 ④ 27 ①

28 다음 설명에 해당하는 조사법은?

> 응답자 한 명을 대상으로 질문하고, 응답을 단서로 깊은 수준의 질문을 이어 나가는 방법이다.

① 관찰법
② 심층면접법
③ 표적집단면접법
④ 전문가 의견조사

해설 심층면접법은 조사자와 조사대상자가 일대일로 진행하며 직접적이며 사적인 면접으로 이루어진다. 심층면접은 표적집단면접과는 다르게 알아내기가 어려운 특정 질문이나 문제에 대한 직접적인 답이나 통찰을 얻을 수도 있다. 심층면접의 단점으로는 구조화 또는 체계화가 되지 않기 때문에 면접자에게 의존적이며 심층면접의 데이터의 분석과 객관화가 어려운 경향이 있다. 조사시간이 많이 소요되며 조사 비용을 높이면서 동시에 면접 횟수를 제한하게 된다.

[29~30] 다음 글을 읽고 물음에 답하시오.

> 광고 슬로건이 브랜드 선호도에 미치는 영향을 알기 위해 실험을 하였다. 상이한 슬로건을 보여준 후 브랜드 선호도에 차이를 측정하였고 슬로건 외 모델, 디자인 등은 모두 동일하게 하였다.

29 위 실험에서 독립변수는?

① 모델, 디자인
② 광고 슬로건
③ 브랜드 선호도
④ 피실험자의 태도

해설 광고 슬로건이 독립변수(원인변수)이고 브랜드 선호도는 종속변수(결과변수)이다. 실험은 조사자가 관심을 가지는 변수들 간의 인과관계를 밝히기 위해 인위적으로 원인변수를 조작하고 외생변수를 제한하는 통제된 실험환경 속에서 결과변수의 발생을 조사하는 방법이다.

30 위 실험에서 '모델, 디자인 등'을 모두 동일하게 하는 과정은?

① 정교화
② 조작
③ 통제
④ 랜덤화

정답 28 ② 29 ② 30 ③

해설 외생변수는 실험단위의 반응에 영향을 미치는 독립변수를 제외한 모든 변수를 의미한다. 외생변수는 일종의 독립변수이나 실험변수가 아니므로 그 값이 종속변수에 미치는 영향이 제거되거나 통제되어야 하는 변수이다. 광고 슬로건을 제외한 변수를 동일하게 하는 것은 외생변수의 통제이다.

31 자료수집수단에 대한 설명으로 옳은 것은?

① 우편조사법은 응답률이 높다는 장점이 있다.
② 인터넷조사법은 조사비용이 일반조사보다는 적지만 전화조사보다는 많다.
③ 대인면접법은 조사자가 미리 준비한 설문내용을 응답자에게 이야기하고 답변내용을 기록하는 방법이다.
④ 전화면접법은 전화번호부를 표본프레임으로 활용하는 경우, 표본의 대표성을 확보하기 쉽다.

해설 ③ 대인면접법 : 응답자들이 질문내용을 이해하지 못하는 경우 이에 대해 자세히 설명해 줄 수 있어 양질의 정보를 얻어낼 수 있다는 장점이 있다. 그러나 비용이 많이 들고 대화과정에서 응답자의 응답에 영향을 미쳐 응답의 객관성을 저해할 수 있다는 단점이 있다.
① 우편조사법 : 조사비용이 개별접촉에 비해 저렴하면서 설문지의 양이 길어도 조사대상자가 상대적으로 잘 협조해 준다는 장점이 있다. 그러나 조사대상자가 질문내용을 이해하지 못할 경우 보충설명이 불가능하며 응답률이 낮을 수 있다.
② 인터넷조사법 : 설문지를 인터넷이나 모바일을 통해 접촉할 수 있는 웹사이트에 올려두고 조사를 하는 방법으로 조사비용은 표본의 크기가 동일하다면 일반조사보다 적고 전화조사보다도 적은 비용으로 할 수 있다.
④ 전화면접법 : 전화번호부에 전화번호가 등록되어 있지 않거나 부재중이어서 통화가 불가능한 조사대상자들은 표본추출에서 제외될 수 있다.

32 귀무가설이 진실이지만 기각하는 오류는?

① 검증 오류
② 1종 오류
③ 2종 오류
④ 진실성 오류

해설 가설검정에서 통계적 오류는 1종 오류와 2종 오류로 분류된다. 1종 오류는 귀무가설이 실제로 참이지만 이에 불구하고 기각하는 오류로 알파 오류라고도 한다. 2종 오류는 귀무가설이 실제로 거짓이지만 이에 불구하고 가설을 채택하는 오류로 베타 오류라고도 한다.

정답 31 ③ 32 ②

33 다음 귀무가설에 대한 대립가설로 옳은 것은?

> 회귀분석을 실행한 후, 회귀모형이 유의미한지 알아보기 위해 귀무가설을 세웠다.
>
> 귀무가설 : 모든 회귀계수가 0이다.

① 모든 회귀계수가 1이다.
② 일부 회귀계수가 0이 아니다.
③ 모든 회귀계수가 1이거나 1보다 크다.
④ 일부 혹은 모든 회귀계수가 0이 아니다.

해설 귀무가설은 차이가 없거나 의미 있는 차이가 없는 경우의 가설이며 이와 반대되는 가설을 대립가설(연구가설)이라고 한다. 과학적 연구방법에서는 대립가설과 반대되는 귀무가설을 기각함으로써 대립가설을 채택하는 논리적 구조를 가지고 있다.
보기의 귀무가설이 모든 회귀계수가 0이라고 설정한 것은 '모든 회귀계수가 차이가 없이 같다'라는 말이고 대립가설은 '일부 혹은 모든 회귀계수가 0이 아니다'라는 반대되는 말로 설정해야 한다.

34 비방향적 가설의 예로 옳은 것은?

① 가격이 높을수록 수요는 감소한다.
② 판매원의 경력이 짧을수록 판매실적이 낮다.
③ 가격에 따라 수요는 달라진다.
④ 심장병 환자 비율은 여자의 경우 남자보다 더 작다.

해설
- 비방향적 가설 : '같지 않다' 또는 '다르다'의 형태로 나타내며 이 경우 귀무가설을 기준으로 큰 경우와 작은 경우를 모두 조사해 봐야 하기 때문에 양측검정을 적용한다.
- 방향적 가설 : '크다' 또는 '작다'의 형태로 표현하여 큰 경우 또는 작은 경우만을 조사하면 되기 때문에 단측검정을 적용한다.

가격에 따라 수요가 달라진다는 가설은 수요가 높을 수도 있고 낮을 수도 있음을 제시하므로 비방향적 가설의 예라고 할 수 있다.

정답 33 ④ 34 ③

35 다음 실험 디자인에 대한 설명으로 옳은 것은?

| EG : [R] | X | O_1 |
| CG : [R] | | O_2 |

① 성숙효과가 혼란을 일으킬 가능성이 크다.
② 유사실험디자인에 속하는 실험디자인이다.
③ 실험집단을 무작위로 할당한 후 사전측정 없이 조사한다.
④ 상호작용시험 효과가 일어날 가능성이 크며, 제거가 불가능하다.

해설 보기의 실험 디자인은 통제집단 사후설계로 실험대상들을 실험집단(EG)과 통제집단(CG)에 무작위로 할당한 후 사전측정 없이 실험변수를 도입한 후 각 집단에 대해 종속변수를 측정하는 방법이다.
- **통제집단 사후설계** : 사전측정을 하지 않아 성숙효과나 상호작용시험 효과와 같은 외생변수를 통제할 수 있다.
- **유사실험설계** : 표본의 무작위적 추출을 하지 않고 단지 실험변수에 대해서만 통제를 가하는 실험이다.

36 다음 사례의 분석방법으로 옳은 것은?

A 스포츠 제조회사는 흰색과 하늘색의 2가지 색상으로 기능성 런닝화를 시장에 출시하였다. 출시 후, 2가지 색상에 따른 런닝화의 판매실적을 점검하였다.

| 점포 | 색상 ||
	흰색	하늘색
1	35	23
2	41	21
3	24	24
4	25	20
5	26	21
6	14	16
7	28	22

① 양측검증
② 회귀분석
③ 이원분산분석
④ 두 모집단 평균차이검증

정답 35 ③ 36 ④

해설 보기는 흰색과 하늘색 런닝화의 판매실적 평균을 비교하여 검증하는 것이다.
④ 두 모집단 평균차이검증 : 서로 독립적인 두 집단의 평균 간에 차이가 있는지를 검증하는 t통계량이 사용된다.
① 양측검증 : 비방향적 가설의 검증방식으로 기각역이 좌우에 위치한다.
② 회귀분석 : 하나 또는 둘 이상의 독립변수들이 다른 하나의 종속변수에 미치는 영향의 정도와 방향을 파악하고 변화를 예측하기 위한 통계기법이다.
③ 이원분산분석 : 두 개의 독립변수의 수준 변화가 종속변수에 미치는 효과를 조사하는 데 사용되는 통계기법이다.

37 최소자승법에 대한 설명으로 옳은 것은?

① 대상 간의 거리의 곱을 최소로 하는 군집을 정하는 방법이다.
② 잔차 제곱의 합을 최소로 하는 직선을 회귀선으로 하는 방법이다.
③ 집단 간 떨어져 있는 거리를 중심으로 집단들의 평균을 비교하는 방법이다.
④ 변수와 공통요인 간 거리를 최소로 하는 방식으로 공통요인을 해석하는 방법이다.

해설 최소자승법은 관찰자료에 가장 적당한 회귀선을 추정하는 방법으로 관측치와 회귀선의 예측치 간의 차이(잔차)의 총합이 최소가 되도록 하는 회귀선을 추정한다. 임의의 회귀식 $Y=a+bx$에서 회귀식의 절편(a)과 기울기(b)를 추정하는 데 사용되는 방법이다.

38 다음 설명에 해당하는 개념은?

다수 변수들에 대한 값을 각 요인에 대한 값으로 변환시킨 값을 의미한다.

① 공통성(communality)
② 아이겐값(eigenvalue)
③ 요인점수(factor score)
④ 요인적재값(factor loading)

해설 ③ 요인점수 : 요인점수계수를 이용하여 계산되는데 응답자별로 각 요인점수를 구하는 데 이용되는 원래 변수들의 중요도(가중치)를 말한다. 요인점수는 회귀분석 혹은 판별분석을 위한 독립변수로 사용될 수 있다.
① 공통성 : 각 변수의 분산이 추출된 요인들에 의해 설명되는 정도를 나타내며 0~1의 값을 가진다.
② 아이겐값 : 한 요인에 대한 요인적재값의 제곱의 합으로서 그 요인의 설명력을 나타낸다.
④ 요인적재값 : 각 변수와 요인 간의 상관관계 값으로 +1 ~ -1의 값을 가진다.

정답 37 ② 38 ③

39 바람직한 조사보고서의 작성요건에 대한 설명으로 옳지 않은 것은?

① 전달할 정보를 주의 깊게 결정한다.
② 전달한 정보를 정확하고 명확하게 전달한다.
③ 전달한 정보를 쉽게 이해할 수 있도록 표현한다.
④ 전문용어를 사용하여 보고서의 전문성을 높인다.

해설 보고서를 읽는 기업의 담당자들은 마케팅에 대한 전문적 지식을 갖추지 못할 수도 있다. 전문적인 용어의 사용을 가능한 줄여야 하고, 전문적인 용어가 사용되거나 분석내용이 이해하기 어려운 경우 주석을 이용하여 쉬운 용어로 추가설명을 한다.

40 다음 사례에 필요한 통계기법은?

> 10대 34명, 20대 136명, 30대 20명을 대상으로 드라마 선호도를 조사하였다. 그 결과 10대의 평균은 3.94 20대는 4.37 30대는 4.17로 나타났으나, 나이대에 따라 드라마 선호도 차이가 난다는 결론을 내리기 위해서는 통계분석이 필요하다고 생각하였다.

① 회귀분석
② 군집분석
③ 요인분석
④ 분산분석

해설
④ **분산분석** : 독립변수에 의해 분류된 두 개 이상의 집단 간의 평균값을 비교하는 데 사용된다. 하나의 범주형 독립변수와 종속변수 간의 관계를 분석하는 일원분산분석과 둘 이상의 독립변수의 수준변화가 종속변수에 미치는 효과를 조사하는 다원분산분석이다. 두 개의 독립변수의 수준변화가 종속변수에 미치는 효과를 조사하는 데 사용되는 이원분산분석이 있다. 보기는 연령대(10대, 20대, 30대)에 따라 드라마 선호도가 차이가 나는지를 검증하는 분석으로 일원분산분석이 적용된다.
① **회귀분석** : 하나 또는 둘 이상의 변수들이 다른 하나의 변수에 미치는 영향의 정도와 방향을 파악하고 독립변수들의 변화에 따른 종속변수의 변화를 예측하기 위한 통계기법이다.
② **군집분석** : 측정대상들을 그들이 공유하는 특성을 토대로 유사한 대상들끼리 그룹핑하는 통계기법으로 시장세분화나 시장 내의 경쟁구조 분석 등에 이용될 수 있다.
③ **요인분석** : 수집된 자료에 유사한 성격의 변수들이 많이 포함되어 있을 경우 변수에 포함되어 있는 정보의 손실을 최소화하면서 소수의 요인으로 축약하는 통계기법이다.

정답 39 ④ 40 ④

2021 생산운영관리 기출문제

01 신제품의 개발과정을 순서대로 나열한 것은?
① 제품 아이디어 선정 → 아이디어 생성 → 예비설계 → 최종설계
② 아이디어 생성 → 제품 아이디어 선정 → 예비설계 → 최종설계
③ 아이디어 생성 → 예비설계 → 최종설계 → 제품 아이디어 선정
④ 예비설계 → 아이디어 생성 → 제품 아이디어 선정 → 최종설계

> **해설** 신제품 개발과정은 시장지향적 전략 및 기술지향적 전략에 따라 제품의 아이디어를 생성하는 것에서 시작하여 제품 아이디어 선정, 예비설계, 최종설계의 과정을 거친다.

02 제품 및 서비스생산에 대한 설명으로 옳은 것은?
① 제품생산은 노동집약도가 높다.
② 제품생산은 고객접촉도가 높다.
③ 서비스생산은 생산성 측정이 쉽다.
④ 서비스생산은 산출물의 균질성이 낮다.

> **해설** ① 제품생산은 기술집약도가 높다.
> ② 서비스생산은 고객접촉도가 높다.
> ③ 서비스생산은 생산성 측정이 어렵다.

03 제품개발기간을 단축하기 위해 사용할 수 있는 방안은?
① 공급사슬관리(SCM)
② 가치분석(value analysis)
③ 식스 시그마(six sigma)
④ 동시공학(concurrent engineering)

> **해설** ④ 동시공학은 병행설계 또는 동시병행설계라고도 한다. 전체 프로세스를 담당하는 모든 부서가 동시 진행과 상호 교류로 제품 개발의 성공 가능성을 높이고, 개발 기간과 비용을 줄이는 방법이다.
> ① 공급사슬관리는 제품의 생산을 위한 원자재 및 부품의 조달단계에서 소비자에게 최종 판매될 때까지의 모든 과정을 연결시켜 관리하는 것을 의미한다.

정답 01 ② 02 ④ 03 ④

② 가치분석(가치공학)은 제품의 기능적 요건을 충족시키면서도 비용을 고려하여 경제적으로 생산하는 것을 말한다.
③ 식스 시그마는 제품의 불량률을 낮춰 사실상의 완벽을 추구하는 품질관리 기법이다.

04 유연성의 구성요소와 관계가 없는 것은?
① 고객화
② 납품 속도
③ 신제품 개발 속도
④ 제품과 서비스의 다양성

해설 고객만족을 지향한 생산전략은 가격 및 원가, 품질, 시간 및 신속성, 유연성을 고려해야 한다. 이 중, 유연성은 시장과 고객의 요구에 따라 신속하게 변경, 수정할 수 있는 능력으로 고객화, 신제품 개발 속도, 제품과 서비스의 다양성을 통해 구현된다. 납품 속도는 시간 및 신속성과 관련된다.

05 생산공정 중에서 가장 다양한 종류의 제품을 생산하는 경향이 있는 공정은?
① 잡숍공정
② 연속생산공정
③ 프로젝트공정
④ 조립생산공정

해설 ① 잡숍공정은 주문생산공정으로 다품종 소량생산, 고객의 소량 주문생산, 소규모 생산공정의 특성을 띤다. 인쇄소나 고가명품이 그 예다.
② 연속생산공정은 시장수요를 고려하여 계획적, 지속적으로 생산하는 시스템으로 소품종 대량생산의 특징을 보유한다.
③ 프로젝트공정은 특정 산출물 한 단위를 비반복적이며 상당한 기간에 걸쳐 완성하는 활동으로 영화 제작, 교량, 건설공사 등이 그 예다.
④ 조립생산공정은 연속공정과 단속공정의 중간 형태의 특징을 보유한다.

06 조립생산공정과 비교한 주문생산공정의 일반적인 특징에 대한 설명으로 옳은 것은?
① 소품종 대량생산에 적합하다.
② 제품수명주기 중 성숙기보다는 도입기에 사용된다.
③ 주로 제품별 배치 형태의 설비배치를 사용한다.
④ 유연성 측면에서는 불리하나 원가 측면에서는 유리하다.

해설 도입기에는 잦은 설계변경이 있을 수 있으므로 제품설계 변경으로 고객의 요구에 부응하도록 유연성이 높아야 한다. 따라서 이 단계에서는 주문생산공정이 적절히 사용된다.
① 주문생산공정은 다품종 소량생산에 적합하다.
③ 주로 공정별 배치 형태의 설비배치를 사용한다.
④ 주문생산공정은 다품종 소량생산 방식이기 때문에 유연성 측면에서 유리하다.

정답 04 ② 05 ① 06 ②

07 모듈러 설계에 대한 설명으로 옳지 않은 것은?

① 한 가지 이상의 제품에 들어갈 수 있는 공통의 모듈들을 개발한다.
② 모듈의 수보다는 생산될 수 있는 제품의 수가 더 많다.
③ 제품라인에서 각 제품을 개별적으로 설계한다.
④ 제품의 다양성은 높이면서 제품생산에 사용되는 구성품의 수는 통제한다.

> **해설** 모듈러 설계는 다수의 부품으로 구성되어 있는 표준화된 중간조립품 또는 제품의 구성품으로 제품의 다양화를 도모한다. 제품라인에서 각 제품을 개별적으로 설계하지 않고 표준 부품을 설계하여 이를 조합한다.

08 설비배치 방법 중 제품별 배치와 비교한 공정별 배치의 특징에 대한 설명으로 옳지 않은 것은?

① 각 작업들 사이의 상호 의존성이 낮은 편이다.
② 설비고장 등으로 인한 시스템 중단 가능성이 낮다.
③ 노동 및 설비의 이용률이 높다.
④ 범용기계의 사용으로 유연성이 높다.

> **해설** 공정별 배치는 작업장 간의 이동거리, 이동 횟수, 운송량, 거리당 운반비용 등을 고려하여 동일 공정이나 유사 공정의 작업을 한 곳에 집중하는 배치 형태다. 따라서 각 작업들 사이의 상호 의존성이 높은 편이다.

09 컨베이어와 같은 자재운반 설비를 활용한 자동차 조립공장 등에서 주로 사용되는 설비배치 형태는?

① 셀룰러 배치
② 제품별 배치
③ 고정형 배치
④ 공정별 배치

> **해설** 제품별 배치는 하나 또는 소수의 표준화된 제품을 연속적으로 대량생산하는 연속공정이나 반복적으로 대량생산하는 조립라인 공정이다. 예로써 자동차 조립라인, 전자제품 생산라인 등이 해당한다.

정답 07 ③ 08 ① 09 ②

10 시계열자료를 이용하여 수요를 예측하고자 할 때, 수요의 구성요소로 알맞지 않은 것은?
① 추세
② 계절성
③ 인과성
④ 불규칙변동

> **해설** 시계열자료를 이용하여 수요를 예측하고자 할 때, 수요 변동은 4가지 요인(추세, 순환요인, 계절적 요인, 불규칙요인)에서 기인한다.

11 지난 2개월간 TV에 대한 실제 수요와 지수평활법(exponential smoothing)을 이용한 수요 예측치가 다음과 같을 때, 3월 수요에 대한 예측치는? (지수평활계수는 0.5로 한다.)

월	1	2	3
수요 예측치	100	96	?
실제 수요	80	86	

① 91
② 92
③ 93
④ 94

> **해설** 지수평활법을 이용한 3월 수요에 대한 예측치는 2월 수요예측치(96) + 0.5(실제수요(86)−수요예측치(96))=91이다.

12 다음 조립라인의 효율은?

> 3개의 작업장으로 구성된 조립라인에서 주기 시간이 1분으로 설정되었다. (괄호 안의 값 [단위 : 초]은 작업시간을 의미한다.)
>
> 작업장 1 (60) → 작업장 2 (40) → 작업장 3 (50)

① 2/6
② 4/6
③ 5/6
④ 1

> **해설** 효율 = $\dfrac{\text{실제능력}(150)}{\text{유효능력}(180)} = \dfrac{5}{6}$

정답 10 ③ 11 ① 12 ③

13 조립라인에서 처리시간의 단축을 위한 방안으로 옳지 않은 것은?

① 조립라인의 주기시간을 단축한다.
② 병목 작업장을 병렬로 구성한다.
③ 숙련된 작업자를 배치한다.
④ 병목 작업장의 과업을 분할하여 2개의 작업장에 할당한다.

> **해설** 조립라인에서 처리시간의 단축을 위해서는 생산라인의 능력, 공정의 소요시간이 균형이 되도록 작업장이나 작업순서를 배열해야 하는데 이를 라인밸런싱이라 한다. 이때, 병목 작업장을 병렬로 구성할 경우는 균형 있는 라인 구성을 저해하는 요인이 된다.

14 일반적으로 고객이 주문하여 제품을 인도받기까지의 시간이 가장 짧은 공정은?

① 주문생산공정(make-to-order process)
② 재고생산공정(make-to-stock process)
③ 주문조립생산공정(assemble-to-order process)
④ 주문설계생산공정(engineer-to-order process)

> **해설**
> ② 재고생산공정은 수요예측에 근거하여 생산을 하고 재고로 비축하여 두기 때문에 고객이 주문할 경우 인도받기까지 가장 짧은 시간이 소요된다.
> ① 주문생산공정은 고객의 주문과 니즈에 따라 주문을 받은 후에 원자재 가공, 반제품 생산 및 완제품 조립이 이루어지므로 재고로부터 출하가 불가능하다.
> ③ 주문조립생산공정은 표준 또는 반제품을 재고로 보관하고 있다가 고객의 주문에 맞추어 조립한 후에 제품을 공급하는 방법이다.
> ④ 주문설계생산공정은 고객이 제품의 기획단계부터 참가하는 형태다.

15 정성적 예측기법 중 전문가들에게 여러 차례 설문지를 배포하여 예측치를 얻는 방법은?

① 델파이법　　　　　② 패널동의법
③ 시장조사법　　　　④ 역사적 유추법

> **해설**
> ② 패널동의법은 한 개인의 의견보다는 경영자, 판매원, 소비자 등 다양한 계층에서 패널을 구성하여 이들의 의견을 바탕으로 수요를 예측하는 기법이다.
> ③ 시장조사법은 수요를 결정하는 고객들을 바탕으로 시장조사를 실시하여 수요를 예측하는 기법이다.
> ④ 역사적 유추법은 이용하여야 할 자료가 없을 경우 과거의 비슷한 제품이나 상황에 해당하는 자료를 이용하여 결과를 예측하는 기법이다.

정답 13 ②　14 ②　15 ①

16 수요예측 기법 중 이동평균법에 대한 설명으로 옳은 것은?

① 가중이동평균법은 계절적 영향이 없을 때 유용하다.
② 가중이동평균법은 모든 기간의 값이 동일한 조건으로 변동하고 있다는 것을 가정하고 있다.
③ 단순이동평균법은 과거 여러 기간의 실적치에 동일한 가중치를 부여한다.
④ 가중이동평균법은 최근의 수요 자료보다 과거의 수요 자료에 더 많은 가중치를 부여한다.

> **해설** ① 단순이동평균법은 수요가 명확한 추세변동을 따르거나 계절적 영향이 없을 때 유용하다.
> ② 단순이동평균법은 모든 기간의 값이 동일한 조건으로 변동하고 있다는 것을 가정하고 있다.
> ④ 가중이동평균법은 과거의 수요 자료보다 최근의 수요 자료에 더 많은 가중치를 부여한다.

17 제품을 자체 생산하는 경우에 발생하는 비용은?

① 주문비용
② 생산준비비용
③ 재고유지비용
④ 재고부족비용

> **해설** 생산준비비용은 생산에 소요되는 물품을 외부에서 구매하지 않고 자체 생산하는 경우에 발생하는 비용으로 기계의 유휴비용이나 작업자의 직접노무비, 사무처리비, 공구비용 등이 포함된다.

18 생산능력계획에 대한 설명 중 알맞지 않은 것은?

① 전략적인 계획이다.
② 기업의 비용구조를 결정한다.
③ 기업의 과거 생산량을 결정한다.
④ 생산공정 및 인력에 대한 투자가 결정된다.

> **해설** 생산능력계획은 시장수요의 추세변동에 대응하기 위해서 생산능력의 증감을 관리하는 미래지향적 활동으로 생산능력을 측정하고, 생산능력에 관련된 전략을 수립하는 것이다.

정답 16 ③ 17 ② 18 ③

19 총괄생산계획에서 사용될 수 있는 전략이 아닌 것은?

① 생산율의 변경
② 재고수준의 조절
③ 고용수준의 변경
④ 원자재의 수급 조절

해설 총괄생산계획의 전략은 변동하는 총괄수요에 대응하기 위하여 관리 가능한 변수들을 최적으로 조합하는 것이다. 이때, 고려되는 변수로는 재고수준의 조절, 고용수준의 변경, 생산율의 변경, 하청 조정 등이 사용된다.

20 총괄생산계획의 수립 전략에 대한 설명으로 옳은 것은?

① 평준화 전략(level strategy)은 재고수준을 일정하게 유지하도록 생산율을 변동시키는 전략이다.
② 하청 전략(outsourcing strategy)은 하청을 최소로 하기 위해 생산율을 최대로 하는 전략이다.
③ 수요추종 전략(chase strategy)은 생산율 혹은 고용수준을 변화시켜 수요변화에 대응하는 전략이다.
④ 이용률 조정 전략(utilization strategy)은 이용률을 최대로 하기 위해 고용수준을 최소로 유지하는 전략이다.

해설 ① 평준화 전략은 생산수준을 일정하게 유지하는 것으로 재고수준을 조정하는 전략이다.
② 하청 전략은 단기적으로 생산능력이 수요를 충당하지 못할 때 부족한 생산능력을 보충하기 위한 방법으로 활용한다.
④ 이용률 조정 전략은 노동력의 규모는 일정하게 유지하되, 이용률인 조업시간의 증감을 통해 수요의 변동에 대응하는 전략이다.

정답 19 ④ 20 ③

21 다음 사례에서 A사가 적용하고 있는 우선순위 규칙은?

> 고객 맞춤형 가구 생산 업체인 A사는 고객이 원하는 납기일에 맞추어 가구를 신속히 생산하기 위해 납기일이 빠른 주문 순으로 작업을 진행한다.

① 긴급률규칙
② 최소납기규칙
③ 최소여유시간규칙
④ 최단처리시간규칙

해설 ① 긴급률규칙은 긴급률(잔여납기일수/잔여작업일수)이 작은 값부터 우선적으로 처리하는 규칙이다.
③ 최소여유시간규칙은 납기일까지의 여유시간(잔여납기일수-잔여작업일수)이 적은 순서대로 처리하는 규칙이다.
④ 최단처리시간규칙은 작업처리시간이 가장 짧은 작업부터 처리하는 규칙이다.

22 작업장에서 처리될 4개의 작업에 대한 작업순서와 처리시간, 납기가 다음과 같을 때, 납기가 지연되는 작업의 개수는?

작업	작업순서	처리시간(일)	납기(일)
A	1	5	8
B	2	8	15
C	3	7	18
D	4	10	32

① 0개
② 1개
③ 2개
④ 3개

해설

작업	작업순서	처리시간(일)	납기(일)	흐름시간	납기지연시간
A	1	5	8	0+5=5	0
B	2	8	15	5+8=13	0
C	3	7	18	13+7=20	2
D	4	10	32	20+10=30	0

정답 21 ② 22 ②

23 작업장에서 처리될 4개의 작업에 대한 납기일, 현재일, 잔여작업일수가 주어졌을 때, 긴급률(critical ratio) 규칙을 적용하는 경우, 가장 먼저 처리되어야 할 작업은?

작업	납기일	현재일	잔여작업일수
A	45	40	5
B	43	40	6
C	50	40	8
D	48	40	4

① A　　　　　　　　　② B
③ C　　　　　　　　　④ D

해설 긴급률 = $\dfrac{납기일-현재일}{잔여작업일수}$ = $\dfrac{43-40}{6}$ = $\dfrac{3}{6}$ = 0.5

24 프로젝트 관리의 일정계획 단계에 해당하지 않는 활동은?
① 프로젝트의 상세한 활동 파악
② 활동 간의 선후관계 파악
③ 각 활동의 시작 및 완료시간 결정
④ 프로젝트 조직의 결정

해설 프로젝트 관리의 일정계획 단계는 작업의 개시와 완료일 등을 결정하는 것으로 프로젝트의 상세한 활동 파악, 활동 간의 선후관계 파악, 각 활동의 시작 및 완료시간 결정, 일정에 대한 변경의 결정과 관리 등을 수행한다.

25 프로젝트에 대한 설명으로 옳지 않은 것은?
① 특정한 목표가 있다.
② 반복적이고 영속적이다.
③ 명확하게 정의된 시작점과 완료점이 있다.
④ 고층빌딩이나 다리의 건설 또는 항공기나 선박 제작이 프로젝트에 해당한다.

해설 프로젝트란 어떤 목표를 달성하기 위한 일시적인 계획으로 비반복적이라는 특징을 가지고 있다.

정답 23 ②　24 ④　25 ②

26 다음 프로젝트의 최단 완료시간은?

활동	활동시간(일)	직전 선행활동
A	3	–
B	5	A
C	4	A
D	5	B
E	4	B, C
F	5	D, E

① 16　　　　　　　　② 17
③ 18　　　　　　　　④ 19

해설

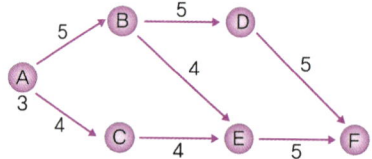

프로젝트의 최단 완료시간 경로는 A→C→E→F다.

27 경제적 주문량 모형에서 가정하고 있는 주문량은?

① 수시로 변한다.
② 분할로 배달된다.
③ 일시에 전량 배달된다.
④ 알 수 없다.

해설 경제적 주문량 모델은 연간 주문비용과 재고유지비용의 합을 최소로 하는 주문량을 결정하는 모델로 리드타임은 변하지 않고 각 주문은 한 번에 배달된다고 가정한다.

28 수요, 공급 및 리드타임(lead time)의 불확실성에 대비하기 위해 유지하는 재고는?

① 안전재고
② 예비재고
③ 운송재고
④ 주기재고

정답　26 ①　27 ③　28 ①

해설   안전재고란 수요, 공급 및 리드타임의 불확실성 등에 대비하기 위해 유지하는 재고다. 기대수요보다 많은 재고를 보유하는 이유는 실제수요가 기대수요를 넘어설 경우, 또는 예기치 못한 상황이 발생하여 재고부족 현상이 발생하기 때문이다. 안전재고는 일일 평균수요 및 변동, 납품 기간의 길이 및 불확실성, 고객서비스 수준에 영향을 받는다.

29. 재고관리 시스템 중 정량발주시스템과 정기발주시스템에 대한 설명으로 옳은 것은?

① 정기발주시스템에서의 주요 의사결정변수는 발주간격과 재주문점이다.
② 정기발주시스템은 재고회전율이 높은 품목에 적용하는 것이 일반적이다.
③ 정량발주시스템에서의 주요 의사결정변수는 주문량과 최대 재고수준이다.
④ 정량발주시스템은 재고수준이 재주문점 또는 그 이하로 떨어지는 시점에 주문한다.

해설   ①, ③ 정량발주 시스템은 주문량과 재주문점이 중요한 변수이고, 정기발주 시스템은 발주주기와 최대재고량이 중요한 변수이다.
       ② 정기발주시스템은 재고회전율이 낮거나 비교적 값이 덜 나가는 품목들에 적용된다.

30. 다음에서 A 회사의 현재 재고수준이 80개일 경우, 주문량은?

> A 회사는 부품 B의 재고관리를 위해 정기발주모형을 사용한다. 이 회사의 일일 평균 수요는 10개, 발주주기는 30일, 리드타임은 5일이며, 이 회사는 정책상 안전재고를 유지하지 않고 있다.

① 220개   ② 270개
③ 300개   ④ 350개

해설   정기발주모형에 따라 주문량은 [발주주기(30일)+리드타임(5)]×수요량(10)=350이다.

31. MRP(자재소요계획)의 입력 요소로 거리가 먼 것은?

① 재고관리대장   ② 구매계획서
③ 자재명세서(BOM)   ④ 주일정계획(MPS)

해설   MRP 시스템을 활용하기 위해 수집된 정보는 프로그램에 입력될 수 있는 데이터로 변환되어야 한다. MRP 시스템의 입력 정보는 재고관리대장(재고기록철), 자재명세서, 주일정계획이다.

정답   29 ④   30 ④   31 ②

32 종속수요(dependent demand)에 해당하지 않는 것은?

① 원자재
② 중간조립품
③ 부품
④ 완제품

> **해설** 종속수요(dependent demand)는 최종제품의 생산에 사용될 구성부품 또는 하위조립품 등의 수요로 원자재, 중간조립품, 부품 등을 의미한다. 독립수요(independent demand)는 완제품 혹은 기타 최종품목의 수요를 의미한다.

33 다음 공급사슬 내 활동들과 관련된 개념은?

- 고객의 반품 및 수리요청
- 제품의 재활용 및 폐기처리

① 변환 활동
② 수송 활동
③ 생산 활동
④ 역물류 활동

> **해설** 역물류란 제품에 따른 적절한 처리를 통해 가치를 되찾기 위해, 소비지로부터 재생산지 또는 폐기 처리지까지 원재료, 중간재, 완제품과 관련 정보들의 흐름을 효율적, 효과적으로 계획, 적용 및 조절하는 것을 뜻한다. 이는 반품, 교환, 폐기하는 과정으로 요약된다.

34 공급사슬관리의 목적과 거리가 먼 것은?

① 리드타임의 단축
② 재고수준의 감소
③ 작업자의 생산성 향상
④ 고객서비스 수준의 향상

> **해설** 공급사슬관리란 제품의 생산을 위한 원자재 및 부품의 조달단계에서 소비자에게 최종판매될 때까지의 모든 과정을 연결시켜 관리하는 것을 의미한다. 공급사슬관리의 주 목적은 리드타임의 단축, 재고수준의 감소, 고객서비스 수준의 향상에 있다.

정답 32 ④ 33 ④ 34 ③

35 공급사슬의 채찍효과에 대한 설명으로 옳지 않은 것은?

① 채찍효과에 따라 공급사슬의 상류로 갈수록 재고의 변동성도 커진다.
② 채찍효과를 줄이기 위해서는 공급사슬의 모든 주체가 안전재고를 많이 유지해야 한다.
③ 채찍효과를 줄이기 위해서는 공급사슬의 모든 주체가 실제 수요에 대한 정보를 공유해야 한다.
④ 채찍효과란 최종 소비자의 수요 변동에 따라 공급사슬의 상류에 있는 주체로 갈수록 바로 하류에 있는 주체로부터 주문을 받는 양의 변동성이 더 커지는 현상을 말한다.

> **해설** 채찍효과를 줄이기 위해서는 공급사슬의 모든 주체가 안전재고를 유지하기보다 주문시점을 골고루 분배하고 일괄주문 간격을 줄이도록 해야 한다.

36 다음 설명에 해당하는 물류시스템은?

- 대규모의 소매업체와 물류업체에서 주로 사용한다.
- 월마트(Walmart)에서 처음으로 도입한 물류시스템이다.
- 보관 없이 곧바로 물류센터의 출구에서 각 소매점포로 배송한다.
- 공급자들이 물류센터의 입구로 상품을 수송해 오면 각 소매점포는 필요에 따라 상품을 분류 및 재그룹화한다.

① 오프쇼어링(offshoring)
② 재고공유(inventory pooling)
③ 크로스도킹(cross-docking)
④ 제3자물류(third party logistics)

> **해설** ① 오프쇼어링이란 기업 업무의 일부를 해외 기업에 맡겨 처리하는 것이다.
> ② 재고공유란 여러 수요를 통합하여 수요의 불확실성을 감소시켜 적은 양의 재료로 불확실성에 효과적으로 대응하기 위한 방법이다.
> ④ 제3자물류란 물류 관련비용을 절감하기 위해 생산을 제외한 물류전반을 특정 물류 전문업체에 위탁하는 것이다.

37 PDCA 주기(PDCA Cycle)를 순서대로 나열한 것은?

① 검토 → 계획 → 실행 → 조치
② 계획 → 검토 → 조치 → 실행
③ 계획 → 실행 → 검토 → 조치
④ 실행 → 계획 → 검토 → 조치

> **해설** PDCA 주기는 Plan(계획)-Do(실행)-Check(평가, 검토)-Act(개선, 조치)다.

정답 35 ② 36 ③ 37 ③

38 린(Lean)생산시스템에서의 재고에 대한 인식으로 알맞은 것은?

① 생산시스템에 내재되어 있는 문제점을 감추는 은닉처로 인식되고 있다.
② 수요의 불확실성을 대비하기 위한 최선의 방법으로 인식되고 있다.
③ 품질문제를 해결하기 위한 기본적인 방법으로 인식되고 있다.
④ 작업의 흐름을 원활하게 하여 공정의 효율을 높이기 위한 수단으로 인식되고 있다.

해설 린(Lean)생산시스템은 과잉재고의 부작용을 극복하여 적시에 인력과 부품이 공급되는 시스템을 개발한 것에서 시작된다. 재고비용을 줄이고 궁극적으로는 생산 품질까지 높이는 생산방식으로 개선한 것이 특징이다.

39 적시생산(JIT) 시스템에서 추구하는 것으로 옳지 않은 것은?

① 리드타임의 최소화
② 로트크기의 최소화
③ 생산준비시간의 최소화
④ 사이클타임의 최대화

해설 적시생산 시스템은 생산평준화를 위해 사이클타임을 최대화하는 것이 아니라 당일마다 정해진 적절한 사이클타임에 맞추어 균등한 비율로 생산하는 것을 추구한다.

40 품질향상을 위해 사용되는 도구와 사용목적의 연결이 옳지 않은 것은?

① 관리도 – 품질비용의 지속적인 모니터링
② 산점도 – 두 변수 간의 관계 파악
③ 체크시트 – 점검해야 하는 항목의 누락방지 및 데이터 기록
④ 특성요인도 – 품질문제의 원인에 대한 분석

해설 ① 관리도는 제조공정에 이상이 일어나고 있음을 발견하거나 제조공정의 주기적 변동이나 경향적 변동에 따라 필요한 행동을 신속하게 취할 목적으로 도입되었다.
② 산점도는 두 변수에 대해서 결과와 원인의 관계를 규명하고 이 관계를 시각적으로 표현하고자 할 때 사용된다.
③ 체크시트는 종류별로 데이터를 취하거나 확인단계에서 누락, 오류 등을 없애기 위해 간단히 체크해서 결과를 쉽게 알 수 있도록 만든 도표이다.
④ 특성요인도란 일의 결과(특성)와 그것에 영향을 미치는 원인(요인)을 계통적으로 정리한 그림이다.

정답 38 ③ 39 ④ 40 ①

독학사 2단계

YEAR
2020
기출문제

- 인적자원관리
- 마케팅원론
- 조직행동론
- 경영정보론
- 마케팅조사
- 생산운영관리

※ 본 기출문제는 수험생들의 기억력을 토대로 복원되어 실제로 출제된 문제와는 다소 차이가 있을 수 있습니다.

독학사 2단계

2020 인적자원관리 기출문제

01 다음 중 테일러(F. W. Taylor)의 과학적 관리와 거리가 먼 것은?

① 과업관리 ② 능률적 논리
③ 감정의 논리 ④ 시간 및 동작연구

해설 ③ 사회인의 관점에서 인간의 비합리적인 측면인 감정의 논리를 강조하는 것은 메이요(E. Mayo) 등의 인간관계론이다. 테일러(F. W. Taylor)의 과학적 관리는 기계적 인간관에 기초하여, 시간 및 동작연구, 표준과업의 설정, 기능적 조직 및 직장제도(functional foremanship) 등을 내용으로 한다.

02 다음 (   ) 안에 들어갈 말로 알맞은 것은?

> (   )은 인간행동에 대한 체계적인 연구로, 인간행동에 중점을 두고 관리문제를 해석한다. 심리학, 사회학, 인류학 등의 지식을 동원하여 과학적으로 인간행동을 연구하며 경험적·실증적인 실험 및 관찰, 사례연구를 중시한다.

① 자연과학 ② 인간관계론
③ 행동과학 ④ 사회과학

해설 1950년대 이후에 등장한 행동과학(behavioral science)은 인간행동에 관하여 객관적인 방법으로 수집된 경험적 증거에 따라서 일반적 법칙을 확립하고, 인간행동을 과학적으로 설명하고 예측하려는 것이다.

03 직무기술서에 포함되는 내용이 아닌 것은?

① 작업조건 ② 직무활동과 절차
③ 직무명칭 ④ 육체적 능력

해설 ④ 직무수행에 필요한 종업원의 행동, 기능, 능력, 지식 등 인적 요건은 직무명세서에 포함되는 내용이다. 직무기술서(job description)는 직무분석을 통해 얻어진 직무의 성격과 내용, 직무의 이행방법과 직무에서 기대되는 결과 등 과업요건을 중심으로 정리해 놓은 문서이다.

정답 01 ③ 02 ③ 03 ④

04 인적자원관리의 외부 영향요인에 속하지 않는 것은?

① 노동조합　　　　　　② 노동시장
③ 직무구조　　　　　　④ 법과 규제

> 해설　인적자원관리에 영향을 미치는 외부 영향요인은 정부의 법과 규제, 노동시장 및 노동조합 등이다.
> ③ 직무구조는 내부 영향요인이다.

05 직무평가방법이 아닌 것은?

① 분류법　　　　　　② 평정척도법
③ 서열법　　　　　　④ 요소비교법

> 해설　② 평정척도법은 전통적 인사고과기법의 하나이다. 평정척도법은 피고과자의 능력과 업적을 각 평가요소별로 연속척도 또는 비연속척도에 의하여 평가하는 방법이다. 직무평가방법은 비양적 방법과 양적 방법의 두 가지로 구분된다. 비양적 방법에는 서열법과 분류법이 있고, 양적 방법에는 점수법과 요소비교법이 있다.

06 다음 내용에 해당하는 인적자원관리 환경은?

- 출산율 저하
- 노동력의 고학력화
- 노동인력의 글로벌화
- 여성의 경제활동 참여 증가

① 정치 · 법률 환경　　　② 조직내부 환경
③ 노동시장 환경　　　　④ 경제적 환경

> 해설　인구의 고령화, 여성경제활동 참여의 증가, 노동력의 고학력화, 비정규직의 증가 등은 노동시장 환경에 포함되는 요인이다.

07 직무관리의 핵심영역에 속하지 않는 것은?

① 직무설계　　　　　　② 직무평가
③ 직무기술　　　　　　④ 직무분석

> 해설　직무관리는 직무를 분석하여 필요한 인적 요건을 확정하고 직무 간의 관계를 설정하는 활동이다. 직무관리는 크게 직무분석, 직무평가 및 직무설계로 구분할 수 있다.

정답　04 ③　05 ②　06 ③　07 ③

08 다음에 해당하는 평가오류는?

> 평가자의 기대가 피평가자에게 실제로 나타나게 만드는 과정과 관련이 있는 평가오류이다.

① 지각방어
② 자기실현적 예언
③ 대비효과
④ 주관의 객관화

해설 지각과 판단의 오류 중 해석단계에서 발생하는 평가오류 중 자기실현적 예언(자기충족적 예언)의 내용이다. 주위 사람이 기대하는 대로, 자신이 기대하는 대로 행동을 밀고 나감으로써 결국은 예측한 대로 이루어진다는 법칙이다.

09 목표관리법(MBO) 프로그램의 구성요소에 속하지 않는 것은?

① 성과피드백
② 참여적 의사결정
③ 자기효능감
④ 목표의 구체화

해설 목표관리법(MBO ; Management By Objectives)은 드러커(P. F. Drucker)에 의해서 제기되고 맥그리거(D. McGregor)에 의해 뒷받침된 기법으로 해당 종업원이 상사와 협의하여 과업목표를 구체적으로 정하고, 이에 대한 성과를 부하와 상사가 함께 고과하는 기법이다. 계속적으로 피드백이 주어져야 한다.

10 다음 설명은 무엇에 대한 것인가?

> 직무를 평가요소별로 나누고 핵심이 되는 몇 개의 기준직무를 선정하여, 타 직무의 평가요소를 기준직무의 평가요소와 상호 비교한 뒤 조직 내 직무의 상대적 가치를 결정하는 방법이다.

① 점수법
② 요소비교법
③ 분류법
④ 쌍대비교법

해설 제시된 내용은 직무평가방법 중 요소비교법에 대한 설명이다. 요소비교법(factor-comparison method)은 그 기업이나 조직에 있어서 가장 핵심이 되는 몇 개의 기준직무를 선정하고 각 직무의 평가요소를 기준직무의 평가요소와 결부시켜 비교함으로써 모든 직무의 가치를 결정하는 방법이다.
요소비교법의 일반적인 절차는 다음과 같다. ㉠ 핵심이 되는 몇 개의 기준직무를 설정, ㉡ 평가요소를 결정, ㉢ 평가요소별로 기준직무를 등급화, ㉣ 평가하고자 하는 직무를 요소별로 기준직무와 비교해서 임금액 결정 등의 순서이다.

정답 08 ② 09 ③ 10 ②

11 다음 ( ) 안에 들어갈 말로 알맞은 것은?

> 캐플란(R. Kaplan)과 노턴(D. Norton)이 개발한 ( )은/는 조직의 재무적·비재무적 성과를 동시에 고려함으로써, 전사적 차원에서 조직목표달성을 위한 전략실행능력을 강화하는 것이 목적이다.

① 균형성과표
② 행동평정법
③ 목표에 의한 관리
④ 도식평정척도법

> **해설** 제시된 내용은 균형성과표(BSC)에 대한 설명이다. 균형성과표는 회계나 재무적 관점으로만 경영성과를 평가하는 전통적 성과평가 방식을 탈피하여 재무, 고객, 내부 프로세스 및 학습·성장 등의 네 가지 관점에서 경영성과를 평가하는 기법이다.

12 다음 내용은 무엇에 대한 설명인가?

> 인사고과시 성과표준과 실제 구성원의 성과를 비교하여 판단하지 않고, 다른 사람과 비교함으로써 발생하는 오류이다.

① 편견
② 후광효과
③ 대비효과
④ 최근효과

> **해설** 대비효과(contrast effect) 또는 대조효과는 한 피평가자의 평가가 다른 피평가자의 평가에 영향을 주어 발생하는 오류이다.

13 다음 설명의 ( ) 안에 들어갈 말로 알맞은 것은?

> ( )은/는 각각의 직무를 성공적으로 수행하기 위해 직무담당자에게 요구되는 지식, 기술, 능력, 개인의 성격 특성 등을 정리한 것이다.

① 직무명세서
② 주요사건기록파일
③ 직무기술서
④ 직업일지기술서

> **해설** 직무분석 결과 직무를 수행하는데 필요한 기능, 능력, 자격 등 직무수행요건에 초점을 두어 작성한 것은 직무명세서(job specification)이다. 직무명세서는 직무 그 자체의 내용파악에 초점을 둔 것이 아니고 직무를 수행하는 사람의 인적요건에 초점을 맞춘 것이다. 작업자의 교육수준, 육체적·정신적 특성, 지적 능력, 전문적 능력, 경력, 기능 등이 포함된다.

정답 11 ① 12 ③ 13 ①

14 평가자가 피평가자의 어느 한 면을 기준으로 다른 것까지 함께 평가할 때 나타나는 평가 오류는?

① 상관편견
② 관대한 경향
③ 후광효과
④ 유사성 효과

해설 후광효과 또는 현혹효과(halo effect)란 어떤 한 분야에 있어서의 어떤 사람에 대한 호의적 또는 비호의적인 인상이 다른 분야에 있어서의 그 사람에 대한 평가에 영향을 주는 경향을 말한다. 즉, 후광효과는 개인의 일부 특성을 기반으로 그 개인 전체를 평가하는 지각경향을 말한다.

15 다음은 어떤 수요예측 방법에 대한 설명인가?

> 조직의 고용수준과 이와 관련 있는 여러 변수들, 예를 들어 매출액, 생산량, 수익, 설비 투자액 등과 같은 변수 사이의 상관관계분석에 기초를 두고 인적자원의 미래수요를 예측한다.

① 추세분석
② 마코브 분석
③ 회귀분석
④ 생산성 비율

해설 종속변수인 조직의 고용수준과 독립변수인 매출액, 생산량, 수익, 설비투자액 등 간의 상관관계 분석을 통해 미래 인적자원의 수요를 예측하는 기법은 회귀분석(regression analysis)이다.

16 선발도구 중 현장상황과 유사한 과제를 제시하여 지원자의 문제해결 활동을 관찰·평가하는 기법은?

① 능력검사
② 작업 시뮬레이션
③ 면접
④ 평가센터

해설 현장상황과 유사한 과제를 제시하여 지원자의 문제해결 활동을 관찰·평가하는 기법은 작업 시뮬레이션(activity simulation)이다.

17 인사고과의 목적으로 옳은 것은?

① 정원관리의 기초자료 제공
② 안전관리의 기초자료 제공
③ 적정인력수급계획 수립의 기초자료 제공
④ 공정한 보상결정의 기초자료 제공

해설 인사고과의 목적은 인적자원의 적재적소 배치, 능력개발, 공정처우 등을 들 수 있다.

정답 14 ③ 15 ③ 16 ② 17 ④

18 사내공모제도의 장점으로 볼 수 없는 것은?

① 낮은 이직률
② 외부인력 유입에 따른 조직분위기 쇄신
③ 지원자에 대한 평가의 정확성 확보
④ 고위직무의 경우 종업원에게 승진기회 제공 및 사기진작

해설 사내공모제(job posting)를 도입하면 외부인력의 영입이 차단되어 조직의 정체 가능성이 높아지는 단점이 있다.

19 다음은 무엇에 대한 설명인가?

> 면접자가 지원자의 약점을 공개적으로 비난할 때 피면접자가 어떻게 반응하는지를 관찰하는 방법이다.

① 집단면접
② 스트레스 면접
③ 패널면접
④ 비구조적 면접

해설 제시된 내용은 스트레스 면접에 대한 설명이다. 스트레스(stress) 면접은 면접자가 피면접자를 무시함으로써 피면접자의 감정의 안정성과 인내도 등을 관찰하는 방법이다.

20 배치전환(transfer)의 목적과 거리가 먼 것은?

① 종업원의 기술 및 능력향상
② 종업원 임금결정의 기준 설정
③ 종업원의 적재적소 배치
④ 종업원에게 적응기회 부여

해설 배치전환은 직무요건의 변화, 교육훈련, 고용조정, 인적자원의 적재적소 배치를 통한 최적활용, 강등 및 징계 등을 목적하여 이루어진다.

21 전문가 집단을 대상으로 미래의 인력수요를 예측하는 기법은?

① 마코브분석
② 시나리오 기법
③ 추세분석
④ 델파이 기법

해설 전문가 집단을 대상으로 미래의 인력수요를 예측하는 기법은 델파이 기법이다. 델파이법(Delphi method)은 수요예측의 정성적 기법으로 집단토론을 거치지 않고 전문가의 의견을 개별적으로 종합하여 미래의 상황을 예측하는 방법으로, 장기적으로 일어나리라고 예상되는 기술변화의 동향을 예측하는 데 사용된다.

정답 18 ② 19 ② 20 ② 21 ④

22 다음은 교육훈련 평가법 중 무엇에 대한 설명인가?

> 의사소통 기술 워크숍에 참여한 관리자들이 실무 부서로 돌아가 동료 및 상사 혹은 고객과 의사소통하는 과정을 관찰하고, 그 모습을 평가하는 방법이다.

① 결과평가
② 행동평가
③ 학습평가
④ 훈련 후 반응평가

해설 커크패트릭(Kirkpatrick)은 교육훈련의 4단계 평가로 반응기준, 학습기준, 행동기준 및 결과기준을 제시한다. 프로그램 참여 결과, 참가자가 직무에 돌아와 행동의 변화를 보여 실제로 성과에 영향을 미쳤는지를 측정하는 것은 행동기준 평가이다.

23 경력관리의 기본원칙에 속하지 않는 것은?

① 후진양성의 원칙
② 연공서열의 원칙
③ 승진경로의 원칙
④ 적재적소배치의 원칙

해설 경력개발제도의 운영을 위한 기본적인 원칙에는 적재적소의 원칙, 경력경로 설정의 원칙, 자체 후진양성의 원칙 등 3가지가 제시된다.

24 다음에 해당하는 징계관리 규칙은?

> 조직에서 용납할 수 없는 행위에는 처벌이 따른다는 것을 구성원들에게 미리 알려 징계 대상 행동이 발생하지 않도록 주의를 촉구하는 규칙이다.

① 공정한 징계
② 즉각 징계
③ 일관된 징계
④ 사전 경고

해설 제시된 내용의 징계관리 규칙은 사전 경고이다.

정답 22 ② 23 ② 24 ④

25 다음 ( ) 안에 들어갈 말로 알맞은 것은?

> 구성원들은 개인적 노력, 성과, 조직몰입 등이 개인의 가치있는 투입이라고 여기기 때문에, 동일직무를 수행해도 서로 간에 근로태도가 다르면 임금차이가 있어야 한다고 생각한다. 따라서, ( )은 동일직급 또는 역량등급 내에서 성과, 연공 같은 개인 특성이 임금에 반영되는 정도를 의미한다.

① 개별 공정성
② 절차 공정성
③ 내부 공정성
④ 외부 공정성

해설 동일직급 또는 역량등급 내에서 성과, 연공 같은 개인 특성이 임금에 반영되는 정도를 의미하는 것은 개별 공정성이다.

26 지원자를 선발한 후 기업의 각 부서에 배속시켜 직무를 할당하는 관리활동은?

① 정원관리
② 배치관리
③ 이동관리
④ 선발관리

해설 배치(placement)는 각 직무에 종업원을 배속시키는 것을 의미한다. 배치관리의 원칙에는 적재적소주의, 실력주의, 인재육성주의, 균형주의 등이 있다.

27 직장 내 교육훈련(OJT)의 장점에 해당하지 않는 것은?

① 개인에게 맞는 적절한 지도이다.
② 추상적 교육이 아닌 잠재적 교육이 가능하다.
③ 다수의 사람을 동시에 교육시키는 것이 가능하다.
④ 개인별 능력에 따라 훈련 진도의 조정이 가능하다.

해설 ③ 직장 내 훈련(OJT)은 감독자가 직접 일하는 과정에서 부하들을 개별적으로 직장에서의 실무 또는 기능에 관하여 훈련시키는 것이므로 다수의 사람을 동시에 교육시키기는 어렵다. 다수의 사람을 동시에 교육시키려면 직장 외 교육훈련(Off JT)이 바람직하다.

정답 25 ① 26 ② 27 ③

28 경영참가 제도 중 다음 내용에 해당하는 것은?

> 근로자가 유상 또는 무상으로 주식을 인수하고 주주로서 기업에 대한 발언권을 갖게 된다.

① 노사공동결정체   ② 이윤분배제도
③ 종업원지주제도   ④ 스캔론 플랜

해설 ③ 노동자가 주식을 인수하고 주주로서 기업에 대한 발언권을 갖게 되는 경영참가 방식은 종업원지주제이다. 노동자 경영참가의 세 가지 유형은 ㉠ 종업원지주제도와 노동주제도 같은 자본참가, ㉡ 이윤분배제도와 같은 이익참가, ㉢ 종업원대표제나 노사협의제 같은 협의의 경영참가 등이다.

29 다음은 무엇에 대한 설명인가?

> 서로 중첩되지 않는 특성을 지닌 다양한 사람들로 조직이 구성될 경우, 정보의 풀이 증가하여 더 좋은 해답을 찾을 수 있다.

① 문제해결관점   ② 마케팅관점
③ 자원획득관점   ④ 비용관점

해설 다양한 사람들로 조직이 구성되면 정보의 풀이 증가하여 더 좋은 해답을 찾을 수 있는 것은 문제해결관점이다.

30 다음에 해당하는 인적자원관리 관점은?

> 기업이 경쟁우위를 달성하기 위해서는 우수한 인적자원을 확보하여 이들을 잘 개발하고 동기를 부여할 수 있어야 한다.

① 기계적 접근   ② 인간관계적 접근
③ 전략적 접근   ④ 노동지향적 접근

해설 전략적 접근은 인적자원을 전략적 자산, 경쟁우위의 원천으로 보며 인적자원관리를 조직전략과 통합적으로 사고하는 접근방법이다.

정답 28 ③　29 ①　30 ③

31 성과급제의 장점과 거리가 먼 것은?

① 작업능률의 향상
② 근로자에게 합리성·공평감 부여
③ 임금이 확정적이어서 근로자는 안정적인 수입 획득
④ 직접노무비가 일정하여 시간급제보다 원가계산이 용이

해설 ③ 임금이 확정적이어서 근로자가 안정적인 수입을 얻을 수 있는 것은 시간급제의 장점이다.

32 인사이동의 목적으로 볼 수 없는 것은?

① 공정성 확보
② 모티베이션 향상
③ 생산성 향상
④ 능력개발과 인재양성

해설 ① 공정성 확보는 인사이동에서 승진의 기본원칙 중 하나이고, 인사이동의 목적이라고는 볼 수 없다. 인사이동에는 수직적 이동으로 직위가 올라가는 승진과 직위가 내려가는 강등이 있고, 수평적 이동은 흔히 전환배치라고 하는데 직무순환(job rotation)이 전환배치의 일종이다.

33 인적자원감사의 유형 중 인적자원관리의 효과를 대상으로 실시하는 감사는?

① A감사
② B감사
③ C감사
④ D감사

해설 C(Communication)감사는 효과감사로 인적자원관리의 효과적 측면의 감사이다. ABC감사는 인적자원감사의 한 방식이다. A(Administration)감사는 내용감사로 인적자원관리 정책의 경영면을 대상으로 하며, B(Budget)감사는 예산감사로 인적자원관리의 경제면을 대상으로 한다.

34 핵크만(Hackman)과 올드햄(Oldham)의 직무특성모델 구성요소에 속하지 않는 것은?

① 자율성
② 피드백
③ 숙련도
④ 기술다양성

해설 핵크만(J. R. Hackman)과 올드햄(G. R. Oldham)의 직무특성모형에서 보면 핵심직무차원은 기술다양성(skill variety), 과업정체성(task identity), 과업중요성(task significance), 자율성(autonomy), 피드백(feedback) 등이다.

정답 31 ③ 32 ① 33 ③ 34 ③

35 다음에 해당하는 인간관계관리 기법은?

집단 구성원들 간에 좋아하고 싫어하는 양상을 기초로 하여 상호관계를 분석한다.

① 사기조사 ② 고충처리제도
③ 카운슬링 ④ 소시오메트리

해설 모레노(J. Moreno)가 개발한 소시오메트리(sociometry)는 집단구성원들 간의 호의·비호의 관계를 기초로 한 집단분석기법이다. 구성원들 간의 호의·비호의는 비공식적 인간관계의 양상을 보여주는 것이고, 비공식적 메시지는 이러한 관계를 중심으로 흐르는 것이라고 볼 때, 소시오메트리는 비공식적 커뮤니케이션 체계의 분석기법으로 활용된다.

36 다음 제도 중 노동조합의 가입방법과 관련이 있는 것은?

① 숍시스템 ② 공동결정제도
③ 노사협의제도 ④ 체크오프시스템

해설 노동조합의 가입방법을 숍시스템(shop system)이라고 한다. 이는 조합비 징수제도인 체크오프 시스템과 함께 노동조합의 안정을 유지하기 위한 제도이다.
숍시스템을 안정의 강도, 즉 기업에 대한 노동조합의 통제력이 강한 순서로 보면 클로즈드 숍(closed shop), 유니언 숍(union shop), 우선 숍(preferential shop), 에이전시 숍(agency shop), 오픈 숍(open shop)의 순이다.

37 다음은 무엇에 대한 설명인가?

- 사람주의와 직무주의를 절충한다.
- 경영조직의 변화를 통해 승진기회를 마련한다.
- 승진대상은 많은데 승진기회가 적을 때 활용한다.
- 조직계층을 단축하고 구성원의 지위를 향상시킨다.

① 대용승진제도 ② 직계승진제도
③ 자격승진제도 ④ 조직변화승진제도

해설 조직변화(organization change) 승진제도는 승진대상에 비해 직위가 부족한 경우 조직변화를 통한 조직의 직위계층을 늘려 승진기회를 확대시키는 방법이다.

정답 35 ④ 36 ① 37 ④

38 다음 내용에 해당하는 부당노동행위는?

「노동조합 및 노동관계조정법」 제81조 제2항에서는 "근로자가 노동조합에 가입하지 아니할 것 또는 탈퇴할 것을 고용조건으로 하거나 특정 노동조합의 조합원이 될 것을 고용조건으로 하는 행위"를 금지한다.

① 황견계약
② 불이익대우
③ 지배·개입 및 경비원조
④ 정당한 단체행동참가자에 대한 해고 및 불이익대우

해설 황견계약(yellow dog contract)은 근로자가 노동조합에 가입하지 않을 것, 조합으로부터 탈피할 것, 또는 특정 어용조합에 가입할 것 등을 고용조건으로 하는 근로계약으로, 부당노동행위의 일종이다.

39 전략적 인적자원관리에 대한 설명으로 옳지 않은 것은?

① 인적자원관리의 전략적 임무수행을 강조한다.
② 인적자원 기능의 조화 및 선제적 대응을 강조한다.
③ 개별적 인사제도의 기능적·단기적 측면을 강조한다.
④ 조직의 변화·혁신을 촉진하는 변화주도자로서의 역할을 강조한다.

해설 ③ 개별적 인사제도의 기능적·단기적 측면을 강조하는 것은 전통적 인사관리의 특징이다. 전략적 인적자원관리는 개별적 인사기능들의 통합을 강조한다. 전략적 인적자원관리는 조직의 전략수립과 실행시 조직의 인적자원에 대한 제반요건과 각 인적자원관리 기능을 고려하여 조직전략과 인적자원관리를 통합하는 것을 의미한다.

40 고성과 작업시스템을 통해 조직이 추구하는 가장 중요한 목표에 해당하는 것은?

① 동기부여
② 생산성 향상
③ 구성원의 몰입과 참여
④ 지식, 기술, 능력 등 역량 개발

해설 고성과 조직은 기업의 성장·발전의 원동력을 구성원의 참여, 협력, 창의에서 찾기 때문에 구성원을 기업의 가장 소중한 자산으로 파악한다. 고성과 작업시스템은 훈련과 지속적 학습, 정보공유, 종업원 참여, 성과 및 기술과 연동된 보수체계, 고용안정, 다차원 성과측정 등을 특징으로 한다.

정답 38 ① 39 ③ 40 ③

2020 마케팅원론 기출문제

01 마케팅에 대한 설명으로 옳지 않은 것은?
① 고객관계관리가 더욱 중시되고 있다.
② 소비자의 필요와 욕구를 충족시켜 준다.
③ 시장에서 교환이 일어나게 한다.
④ 고객과 사회 전반에 가치 있는 것을 전달한다.

> **해설** 마케팅 정의는 미국마케팅학회(AMA)에서 2007년 개정한 정의가 널리 받아들여지고 있다. 개정 이후 고객관계관리는 특별히 따로 언급하는 것을 지양하고, 고객 및 이해관계자들에게 가치 있는 것을 만들고, 알리며, 전달하고, 교환하기 위한 활동에 포함시킴으로써 다시 전통적인 마케팅믹스를 강조하고 있다.

02 혁신적인 신상품 개발과 품질향상에 강조점을 두는 기업의 마케팅 관리철학은?
① 생산개념
② 교환개념
③ 제품개념
④ 판매개념

> **해설**
> - **생산개념** : 소비자들이 쉽게 그리고 싸게 구매할 수 있는 상품을 선호할 것이라는 개념으로 경영자들은 생산의 효율성과 유통망의 확보를 중요하게 생각한다.
> - **제품개념** : 소비자들이 최고의 품질과 성능을 가진 제품을 선호할 것이라고 믿고, 기술적으로 혁신적인 제품을 만들고 지속적으로 개선하는 데 주력한다.
> - **판매개념** : 소비자들이 자발적으로 기업에서 생산되는 제품이나 서비스를 충분히 구입하지 않을 것이라는 가정하에 공격적인 영업 및 촉진활동을 펼쳐야 하는 것으로 생각한다.

03 단기에 구매 동기를 불러일으키게 하기 위해 계획되는 마케팅전략은?
① 촉진전략
② 마케팅전략
③ 세분화전략
④ 포지셔닝전략

> **해설** • **촉진전략** : 광고, 인적판매, 판매촉진, PR, 직접 마케팅 등 마케팅 커뮤니케이션 수단을 사용하는 전략으로 이 중 판매촉진(sales promotion)은 제품이나 서비스의 구매를 촉진하기 위한 단기적인 동기부여 수단의 일체를 말한다.

정답 01 ① 02 ③ 03 ①

- **마케팅전략** : 소비자행동에 대한 이해에 근거하여 시장을 세분화(Segmentation)하고, 표적시장을 선정(Targeting)하며 표적시장에 적절하게 제품을 포지셔닝(Positioning)하는 과정으로 세 단어의 머리글자를 따서 STP 마케팅이라고도 부른다.
- **세분화전략** : 소비자들을 일정 기준에 따라 크게 몇 개의 세분시장(segment)으로 나누어 각각의 시장에 차별적인 마케팅전략을 구사하는 전략이다.
- **포지셔닝전략** : 소비자들의 마음속에서 자사의 제품이 경쟁사의 제품에 대비하여 최대한의 경쟁적 우위를 누리게 하기 위한 전략이다.

04 기업사명에서 반드시 제시하지 않아도 되는 것은?

① 수행할 사업영역
② 제공할 명확한 가치
③ 측정 가능한 목표
④ 비전에 따른 사업 방향성

해설 기업사명의 특성
- 명확한 가치를 제공해야 하며 모든 것을 나열하는 것이 되어서는 안된다.
- 기업이 활동할 사업영역을 명시해야 한다.
- 종업원들의 동기를 유발하는 것이어야 한다.
- 기업장래에 대한 비전을 제공해야 한다.

보기 ③ 측정 가능한 목표는 기업사명이 아닌 기업 목표라고 할 수 있다.

05 ( ) 안에 들어갈 말로 적당한 것은?

( )은 BCG매트릭스상에서 사업단위의 시장점유율을 증가시키는 전략으로 사업을 확장하여 별로 이동시키기로 결정한 물음표의 전략이다.

① 철수전략
② 수확전략
③ 유지전략
④ 확대전략

해설
- **철수전략** : 사업단위를 처분하는 것으로 경쟁력이 전혀 없는 것으로 판단된 물음표(question marks)나 전망이 어두워 기존의 시장점유율을 유지하는 것이 무의미한 개(dogs)에 적용된다.
- **수확전략** : 장래가 어두운 약한 자금젖소(cash cows)나 물음표(question marks)에 적용되며, 더 이상의 투자를 하지 않고 이익만 거두어들인다.
- **유지전략** : 현재 시장점유율을 유지하는 것으로 많은 현금 흐름을 창출하는 강한 자금젖소(cash cows)에 적절한 전략이다.
- **확대전략** : 사업단위의 시장점유율을 증가시키는 전략으로 사업을 확장하여 별(stars)로 이동시키기로 결정한 물음표(question marks)에 적절한 전략이다.

정답 04 ③ 05 ④

06 제품 간 차이가 낮은 저관여 상황의 제품에서 주로 나타나는 행동은?

① 습관적 구매행동 ② 복잡한 구매행동
③ 다양성 추구행동 ④ 부조화 감소행동

해설
- **습관적 구매행동** : 제품에 대하여 소비자가 비교적 낮은 관여도를 보이며 제품의 상표 간 차이가 미미할 경우에 일어난다.
- **복잡한 구매행동** : 제품 구매에 있어서 높은 관여를 보이고 각 상표 간 뚜렷한 차이점이 있는 제품을 구매할 경우 구매행동은 일반적으로 매우 복잡한 양상을 띠게 된다.
- **다양성 추구행동** : 비교적 저관여 상태이며 제품의 각 상표 간 차이가 뚜렷한 경우에 소비자들은 다양성 추구 구매를 하게 된다.
- **부조화 감소행동** : 비교적 관여도가 높고 제품의 가격이 비싸며 평소에 자주 구매하는 제품이 아니면서 구매 후 결과에 대하여 위험부담이 있는 제품에서 각 상표 간 차이가 미미할 때 일어난다.

07 마케팅조사 과정 중 제일 먼저 수행되어야 하는 것은?

① 자료 수집 및 분석 ② 조사보고서 작성
③ 조사문제의 정의 ④ 조사의 설계

해설 마케팅조사의 4단계
조사문제의 정의와 조사목적의 결정 → 마케팅조사설계 → 자료의 수집과 분석 → 조사보고서 작성의 순으로 진행된다.

08 제품시장의 정의로 적절하지 않은 것은?

① 속성이 유사한 제품들은 동일한 시장에 속한다.
② 대체관계가 큰 제품들은 이질적인 시장에 속한다.
③ 동일한 용도로 사용되는 제품들은 동일한 시장에 속한다.
④ 상이한 반응이 예측되는 제품들은 이질적인 시장에 속한다.

해설 대체관계가 큰 제품들은 동질적인 시장에 속한다.

09 설문조사 시 응답자의 동의 정도를 묻는 질문에 사용되는 척도는?

① 서열 ② 리커트
③ 선다형 ④ 어의차의형

정답 06 ① 07 ③ 08 ② 09 ②

해설
- **서열척도** : 속성별로 개별 상표를 평가하기 위한 질문으로 대상의 순위관계를 담고 있는 척도이다.
- **리커트척도** : 응답자의 동의 정도를 묻는 질문으로 5점이나 7점 척도가 사용된다.
- **선다형** : 선택 대안이 셋 이상인 경우 사용된다. 이분형은 선택 대안이 2개인 경우이다.
- **어의차의형** : 양쪽 끝에 상이한 형용사를 표시한 질문이다.

10 소비자들에게 제품이나 서비스의 가치를 나타내는 기준이 되는 마케팅전략은?
① 유통전략
② 세분화전략
③ 제품전략
④ 가격전략

해설 소비자들은 가격과 품질 간의 연상관계를 형성하고 있어 제품의 정보가 부족하거나 속성을 정확히 파악하기 어려운 경우 가격을 품질의 지표로 사용한다. 또한, 가격은 기업의 수익과 이익에 직결되고, 즉각적인 대응이 가능한 마케팅믹스이다.

11 경영전략수립과정에서 첫 번째 단계는?
① 기업목표의 결정
② 기업사명의 정의
③ 시장 위협과 약점 파악
④ 사업포트폴리오의 결정

해설 경영전략수립과정은 기업사명의 정의 → 기업목표의 결정 → 사업포트폴리오 결정 → 사업단위별 경쟁전략의 결정 → 성장전략의 개발 단계를 거친다.

12 BtoB 산업재 시장의 특성과 거리가 먼 것은?
① 가격 변화가 크지 않다.
② 대량구매가 가능하다.
③ 구매자가 다수 존재한다.
④ BtoC 시장 수요의 영향을 받는다.

해설 BtoB 시장은 일반적으로 BtoC 시장보다 수적인 면에 있어서는 적고, 구매량은 많은 구매자들로 구성되어 있다. 또한 가격 변화에 민감하지 않은 비탄력적 수요를 가지고 있고, 산업재 시장의 수요는 소비재에 대한 욕구로부터 유도된 수요(derived demand)이다.

정답 10 ④ 11 ② 12 ③

13 다음 내용에 해당하는 조사방법은?

> 두 곳의 도시에서 새로운 라면을 각기 다른 가격으로 출시한 후 두 가지 소매가격을 매출 수준을 분석하여 이 제품에 대한 가격을 최종적으로 결정하려고 한다.

① 정성조사
② 실험조사
③ 설문조사
④ 관찰조사

해설
- 정성조사 : 소수의 응답자를 대상으로 어떤 대상이나 현상에 대한 생각, 인식, 태도형성 등에 대한 구체적인 정보를 파악하기 위한 조사이다. 대표적으로 표적집단면접(FGI), 심층면접이 있다.
- 설문조사 : 설문지를 이용하여 표본으로 선정된 조사대상자들로부터 자료를 수집하는 방법이다.
- 관찰조사 : 조사대상을 관찰하여 자료를 수집하는 것으로 자료는 조사자가 직접 관찰하거나 기계를 이용하여 수집한다.
- 실험조사 : 인과관계를 조사하는 데 적절한 방법으로 실험대상자들을 몇 개의 집단으로 나누고 집단별로 원인변수를 다르게 조작한 다음 각 집단들 간의 반응에서 어떠한 차이가 나는지를 측정하는 조사이다.

14 설문조사 시 선택형 질문만을 사용하기로 한 경우, 부적절한 질문은?

① 귀하는 현재 S 회사의 TV를 사용하고 있습니까?
② 향후 3년 이내에 TV를 구입할 의향이 있습니까?
③ TV 가격이 20% 인상된다면 구입하시겠습니까?
④ S 회사의 TV에 대해 가장 먼저 떠오르는 생각은 무엇입니까?

해설 선택형 질문은 응답자로 하여금 주어진 응답항목들 중 하나 또는 그 이상을 선택하도록 하는 질문방법이다. 보기 ④는 단어 연상형 질문으로 개방형 질문에 속한다.

15 법적 환경 요인이 아닌 것은?

① 탄소배출량 규제
② 교통유발 분담금 제정
③ 원자재 시장 불안정
④ 해외 직구 면세한도 인상

해설 기업의 활동은 정부나 공공기관에 의하여 법률에 의한 규제를 받는다. 보기 ③은 법적 환경 요인이 아닌 경제적 환경 요인(원재료 가격, 임금, 세금, 이자율, 임대료 등)이다.

정답 13 ② 14 ④ 15 ③

16 ( ) 안에 들어갈 말로 적당한 것은?

> 지역구 의원의 지지도에 대한 여론 조사를 하는 경우, 투표권을 가진 지역구의 모든 사람은 이 조사의 ( )이 된다.

① 표본
② 모집단
③ 샘플링
④ 표본프레임

해설 표본프레임은 모집단 내에 포함된 조사대상자들의 명단이 수록된 목록을 말한다. 전화번호는 마케팅조사에서 흔히 이용되는 표본프레임의 한 예이다.

17 다음 내용에 해당하는 소비자특성차원의 세분화 기준은?

> 외향적이면서 운동을 즐기는 라이프스타일을 가진 대상

① 사회심리적 기준
② 행동적 기준
③ 인구통계적 기준
④ 경제적 기준

해설
- 인구통계적 기준 : 나이, 성별, 가족구성원 수, 소득, 직업, 교육수준, 종교, 인종 국적 등의 변수에 따라 세분화하는 것을 말한다.
- 행동적 기준 : 상품에 대한 지식, 태도, 사용상황, 제품에 대한 반응 등 상품과 관련된 소비자행동과 연관이 있는 변수들로 세분화하는 것을 말한다.
- 사회심리적 기준 : 라이프스타일, 성격 등 심리도식적 변수로 세분화하는 것을 말한다. 사회심리적 기준은 동일한 인구통계적 집단에 속한 사람들이 서로 다른 심리도식적 집단을 형성할 수도 있기 때문에 중요하다.

18 다음에 해당하는 포지셔닝 유형은?

> B 회사는 '운전 중 졸릴 때는 이 껌을 씹으세요.'라고 광고하고 있다.

① 경쟁에 의한 포지셔닝
② 속성에 의한 포지셔닝
③ 사용상황에 의한 포지셔닝
④ 사용자에 의한 포지셔닝

해설 보기는 제품의 사용상황에 따라 소비자의 마음속에 위치시키는 광고 유형이다. 사용상황에 의한 포지셔닝의 예를 들면 게토○○는 목이 마를 때 마실 수 있는 갈증해소음료로 포지셔닝하고 있다.

정답 16 ④ 17 ① 18 ③

19 신제품 개발 시 아이디어 평가 과정에서 수정해야 하는 것은?

① 사업성 분석 ② 지각도 작성
③ 아이디어 발굴 ④ 부적합 아이디어 배제

> 해설 신제품 개발 단계는 아이디어의 창출 → 아이디어 평가 → 제품개념의 개발과 테스트 → 마케팅 전략의 개발과 사업성 분석 → 제품개발 → 시험 마케팅 → 상업화 등의 순으로 이루어진다. 아이디어 평가의 목적은 아이디어의 수를 축소시켜 나가는 데 있다.

20 신제품을 출시하려고 할 때 초기 고가격전략이 유리한 경우는?

① 제품의 회전이 빠른 경우
② 표적시장의 규모가 큰 경우
③ 제품의 채산성이 높은 경우
④ 잠재 경쟁자의 진입이 쉬운 경우

> 해설 초기 고가전략은 신제품을 시장에 내놓을 때 신제품이 지니고 있는 편익을 수용하고자 하는 조기수용자층을 상대로 가격을 높게 설정하는 정책이다. 이런 전략은 특허에 의하여 제품이 보호되거나, 경쟁자의 진입이 용이하지 않을 경우, 대체품에 비하여 신제품이 지니고 있는 가치가 현저히 높은 경우에 적절하며, 이를 수용하는 소비자계층은 일반적으로 가격에 민감하지 않은 혁신소비자층이다.

21 다음 내용에 해당하는 것은?

> 내구성에 초점을 두고 운동화를 구매하였다.

① 기능적 욕구 ② 쾌락적 욕구
③ 소속의 욕구 ④ 심인적 욕구

> 해설 소비자들은 주로 제품의 본원적 기능을 구매한다. 보기는 내구성이라는 제품의 기능적 특성에 중점을 둔 구매이다. 이와 같이 소비자의 기능적 욕구를 만족시켜 주는 제품을 기능적 제품이라고 한다.

22 '품질이 고르지 않다'는 서비스의 이질성 해소를 위해 가장 필요한 것은?

① 서비스 시각화 ② 서비스 표준화
③ 고객의 서비스 생산과정 참여 ④ 서비스의 생산과 소비 분리

정답 19 ④ 20 ③ 21 ① 22 ②

> **해설** 서비스는 사람에 주로 의존하므로 일관되고 표준화된 서비스가 제공되기 어렵다. 서비스제공물을 표준화하기 위해서는 서비스제공자의 선발과 교육에 대한 투자와 기계로 대체함으로써 비일관적인 서비스가 제공될 가능성을 낮출 수 있다.

23 사례에서 H 자동차회사의 제품믹스의 넓이는?

> H 자동차회사는 승용차, 레저용 차량, 트럭, 버스를 생산하고 있는데, 각 계열별로 6개의 각기 다른 브랜드를 보유하고 있다.

① 4
② 10
③ 24
④ 28

> **해설** 제품믹스의 넓이는 회사가 취급하는 제품계열 수를 말한다. 제품믹스의 길이는 각 제품계열의 제품 수로 정의된다. 제품믹스의 깊이는 특정 제품계열 내의 각 제품이 제공하는 품목의 수로서 각 제품 내에서 얼마나 다양한 품목들이 판매되는지를 나타낸다. 보기의 제품믹스의 넓이는 4개의 계열, 즉 승용차, 레저용 차량, 트럭, 버스이다. 이 중 승용차 계열의 제품믹스의 길이는 6개이다.

24 기존 트렌드를 활용하여 신제품을 출시할 때의 장점과 거리가 먼 것은?
① 브랜드 이미지 강화
② 신제품 도입 위험 감소
③ 제품 성숙도 증가
④ 마케팅 비용 상승

> **해설** 신제품의 상업화를 결정하면 기업은 제조설비의 건설, 광고, 판촉 등을 위해 이전 단계보다 많은 투자비용을 지출해야 한다. 보기 ④는 신제품 출시의 단점에 해당한다.

25 제품구성에서 확대제품(확장제품)에 속하는 것은?
① 브랜드, 품질
② 배달, 설치서비스
③ 포장패키지, 제품보증
④ 애프터서비스(A/S), 디자인

> **해설** 확장제품의 구성요소는 보장과 보증, 대금결제방식, 배달, 애프터서비스, 설치 등이 있는데 이들은 제품의 본체와는 관련이 없지만 제품차별화와 소비자들의 구매에 영향을 미치는 결정적 요인으로 대두되고 있다.

정답 23 ① 24 ④ 25 ②

26 캔음료의 특성을 상징적인 색상이나 그림으로 전달하는 마케팅 커뮤니케이션 과정의 요소는?

① 부호화　　　　　　　　② 갈증
③ 피드백　　　　　　　　④ 해독

해설
- 부호화(encoding)는 전달하고자 하는 생각을 문자, 그림, 말 등으로 상징화하는 과정이다.
- 해독(decoding)은 발신인이 부호화하여 전달한 의미를 수신인이 해석하는 과정이다.

27 다음의 설명에 해당하는 개념은?

> 소비자가 한 제품범주에 속한 특정 브랜드를 회상할 수 있는 능력

① 브랜드 이미지　　　　　② 브랜드 연상
③ 브랜드 인지도　　　　　④ 브랜드 개성

해설
- 브랜드 인지도 : 소비자가 한 제품범주에 속한 특정 브랜드를 재인(recognition)하거나 회상(recall)할 수 있는 능력을 말한다.
- 브랜드 연상 : 브랜드와 관련하여 기억으로부터 떠오르는 모든 것들을 말한다.
- 브랜드 이미지 : 소비자가 그 브랜드에 대해 갖는 전체적인 인상을 말하는데 이는 브랜드와 관련된 여러 연상들이 결합되어 형성된다.
- 브랜드 개성 : 한 브랜드를 인간으로 표현하였을 때 그 브랜드와 관련된 인간적인 특성들로 정의된다.

28 서비스의 특성 중 다음 내용에 해당하는 것은?

> 소비자는 구매 전에 경쟁 서비스 제품들을 비교하기 어려우며, 구매 후에도 자신이 해당 서비스를 소유하고 있다고 증명할 방법이 없다.

① 소멸성　　　　　　　　② 비표준화
③ 비유형성　　　　　　　④ 생산과 소비의 동시성

해설 보기는 서비스의 비유형성(intangibility)을 설명하는 것으로 소비자는 구매 전까지 서비스를 보거나 만져볼 수 없다(즉, 성능을 평가할 수 없다.). 그리고 서비스를 구매했음에도 보여줄 구체적 대상이 없다. 이러한 무형적 특성은 서비스기업이 극복해야 할 주요한 과제이다.

정답　26 ①　27 ③　28 ③

29 소비자 중심적 가격결정에서 가장 중요한 요인은?

① 원가
② 경쟁
③ 이익률
④ 지각된 가치

해설 소비자 중심적 가격결정은 상품을 생산하는 데 드는 비용보다는 표적시장 소비자들의 제품가치에 대한 지각과 그에 따른 수요를 바탕으로 가격을 결정하는 방법이다. 이는 아무리 좋은 제품일지라도 소비자가 원하는 가격이어야 하며 소비자가 지불할 수 있는 가격수준대에서 가격이 결정되어야 한다는 것이다.

30 다음 사례는 어떤 제품믹스의 결합인가?

> M 우유회사는 100, 200, 1000ml 등 다양한 용량의 우유를 다양한 형태로 포장하여 생산 및 판매하고 있다.

① 길이
② 높이
③ 깊이
④ 넓이

해설 제품믹스의 깊이는 특정 제품계열 내의 각 제품이 제공하는 품목의 수로서 각 제품 내에서 얼마나 다양한 품목들이 판매되는지를 나타낸다. 기존의 제품계열 내에서 새로운 품목을 추가시킴으로써 제품계열의 깊이를 확대하는 것으로 제품확충전략(product filling)이다. 이 전략은 잉여설비의 활용, 매출의 증대, 여러 세분시장에의 침투, 다양성 추구 소비자의 욕구충족 등의 긍정적 효과도 있지만 품목 간 차이에 대한 소비자들의 혼돈을 불러일으킬 만큼의 과다한 확충은 오히려 비용상승과 수익성 감소를 불러일으킬 수 있다.

31 다음 내용은 제조업자가 중간상을 활용하여 얻을 수 있는 이점 중 어떤 것인가?

> 소비자들이 제품을 원할 때 구매할 수 있도록 한다.

① 시간효용
② 장소효용
③ 소유효용
④ 비용효용

해설 중간상의 이용은 제조업자가 최종사용자들과 직접 거래하는 것보다 이들에게 더 많은 효용을 제공한다. 제조업자가 중간상을 이용하면 추가적인 비용이 발생되지만 이러한 비용의 증가는 중간상이 제공하는 효용들에 의해서 상쇄된다.
- 시간효용 : 소비자가 상품을 원할 때 구매할 수 있도록 함으로써 발생된다.
- 장소효용 : 소비자들이 원하는 장소에서 구매할 수 있도록 함으로써 발생된다.
- 소요효용 : 소비자가 상품을 소유할 수 있도록 도와줌으로써 창출된다.

정답 29 ④ 30 ③ 31 ①

32 사례에서 가방의 책정 가격으로 알맞은 것은?

> 단위당 원가가 32,000원인 가방에 20%의 가산이익률을 부가하여 판매하고자 한다.

① 36,000원 ② 38,400원
③ 40,000원 ④ 42,000원

해설 가산이익률에 따른 가격결정은 제품 한 단위당 생산비용이나 구매비용을 계산한 후 판매비용의 충당과 적정이익을 남길 수 있는 수준의 가산이익률을 결정하여 가격을 책정한다.
가격=단위비용/(1-가산이익률) 40,000 = 32,000/(1-0.2)

33 기업에 대한 호의적인 이미지를 개발하고 유지하기 위해 활용되는 촉진전략은?

① PR ② 인적판매
③ 가격할인 ④ 리베이트(rebate)

해설 PR(Public Relations)은 기업에 대한 호의적인 이미지를 개발 및 유지하고 기업에 대한 비호의적인 소문, 이야기, 사건 등을 소비자의 기억 속에서 희석시키려는 촉진의 한 방법이다. PR은 홍보(Publicity)보다 넓은 개념으로 기업의 대언론관계 활동, 사내외적 커뮤니케이션, 국회의원이나 정부관료들에게 영향을 미치기 위한 합법적인 설득활동 등이 모두 포함된다.

34 다음은 어떤 촉진방법에 대한 설명인가?

> 소비자들 사이에서 자율적으로 이루어지는 커뮤니케이션으로 기업의 추가적인 마케팅 자원투입을 최소화하면서 시장성과를 극대화할 수 있다.

① 구전 ② 직접마케팅
③ PR ④ 인적판매

해설 구전(word-of-mouth : WOM)은 표적구매자들에게 주변사람들, 친구, 가족 등에 의해 정보가 전달되는 것으로 많은 제품들에 있어서 매우 중요한 의사전달경로의 역할을 수행한다. 구전은 일반적으로 제품의 성격이 고가이며 많은 위험이 지각되는 제품의 경우에 효과적으로 사용되어질 수 있다.

35 일반적으로 산업재를 판매할 때 가장 많은 비용이 투입되는 촉진도구는?

① 홍보 ② 인적판매
③ 광고 ④ 판매촉진

정답 32 ③ 33 ① 34 ① 35 ②

해설 • 홍보는 비용을 들이지 않고 기업이나 제품을 매체의 기사나 뉴스로 소비자들에게 알리는 것을 말한다.
• 광고는 특정 스폰서에 의해 대가가 지불되는 제품, 서비스, 상표, 기업 또는 점포 등에 관한 비개인적 의사전달방법을 총칭하는 말이다.
• 인적판매는 두 사람 이상의 사람들 사이에 의견의 상호교류가 일어나기 때문에 소비자의 욕구를 보다 직접적으로 알 수 있다. 특히 산업재의 경우 판매원이 고객과 장기적이고도 돈독한 인간관계를 유지해야만 할 경우가 많다. 그러나 인적판매는 판매조직의 크기를 쉽게 변화시키기 어렵기 때문에 기업의 입장에서는 상당한 비용이 고정비용으로 묶이게 된다.
• 판매촉진은 단기적인 매출이나 이익을 목표로 쿠폰, 증정품, 가격할인, 콘테스트 등의 방법을 사용한다.

36 광고 소구 유형 중 제품의 정보제공에 중점을 둔 것은?

① 비언어적 소구
② 윤리적 소구
③ 감성적 소구
④ 이성적 소구

해설 • 이성적 소구는 소비자 자신이 많은 관심을 갖고 있는 내용을 전달하는 것으로서 제품의 구매는 곧 소비자가 얻고자 하는 편익을 제공한다는 내용의 메시지를 사용한다. 즉, 이성적 메시지는 제품의 질, 경제성, 가치 또는 성능에 대한 내용을 담고 있는 것이 보통이다.
• 감성적 소구는 구매를 억제하거나 유도할 수 있는 부정적 또는 긍정적 감정들을 유도하는 메시지를 사용하는 것이다.
• 윤리적 소구는 청중들로 하여금 어떻게 하는 것이 옳은지를 생각하게 하는 메시지를 사용하는 것이다.

37 사례에서 L 가전회사의 전략은?

> L 가전회사가 백화점이나 대형 할인점을 대상으로 마케팅 활동을 진행하기보다는 소비자 광고나 판촉을 통해 최종 소비자를 대상으로 촉진을 실행한다.

① PR
② 주의전략
③ 풀전략
④ 인적판매

해설 풀(Pull)전략은 기업(생산자)이 광고 등과 같은 마케팅활동을 최종소비자에게 직접적으로 수행하는데 이는 소비자들이 제품을 구매하도록 유도하기 위한 활동이다. 푸시(Push)전략은 생산자가 유통경로를 통하여 최종소비자에게 제품을 밀어 넣는 것을 말한다.

정답 36 ④ 37 ③

38 관람장에서 위치에 따라 좌석의 가격을 구분하여 제시할 때 쓰이는 방법은?

① 가격차별화　　　　② 가격할인
③ 가격계열화　　　　④ 묶음가격

> **해설**
> - 가격차별화는 수요의 가격탄력성을 토대로 최종가격을 조정하는 방법으로 소비자에 따라, 제품에 따라, 구매시점이나 장소에 따라 사용할 수 있다.
> - 가격할인은 대량구매자나 비성수기에 구매하는 소비자들을 유인하기 위해 조정된 가격을 제시하는 것으로 현금할인, 수량할인, 거래 할인, 계절적 할인, 공제 등이 있다.
> - 가격계열화는 품질이나 디자인의 차이에 따라 가격대를 설정하고 그 가격대 내에서 개별제품에 대한 구체적인 가격을 결정하는 것이다.
> - 묶음가격은 기본적인 제품과 선택사양, 서비스 등을 묶어서 하나의 가격으로 제시하는 것을 의미한다.

39 유통경로가 길어질수록 발생하는 현상으로 옳은 것은?

① 최종소비자 가격이 낮아진다.
② 거래과정이 아주 단순해진다.
③ 제조업자의 통제력이 강해진다.
④ 중간상들의 기능이 전문화된다.

> **해설**
> 유통경로가 길어질수록(상품이 최종소비자에게 전달될 때까지 거쳐야 할 유통단계가 많아질수록) 각 중간상들이 수행하는 마케팅기능은 보다 전문화된다. 유통단계를 축소하면 소비자는 저렴하게 구매하는 이점이 있고, 중간상의 개입이 많을수록 제조업자의 통제력은 약해진다.

40 최종소비자를 대상으로 판매하는 중간상은?

① 소매상　　　　② 도매상
③ 제조업체　　　④ 종합상사

> **해설**
> - 소매상은 주로 최종소비자들에게 상품을 판매하는 중간상을 말한다.
> - 도매상은 최종소비자에게 판매하지 않고 주로 소매상이나 다른 도매상, 기업고객들에게 판매하는 중간상을 말한다.
> - 중간상은 유통경로 상에서 제조업자와 소비자 사이에서 활동하는 조직체나 개인들이다.

정답　38 ①　39 ④　40 ①

2020 조직행동론 기출문제

01 다음은 어떤 이론에 대한 설명인가?

> 인간을 단순히 돈만을 위해서 일하는 경제인이 아니라, 감정을 지니고 타인과의 관계를 지향하는 사회인으로 인식한다.

① 고용관계론　　　　　　② 인간관계론
③ 관료제론　　　　　　　④ 고전적 관리론

해설 제시된 내용은 호손실험을 계기로 형성된 인간관계론(Human Relations)의 내용이다. 호손실험을 계기로 인간은 단순히 돈만을 위해서 일하는 경제인이 아니라 감정을 지니고 있으며 남과 어울리고자 하는 존재라는 사실을 인식하게 되었다. 즉 인간의 심리적·사회적 욕구가 중요하며, 이의 충족을 통해서만 동기화가 되고 성과가 높아진다는 것을 발견하게 되었다.

02 어떤 직무에 포함되는 기본 작업의 숫자를 증가시키는 직무설계 방법은?

① 직무축소　　　　　　　② 직무세분
③ 직무충실　　　　　　　④ 직무확대

해설 직무확대(job enlargement)란 작업의 흐름 중에서 기본작업의 수를 증가시킴으로써 지루한 단순·반복적인 직무에 변화를 가져오게 하거나, 세분화된 몇 개의 작업을 통하여 하나의 작업이 되도록 직무내용을 재편성하는 것을 말한다.

03 다음은 무엇에 대한 설명인가?

> 재난, 질병 또는 일상적인 스트레스 등으로부터 타인보다 빠른 속도로 회복할 수 있는 능력을 의미한다.

① 체력　　　　　　　　　② 열정
③ 활력　　　　　　　　　④ 회복력

해설 제시된 내용은 회복력(resilience)에 대한 설명이다. 오늘날 경영, 교육, 사회, 정책 등 다양한 분야에서 회복력이 연구되면서 회복력 개념이 점차 확장되는데, 공학적 회복력과 달리 사회과학에서는 새로운 질서와 규범을 모색하는 노력 또는 능력을 포괄하는 개념으로 이해하고 있다.

정답　01 ②　02 ④　03 ④

04 다음은 어떤 관리방식에 대한 설명인가?

> 미리 정해진 규칙과 법에 따라 운영되는 조직의 형태로 베버(Max Weber)가 언제 어디서나 가장 합리적일 것이라고 주장했던 조직관리 방식이다.

① 관료제 ② 과학적 관리
③ 과업 관리 ④ 인간관계 관리

해설 막스 베버(M. Weber)가 이상적인 조직의 형태라고 주장한 관료제(bureaucracy)에 대한 설명이다. 관료제는 과업의 전문화와 업무의 표준화를 특징으로 하는데 업무의 표준화는 곧 공식화를 의미한다.

05 다음에서 설명하고 있는 개념은?

> 외부적 상황이 모호할수록 자신의 경험, 욕구, 동기를 근거로 눈에 먼저 들어오는 정보에 의존하려는 경향이다.

① 선택적 지각 ② 조직적 지각
③ 이타적 지각 ④ 사회적 지각

해설 선택적 지각(selective perception)은 외부적 상황이 모호할수록 내부적 단서, 즉 경험·욕구·동기를 근거로 눈에 먼저 들어오는 정보에 의존하는 경향을 의미한다. 조직에서의 지각오류의 하나이다.

06 다음에서 설명하고 있는 제도는?

> 드러커(P. F. Drucker)가 처음 제시한 아이디어로서 직무 담당자가 사전에 상사와 협의하여 목표를 설정하고, 사후에 이를 기준으로 서로의 신뢰와 참여를 통하여 성과를 평가하는 제도이다.

① 성과관리제도 ② 목표관리제도
③ 직무관리제도 ④ 보상관리제도

해설 제시된 내용은 피터 드러커(P. F. Drucker)가 처음 제시한 아이디어로 MBO(Management By Objective), 즉 목표에 의한 관리에 대한 설명이다.
MBO는 맥그리거의 Y이론에 근거하여 기업의 경영목표 달성을 위해 구성원 각자가 자기의 목표를 스스로 결정하고 자기통제를 통해 조직의 목표달성에 기여하도록 하는 집단참가를 통한 창의적 관리방식이다. MBO의 기본적인 구성요소로는 목표설정, 구성원의 참여, 피드백 등이 지적되고 있다.

정답 04 ① 05 ① 06 ②

07 조직몰입의 세 가지 유형에 속하지 않는 것은?

① 직무적 몰입
② 규범적 몰입
③ 정서적 몰입
④ 지속적 몰입

> **해설** 조직몰입(organizational commitment)은 한 조직에 대한 개인의 동일시와 몰입의 상대적인 정도를 의미하는 것으로 종업원들의 호의적인 태도를 의미한다. 메이어(J. Meyer)와 알렌(N. Allen)은 조직몰입을 정서적(감정적) 몰입, 유지적(지속적) 몰입, 규범적 몰입으로 구분하고 있다.

08 다음에서 설명하고 있는 개념은?

> 피평가자가 평가자에게 자신의 이미지가 사회적으로 바람직한 것으로 보이도록 하는 행동이다.

① 목표관리
② 인상관리
③ 성과관리
④ 업무관리

> **해설** 인상관리(impression management)는 사람, 물체, 사건에 대한 다른 이들의 지각에 영향을 주려고 시도하는 의식적이거나 무의식적인 목표지향적 과정을 말한다.

09 다음에서 설명하고 있는 개념은?

> 관광가이드는 제시간에 모이지 않는 관광객들 때문에 일정관리에 어려움을 겪고 있지만, 관광을 원활히 진행하기 위해 자신의 불편한 감정을 숨기고 조절하며 관광객들을 공손하게 대하려고 노력한다.

① 감정상실
② 감정충돌
③ 감정감염
④ 감정노동

> **해설** 제시된 내용은 감정노동의 사례이다. 감정노동(emotional labor)은 사원이 느끼는 그대로의 실제적 감정(felt emotion)과 겉으로 드러나는 전시적 감정(displayed emotion)이 충돌하면 실제적 감정은 숨기고 전시적 감정으로 상대를 대해야 하는 경우를 말한다. 즉, 조직의 명시된 규칙에 따라 자신의 감정을 관리하는 행위를 말한다.

정답 07 ① 08 ② 09 ④

10 귀인이론에서 원인 귀속의 방향에 영향을 미치는 정보의 세 가지 특성에 해당하지 않는 것은?

① 변동성(variability)
② 일관성(consistency)
③ 합의성(consensus)
④ 특이성(distinctiveness)

해설 귀인이론(attribution theory)에 속하는 켈리(H. H. Kelly)의 큐빅이론(cubic theory)에 의하면, 행위의 원인을 판단하기 위한 3요소가 있다. 이것은 특이성(distinctiveness), 합의성(consensus), 일관성(consistency) 등에 관한 정보를 토대로 내적 귀인, 외적 귀인의 방향이 결정된다는 것이다. 특이성은 한 사건의 결과를 다른 사건, 합의성은 다른 사람, 일관성은 다른 시점의 결과와 비교하는 것이다.

11 내재적 동기부여와 관련이 없는 것은?

① 급여 인상
② 일 자체에 대한 흥미
③ 일하는 과정에서의 보람
④ 성공적인 과업 완수에서 오는 성취감

해설 ① 임금이나 승진, 작업조건 등은 외재적 보상(extrinsic reward)이다. 반면, 일의 성취감, 일에 대한 긍지, 책임감, 인정받는 것 등은 내재적 보상(intrinsic reward)이다.

12 조직 내 정치가 만연할 때 나타나는 현상으로 볼 수 없는 것은?

① 직무만족 저하
② 스트레스 증가
③ 조직몰입 증가
④ 이직률 증가

해설 조직정치(organizational politics)는 개인 또는 집단의 이기주의를 보호하기 위한 일련의 고의적인 행위, 권력획득의 수단으로서의 정치행위를 말한다. 구성원들이 조직 내에서 조직정치를 인지하면 직무만족도는 감소하고, 이직률과 직무 스트레스는 증가하고 조직성과는 감소한다.

13 다음에서 설명하고 있는 개념은?

> 특정 행동 양식이 다른 행동 양식보다 더 낫다고 생각하는 개인적 혹은 사회공동체적으로 기초적인 신념 체계이다.

① 지각
② 인지
③ 태도
④ 가치관

정답 10 ① 11 ① 12 ③ 13 ④

해설 특정 행동양식이 다른 행동양식보다 더 낫다고 생각하는 개인적 또는 사회공동체의 기초적 신념체계는 가치관(value system)이다. 따라서 가치관은 옳다, 그르다, 바람직하다 등과 같이 판단적이고 평가적이다.

14 다음 매슬로(A. Maslow)의 욕구단계설에서 가장 상위 단계의 욕구는?

① 생리적 욕구
② 존경욕구
③ 안전욕구
④ 자아실현 욕구

해설 매슬로의 욕구단계설에서 요구는 생리적 욕구 → 안전 욕구 → 사회적 욕구 → 존경 욕구 → 자아실현 욕구의 단계를 거친다. 매슬로는 각 단계의 욕구가 만족됨에 따라 전 단계는 더 이상 모티베이션의 역할을 수행하지 못하고, 다음 단계의 욕구가 행위를 동기화할 수 있는 요인으로 작용하게 된다고 주장하였다.

15 직무만족이 높은 직원에게 나타나는 결과로 볼 수 없는 것은?

① 결근율 감소
② 이직의도 증가
③ 고객만족도 증가
④ 조직시민행동 증가

해설 직무만족(job satisfaction)은 개인이 자신의 직무나 직무경험에서 얻는 만족스럽고 긍정적인 감정상태를 의미한다. 직무만족은 조직성과를 높인다. 즉, 생산성을 높이고 이직률과 결근률은 낮아진다. 또한 직무만족은 조직시민행동(OCB)을 증가시킨다.

16 다음은 무엇에 대한 설명인가?

> 조직의 규정에 명시된 직무행동이 아니며 공식적인 보상이 주어지지 않을 수도 있지만, 조직을 위해 구성원이 자발적으로 하는 행동이다.

① 멘토링
② 관계적 계약
③ 직무열의
④ 조직시민행동

해설 제시된 내용은 조직시민행동(OCB : Organizational Citizenship Behavior)에 대한 설명이다. 조직시민행동은 조직이 요구하는 직무범위를 넘어선 자발적인 행동을 의미한다. 조직시민행동의 선행변수 중 개인 차원의 선행변수는 개인만족, 몰입, 공정성 인식, 임금 등이고, 조직 차원의 선행변수는 직무특성, 조직특성, 리더십 행동 등이다.

정답 14 ④ 15 ② 16 ④

17 다음 설명에 해당하는 개념은?

> 타인을 인식할 때 일단 그 사람을 어떤 집단 속에 집어넣고, 그 집단의 속성을 기준으로 그 사람을 판단하는 것이다.

① 개인적 범주화
② 사회적 인지화
③ 사회적 범주화
④ 개인적 인지화

해설 타인을 인식할 때 일단 그 사람을 어떤 집단 속에 집어넣고, 그 집단의 속성을 기준으로 그 사람을 판단하는 것은 사회적 범주화(social categorization)이다.

18 신뢰(trust)에 대한 설명으로 옳지 않은 것은?

① 신뢰의 상실은 쉽다.
② 신뢰의 형성은 어렵다.
③ 신뢰는 위험을 수반하지 않는다.
④ 구성원 간 협력은 신뢰에 기반을 두고 있다.

해설 신뢰는 위험을 수반한다. 상대방에 대한 신뢰는 실현된 것이 아니고 미래에 대한 기대를 의미하므로 현재의 생각과는 어긋날 수 있다. 신뢰(trust)는 일반적으로 상대방의 선의(good will)나 정직성, 약속의 성실한 이행, 자신의 이익추구를 어느 정도 희생한 타인의 복지에 대한 배려 등 윤리적 행동에 대한 기대를 의미한다.

19 다음은 무엇에 대한 설명인가?

> 정확한 정보의 부족 등이 원인이 되어 개인의 역할에 대한 기대가 불명확하거나 불확실한 상태를 의미한다.

① 역할 갈등
② 역할 모호성
③ 역할 명확성
④ 역할 미충족

해설 주어진 내용은 역할 모호성(role ambiguity)에 대한 설명이다. 역할 모호성은 역할갈등(role conflict), 역할과중(role overload), 역할 미발휘(role underutilization), 역할 부적합(role inadequacy) 등과 함께 역할과 관련된 문제의 하나이다. 이들 중 특히 중요한 것은 역할갈등과 역할 모호성이다. 역할갈등이나 역할 모호성은 개인이나 집단에 다 같이 부정적인 효과를 미치게 되는데, 긴장이 생기고 불안해지고 이직률이 높아지며, 따라서 생산성이 저하될 소지가 있다.

정답 17 ③ 18 ③ 19 ②

20 다음에서 설명하는 교육방식은?

> 조직에서 영향력 있는 직원이 다른 직원들에게 조언이나 도움을 주는 개인 간 상호작용이다.

① 리더십 교육
② 멘토링 프로그램
③ 직무전문성 교육
④ 조직사회화 프로그램

해설 ② 제시된 내용은 멘토링 프로그램에 대한 설명이다. 멘토링(mentoring)이란 조언을 해주는 사람과 받는 사람 사이에 개발적인 관계를 형성하고 유지하는 과정을 말한다.

21 다음에서 공정성 이론의 불공정성 지각에 따른 긴장을 해소할 수 있는 방법만을 있는 대로 고른 것은?

> ㄱ. 투입의 변경
> ㄴ. 현장 이탈
> ㄷ. 산출의 변경
> ㄹ. 비교대상 변경
> ㅁ. 투입과 산출의 인지적 왜곡

① ㄱ, ㄴ
② ㄴ, ㄷ, ㅁ
③ ㄱ, ㄷ, ㄹ, ㅁ
④ ㄱ, ㄴ, ㄷ, ㄹ, ㅁ

해설 애덤스(J. S. Adams)의 공정성이론(equity theory)에서 불공정성 지각으로부터 오는 긴장을 줄이기 위한 방법에는 투입의 변경, 산출의 변경, 투입과 산출의 인지적 왜곡, 장의 이탈(leave the field), 준거인물의 투입과 산출의 변경, 준거인물의 변경 등이 있다.

22 다음에서 설명하는 기법은?

> 어떤 문제에 대해 우편 또는 이메일을 이용하여 전문가들의 독립적인 의견을 수집하고 요약한 후, 이를 전문가에게 다시 보내어 의견을 구하는 방식으로 이루어진다. 전문가들이 한 장소에 모이지 않아 의사결정과정에서 다른 사람들의 영향을 받지 않는다.

① 프리모텀기법
② 명목집단법
③ 지명반론자법
④ 델파이법

해설 제시된 내용은 델파이법(delphi technique)에 대한 설명이다. 델파이법은 한 문제의 전문가들을 한 장소에 모이게 할 필요 없이 그들의 평가를 이끌어 낼 수 있다는 점, 명목집단법과 마찬가지로 타인들의 영향력을 배제할 수 있다는 점 등의 장점이 있다.

정답 20 ② 21 ④ 22 ④

23 빅 파이브(Big-five) 성격 유형에서 따뜻함, 양보, 배려를 포함하고 있는 특성은?

① 외향 ② 신중성
③ 포용성 ④ 개방성

해설 5대 성격 모형(Big Five Model)에서 협조적, 우의적, 따뜻함, 온화함, 사람을 잘 믿는 성향, 보살펴 주는 성향, 양보, 배려를 포함하는 것은 친화성·포용성(agreeableness)이다.
이외에도 외향성(extraversion), 성실성·신중성(conscientiousness), 감정적 안정성(emotional stability) 또는 신경증(neuroticism), 개방성(openness) 등의 성격이 있다.

24 허츠버그(F. Herzberg)의 2요인이론에서 동기요인이 아닌 것은?

① 성취 ② 책임
③ 임금 ④ 작업 그 자체

해설 허츠버그의 2요인이론에서 회사의 정책과 관리·감독, 작업조건, 개인 상호 간의 관계, 임금·보수·지위·안전 등은 직무불만족 요인인 위생요인(hygiene factor)에 해당한다.

25 일선 감독자나 중간 관리자에 비해 최고 경영진에게 더 요구되는 능력은?

① 현장실무 능력 ② 상황판단 능력
③ 대인관계 능력 ④ 행정운영 능력

해설 일선 감독자나 중간 관리자에 비해 최고 경영진에게 더 요구되는 능력은 상황판단 능력이다. 대인관계 능력은 중간 관리자에게 더 요구되는 능력이다.

26 다음에서 설명하고 있는 학습강화 유형은?

> 개인에게 주어지던 보상을 철회하는 것을 말한다. 예를 들어 학기 초 어떤 학생에게 장학금을 지급하였는데, 학생의 학기 말 성적이 일정 수준 이하인 경우에는 지급했던 장학금을 회수하는 것이다.

① 부정적 강화 ② 소거
③ 긍정적 강화 ④ 벌

해설 강화이론에서 개인에게 주어지던 보상을 철회하는 것은 소거(extinction)이다. 소거는 반응에 따르는 긍정적인 결과를 제거함으로써 자극과 반응의 연결을 약화시켜 반응행동의 빈도를 줄이거나 없애는 강화기법이다.

정답 23 ③ 24 ③ 25 ② 26 ②

27 다음에서 설명하는 조직개발기법은?

> 자아인식과 구성원들 사이의 상호작용에 대한 이해를 증대시키고, 대인관계에서 자신의 행동을 분석하고 개선할 수 있는 능력을 향상시킨다.

① 집단 간 회합 ② 대면회합
③ 감수성훈련 ④ 팀 구축

해설 제시된 내용은 조직개발(organizational development) 기업 중 팀 구축(team building)에 대한 설명이다. 감수성 훈련이 주로 개인을 개발시키기 위한 기법이라면 팀 구축은 집단과 조직전체의 협력과 조정을 개선시키기 위해 활용되는 기법이다.

28 사이몬(H. Simon)의 관리적(administrative) 의사결정모형에 대한 설명으로 옳지 않은 것은?

① 제한된 합리성을 추구한다.
② 의사결정자는 만족스러운 수준이 아닌 최적의 의사결정을 추구한다.
③ 현실적으로 의사결정자는 시간이나 정보가 부족한 상황에 놓이기 쉽다.
④ 의사결정자는 수용할 수 있는 최소한의 수준을 충족하는 대안을 추구한다.

해설 사이몬(H. Simon)의 관리적 의사결정모형은 완전한 합리성이 아니라 제한된 합리성을 추구하므로 최적의 의사결정이 아니라 만족스러운 의사결정을 추구한다.

29 다음 설명에 해당하는 개념은?

> 직장에서 상호 간 배려를 위해 수립된 규범을 어기거나 약간의 고의성을 갖고 남을 불쾌하게 하는 행동이다.

① 조직몰입(organizational commitment)
② 직장무례함(organizational incivility)
③ 조직시민행동(organizational citizenship behavior)
④ 반생산적행동(counterproductive work behavior)

해설 직장에서 상호 간 배려를 위해 수립된 규범을 어기거나 약간의 고의성을 갖고 남을 불쾌하게 하는 행동은 직장무례함(organizational incivility)으로 조직시민행동(organizational citizenship behavior)과는 반대되는 개념이다.

정답 27 ④ 28 ② 29 ②

30 레빈(K. Lewin)의 조직변화 단계로 옳은 것은?

① 진단 → 변화 → 분석
② 해빙 → 변화 → 재동결
③ 분석 → 진단 → 해빙 → 변화
④ 분석 → 변화 → 해빙 → 재동결

> **해설** 레빈(K. Lewin)은 조직에서 모든 수준의 변화, 즉 개인의 태도와 집단 및 조직의 태도변화는 '해빙(unfreezing) → 변화(change) → 재동결(refreezing)'의 3단계를 거쳐 발생하게 된다고 주장한다.

31 리더의 배려(consideration) 행동과 거리가 먼 것은?

① 부하의 아이디어를 존중한다.
② 부하의 욕구에 관심을 가진다.
③ 부하가 편하고 친근감을 느끼도록 한다.
④ 부하가 업무의 마감시간을 잘 지키도록 강조한다.

> **해설** ④ 부하가 업무의 마감시간을 잘 지키도록 강조하는 것은 배려와는 관계가 없다. 배려(consideration)는 리더가 상호신뢰, 쌍방향 커뮤니케이션, 아이디어에 대한 존중, 감정에 대한 이해 등의 측면에서 부하직원들과 갖게 되는 관계의 정도이다.

32 권력 행사자가 특정 분야나 상황에 대하여 높은 지식을 갖고 있다고 느낄 때 발생하는 권력은?

① 강압적 권력
② 준거적 권력
③ 합법적 권력
④ 전문적 권력

> **해설** ④ 전문적 권력(expert power)은 권력행사자가 특정분야나 상황에 대해서 '전문적 지식'을 가지고 있다고 느낄 때 발생한다. 관리자들은 하급자들보다 많은 직무경험과 지식을 갖추었다는 점에서 전문적 권력을 행사할 수 있다.
> 프렌치(J. R. P. French)와 레이븐(B. H. Raven)은 개인이 갖는 권력의 원천을 보상적·강압적·합법적·준거적·전문적 권력 등의 5가지로 분류한다.
> 이들 권력의 원천 중에서 보상적·강압적·합법적 권력은 조직의 직위에서 나온 것이기 때문에 직위권력이라고 하며, 준거적·전문적 권력은 개인에게서 나오는 것이기 때문에 개인적 권력이라고 한다.

정답 30 ② 31 ④ 32 ④

33 다음은 어떤 특성에 대한 설명인가?

> 수단과 방법을 가리지 않고 타인을 이용하여 자신의 목적을 이루고자 하는 개인의 부정적인 특성이다.

① 마키아벨리즘　　② 소시오패스
③ 사이코패스　　　④ 자아도취

해설 마키아벨리적 성향(machiavellianism)은 자신의 목표를 달성하기 위해 다른 사람을 이용하거나 조작하려는 경향과 관련된 성격 특성이다. 이러한 성향이 높은 사람은 실용적이며, 감정적으로 냉정함을 잃지 않을 뿐만 아니라 수단이 목적을 정당화한다고 믿는다.

34 다음에서 변혁적 리더십의 구성요소에 해당하는 것을 모두 고른 것은?

> ㄱ. 조건적 보상　　　　　　ㄴ. 자유방임
> ㄷ. 카리스마(이상적 영향력)　ㄹ. 예외에 의한 관리
> ㅁ. 영감적 동기부여　　　　ㅂ. 개인적 배려
> ㅅ. 지적 자극

① ㄱ, ㄴ, ㄷ　　　　② ㄹ, ㅁ, ㅂ
③ ㄱ, ㄴ, ㅁ, ㅅ　　④ ㄷ, ㅁ, ㅂ, ㅅ

해설 바스(B. M. Bass)는 변혁적 리더(transformational leader)란 네 가지 특성에서 적극적인 리더라고 보고 있다. 즉, 카리스마, 영감적 동기부여 또는 고취능력(inspiration), 지적인 자극, 개인적 배려(individualized consideration) 등이 있다.
변혁적 리더십을 발휘하는 리더는 구성원들에게 목표를 성취할 수 있는 능력을 키워 주고 신뢰를 구축함으로써 구성원들 개개인에게 '에너지를 불어넣는', 즉 부하들을 임파워먼트하는 리더이다.

35 다음에서 설명하고 있는 리더십은?

> 하급자들에게 자문하여 그들의 제안을 끌어내고 이를 진지하게 고려하며, 그들과 정보를 공유한다.

① 참여적 리더십　　② 후원적 리더십
③ 거래적 리더십　　④ 성취지향적 리더십

정답 33 ①　34 ④　35 ①

> **해설** ① 참여적 리더십은 업무활동에 대해서 조직구성원(부하)과 상의하고 의사결정에 조직구성원을 참여시키고자 하는 리더십이다. 하우스(R. J. House)의 경로-목표이론(path-goal theory)에서는 리더십의 유형을 참여적, 지시적, 후원(지원)적 및 성취지향적 리더십 등 4가지로 구분한다.

36 다음은 무엇에 대한 설명인가?

> 사람이나 집단 또는 조직과 같은 사회적 주체 간에 이해관계가 충돌하여 서로 적대시하거나 대립하면서 상대방의 이익에 상충되는 방향으로 상호작용하는 과정이다.

① 통합
② 조절
③ 갈등
④ 협력

> **해설** 갈등(conflict)은 두 사람 이상의 개인이나 집단들 사이에서 발생하는 불화나 의견의 불일치를 의미한다. 즉, 갈등은 개인이나 그룹과 같은 어느 한 편의 관심사가 다른 편의 관심사와 대립하거나 다른 편에 의해 부정적인 영향을 받는 것을 지각하는 과정이다.

37 기계적 조직구조를 옳게 설명하고 있는 것은?

① 공식화의 수준이 낮다.
② 안정적인 환경에 적합하다.
③ 대체로 권한이 분산되어 있다.
④ 수평적인 커뮤니케이션이 주로 이루어진다.

> **해설** 번스와 스토커(J. Burns & G. Stalker)는 정보의 불확실성과 복잡성을 기준으로 환경을 분류하고, 시장여건과 기술정보의 변화에 따라 관리시스템도 변하게 된다는 것을 밝혔다.
> 번스와 스토커는 환경이 단순하고 안정적인 때는 기계적 조직이, 환경이 급변하고 다양할 때는 유기적 조직이 기업의 목적달성에 보다 효과적임을 발견하였다. 기계적(mechanistic) 조직은 정형화된 조직으로, 고도의 직무세분화, 권한과 책임의 명확성, 관료적·비인격적·수직적인 명령계통 등을 특징으로 한다. 반면, 유기적(organic) 조직은 상황에 따라 조직구조를 쉽게 바꿀 수 있는 조직으로, 직무의 권한과 책임관계의 유연성, 분권적 의사결정, 수평적·인격적 상호관계 등을 특징으로 한다.

정답 36 ③ 37 ②

38 취업 후 필요시 다른 직장으로 옮기는 능력은?

① 취업 능력(employability)
② 창의적 능력(creative ability)
③ 육체적 능력(physical ability)
④ 인지적 능력(congnitive ability)

> **해설** ① 취업 능력(employability)은 직장을 잘 구하는 능력, 즉 취업도 잘하고 취업 후에는 직장을 잘 다니는 능력, 그리고 필요하다면 다시 새 직장을 구할 수 있는 능력이다.

39 다음에서 설명하고 있는 개념은?

> 환경 또는 상황의 변화에 매우 탄력적으로 반응하고 필요시 수시로 조직의 형태를 변형하는 유연성을 가진 조직 형태이다.

① 관료주의 조직
② 유기적 조직
③ 기계적 조직
④ 학습 조직

> **해설** ② 환경 또는 상황의 변화에 매우 탄력적으로 반응하고 필요시 수시로 조직의 형태를 변형하는 유연성을 가진 조직은 유기적(organic) 조직이다.

40 조직문화의 구성요소에 해당하지 않는 것은?

① 관계 및 정치적 요소
② 언어 및 상징적 요소
③ 가치 및 이념적 요소
④ 행동 및 관행적 요소

> **해설** 샤인(E. Schein)은 조직문화를 가시물(가시적 수준), 가치관(인식적 수준), 기본전제(잠재적 수준 또는 불가시적 수준) 등으로 나누고 각 수준에 따라 조직문화의 구성요소가 다르다고 보았다.
> ㉠ 가시물(artifacts)은 물질적·사회적 업무환경에서 드러나는 문화적 상징을 말한다. 눈으로 볼 수 있는 물질적·상징적·행동적인 것들, 즉 인공물 및 창작물이 포함된다.
> ㉡ 인식적 수준(awareness level)에는 창의성에 대한 존중, 개인적 책임 중시, 주요 문제에 대한 합의, 개방적 의사소통 등 여러 가치관이 있다.
> ㉢ 잠재적 수준(invisible level) 또는 불가시적 수준은 구성원들이 의식하고 있지 않으나 자연스럽게 받아들일 수 있는 기본전제(assumptions)를 의미한다.

정답 38 ① 39 ② 40 ①

2020 경영정보론 기출문제

01 다음 중 의미 있고 쓸모 있는 문맥으로 변환된 자료를 의미하는 것은?
① 구매력
② 지식
③ 정보
④ 지능

해설 일반적으로, 수집한 자료(data)를 의사결정에 유용한 형태로 처리한 것을 정보(information)라고 하고, 이러한 정보가 체계화되어 축적되면 지식(knowledge)이 된다. 의미 있고 쓸모 있는 문맥으로 변환된 자료는 지식이다.

02 일반 시스템의 구성요소에 해당하지 않는 것은?
① 자료
② 통제
③ 처리
④ 피드백

해설 일반적으로 시스템을 구성하는 기본요소에는 입력, 처리 및 출력 등이 있다. 또한 기본요소에 피드백과 통제가 추가되는데, 피드백은 시스템의 성과에 대한 자료이고, 통제는 피드백된 자료를 관찰, 평가하는 것이다.

03 정보자원을 설명한 것으로 틀린 것은?
① 닳아 없어지지 않는다.
② 특정의 자원을 말한다.
③ 반복적으로 쉽게 이용할 수 있다.
④ 자원을 획득하는 데 비용이 발생하지 않는다.

해설 ④ 정보자원을 획득하는 데는 비용이 발생한다. 정보는 기업의 물리적 자원과 비교하여 다음과 같은 유사점과 차이점을 가지고 있다. 우선 정보는 다른 자원과 마찬가지로 그것을 획득하는 데 비용이 들고, 그것을 이용함으로써 부가가치를 발생시킬 수 있다. 그러나 정보자원은 닳아 없어지지 않고 약간의 추가비용만 있으면 얼마든지 반복적으로 이용할 수 있는 무형의 존재라는 점에서 다른 자원과 구별된다.

정답 01 ② 02 ① 03 ④

04 다음의 경영정보시스템의 구분 기준과 거리가 먼 것은?

| ⊙ 전략계획시스템 | ⓒ 운영통제시스템 |
| ⓒ 관리통제시스템 | ⓔ 거래처리시스템 |

① 수직적 구분
② 기능적 구분
③ 조직계층적 구분
④ 경영활동수준에 따른 구분

> **해설** 제시된 내용은 경영정보시스템을 경영계층 또는 경영활동수준에 따라 수직적으로 구분한 것이다.
> ② 경영기능별 정보시스템은 생산정보시스템, 마케팅정보시스템, 인적자원정보시스템, 재무 및 회계정보시스템 등으로 구분한다.

05 일반적으로 다른 정보시스템의 주요 데이터의 원천을 제공하는 시스템에 해당하는 것은?

① 거래처리시스템
② 지식관리시스템
③ 경영정보시스템
④ 의사결정지원시스템

> **해설** ① 거래처리시스템(TPS)은 판매, 급여, 구매, 재고 등의 업무수행에 의해 발생되는 거래자료를 신속하고 정확하게 처리하는 정보시스템으로 다른 정보시스템에 데이터를 제공하는 역할을 한다.

06 다음 중 출력장치가 아닌 것은?

① 플로터(plotter)
② 프린터
③ 음성인식 장치
④ 모니터

> **해설** ③ 음성인식 장치는 입력장치(input device)이다. 입력장치의 종류에는 키보드(가장 대표적인 입력장치), 마우스, 스캐너, POS 터미널, 터치스크린, 통신포트 등이 있다.

07 정보시스템에서 조직에 영향을 미치는 주요 조정 인자에 해당하지 않는 것은?

① 조직 구조
② 조직 환경
③ 대리인 비용
④ 비즈니스 프로세스

> **해설** ③ 대리인 비용(agency cost)은 주인-대리인 문제에서 발생하는 감시비용, 확증비용 및 잔여손실 등을 의미하는 것으로 정보시스템과는 관련이 없다.

정답 04 ② 05 ① 06 ③ 07 ③

08 일반적으로 컴퓨터의 자원과 활동을 관리하는 소프트웨어에 해당하는 것은?

① 운영체제
② 데이터 관리 소프트웨어
③ 네트워크 소프트웨어
④ 응용 소프트웨어

> **해설** 컴퓨터의 자원과 활동을 관리하는 소프트웨어는 운영체제(OS)이다. 운영체제는 컴퓨터의 하드웨어 시스템을 효율적으로 운영하기 위한 소프트웨어로 컴퓨터를 작동하고 시스템 전체를 감시하며, 처리하여야 할 데이터의 관리와 작업계획 등을 조정하는 여러 가지의 프로그램으로 구성되어 있다.

09 다음 중 경영정보시스템의 경영기능별 분류에 속하지 않는 것은?

① 생산정보시스템
② 마케팅정보시스템
③ 전략정보시스템
④ 인적자원정보시스템

> **해설** 전략정보시스템(SIS : Strategic Information System)은 기업 경쟁전략의 지원 및 형성과 그를 통한 경쟁우위 획득·유지에 이용되는 것으로 경영기능과는 관련이 없다.

10 문제 해결에 필요한 절차가 사전에 충분히 정의되어 있지 않은 비일상적인 문제 해결에 집중하는 시스템은?

① TPS(Transaction Processing System)
② DSS(Decision Support System)
③ DBMS(DataBase Management System)
④ MIS(Management Information System)

> **해설** 경영지원시스템(MSS)의 하나인 의사결정지원시스템(DSS)은 컴퓨터를 사용하여 정형화되지 않는 문제(주로 반구조적인 문제)에 관해 의사결정자가 효과적인 의사결정을 할 수 있도록 지원하는 것이다.

11 다음 설명은 어떤 법칙에 대한 것인가?

> 네트워크 성장의 가치는 네트워크 사용자들의 숫자에 대한 함수로서 급격하게 증가한다.

① 멧칼프의 법칙(Metcalfe's Law)
② 파레토 법칙(Pareto's Law)
③ 무어의 법칙(Moore's Law)
④ 황의 법칙(Hwang's Law)

정답 08 ① 09 ③ 10 ② 11 ①

해설 제시된 내용은 멧칼프의 법칙(Metcalfe's law)으로, 네트워크의 가치는 사용자(참여자) 수의 제곱에 비례한다는 것이다.

12 다음은 무엇에 대한 설명인가?

> 디지털화된 3차원 제품 디자인을 2차원 단면으로 연속적으로 재구성하여 소재를 한 층씩 쌓아 가는 기술이다.

① 3D 텔레비전
② 증강현실
③ 3D 프린터
④ 가상현실

해설 디지털화된 3차원 제품 디자인을 2차원 단면으로 연속적으로 재구성하여 소재를 한 층씩 쌓아 가는 기술은 3D 프린터이다. 2D 프린터는 앞뒤(x축)와 좌우(y축)로만 운동하지만, 3D 프린터는 여기에 상하(z축) 운동을 더하여 입력한 3D 도면을 바탕으로 입체 물품을 만들어낸다.

13 경영활동수준 중 전략계획에 요구되는 정보의 특성에 해당하지 않는 것은?

① 매우 넓은 범위
② 높은 정확성
③ 조직 외부 출처
④ 미래지향성

해설 ② 높은 정확성은 운영계획에 요구되는 정보의 특성이다. 전략계획은 최고경영자에 의해 이루어진다. 전략계획에 요구되는 정보는 조직 내부의 데이터는 보다 미래지향적인 자료분석을 통해, 상세정보보다는 요약정보를, 그리고 조직 외부와 관련된 정보는 주요 외부 데이터를 통해 조직 내 데이터베이스에 포함시켜 조직의 전략계획 수립을 지원한다.

14 다음에서 설명하고 있는 프로그래밍 언어의 세대는?

> ⊙ 비절차적 언어이면서 고급 언어이다.
> ⊙ 반복적인 절차 중 많은 부분이 사전에 프로그래밍되어 있다.
> ⊙ 코드를 직접 작성하는 대신에 메뉴나 아이콘, 입출력 양식을 사용하여 프로그래밍할 수 있다.

① 1세대
② 2세대
③ 3세대
④ 4세대

정답 12 ③ 13 ② 14 ④

해설 제4세대 언어를 비절차적 언어시대라 부른다. 응용문제를 쉽고 빠르게 수행하기 위한 언어 중심으로 개발되었다. 데이터베이스, 스프레드시트 등 응용 프로그램의 기능을 이용할 수 있는 언어이다. 4세대 언어(4GL)의 이점은 배우기 쉽고 새로운 응용 소프트웨어 개발에 필요한 사용시간을 줄일 수 있다는 것이다. 반면에, 언어 자체의 크기가 크기 때문에 많은 양의 컴퓨터 메모리가 필요하며 컴퓨터 자원을 효율적으로 사용하지 못한다는 단점이 있다.

15 전통적인 시스템개발 생명주기 방법론과 비교할 때 객체지향적 방법론의 장점이 아닌 것은?

① 시스템의 유지보수 비용 및 시간을 줄일 수 있다.
② 하나의 객체의 구현으로 그 객체를 다른 시스템에서 재사용이 가능하다.
③ 객체가 상대적으로 작고 독립적이기 때문에 시스템 개발의 복잡성을 줄일 수 있다.
④ 사용자와 동일한 관점이 아니라 기본 정보시스템과 동일한 시스템으로 개발할 수 있다.

해설 ④ 객체지향적 개발은 시스템 분석가들이 사용자와 동일하게 현실적 관점에서 시스템 요구사항을 모형화할 수 있게 한다. 객체지향적 개발(OOD : Object-Oriented Development)은 시스템개발 생명주기(SDLC) 개발의 문제점(시스템 경직성, 사용자 요구사항)을 해결하기 위한 대안으로 만들어졌다. 즉, 업무 중심의 시스템이 아닌 업무를 위한 모델링이 되어야 할 현실세계에 기초하여 만들어진 것이다.

16 시스템개발 생명주기를 설명한 것으로 옳지 않은 것은?

① 가장 오래된 정보시스템 개발 방법론이다.
② 한 단계의 작업이 끝난 후 다음 단계의 작업이 시작된다.
③ 기본적으로 객체지향 언어를 사용하기 위한 방법론이다.
④ 최종 사용자와 정보시스템 전문가의 역할을 명확히 구분한다.

해설 시스템개발 생명주기(SDLC ; System Development Life Cycle)의 모든 활동은 상호 연관성이 매우 높으며 상호 의존적이고, 순차적인 활동들과 동시적인 활동이 함께 진행되며, 개발대상 시스템의 수정과 개선을 위해서라면 언제라도 이전 활동들로 회귀하여 이들을 반복 수행하기도 한다.

17 다음에서 파일처리 방식의 문제점에 해당하지 않는 것은?

① 데이터 불일치
② 보안성 취약
③ 프로그램-데이터 독립
④ 데이터 공유 어려움

정답 15 ④ 16 ③ 17 ③

해설 전통적인 파일처리(file processing) 방식에서는 데이터 파일들이 각각의 응용 프로그램에 맞도록 개별적으로 설계되고, 이와 같은 응용 프로그램들이 분리·실행되어 필요한 문서나 보고서를 산출하게 된다. 이러한 데이터의 처리방식은 데이터의 중복과 비일관성, 데이터 접근의 어려움, 데이터의 고립, 무결성 문제, 원자성 문제, 동시 액세스 문제 등이 있다.

18 음성, 동영상, 이미지 등의 데이터 유형은?

① 정형 데이터(formal data)
② 구조적 데이터(structured data)
③ 비구조적 데이터(unstructured data)
④ 반구조적 데이터(semi-structured data)

해설 음성, 동영상, 이미지, 텍스트 등의 데이터는 비구조적 데이터(unstructured data) 또는 비정형 데이터에 해당한다.

19 테이블에서 주어진 각각의 레코드를 유일하게 식별하는 것은?

① 속성
② 외래 키(Foreign Key)
③ 고유 ID
④ 주 키(Primary Key)

해설 주 키(Primary Key) 또는 기본 키는 후보 키 중에서 대표로 선정된 키(main key)로, 개체 타입에서 개체를 유일하게 식별해주는 속성 또는 속성들의 집합이다. 중복된 값을 가질 수 없다.

20 빅데이터의 특성을 설명한 것으로 옳지 않은 것은?

① 데이터의 규모가 급격하게 증가하고 있다.
② 데이터의 생성 주기가 점점 짧아지고 있다.
③ 데이터의 유통 주기가 점점 길어지고 있다.
④ 데이터의 형태가 구조데이터에서 비구조데이터로 확장되고 있다.

해설 빅데이터(big data)란 디지털 환경에서 생성되는 데이터로 그 규모가 방대하고, 생성 주기와 유통 주기도 짧고, 형태도 수치 데이터뿐 아니라 문자와 영상 데이터를 포함하는 대규모 데이터를 말한다. 즉, 빅데이터는 조직 내외부의 정형적 데이터 뿐만 아니라 비정형적 데이터까지 포함한 방대한 양의 데이터를 포함한다. 빅데이터의 특징은 3V로 요약하는 것이 일반적이다. 즉, 데이터의 양(Volume), 데이터 생성 속도(Velocity), 형태의 다양성(Variety)을 의미한다. 최근에는 가치(Value)나 복잡성(Complexity)을 덧붙이기도 한다.

정답 18 ③ 19 ④ 20 ③

21. 전통적 파일처리 방식에 비해 데이터베이스 접근 방식의 장점은?

① 데이터 처리 속도가 더욱 빨라진다.
② 논리적인 데이터보다 물리적인 데이터를 관리한다.
③ DBMS 비용의 추가와 데이터베이스 전문가가 필요하다.
④ 부서별 관점보다는 전사적 차원의 관점으로 데이터를 공유한다.

해설 전통적인 파일처리 방식에서는 데이터 파일들이 각각의 응용 프로그램에 맞도록 개별적으로 설계되고, 이와 같은 응용 프로그램들이 분리·실행되어 필요한 문서나 보고서를 산출하게 된다. 이러한 데이터의 처리방식은 데이터의 중복과 비일관성, 데이터 접근의 어려움, 데이터의 고립, 무결성 문제, 원자성 문제, 동시 액세스 문제 등이 있다.

22. 다음 SQL에 대한 설명으로 옳지 않은 것은?

① 5세대 프로그래밍 언어이다.
② 관계형 데이터베이스 질의어이다.
③ Structured Query Language의 약자이다.
④ 기본 형식은 'SELECT… FROM… WHERE…'이다.

해설 SQL은 1980년대에 등장한 제4세대 언어의 하나이다. 제5세대 언어(5GL)로는 함수언어, 논리언어, 그리고 자연어 등을 들 수 있다. SQL(Structured Query Language)은 데이터베이스에서 쓰이는 언어 중에서 가장 널리 알려지고 많이 사용되고 있으며, 단순한 질의기능뿐만 아니라 완전한 데이터 정의기능과 조작기능을 갖추고 있다. 또한 온라인 단말기를 통해 대화식으로 사용할 수도 있다.

23. 다음은 무엇에 대한 설명인가?

> 논리적으로 관계되어 있는 모든 파일을 체계적으로 통합하여 서로 다른 응용 프로그램들이 통합된 파일에 접근할 수 있도록 해주는 소프트웨어이다.

① DBMS
② 인공지능
③ 운영체제
④ 클라우드 컴퓨팅

해설 운영체제(OS : Operating System)는 컴퓨터의 하드웨어 시스템을 효율적으로 운영하기 위한 소프트웨어로 컴퓨터를 작동하고 시스템 전체를 감시하며, 처리하여야 할 데이터의 관리와 작업계획 등을 조정하는 여러 가지의 프로그램으로 구성되어 있다.

정답 21 ④ 22 ① 23 ③

24 DBMS 중 2차원의 테이블로 데이터를 구성하는 것은?

① 객체지향 DBMS ② 관계형 DBMS
③ 모바일 DBMS   ④ 구조형 DBMS

> **해설** 관계형 DBMS 모델의 기본적인 데이터 구조는 데이터를 구분하는 키(key)와 테이블(table)이다. 이 테이블은 열(column)과 행(row)들로 구성되는 2차원 구조를 가지며, 릴레이션(relation)이라고도 한다.

25 정보의 질적 요소 중 데이터의 구조, 개체와 속성 사이의 관계에서 모순이 없는지를 설명하는 것은?

① 접근성 ② 무결성
③ 완결성 ④ 정확성

> **해설** 데이터의 구조, 개체와 속성 사이의 관계에서 모순이 없는지를 설명하는 것은 무결성(integrity)이다.

26 인공지능 기술과 가장 밀접한 산업혁명은?

① 1차 산업혁명 ② 2차 산업혁명
③ 3차 산업혁명 ④ 4차 산업혁명

> **해설** 4차 산업혁명은 과학기술적 측면에서 모바일 인터넷, 클라우드 컴퓨팅, 빅데이터, 사물인터넷(IoT) 및 인공지능(AI) 등이 주요 변화 동인으로 꼽히고 있다.
> 세계경제포럼(WEF)은 2016년 1월 열린 다보스포럼에서 4차 산업혁명을 화두로 제시하면서, 4차 산업혁명을 디지털 혁명에 기반하여 물리적 공간, 디지털적 공간 및 생물학적 공간의 경계가 희석되는 기술융합의 시대로 정의하였다.
> 4차 산업혁명은 초연결성(hyper-connected), 초지능화(hyper-intelligent)라는 특성으로 요약되는데 이러한 변화는 인간과 기계 등 다양한 사물이 인공지능(AI)이나 사물인터넷(IoT)을 통해 연결되어 있음을 의미한다.

27 기업의 성과를 재무, 고객, 학습 및 성장, 비즈니스 프로세스 등 4가지 차원에서 평가하고 관리하기 위해 정의된 측정치는?

① 행동모델 ② 벤치마크
③ 비즈니스 성과관리(BPM) ④ 균형성과지표(BSC)

정답 24 ② 25 ② 26 ④ 27 ④

> **해설** 균형성과표(BSC)에 대한 설명이다. 균형성과표는 회계나 재무적 관점으로만 경영성과를 평가하는 전통적 성과평가 방식을 탈피하여 재무, 고객, 내부 프로세스 및 학습·성장 등의 네 가지 관점에서 경영성과를 평가하는 기법이다.

28 다음 인공지능에 대한 설명으로 틀린 것은?

① 인공지능은 인간에 가깝게 사고하는 컴퓨터 지능을 일컫는 포괄적인 개념이다.
② 인공지능 중 한 가지 기법이 딥러닝이고 딥러닝 중 한 가지 기법이 머신러닝이다.
③ 딥러닝은 인공신경망 이론을 기반으로 복잡한 비선형문제를 기계가 스스로 학습·해결하는 기법이다.
④ 머신러닝은 데이터를 통해 컴퓨터를 학습시키거나 컴퓨터가 스스로 학습하여 인공지능의 성능을 향상시키는 기법이다.

> **해설** ② 인공지능 중 한 가지 기법이 머신러닝이고 머신러닝 중 한 가지 기법이 딥러닝이다.
> 머신러닝(machine learning)은 인공지능의 한 분야로, 패턴인식과 컴퓨터 학습 이론의 연구로부터 진화한 분야이다. 머신러닝은 경험적 데이터를 기반으로 학습을 하고 예측을 수행하고 스스로의 성능을 향상시키는 시스템과 이를 위한 알고리즘을 연구하고 구축하는 기술이다.
> 딥러닝(deep learning)은 머신러닝의 한 분야로 데이터를 컴퓨터가 처리 가능한 형태인 벡터나 그래프 등으로 표현하고 이를 학습하는 모델을 구축하는 연구를 포함한다.

29 다음 설명에 해당하는 것은?

> 특정 영역의 문제를 해결하기 위하여 전문가의 지식을 파악하고 활용하는 시스템이다.

① 퍼지이론 ② 자연어처리
③ 머신러닝 ④ 전문가시스템

> **해설** 전문가시스템(ES : Expert System)은 특정 분야의 전문가의 지식과 사고능력을 모방한 첨단컴퓨터 시스템을 의미한다. 즉, 전문지식이 없는 사용자가 전문가의 지식을 이용할 수 있도록 전문가의 지식과 경험을 컴퓨터에 기억시켜 문제를 해결할 수 있게 돕는 시스템이다.

30 동일한 시간에 다른 장소에서 활용할 수 있는 의사결정시스템은?

① 이메일 ② 전자회의시스템
③ 프로젝트 룸 ④ 화상회의시스템

정답 28 ② 29 ④ 30 ④

해설 화상회의시스템(video conference system)은 동일한 시간에 다른 장소에서 활용할 수 있는 의사결정시스템이다. 다른 장소에서 회의를 하면서 TV 화면을 통해 음성과 화상을 동시에 전송받아 한 사무실에서 회의를 하는 것처럼 효과를 내는 장치이다.

31 전문가시스템에서 추론 엔진의 설명이 옳게 된 것은?
① 전문가시스템의 프로그래밍 환경이다.
② 전문가시스템의 지식을 저장하는 방법이다.
③ 사례기반 추론으로 지식베이스를 검색하는 전략이다.
④ 전문가시스템에서 지식베이스를 역방향 또는 정방향으로 검색하는 전략이다.

해설 ④ 추론엔진(infrence engine)은 지식기반을 통해 추론행위를 함으로써 주어진 규칙과 사실을 이용하여 새로운 사실을 탐색하는 행위를 하는 전문적인 프로그램을 말한다. 추론엔진에서 추론을 하는 방식은 크게 정방향 추론(Forward Chaining)과 역방향 추론(Backward Chaining)의 두 가지로 나누어 볼 수 있다. 전문가시스템(Expert System)은 특정 분야의 전문가의 지식과 사고능력을 모방한 첨단컴퓨터 시스템을 의미한다. 구성요소는 크게 지식베이스와 소프트웨어, 하드웨어, 추론엔진, 블랙보드, 인터페이스, 설명기능 부분 등으로 구별될 수 있다.

32 다음에서 설명하고 있는 것은?

> 사무실, 빌딩 등에서 비교적 가까운 거리에 있는 각종 정보처리 기기들을 연결하기 위해 설치하는 통신망이다.

① 원거리통신망(WAN)
② 근거리통신망(LAN)
③ 개인통신망(PAN)
④ 초고속통신망(Information Super Highway)

해설 사무실, 빌딩 등에서 비교적 가까운 거리에 있는 각종 정보처리 기기들을 연결하기 위해 설치하는 통신망은 근거리통신망(LAN)이다. 한편, 광대역 지역통신망(MAN)은 지역적으로 산재한 근거리 통신망을 상호 연결하기 위하여 탄생한 새로운 개념으로서, 근거리 통신망(LAN)과 원거리 통신망(WAN)의 중간 형태를 취한다.

정답 31 ④ 32 ②

33 대역폭을 설명한 것으로 옳은 것은?

① 매체를 통해 전송되는 주파수
② 매체를 통해 전송되는 초당 바이크 수
③ 매체를 통해 전송되는 초당 사이클 수
④ 하나의 채널에 수용할 수 있는 주파수의 범위

해설 대역폭(bandwidth)은 주파수의 범위를 지칭하는 것으로 일반적으로 헤르츠(Hz)로 표시한다.

34 통신 네트워크의 프로토콜을 설명한 것으로 옳은 것은?

① 중심 서버를 담당하게 된다.
② 패킷 이동 경로를 제공해준다.
③ 정보 전송을 관리하는 통신 규약 및 절차이다.
④ LAN에서 음성과 데이터의 교환을 처리하는 장치이다.

해설 ③ 통신 네트워크의 프로토콜(protocol)은 정보 전송을 관리하는 통신 규약 및 절차이다. 한편, 프로토콜 스위트(Protocol Suite)는 인터넷에서 컴퓨터들이 서로 정보를 주고받는 데 쓰이는 통신규약(프로토콜)의 모음을 말한다. 인터넷 프로토콜 스위트 중 TCP와 IP가 가장 많이 쓰이기 때문에 TCP/IP 프로토콜 스위트라고도 불린다.

35 주소를 쉽고 간편하게 이해할 수 있는 문자열 이름으로 변경해주는 것은?

① FTP(File Transfer Protocol)
② DNS(Domain Name System)
③ HTTP(Hyper Text Transfer Protocol)
④ HTML(Hyper Text Markup Language)

해설 DNS(Domain Name System)은 인터넷에 연결된 특정 컴퓨터의 도메인 네임(Domain name)을 IP 주소(Address)를 찾아 변환해 주는 일을 하는 컴퓨터 시스템이다.
① FTP(File Transfer Protocol)는 대량의 파일을 네트워크를 통해 주고 받을 때 사용하는 파일 전송 프로토콜이다.
③ HTTP(Hyper Text Transfer Protocol)는 하이퍼미디어(Hypermedia) 방식을 지원해 주는 일종의 통신규약(Protocol)이다.
④ HTML(Hyper Text Markup Language)은 인터넷 서비스의 하나인 월드와이드 웹(WWW)을 통해 볼 수 있는 문서를 만들 때 사용하는 프로그래밍 언어의 한 종류이다. 특히 하이퍼텍스트를 작성하기 위해 개발되었으며, 인터넷에서 웹을 통해 접근되는 대부분의 웹페이지들은 HTML로 작성된다.

정답 33 ④ 34 ③ 35 ②

36. 디지털 메시지를 작은 묶음으로 쪼개어 서로 다른 통신 경로를 따라 전송하고, 목적지에 도착한 후 다시 재조합하는 컴퓨터 통신은?

① P2P
② 패킷 통신
③ 회신 통신
④ 아날로그 통신

해설 디지털 메시지를 작은 묶음으로 쪼개어 서로 다른 통신 경로를 따라 전송하고, 목적지에 도착한 후 다시 재조합하는 컴퓨터 통신은 패킷 통신(packet mode communication)이다.
패킷(packet)은 데이터와 제어정보의 묶음을 뜻하며 패킷교환방식에서의 정보전송단위를 말한다. 패킷은 데이터 통신에 있어 데이터와 제어정보 등이 하나의 묶음이 되어 교환 또는 전송되는 2진 신호의 집합을 말하며 데이터와 제어정보, 오류제어정보 등이 특정 형태로 배열되어 있다. 일반적으로 패킷은 128자의 길이로 구성되며 같은 시간에 다수의 이용자가 전송설비를 공유할 수 있어서 회선을 효율적으로 이용할 수 있다.

37. 가상사설통신망(Virtual Private Network)에 대한 설명으로 옳은 것은?

① 음성 통신을 제공하는 인터넷 기반 서비스이다.
② 공공 네트워크 내에 구성된 암호화된 사설 네트워크이다.
③ 비용이 비싼 전용 네트워크이다.
④ 텔넷을 사용하는 안전하고 암호화된 통신이다.

해설 가상사설망(VPN)은 기업에서 공중망 인터넷을 마치 자신의 인트라넷처럼 사용하는 방식으로, 터널링(tunneling)기법을 사용해 데이터를 암호화하여 데이터를 안전하게 전송함으로써 제3자의 접근을 막고 안전성을 확보한다.

38. e비즈니스시스템의 구성요소 중 다음 설명에 해당하는 것은?

> 공급자에서 고객까지의 공급사슬상의 정보, 물자, 현금의 흐름에 대해 총체적 관점에서 인터페이스를 통합하고 관리함으로써 효율성을 극대화하는 전략적 경영기법이다.

① SEM(Search Engine Marketing)
② CRM(Customer Relationship Management)
③ SCM(Supply Chain Management)
④ ERP(Enterprise Resource Planning)

정답 36 ② 37 ② 38 ③

해설 ③ 공급사슬상의 정보, 물자, 현금의 흐름에 대해 총체적 관점에서 인터페이스를 통합하고 관리함으로써 효율성을 극대화하는 전략적 경영기법은 공급사슬관리(SCM)이다.
① SEM(Search Engine Marketing)은 검색엔진 마케팅, ② CRM(Customer Relationship Management)은 고객관계관리, ④ ERP(Enterprise Resource Planning)는 전사적자원계획이다.

39 전자상거래의 유형 중 기업이 개인 소비자에게 상품이나 서비스를 판매하는 것은?

① B2C
② B2G
③ G2C
④ C2B

해설 ① 기업이 개인 소비자에게 상품이나 서비스를 판매하는 것은 Business to Consumer, 즉 B2C이다.
전자상거래에 참여하는 주체에 따라 비즈니스 모델을 분류하면 다음과 같다. 기업 간의 전자상거래(B2B), 기업과 소비자 간의 전자상거래(B2C), 소비자와 기업 간의 전자상거래(C2B), 소비자와 소비자 간의 전자상거래(C2C), 기업과 정부 간의 전자상거래(B2G), 정부와 소비자 간의 전자상거래(G2C) 등이 있다.

40 다음은 무엇에 대한 설명인가?

> 정보시스템에 대한 인증되지 않은 접속, 변조, 절도 및 물리적 침해를 방지하기 위한 정책, 절차 및 기술적인 기준이다.

① 보안
② 알고리즘
③ 통제
④ 벤치마크

해설 제시된 내용은 보안(security)에 대한 내용이다.
보안은 특히 인터넷 보안이 중요한데 인터넷 보안은 크게 시스템 보안과 자료 보안 두 가지로 분류해 볼 수 있다.
시스템 보안은 컴퓨터시스템의 OS, 응용 프로그램, 서버 등의 보안 허점을 이용해 해커들이 침입해서 컴퓨터시스템을 임의로 사용하거나, 시스템의 기능을 마비시키거나 파괴하는 것을 방지하는 것을 의미한다.

정답 39 ① 40 ①

2020 마케팅조사 기출문제

01 마케팅조사의 정의와 거리가 먼 것은?
① 시장의 역동성과 불확실성을 효과적으로 이해하기 위해 내부구성원 및 전문가의 경험과 직관이 더욱 중요해진다.
② 신상품을 개발할 경우 소비자의 니즈, 현재 기술수준, 상품의 시장성 등을 체계적으로 이해하는 데 도움이 된다.
③ 시장에 대한 객관적이고 정확한 정보를 수집하여 불확실성에 따른 위험을 감소시켜 준다.
④ 빅데이터의 체계적인 분석은 소비자의 욕구를 정확하게 파악하여 효과적인 마케팅 전략 수립에 도움이 된다.

> **해설** 마케팅조사는 전략수립 과정에서 필요한 자료의 체계적 수집 및 분석을 통하여 마케팅의사결정에 도움을 주는 역할을 한다. 내부구성원 및 전문가의 경험과 직관과 같은 주관적 정보만으로는 기업이 당면한 문제해결에 충분하지 않게 되었다.

02 실험실 실험(laboratiory experiment)과 비교했을 때 현장실험(field experiment)의 특성에 속하지 않는 것은?
① 외적 타당성이 높다.
② 상황에 대한 통제가 어렵다.
③ 시험 단위의 수가 상대적으로 적은 편이다.
④ 소요 시간이 상대적으로 더 오래 걸리는 편이다.

> **해설** 현장실험은 실제 혹은 자연 상황에서 수행되는 실험을 말한다. 따라서 실험실 실험에 비해 실험결과의 현실성이 높기 때문에 외적 타당성이 높다. 또한 자연상황에서는 외생변수의 통제가 어렵고, 많은 시간과 비용이 소요된다. 현장실험은 실험실 실험에 비해 시험 단위의 수는 상대적으로 많다.

정답 01 ① 02 ③

03 마케팅 상황분석의 과업으로 옳지 않은 것은?

① 고객만족도 조사
② 기존 시장의 성장률 조사
③ 경쟁기업의 강점 및 약점 파악
④ 진입 및 퇴출 예상기업의 조사

해설 기업의 마케팅 상황분석은 거시적 환경분석인 PEST(Politic : 정치, Economic : 경제, Society : 사회, Technology : 기술)분석과 미시적 환경분석인 3C(Customer : 고객, Company : 자사, Competitor : 경쟁사)분석과 SWOT(Strength : 강점, Weakness : 약점, Opportunity : 기회, Threat : 위협)분석 등을 통해 이루어진다. 고객분석은 시장규모, 시장성장률, 잠재수요 등의 평가를 통해 이루어진다.

04 사례에 해당하는 마케팅조사 유형은?

'타인에게 미치는 개인'이라는 의미와 함께 소셜네트워크서비스 스타를 뜻하는 인플루언서(influencer)의 영향력이 제품에 미치면서 A 유통업체의 마케팅 담당자는 제품에 대해 인플루언서의 긍정적 태도가 실제 소비자의 선호도에 직접적인 영향을 주는지에 대해 관심을 가지게 되었다.

① 관찰조사 ② 기술조사
③ 탐색조사 ④ 인과조사

해설
- **관찰조사** : 조사자가 직접 또는 관찰도구(기계)의 활용을 통해 소비자들의 제품구매나 사용과정을 체계적으로 관찰하는 조사이다.
- **탐색조사** : 조사문제를 충분히 이해하지 못한 상황에서 현재 기업이 처한 문제점의 가능한 원인들을 파악하기 위해 실시하는 조사이다(예 관찰, 면접, 문헌조사, 사례조사).
- **인과조사** : 두 개 이상의 변수들 간의 인과관계를 규명하는 것으로 실험을 통해 원인변수의 변화에 따라 어떤 결과가 초래될지 예측할 수 있다.
- **기술조사** : 조사대상으로부터 수집한 자료를 분석하고 그 결과를 기술하는 것을 말한다. 설문지와 같은 표준화된 측정도구를 이용하고, 인과조사와 달리 마케팅변수의 조작 없이 비교적 객관적으로 조사대상에 관한 자료를 수집 분석하는 방법이다.

정답 03 ① 04 ④

05 실험조사에서 인과관계를 추론하기 위한 조건으로 잘못된 것은?

① 광고비 지출의 증가와 시장점유율의 증가가 같이 나타나야 한다.
② 광고비 지출과 매출 증가 사이에는 시간적 순서가 정확해야 한다.
③ 광고와 매출 사이의 인과관계를 증명하기 위해서는 결과변수인 매출에 영향을 미치는 다른 원인변수(예, 판촉행사)를 충분히 통제해야 한다.
④ 광고비 지출과 매출에 동시에 영향을 줄 수 있는 기업의 규모 또는 경기조건과 같은 외부변수는 고려할 필요가 없다.

> **해설** 실험조사의 조건
> 1. 원인변수와 결과변수는 함께 발생(변화)되어야 한다.
> 2. 원인변수와 결과변수는 순차적으로 발생되어야 한다.
> 3. 원인변수 이외의 외생변수의 영향을 통제하여야 한다.

06 마케팅조사 결과 얻게 되는 정보에 대한 설명으로 틀린 것은?

① 사실 – 기초적이며 객관적인 정보
② 관계 – 두 개 이상의 변수들 간의 관계
③ 유추 – 과거나 현재의 값으로부터 추정한 미래의 값
④ 추정 – 한 대상에 대해 측정한 값을 다른 대상에 적용시키는 경우의 값

> **해설** 마케팅조사의 목적은 조사를 통해 마케팅의사결정에 필요한 정보를 얻고자 함이다. 이러한 정보는 다음과 같다.
> - **사실**: 가장 정확하고 기초적인 객관적인 형태의 정보이다.
> - **관계**: 가격-수요 관계와 같이 둘 이상의 변수에 관한 정보이다.
> - **추정**: 측정치를 다른 대상에 적용시키는 경우로서 대표성 있는 표본추출과 정확한 측정이 추정의 정확도를 좌우한다.
> - **예측**: 과거 또는 현재의 값으로부터 미래의 데이터를 추정한 정보이다.

07 다음 보기에서 실험의 타당성을 저해하는 주된 요인으로 맞는 것은?

> ○○전자의 TV 광고효과를 측정하기 위한 실험 중에 해당 기업의 제품에 대한 소비자의 불만을 담은 신문기사가 보도되었다.

① 우연적 사건 ② 선택의 편향
③ 통계적 회귀 ④ 실험대상의 소멸

정답 05 ④ 06 ③ 07 ①

해설
- 선택의 편향은 표본의 편중으로 처치상황에서 실험단위의 부적절한 배정을 의미한다.
- 통계적 회귀는 실험 전에 극단적인 특성을 가졌던 실험 참가자들이 실험기간 동안 평균치에 접근하는 현상이다.
- 실험대상의 소멸은 실험기간 동안 피실험자가 없어지는 경우를 말한다.
- 우연적 사건은 실험기간 동안 실험과 관계없이 발생된 사건들을 말하는 것으로 보기는 실험외부에서 발생된 우발사건으로 볼 수 있으며 실험결과에 영향을 미친다.

08 마케팅조사의 윤리사항을 설명한 것으로 옳지 않은 것은?

① 조사는 의사결정을 위한 정보를 추출하기 위해 실시되어야 한다.
② 조사자는 조사실시 과정에서 일어난 오류를 조사의뢰자에게 보고해야 한다.
③ 조사비용을 높이기 위해 조사의뢰자를 설득하여 조사의 확대를 요구해서는 안 된다.
④ 의사결정의 방향과 배치되는 결과가 도출된 경우, 자료를 변경하여 의사결정의 방향으로 결과가 도출될 수 있도록 해야 한다.

해설 마케팅조사는 조사의뢰자에게 신뢰할 수 있는 보고서를 제공해야 하는데 그 내용의 객관적 정확성을 믿지 못하면 조사의 필요성 자체가 문제가 될 것이다. 기업의 의사결정의 방향과 배치가 되는 결과가 도출되었다고 하면 의사결정 방향을 수정하는 방법으로 선회하는 것이 기업에게 도움이 될 것이다.

09 설문지를 사용하는 숙련된 면접원이 조사대상자들을 만나거나 전화 혹은 우편을 이용하여 조사하는 방법은?

① 실험법 ② 기술조사법
③ 서베이법 ④ 표적집단면접법

해설 서베이조사는 표본으로 선정된 응답자들로부터 설문지를 이용해 조사목적과 관련된 정보를 수집, 분석하는 것이다. 응답자를 접촉하는 방법에 따라 대인면접법, 전화면접법, 우편면접법으로 구분되며 최근에는 인터넷을 이용한 조사방법도 활용되고 있다.

10 실험하는 동안 발생하는 외부적 요인이 실험 결과에 영향을 미치는 것은?

① 통계적 회귀 ② 주시험효과
③ 역사적 오염 ④ 성숙효과

정답 08 ④ 09 ③ 10 ③

해설
- **통계적회귀** : 극단의 수치를 지닌 실험단위가 실험이 진행되는 동안에 평균 수치에 가까워지는 현상을 말한다.
- **주시험효과** : 실험과정에서 첫 번째 관찰(또는 측정)이 두 번째 관찰에 영향을 주는 것을 말한다.
- **성숙효과** : 시간의 경과에 따라 시험단위(실험대상)의 육체적 또는 심리적 변화를 말한다.
- **역사적 오염** : 실험기간 동안 실험과 관계없이 발생된 사건을 말한다.

11 다음을 고려해야 하는 마케팅조사 단계는?

| ㉠ 조사의 유형 | ㉡ 자료 수집방법의 선택 |
| ㉢ 표본설계 | ㉣ 자료 측정수단의 개발 |

① 조사문제의 설정
② 조사의 설계
③ 자료의 분석
④ 자료의 수집

해설 마케팅조사의 단계는 문제의 발생 → 문제의 정의 → 예비조사 및 논리적 추론 → 조사계획 수립 → 자료수집 → 자료분석 → 의사결정 대안의 도출 등의 순으로 진행된다. 보기는 조사계획에 관련된 사항으로 조사설계가 포함하는데 조사설계에는 필요한 자료의 형태결정, 자료수집의 방법, 정보의 측정과 척도개발, 설문지의 질문문항이나 실험 측정문항의 개발, 표본추출방안, 자료분석방법과 보고방법 등이 포함된다.

12 마케팅조사의 절차에 해당하지 않는 것은?

① 조사문제의 결정
② 조사의 실시
③ 조사결과의 커뮤니케이션
④ 조사결과를 활용한 제품생산

해설 마케팅조사의 단계는 문제의 발생 → 문제의 정의 → 예비조사 및 논리적 추론 → 조사계획 수립 → 자료수집 → 자료분석 → 의사결정 대안의 도출 등의 순으로 진행된다. 마케팅조사는 최종 의사결정 대안을 제시함으로써 마케팅조사의 과정을 완료한다. 보기 ④는 마케팅조사 단계 이후 기업이 진행해야 하는 사항이라고 할 수 있다.

13 마케팅 실험에서 적절한 실험설계를 위해 고려해야 할 핵심 구성요소가 아닌 것은?

① 외생변수의 통제
② 심층면접조사
③ 종속변수의 선정 및 측정
④ 독립변수의 선정 및 조작

정답 11 ② 12 ④ 13 ②

해설 실험은 변수들간의 인과관계를 규명하기 위해 인위적인 상황하에서 독립(원인)변수를 조작하고 그 결과로 나타나는 종속(결과)변수의 변화를 관찰하는 조사방법이다. 이 과정에서 결과에 영향을 미칠 가능성이 있는 외생변수를 체계적으로 통제(제거)하는 것이다.
심층면접조사는 한명의 응답자와 조사자 간의 집중적인 면담을 통해 자료를 수집하는 방법이다.

14 조사대상을 설명한 것으로 옳지 않은 것은?

① 표본은 모집단의 일부이다.
② 대표적인 표본조사는 5년마다 실시하는 인구조사가 있다.
③ 모집단의 구성원 전체를 대상으로 조사를 하는 것을 전수조사라고 한다.
④ 모집단은 표본에 대응되는 말로 본래의 관심대상이 되는 전체를 의미한다.

해설 정부에서 5년마다 한번씩 진행하는 인구조사는 대표적인 전수조사이다. 이를 인구센서스(Census)라고 한다.

15 마케팅조사의 조사문제 설정 단계에서 실시하는 활동과 거리가 먼 것은?

① 표본설계
② 의사결정자와의 논의
③ 시장점유율과 같은 이차자료의 검토
④ 문제와 관련된 분야의 전문가 자문 및 인터뷰 실시

해설 조사문제의 설정 단계에서 조사문제를 명확히 정의하기 위해 기업 내·외부의 2차 자료를 분석하고 실무담당자, 의사결정자, 산업계 전문가 등 관련 정보를 보유한 다양한 전문가들과 집단토론이나 개별 면담 등의 정성적 조사를 수행할 수 있다. 표본설계는 조사설계 단계에서 자료수집방법이 결정되면 표본추출의 대상과 범위, 표본추출과정, 표본의 크기를 결정하는 단계이다. 표본설계는 자료수집 단계 이전에 이루어진다.

16 척도개발을 설명한 것으로 옳은 것은?

① 척도를 개발할 때, 기존의 문헌을 이용하는 것은 바람직하지 않다.
② 응답자가 이해하는 데 어려움이 있으면 항목을 길게 서술해야 한다.
③ 측정항목이 개발되면 예비조사를 실시하는 것이 바람직하다.
④ 다항목 질문으로 인한 응답자의 실수를 방지하고 평균적인 응답을 얻기 위해 단일항목 질문을 이용하는 것이 바람직하다.

정답 14 ② 15 ① 16 ③

해설 척도는 측정을 위해 특별히 개발된 표준화된 측정도구를 의미한다. 일반적으로 하나의 개념이 포함하고 있는 다양한 내용을 반영하기 위해서는 여러 개의 문항들을 사용해 개념을 측정하는 것이 바람직하다. 즉, 다항목척도를 이용하는 경우 척도의 신뢰성과 타당성이 높아진다. 타당성을 개선시키는 방법은 이미 타당성을 인정받은 문항들을 이용하는 것이다. 응답자가 이해하는 데 어려움이 있는 문항은 개념적 정의를 정확히 하고 명료하고 간결하게 작성하여 이해시켜야 한다.
본조사에 앞서 적은 표본으로 예비조사를 통해 오류를 점검하고 확인하여야 실제 조사에서 나타날 수 있는 피해를 예방할 수 있다.

17 다음 ( ) 안에 들어갈 말로 적절한 것은?

> 기업의 신뢰도를 측정하기 위해 "이 기업을 신뢰하십니까?"라는 단일 항목보다는 여러 항목들을 질문하여 이러한 항목들이 유사한 값들을 갖는지를 측정하는 방법으로 동일한 개념을 측정하기 위해 신뢰성을 측정하는 방법으로 ( )을(를) 이용한다.

① 반문법
② 재검사법
③ 반복측정
④ 크론바흐 알파계수

해설 내적 일관성에 의한 신뢰성은 크론바흐 알파계수를 이용하여 측정된다. 이는 개별측정항목과 다른 항목들 간의 상관관계를 말하는 것으로 만일 어떤 항목의 다른 항목들과의 상관관계가 낮은 항목은 상이한 개념을 측정하는 것으로 처리하여 이를 제거시킴으로써 남아 있는 항목들 간의 상관관계, 즉 항목들 간의 내적 일관성을 향상시키는 것이다.

18 다음 설문 문항에서 사용된 척도는?

> 귀하의 기업이 지난 1년간 올린 총 매출액은 얼마입니까?

① 서열척도
② 비율척도
③ 등간척도
④ 명목척도

해설
- **서열척도** : 명목척도의 집단구분 외에 측정대상들 간의 순서개념을 측정하기 위해 사용된 수를 말한다.
- **등간척도** : 서열척도에 포함된 정보 외에 측정대상들 간의 속성의 차이 비교를 가능하게 한다.
- **명목척도** : 조사대상의 소속여부나 대상의 분류를 위해 사용된 수를 말한다.
- **비율척도** : 등간척도가 갖는 특성을 모두 포함하며 등간척도가 갖지 못하는 절대적 기준점인 절대 0점이 존재하는 척도이다. 즉, 측정값 4는 측정값 2의 2배임을 자신있게 말할 수 있다. 매출액이나 광고비 등이 비율척도의 대표적인 예이다.

정답 17 ④ 18 ②

19 원인변수의 값이 달라짐에 따라 그 값이 달라지는 변수는?

① 조절변수 ② 외생변수
③ 종속변수 ④ 독립변수

해설
- **조절변수** : 독립변수에 영향을 주지 않고 종속변수에 영향을 주는 변수로서 독립변수와 상호작용하는 변수이다.
- **외생변수** : 독립변수 이외의 종속변수에 영향을 미칠 수 있는 모든 변수를 말한다.
- **독립변수** : 조사자에 의해 조작되는 변수로 영향을 주는 변수이며 실험변수, 원인변수라고도 부른다.
- **종속변수** : 독립변수에 대한 조작의 결과 나타난 시험단위의 반응을 말하는데 영향을 받아서 결과가 나타나는 변수로 결과변수라고도 한다.

20 다음에 해당하는 개념은?

> 실험결과가 실험실 밖의 실제상황으로 일반화될 수 있다면 그 실험은 타당성이 있다고 한다.

① 상황타당성 ② 외적타당성
③ 표적타당성 ④ 내적타당성

해설 내적타당성은 측정된 종속변수의 변화가 실제로 독립변수의 조작에 의해 일어났는지의 여부를 의미한다. 외적타당성은 실험에 의해 나타난 인과관계의 일반화 여부를 말한다.

21 ( ) 안에 들어갈 설문지 작성 절차는?

> ( )는 표본으로서의 자격을 갖춘 소수의 응답자들에게 설문지를 이용한 조사를 직접 실시함으로써 문제점을 찾는 과정이다.

① 사전조사 ② 질문 순서결정
③ 개별 질문항목의 완성 ④ 설문 사전준비단계

해설 일반적인 설문지의 작성절차는 필요한 정보결정 → 자료수집 방법 선정 → 개별 질문문항의 내용결정 → 질문형태 결정 → 질문순서의 결정 → 설문지 초안의 완성 → 설문지에 대한 사전조사 및 설문지의 완성 등의 순서로 진행된다.

정답 19 ③ 20 ② 21 ①

22 선택형 질문의 장점으로 옳지 않은 것은?

① 자료수집 후 자료처리가 용이하다.
② 응답자들의 가능한 응답을 모두 파악할 수 있다.
③ 응답해야 할 내용들을 제공함으로써 응답을 얻기가 용이하다.
④ 비구조적 질문에 비해 응답대안과 응답형식이 명확하다.

> **해설** 선택형 질문은 사전조사를 통해 응답자들의 가능한 응답을 모두 파악하여야 하는 단점이 있다. 조사자가 생각하지 못한 응답이 나오는 경우를 대비하여 개방형의 기타란을 추가함으로써 선택형 질문의 단점을 보완하여야 한다.

23 표본오류의 설명으로 옳지 않은 것은?

① 모집단을 대표할 수 있는 표본단위들이 추출되지 못함으로써 발생한다.
② 전수조사에서는 발생되지 않고 표본조사에서만 발생되는 오류이다.
③ 표본의 수가 증가할수록 표본오류의 크기도 증가한다.
④ 표본오류는 우연히 발생할 수도 있고 편의 또는 특정한 의도에 의해 표본이 잘못 추출되는 경우에도 발생한다.

> **해설** 표본의 수가 증가할수록 표본의 분포는 모집단의 분포와 유사해져 표본오류의 크기는 줄어들게 된다.

24 표본추출방법 중 비확률표본추출 방법이 아닌 것은?

① 단순무작위표본추출법
② 편의표본추출법
③ 판단표본추출법
④ 할당표본추출법

> **해설** 단순무작위표본추출법은 표본프레임 내의 각 표본들에 대해 일련번호를 부여하고 이를 이용해 일정 수의 표본을 무작위(random)로 추출하는 방법으로 확률표본추출방법 중 가장 기본적인 방법이다.

25 마케팅조사를 통해 수집되는 자료의 종류 중 1차 자료에 해당되는 것은?

① 해당 기업의 재무제표
② 기업에서 직접 조사한 문헌자료
③ 기업이 직접 수행한 서베이 자료
④ 상업용 신디케이트 자료

정답 22 ② 23 ③ 24 ① 25 ③

해설 1차 자료는 조사자가 당면한 의사결정문제를 해결하기 위해 직접 수집한 자료이다. 2차 자료는 다른 조사자에 의해 다른 조사목적으로 이미 수집된 자료를 말한다. 기업에서 직접 수행한 서베이, 관찰, 실험, 면접 등을 통해 수집한 자료는 기업의 조사목적에 부합하는 1차 자료이다.

26 표본추출과정에 대한 설명으로 옳지 않은 것은?
① 조사대상인 모집단을 결정하는 것으로부터 시작된다.
② 상업적 조사에서 표본추출에 이용될 표본프레임이 존재하지 않는 경우도 많이 존재한다.
③ 표본프레임 작성의 어려움으로 인해 표본프레임을 필요로 하지 않는 확률표본추출방법이 주로 이용된다.
④ 표본의 크기는 연구목적 및 조사의 유형, 예산, 시간의 제약 등을 고려하여 결정되어야 한다.

해설 ○○년 ○○월 ○○일부터 ○○월 ○○일 사이 백화점을 방문한 고객을 모집단으로 규정하는 경우 모집단 자체가 유동적이어서 표본프레임이 존재하지 않을 경우, 많은 상업적 조사에서는 비확률표본추출방법(편의표본추출, 판단표본추출, 할당표본추출)을 주로 이용한다.

27 가설에 대한 설명으로 옳지 않은 것은?
① 대립가설(또는 연구가설)은 조사자가 수집된 자료를 통해 지지하기를 원하는 진술이다.
② 귀무가설(또는 영가설)은 대립가설과 반대되는 진술로서 조사자가 부정하고 싶은 가설이다.
③ 가설은 두 개 이상의 변수들을 포함하고 이들 간의 관계를 규정하는 형태이다.
④ 통계검증에서는 대립가설(또는 연구가설)을 참이라고 가정한다.

해설 통계검증에서는 귀무가설을 참이라고 가정하고, 실증분석을 통해 귀무가설이 사실이 아님을 증명함으로써 대립가설이 타당하다는 것을 주장한다.

28 가설채택 여부를 결정하기 위한 기준으로 설명이 옳지 않은 것은?
① 계산된 검증통계량의 값이 임계치보다 작으면 귀무가설이 기각된다.
② 통계량의 확률분포로부터 임계치를 찾기 위해 α(유의수준) 또는 p값(p-value)을 설정해야 한다.
③ 유의수준 α란 귀무가설이 옳음에도 연구자가 잘못해서 대립가설을 채택하는 오류를 범하는 확률이다.
④ p값이 허용 유의수준(α)보다 작으면 귀무가설을 기각할 수 있다.

정답 26 ③ 27 ④ 28 ①

해설 표본자료로부터 계산된 검증통계량 값이 임계치보다 작으면 귀무가설이 채택된다. 검증통계량 값이 임계치보다 커야 귀무가설이 기각되고 대립가설이 채택된다.

29 다음 보기에서 사용할 수 있는 분석은?

> 연령집단별 구매한 휴대전화의 가격 차이를 조사하는 경우와 같이 독립변수가 명목척도 이고, 종속변수가 등간 또는 비율척도로 측정된 경우에 사용되는 통계기법이다.

① 카이스퀘어 분석
② 분산분석
③ 판별분석
④ 회귀분석

해설
- **카이스퀘어 분석** : 독립변수가 명목척도(범주형 변수)이고 종속변수가 범주별 응답자의 수인 경우 사용되는 통계기법
- **판별분석** : 독립변수가 등간 또는 비율척도이고 종속변수가 명목척도인 경우에 사용되는 통계 기법
- **회귀분석** : 독립변수와 종속변수가 모두 등간 또는 비율척도로 측정된 경우에 사용된 통계기법

30 다음 보기의 조사 분석 방법으로 옳은 것은?

> ○○자동차회사는 고급 외국자동차들과 경쟁하기 위한 신제품개발을 계획한다고 하자. 이를 위해 디자인실과 연구소에서는 다음과 같은 세 가지 중요한 제품속성을 적절히 조합한 신제품을 구상하고 있다.
> - 디자인 : 클래식, 심플함, 미래지향적
> - 친환경 : 수소연료, 하이브리드, 플러그인 전기차
> - 자율주행 정도 : 부분 자율주행, 고도 자율주행, 완전자율주행

① 컨조인트 분석
② 요인분석
③ 회귀분석
④ 분산분석

해설 컨조인트 분석은 제품구매 시 소비자가 중요하게 생각하는 제품속성별로 그들이 선호하는 속성 수준을 찾아냄으로써 최적의 신제품을 개발하는데 유용한 조사기법이다.

정답 29 ② 30 ①

31 다음 분석결과 표를 설명한 것으로 옳은 것은?

소스	제Ⅲ유형 제곱합	자유도	평균제곱	F	유의확률
수정된 모형	26.293	5	5.259	2.507	.032
절편	614.332	1	614.332	292.896	.000
성별	7.576	1	7.576	3.612	.059
연령대	15.210	2	7.605	3.626	.029
성별*연령대	10.754	2	5.377	2.564	.080
오차	356.565	170	2.097		
전체	4733.000	176			
수정된 합계	382.858	175			

* 종속변수: 예능선호도, 유의수준 $\alpha = 0.05$

① 위 도표는 성별과 연령대가 예능선호도에 미치는 영향을 조사한 요인분석 결과이다.
② 성별과 연령대의 상호작용 효과는 유의수준 0.05에서 종속변수에 유의한 영향을 주지 않는다.
③ 성별과 연령대의 상호작용 효과는 유의확률이 0.080으로 종속변수에 유의한 영향을 주고 있다.
④ 연령대의 유의확률은 0.029로 종속변수에 유의한 영향을 주지 않는다.

해설 위 도표는 이원분산분석의 분석결과표이다. 이는 독립변수 간의 상호작용효과를 측정하는데 사용된다. 유의수준 0.05에서 성별*연령대의 상호작용 효과의 유의확률이 0.08로 유의수준 0.05보다 크므로 상호작용 효과는 없다고 할 수 있다.

32 다음 보기에서 사용할 수 있는 분석방법은?

> ○○제약회사는 다이어트 제품을 출시하면서 제품 복용 전과 후의 체중이 차이가 나는지에 대해 알아보고자 제품에 관심이 있는 소비자 30명을 발굴하여 제품테스트를 실시하고자 한다.

① 회귀분석
② 단일표본 t 검증
③ 대응표본 t 검증
④ 독립표본 t 검증

해설 대응표본 t 검증(paired t-test)은 실험 이전의 집단과 실험 이후의 집단이 동일한 경우에 사용하는 검증방법이다. 즉, 시간적 간격을 두고 동일한 표본에 대하여 2회 반복측정하여 평균의 차이를 분석하는 방법이다.

정답 31 ② 32 ③

33 분산분석의 전제조건 중 옳지 않은 것은?

① 각 집단은 서로 독립적이어야 한다.
② 각 집단은 서로 상관관계가 높아야 한다.
③ 각 집단은 정규분포를 이루어야 한다.
④ 각 집단은 분산의 정도가 비슷해야 한다.

> **해설** 분산분석은 명목척도로 측정된 독립변수와 연속형 자료로 측정된 종속변수 사이의 관계를 연구하는 통계기법이다. 즉, 독립변수에 의해 분류된 두 개 이상의 집단 간의 평균값을 비교하는데 사용된다. 각 집단이 서로 상관관계가 높다면 하나의 집단으로 포함하거나 제거해야 한다.

34 회귀분석의 설명으로 옳지 않은 것은?

① 독립변수의 변화에 따른 종속변수의 변화를 예측하는 데 이용될 수 있다.
② 둘 이상의 독립변수 간에 상관관계가 높을 경우 다중공선성이 발생할 수 있다.
③ 상관분석과 달리 원인변수와 결과변수 사이에서 인과관계를 설명할 수 있다.
④ 독립변수는 등간 또는 비율척도로 측정된 범주형 자료를 사용한다.

> **해설** 회귀분석에서 독립변수는 등간 또는 비율척도의 연속형 자료나 서열 또는 명목척도로 측정된 범주형 자료 모두 사용할 수 있다.

35 다음 표를 설명한 것으로 옳은 것은?

모형	비표준화 계수		표준화 계수	t	유의확률	공선성 통계량	
	B	표준오차	β			공차	VIF
(상수)	1.495	2.637		.567	.57		
윤리적 책임	.24	.08	.27	2.95	.00	.951	1.052
자선적 책임	.14	.06	.15	2.58	.01	.717	1.395
사회적 책임	.33	.11	.38	3.17	.00	.727	1.376
환경적 책임	.21	.07	.23	2.79	.00	.815	1.487

* 종속변수: CSR태도

① 환경적 책임의 VIF 값은 1.487로 다중공선성이 높다고 할 수 있다.
② 상수항의 유의확률이 0.57로 위 분석은 모두 유의하지 않다.
③ 자선적 책임의 표준오차가 0.06으로 가장 작으므로 종속변수에 미치는 영향이 가장 크다.
④ 사회적 책임이 CSR태도에 미치는 영향이 가장 크다.

정답 33 ② 34 ④ 35 ④

해설 VIF 값이 10 이하이면 독립변수 간의 다중공선성이 적은편이다. 상수항의 유의확률은 독립변수의 유의확률과는 무관하다고 볼 수 있고, 모든 독립변수들이 유의수준 0.05보다 작으므로 종속변수에 유의한 영향을 미치고 있다. 표준오차는 종속변수에 영향을 미치지 않고, 표준화계수가 가장 큰 사회적 책임이 종속변수에 38%의 영향력으로 가장 크게 미친다고 할 수 있다.

36 다음 보기에서 설명하는 분석으로 옳은 것은?

> ○○기업 판매부서에서 판매실적이 우수한 판매원은 갖고 있으나 판매실적이 불량한 판매원이 갖지 못한 특성을 파악하여 향후 판매원 채용 및 교육에 이용하려 한다.

① 회귀분석
② 요인분석
③ 상관분석
④ 판별분석

해설 판별분석은 분류된 집단 간의 차이를 의미 있게 설명해 줄 수 있는 독립변수들로 이루어진 최적 판별식을 찾아내는 통계기법이다. 이를 통해 측정대상들을 소속집단으로 분류하는데 의미 있는 독립변수들을 알 수 있으며 이러한 집단구분에 있어 각 변수들의 기여도를 파악하며 향후 새로운 측정대상이 소속될 집단을 예측할 수 있다.

37 다음의 분석방법 사례에서 옳지 않은 것은?

> 남성 60명, 여성 50명을 표본으로 추출하여 특정 브랜드에 대한 브랜드충성도를 7점 척도 다문항으로 측정하였다. 그 결과 남성 평균은 5.5, 표준편차는 0.9이고 여성 평균은 5.2, 표준편차는 0.9였다(유의수준 = 0.05).
> • 귀무가설 : 남성과 여성의 브랜드충성도는 차이가 없다.
> • 대립가설 : 남성과 여성의 브랜드충성도는 차이가 있을 것이다.

① t 통계량 값이 1.71이다.
② t분포 유의확률이 0.08로 모두 유의수준보다 크다.
③ 검정통계량 값이 모두 기각역에 포함되지 않아 귀무가설을 기각할 수 없다.
④ t 통계량 값이 임계치보다 높아 대립가설을 채택할 수 있다.

해설 유의수준 0.05에서 임계치는 1.96이다. 보기의 검정통계량 값은 1.71로 임계치보다 낮아 대립가설을 채택할 수 없다. 즉, 통계분석 결과 남성과 여성의 브랜드충성도에는 차이가 없다고 볼 수 있다.

정답 36 ④ 37 ④

38 더미변수를 이용한 회귀분석에서 옳지 않은 것은?
① 더미변수는 명목척도 또는 서열척도에서 수집된 자료를 이용한다.
② 더미변수는 독립변수의 수와 같이 설정된다.
③ 더미변수의 기준이 되는 범주를 참조범주라고 한다.
④ 더미변수의 회귀계수 해석 시 반드시 기준과 비교하여 효과를 설명한다.

> 해설 더미변수의 개수는 독립변수의 범주 수보다 하나 적은 수의 새로운 더미변수를 만든다. 예를 들어 성별이라는 범주형 변수는 남/여의 두 개 범주가 있기 때문에 하나의 더미변수로 변환이 된다. 또한 계절(봄, 여름, 가을, 겨울)은 4개의 범주로 구성되므로 n-1, 즉 3개의 더미변수를 갖는다.

39 조사보고서의 작성 시 유의사항으로 옳은 것은?
① 보고서의 수준을 높이기 위해서는 전문적인 용어를 사용해도 된다.
② 조사과정에서 발생된 세부사항들은 모두 포함되어야 한다.
③ 조사문제에 대한 해결방안을 강조하여야 한다.
④ 시각적인 자료를 사용하되 설명은 가급적 피한다.

> 해설 조사보고서는 전문용어나 분석내용이 이해하기 어려운 경우 주석을 이용하여 이해하기 쉽게 해야 한다. 보고서의 양은 가능한 많지 않도록 해야 하기 때문에 불필요한 세부사항들은 기재하지 않는 것이 좋다. 시각적인 자료를 사용할 경우 이해를 돕기 위해 설명은 필요하다. 실무자가 주로 관심을 가지는 문제에 대한 해결방안을 강조하여 작성하여야 한다.

40 조사보고서의 기능 및 역할로 옳지 않은 것은?
① 조사내용을 요약 정리하여 의뢰기업에게 제시한다.
② 조사보고서의 제출로 조사가 완료된다.
③ 조사보고서의 내용을 평가하여 조사회사와 지속적 거래여부가 결정된다.
④ 의뢰기업의 향후 마케팅활동의 지침이 된다.

> 해설 조사회사의 조사보고서 작성과 제출로 조사 프로젝트가 끝나는 것이 아니라 분석결과를 바탕으로 대안을 제시하여 조사의뢰기업이 마케팅의사결정을 내릴 수 있도록 해야 한다. 이러한 역할 수행은 보고서의 작성과 제출 및 조사결과에 대한 구두발표를 통해 이루어진다.

정답 38 ② 39 ③ 40 ②

2020 생산운영관리 기출문제

01 다음 내용에 해당하는 생산 시스템은?

- 대표적인 적용 분야는 항공기, 선박, 맞춤양복 등이 있다.
- 다품종 소량생산으로 고객의 주문에 따라 생산이 이루어진다.
- 생산은 어려우나 수요 변화에 빠르게 대응할 수 있다는 장점이 있다.

① 개별생산 시스템 ② 배치생산 시스템
③ 연속생산 시스템 ④ 자동생산 시스템

해설 개별생산 시스템은 다품종 소량생산 방식을 취하며 고객의 주문에 따라 생산이 이루어진다. 대표적인 분야는 항공기, 조선, 맞춤 양복 등이 해당되며, 수요 변화에 빠르게 대응할 수 있는 장점이 있다.
② 배치생산 시스템은 배치생산은 일정한 조건 아래 동시에 일정한 분량(much)이 산출된다(페인트, 석유 등).
③ 연속생산 시스템은 정해진 생산공정에 따라 일련의 기계 및 장치에 연결하여 제품의 산출이 연속적으로 실시되는 것을 말한다. 이는 보통은 동일 제품을 대량으로 생산하는 형태로 나타난다.
④ 자동(화)생산 시스템 수치제어, 컴퓨터 지원 생산, 셀 생산방식, 유연생산 시스템과 같은 공정 자동화와 컴퓨터 지원 설계, 컴퓨터 지원 공정계획 등의 정보 자동화를 포함한다.

02 다음 ( )에 들어갈 말로 적절한 것은?

$$생산성 = \frac{산출}{(\quad)}$$

① 불량 ② 환류
③ 투입 ④ 재고

해설 생산성은 어떤 재화를 생산하는 데 투입된 생산요소의 양에 대한 산출량의 비율로 구해진다.
$$생산성 = \frac{산출(량)}{투입(량)}$$

정답 01 ① 02 ③

03 제품수명주기의 도입기를 설명한 것으로 옳은 것은?

① 표준화된 제품이 대량생산된다.
② 생산공정은 조립라인 혹은 연속생산보다는 주문생산의 형태를 갖는다.
③ 제품의 다양성이 떨어져 소수의 대기업이 경쟁하는 산업구조가 형성된다.
④ 제품의 경쟁력이 품질과 특질보다는 배달능력과 가격 경쟁력에 더욱 의존하게 된다.

> **해설** 제품수명주기의 도입기는 제품이 막 시장에 출시된 시기로, 매출액의 증가가 완만하여 이익도 크지 않다. 경쟁자가 많지 않으므로 시장점유율을 높일 수 있는 시기다.
> ① 소비패턴의 다양화로 제품수명주기가 짧아지고 있다. 표준화된 제품을 대량생산하기보다는 수요에 탄력적으로 대응할 수 있는 다품종 소량생산이 유리하다.
> ②, ④ 도입기에는 소비자들의 제품인지가 낮기 때문에 구매 가능성이 높다. 이 단계를 지나 성숙기에 접어들면 원가절감이 요구되어 대량생산에 의한 규모의 경제를 실현하는 것이 중요하다. 이러한 측면에서는 주문생산의 형태보다 연속생산이 적합하다.

04 생산관리의 비용을 최소화하기 위한 일반적인 방안이 아닌 것은?

① 장비가동률의 최소화
② 재료손실의 최소화
③ 재고의 최소화
④ 표준화를 통한 변동비의 최소화

> **해설** 생산관리의 비용을 최소화하기 위해서는 재료손실 및 재고, 변동비를 최소화해야 한다. 그러나 장비가동률은 가용생산능력에 따라 작업능력과 기계능력을 고려한 가동률을 고려하여 결정해야 한다.

05 일반적으로 가장 마지막에 수립되는 계획은?

① 총괄생산계획
② 자재소요계획
③ 주일정계획
④ 전략적 생산능력계획

> **해설** 생산계획의 구조는 장기, 중기, 단계계획으로 구분할 수 있다. 장기계획은 의사결정의 효과가 장기간에 걸쳐 지속되는 결정사항으로 전략적 성격의 생산계획이다. 생산전략, 제품설계, 공정설계 등이 포함되며 생산능력계획으로 다뤄진다.
> 중기계획은 장기계획과 단기계획을 연결하는 부분으로서 생산계획의 핵심이 되는 총괄생산계획이 여기에 해당한다.
> 단기계획은 의사결정의 효과가 단기간에 미치는 결정사항으로 구체적인 생산일정과 작업할당을 결정한다.
> 계획의 프로세스는 생산능력계획 → 총괄생산계획 → 주일정계획 → 자재소요계획 순이다.

정답 03 ③ 04 ① 05 ②

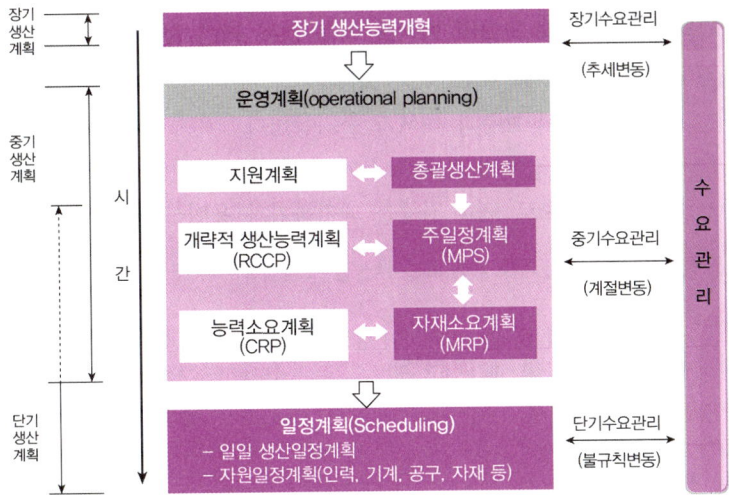

06 정량적 수요예측 기법 중 하나인 회귀분석에 대한 설명으로 옳은 것은?

① 독립변수는 2개 이상이어야 한다.
② 상관성이 있는 변수들 간의 관계를 활용한 예측기법이다.
③ 단순지수평활법보다 항상 우수한 예측 결과를 제공한다.
④ 예측하고자 하는 수요는 독립변수, 수요에 영향을 미치는 요인은 종속변수로 설정한다.

해설 회귀분석은 과거의 자료를 기초로 이들 간의 함수관계를 파악하고 함수식에 의해 미래의 수요를 예측하는 기법이다. 회귀분석을 통해 상관계수를 산출하는데 이는 독립변수에 의해서 설명되는 종속변수의 변화비율을 의미한다.
① 단순회귀모델은 하나의 독립 변수를 상정하지만 중회귀모델은 2개 이상의 독립변수를 상정한다.
③ 회귀분석은 인과관계를 통해 수요를 예측한다면, 단순지수평활법은 시계열 자료를 바탕으로 수요를 예측하는 데 활용한다. 두 기법은 각각의 장단점이 있으므로 회귀분석이 항상 우수한 예측 결과를 제공한다고 볼 수 없다.
④ 가격 등 수요에 영향을 미치는 요인을 독립변수라 하고, 이에 영향을 받는 수요가 종속변수다.

정답 06 ②

07 제품을 설계할 때 모듈러 방식을 따를 경우 옳은 것은?

① 제품의 다양화를 도모하기 어렵다.
② 필요한 모듈의 보충과 대체가 불가능하다.
③ 결점이 생길 경우 발견과 교정이 용이하다.
④ 저렴한 비용으로 모듈 전체를 폐기하기가 용이하다.

> 해설 ① 모듈러 설계를 통해 표준 부품을 조합함으로써 제품의 다양화를 도모하는 모듈러 생산이 가능하다.
> ② 소비자의 요구를 반영하여 필요한 모듈만 보충, 대체, 제거 가능하다.
> ④ 모듈 전체를 폐기해야 하는 경우 큰 비용이 발생한다.

08 정성적 수요예측 기법 중 해당 제품의 과거 판매자료를 이용하는 것은?

① 시장조사법
② 패널조사법
③ 이동평균법
④ 역사적 유추법

> 해설 역사적 유추법은 이용하여야 할 자료가 없을 경우 과거의 비슷한 제품이나 상황에 해당하는 자료를 이용하여 결과를 예측하는 기법이다.
> ① 시장조사법은 시장 상황에 대한 자료를 수집하기 위해 소비자를 표본으로 선정하여 설문, 면접 등을 이용한다.
> ② 패널조사법은 자유로운 의견을 제공할 패널을 구성하여 이들의 의견을 활용하여 수요를 예측하는 방법이다.
> ③ 이동평균법은 정량적 수요 예측 기법으로 식열 분석의 예측기법 중 하나다.

09 제품설계를 설명한 것으로 옳은 것은?

① 로버스트 설계(robust design)는 제조 혹은 제품의 사용환경에 맞추어 부품의 다양성을 확보하는 일종의 고객화 설계 방법이다.
② 가치분석(VA) 혹은 가치공학(VE)은 제품의 원가를 높이더라도 제품이나 서비스의 가치 또는 기능에 공헌할 수 있는 것을 최대한 적용하는 고품질 설계 방법이다.
③ 품질기능전개(QFD)는 고객의 요구를 제품이나 서비스의 설계명세에 반영하는 체계적인 방법이다.
④ 모듈러 설계(modular design)는 공정과 설비의 표준화 정도를 희생하더라도 제품의 다양성을 극대화하기 위한 설계 방법이다.

정답 07 ③ 08 ④ 09 ③

해설 ① 로버스트 설계는 제품이나 공정을 환경변화(노이즈)에 영향을 받지 않거나 덜 받도록 설계하는 것을 의미한다.
② 가치분석 혹은 가치공학은 제품이나 서비스의 가치 또는 기능에 공헌할 수 있는 것을 최대한 적용하면서도 제품의 원가를 절감하는 것을 목표로 한다.
④ 모듈러 설계란 표준화된 중간조립품 또는 제품의 기본 구성품을 바탕으로 제품의 다양화를 도모하는 방식이다.

10 신제품의 설계 및 생산 전에 고려해야 할 요소에 해당하지 않는 것은?

① 기대 수명
② 개발 및 생산 비용
③ 노조 만족도
④ 보유 기술과의 적합성

해설 신제품의 설계 및 생산 전에 고려해야 할 요소로 제품의 수명 주기(기대 수명), 개발 및 생산 비용, 보유 기술과의 적합성, 신뢰도, 안전도 등을 고려해야 한다.
노조의 만족도는 노무관리의 영역으로 신제품 설계 시 고려해야 할 본질적인 요소는 아니다.

11 제품의 생산 순서대로 기계 및 설비를 배치하는 형태는?

① 공정별 배치
② 그룹 테크놀로지 배치
③ 제품별 배치
④ 고정형 배치

해설 제품별 배치 또는 라인별 배치는 대량생산 내지 연속생산시스템에서 흔히 볼 수 있는 형태로, 제품이나 제공되는 서비스의 각 단위를 완성하는 데 필요한 작업절차에 따라 설비 및 장비를 배치한 형태이다. 각 제품 또는 서비스 단위는 동일한 흐름을 따라 연속적으로 반복 생산된다.
① 공정별 배치는 동일한 기능을 갖는 설비 또는 장비를 한 곳에 모아 배치하는 형태로 다양한 제품이나 서비스를 동시에 취급할 수 있도록 한다.
② 그룹 테크놀로지 배치는 공정별 배치와 제품별 배치를 혼합한 절충형 배치형태의 하나다.
④ 고정형 배치는 생산에 필요한 자재, 설비, 인력 등이 위치가 고정되어 있는 생산대상물로 이동하여 작업하는 형태다.

12 생산일정 시 결정해야 하는 요소에 해당하지 않는 것은?

① 수출범위
② 작업점검
③ 작업순위
④ 부하결정

해설 생산일정 계획은 주일정계획을 더욱 구체화하여 생산능력을 활용하고 집행하기 위한 계획이다. 생산계획을 주간, 일간 또는 시간 활동으로 세분화하여 작업계획을 구체화한다. 여기서는 작업순서(순위) 결정, 작업배분(부하계획), 진도관리(작업점검)를 수행한다.

정답 10 ③ 11 ③ 12 ①

13 공정 성능 지표 중 다음에 해당하는 것은?

> 생산라인의 제일 끝에서 한 제품의 생산이 완료되고 다음제품의 생산이 완료될 때까지 걸리는 시간

① 처리시간(flow time)　　② 서비스시간(service time)
③ 리드타임(lead time)　　④ 주기시간(cycle time)

해설 리드타임이란 제품 하나를 생산하는데, 시작부터 마칠 때까지의 소요 시간(기간)을 의미한다. 리드타임은 일반적으로 주문 후 납품까지의 소요 기간을 산정할 때 활용한다.

14 지수평활법을 활용한 수요 예측 시 필요한 자료가 아닌 것은?

① 평활계수　　② 실제 수요 평균치
③ 최초 기간 예측치　　④ 직전 기간 실제 수요

해설 ①, ②, ③ 지수평활법은 예측의 정확성이 높고, 지수함수적 모형의 설정이 비교적 쉬워 시계열 분석에서 단기 예측을 하는 데 가장 많이 사용한다. 이를 위해서는 평활계수와 초기 예측치가 필요하며, 판매량 또는 실제 수요에 따른 예측치를 계산할 수 있다.
④ 전기수요법은 지난 기간(전기)의 실제치를 그 다음 기간의 예측치로 사용하여 분석하는 방법이다.

15 지수평활법(exponential smoothing)에 대한 설명으로 옳은 것은?

① 단순이동평균법의 일종이다.
② 평활계수가 클수록 수요가 안정적인 품목이다.
③ 가장 최근 자료에 가장 적은 가중치를 부여하는 수요예측법이다.
④ 추세변동과 계절적 영향을 민감하게 반영할 수 있다.

해설 가중이동평균법은 일정한 추세변동과 계절적 영향이 존재할 때 그 변동을 민감하게 반영할 수 있는 장점이 있다. 지수평활법은 일종의 가중평균법에 속하지만 평활계수를 설정하며 초기(최초)의 예측치를 활용한다.
② 평활계수는 0과 1사이의 값으로 나오는데 1에 가까울수록 반응성이 커진다. 따라서 고가품이나 유행에 민감한 제품 등 수요가 불안정한 품목일 경우에는 평활 계수를 크게(대략 0.5~0.9) 설정한다.
①, ③ 지수평활법은 단순이동평균법이 아닌 가중이동평균법에 속한다. 가중이동평균법은 평균을 계산할 때 과거 데이터 각각에 대하여 중시하는 정도에 따라 고유의 가중치를 부여할 수 있다. 보통은 과거의 수요 자료보다 최근 수요 자료에 더 많은 가중치를 주어 예측한다.

정답 13 ③　14 ④　15 ④

16 총괄생산을 수립할 때 결정해야 하는 요소가 아닌 것은?

① 재고 수준
② 필요 인력
③ 생산 능력
④ 수요 예측

해설 총괄생산 계획은 장기생산계획과 단기생산계획(일정계획)을 연결시켜주는 다리 역할을 하고 있다. 재고 수준, 고용수준, 수요 예측 등의 활동이 포함되며 가격이나 판매량 등은 관리 가능한 변수가 아니므로 고려대상이 아니다. 한편, 생산 능력은 장기생산계획에서 고려되는 사항으로 생산 전략, 제품설계, 공정 설계 등과 함께 총괄생산 계획이 아닌 생산 능력 계획으로 다뤄진다.

17 조립라인공정의 특징을 설명한 것으로 옳은 것은?

① 효율성은 높지만 상대적으로 유연성은 떨어진다.
② 생산되는 제품의 종류나 수량을 변동하기가 용이하다.
③ 일반적으로 대규모의 자본투자가 불필요한 범용장비를 사용한다.
④ 필요로 하는 작업자의 기술수준이 높아 작업자의 훈련에 많은 시간과 비용이 소요된다.

해설 (조립)라인공정은 고정경로를 연속적으로 이동하면서 제품이 완성되어가는 공정으로 연속공정이라고도 한다. 장점으로는 고도화된 전문장비를 활용함으로써 생산능률 및 효율이 향상된다. 또한, 미숙련공으로도 운영이 가능하며 품질 확보가 가능하다. 반면 높은 설비투자비용과 설계변경에 대한 대응력이 낮아 유연성이 떨어지는 단점이 있다. 단순 작업의 반복적 수행으로 직무 만족도가 저하되는 현상이 나타난다.
② 유연성이 떨어지므로 생산되는 제품의 종류나 수량을 변동하기가 용이하지 않다.
③ 연속공정에서는 특정 공정 기능을 전문적으로 수행하는 전용설비가 설치된다.
④ 미숙련공으로도 운영이 가능하다.

18 재고를 설명한 것으로 옳은 것은?

① 재고회전율이 높으면 기업 재무 현황에 도움이 된다.
② 수요발생시점보다 생산이나 구매가 먼저 이루어질 경우에 항상 발생한다.
③ 판매예측의 정확도가 높아지면 재고도 증가한다.
④ 재고부서는 마케팅이나 구매부서와는 독립적으로 활동한다.

해설 재고란 제품 및 서비스를 생산·판매하기 위하여 일정한 장소에 저장해 둔 물품으로 경제적 가치가 있는 유휴자원을 말한다. 재고회전율이 높으면 자본수익률이 높아지고, 매입채무가 감소되며, 상품의 재고 손실을 최소화할 수 있다. 또한, 보험료 및 보관료를 절약할 수 있게 된다.
② 수요발생시점보다 생산이나 구매가 먼저 이루어진다 해도 납품일이 확정되고 대금 결제가 이루어진다면 재고가 발생하지 않을 수 있다.

정답 16 ③ 17 ① 18 ①

③ 판매예측의 정확도가 높아지면 재고는 감소한다.
④ 재고부서는 상황에 따라 마케팅이나 구매부서와 독립적으로 활동할 수도 있고 같은 부서에서 활동할 수도 있다.

19 총괄생산계획 수립 전략 중 일반적으로 재고와 연계하여 생산수준을 유지하는 전략은?

① 하청 전략(outsourcing strategy)
② 수요추종 전략(chase strategy)
③ 평준화 전략(level strategy)
④ 이용률 전략(utilization strategy)

> **해설** 총괄생산계획의 수립 전략은 크게 수요추구 전략(추적 전략, chase strategy), 평준화 전략(level strategy), 혼합 전략(mixed strategy)으로 구분할 수 있다. 노동력의 규모와 생산율을 조절하는 전략은 수요추구 전략의 방법이고, 재고수준을 조정하는 전략은 평준화 전략에 해당한다.

20 다음은 작업장에서 처리될 4개의 작업에 대한 작업시간과 납기일이다. 최단납기처리규칙(EDD: Earliest Due Date)을 적용한 작업 처리순서는?

작업	작업시간(일)	납기일(일)
A	7	8
B	10	16
C	6	20
D	3	5

① A → B → C → D
② B → C → D → A
③ C → D → A → B
④ D → A → B → C

> **해설** 순서계획은 작업장에서 처리할 작업의 우선순위를 설정하는 것으로, 특정 작업장, 작업자 또는 기계에서 처리되어야 할 작업들의 순서를 계획하는 것이다. 이 중 최단 납기 처리규칙은 납기예정일(또는 납기일)이 가장 빠른 작업부터 처리하는 것으로 D→A→B→C 순으로 처리한다.

21 경제적 주문량 모형(Economic Order Quantity)의 가정을 설명한 것으로 옳은 것은?

① 재고부족은 허용된다.
② 재고유지비용은 평균재고에 비례한다.
③ 주문비용은 주문량에 비례한다.
④ 매기간 수요는 알려져 있고 변한다.

정답 19 ③ 20 ④ 21 ②

> **해설** 경제적 주문량(EOQ : Economic Order Quantity) 모델은 연간 주문비용과 재고유지비용의 합을 최소로 하는 주문량을 결정하는 모델로 다음과 같은 가정을 한다.
> ㉠ 수요율은 일정하고 다른 제품의 수요에 영향을 받지 않으며 연간 수요량은 확정적이다.
> ㉡ 조달기간은 일정하며 주문량은 전량 일시에 입고되므로 분할 납품은 없다.
> ㉢ 재고유지비용은 평균재고에 비례하며, 1회 주문비용은 주문량에 관계없이 일정하다.
> ㉣ 재고부족 또는 품절은 없으며 일시 대량구입에 따른 가격할인은 없다.

22 휴대폰 매장의 지난 6개월간 판매대수가 다음과 같을 때, 4개월 이동평균법을 이용하여 예측한 7월의 판매대수는?

기간	1월	2월	3월	4월	5월	6월
판매대수(개)	120	85	100	95	115	90

① 85 ② 90
③ 95 ④ 100

> **해설** (단순)이동평균법은 수요 평균을 추정하고 확률오차의 영향을 제거할 수 있는 방법으로 수요가 명확한 추세변동을 따르거나 계절적 영향이 없을 때 유용하다. 3월부터 6월까지 4개월간의 판매대수를 바탕으로 7월의 판매대수를 예측하면 100개이다.
> $$\frac{100+95+115+90}{4} = 100$$

23 적시생산(JIT) 시스템의 품질관리에 대한 설명으로 옳지 않은 것은?

① 품질분임조(quality circle)를 운영한다.
② 문제의 근본원인을 파악하기 위해 5 Why System을 사용한다.
③ 공정에 품질문제가 발생하면 바로 공정을 멈추고 문제를 해결한다.
④ 무결함 생산은 많은 비용이 발생하고 실현 불가능하다고 판단하기 때문에 제품검사를 철저하게 실시한다.

> **해설** JIT는 전사적 품질관리와 모든 조직 구성원의 참여를 토대로 철저한 낭비제거를 추구하며 수주로부터 생산 및 납품에 이르기까지 모든 것이 동기화(흐름화)된 하나의 체계를 구축하는 데 주력한다.
> ① JIT에서는 품질관리를 위해 품질분임조 및 제안제도를 고안하여 문제의 근본을 파악하고 이를 지속적으로 개선한다.
> ② JIT에서는 낭비를 제거하고 문제를 해결하는 방안으로 적어도 5번을 고민하는 5 Why System을 사용한다.

정답 22 ④ 23 ④

③ JIT를 실현하기 위해서는 후속공정에 불량품이 흐르지 않아야 하고 그 흐름이 유연하고 막힘이 없어야 한다. 이를 위해 실수방지 장치를 구축하여 비정상적인 현상이 발생했을 때 스스로 가동을 멈추고 문제를 해결한다.

24 프로젝트의 주공정로(critical path)에 해당하는 활동은?

활동	활동시간(일)	직전 선행활동
A	3	–
B	4	A
C	3	A
D	3	B
E	5	C
F	4	C
G	4	D, E
H	5	B, F
I	4	G, H

① B ② D
③ F ④ H

해설 주공정은 최장 경로의 소요시간을 나타낸 것으로 A → C → F → H → I다. 따라서 주공정로에 해당하는 활동은 선택지 중 F밖에 없다.

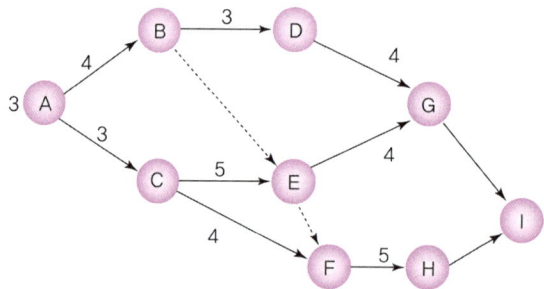

25 경제적 주문량모형(EOQ) 시스템을 사용하는 A사의 연간 수요는 1,000개이고 주문비용은 회당 2,000원이다. 단위당 연간 재고유비용은 100원일 때 경제적 주문량은?

① 4개 ② 5개
③ 200개 ④ 50개

정답 24 ③ 25 ③

해설 경제적 주문량 $= \sqrt{\dfrac{2 \times 1000 \times 2000}{100}} = 200$

26 작업장에서 처리될 4개의 작업에 대한 작업시간과 납기일이 다음과 같다. 지연기 최단처리시간규칙(SPT)을 적용한 평균납기지연기일은 며칠인가?

작업	작업시간(일)	납기일(일)
A	10	16
B	11	20
C	9	10
D	13	36

① 1일 ② 3일
③ 5일 ④ 7일

해설 지연기 최단 처리시간규칙(SPT)은 작업처리시간이 가장 짧은 작업부터 처리하는 것으로 4개 작업의 납기지연시간(일) 총 20일이다. 이를 4개 작업으로 평균할 경우 총 5(일)이다.

작업	작업시간(일)	납기일	흐름시간	납기지연시간(일)
C	9	10	0+9=9	0
A	10	16	9+10=19	3
B	11	20	19+11=30	10
D	13	36	30+13=43	7
합계			101	20

27 컴퓨터는 2019년 회계보고서상 연간 매출액이 100만 달러고 연간 재고비용이 20만 달러인 것으로 보고되었다. D 컴퓨터의 재고회전율은?

① 1 ② 2
③ 3 ④ 5

해설 재고회전율은 일정 기간의 제품, 재공품, 원재료, 저장품 등의 출고량과 재고량의 비율을 말한다.

재고회전율 $= \dfrac{(연간)매출액(100)}{재고금액(20)} = 5$

정답 26 ③ 27 ④

28 어떤 작업장의 실제 작업 가능시간은 5시간이고, 개당 30분이 요구되는 제품 8개를 만들었을 경우, 이 작업장의 효율은?

① 40%   ② 60%
③ 80%   ④ 100%

해설 제품 생산에 개당 30분이 소요되므로 1시간에 2개가 생산될 수 있으며, 5시간이면 총 10개(유효능력)가 생산되어야 한다. 그런데 실제 5시간 동안 8개(실제능력)가 생산되었으므로, 효율은 다음과 같다.

작업 효율 = $\frac{실제능력}{유효능력} \times 100 = \frac{8}{10} \times 100 = 80\%$

29 다음 중 재고유지비용에 포함되지 않는 것은?

① 이자비용   ② 창고유지비용
③ 물류비용   ④ 기능저하에 따른 폐기비용

해설 재고유지비용은 재고보유시 발생하는 비용으로 창고사용료, 창고유지관리비, 보험료, 세금, 이자(재고에 투하된 자금에 대한 기회비용), 진부화비용 등이 포함된다. 물류비용은 포장, 적재, 수송, 하역 등의 비용으로 재고유지비용이 아닌 주문(발주)비용에 포함된다.

30 채찍효과(Bullwhip Effect)에 대한 설명으로 옳지 않은 것은?

① 채찍효과로 유통업체, 제조업체 등 공급사슬의 상류로 재고의 변동성이 커진다.
② 판촉 및 할인행사 없이 고정된 가격으로 제품을 판매함으로써 채찍효과가 발생한다.
③ 리드타임의 단축과 공급사슬 참여자에게 실제 수요정보를 공유함으로써 채찍효과의 개선이 가능하다.
④ 소량, 다빈도 주문의 여건을 조성함으로써 수요 정보의 왜곡을 줄이는 것이 가능하다.

해설 채찍효과란 고객으로부터의 주문 및 수요패턴의 변동에 관한 정보가 소매상, 지역 유통업자 등의 공급사슬을 거슬러 전달되는 과정에서 지연 및 왜곡 확대 현상이 누적되는 것이다. 이에 대한 예방책으로 일관된 가격정책을 들 수 있다. 즉, 판촉 및 할인행사 없이 고정된 가격으로 제품을 판매함으로써 채찍효과를 예방할 수 있다.

정답 28 ③ 29 ③ 30 ②

31 다음 ( ) 안에 공통으로 들어갈 적시생산 시스템의 구성요소는?

> 생산과 수요를 일치시키기 위한 생산통제 수단으로 이 시스템의 전 프로세스는 ( ) 을/를 통해 유기적으로 연결되며, 생산 시스템 내의 모든 자재이동과 생산 지시는 ( )에 의해 이루어진다.

① 지도카(Jidoka)
② 택트타임(tact time)
③ 칸반(Kanban)
④ 헤이준카(Heijunka)

해설 제시문은 칸반(간판) 시스템에 대한 설명으로 현장에서의 자재흐름과 재고수준에 대한 정보를 제공함으로써 적시생산(Just-in-Time)이라는 궁극적인 목표를 효과적으로 달성할 수 있도록 한다.
① 지도카는 영어로 autonomation으로 자율적인 관리개념의 의미.
② 택트타임은 각 작업 공정에 걸리는 최대 공정 시간이다.
④ 헤이준카는 평준화 생산을 의미한다.

32 정량발주시스템(Q system)의 설명으로 옳은 것은?

① 주기마다 재고 현황을 조사한다.
② 발주 간격은 항상 동일하게 유지된다.
③ 항상 품절이 발생할 가능성이 존재한다.
④ 재고수준이 재주문점 이하로 떨어지면 주문한다.

해설 ① 정량발주시스템은 지속적인(계속적인) 실사, 정기발주시스템은 정기(주기, 월, 분기)별로 실사를 하므로 정기발주시스템에 대한 설명이다.
② 발주간격이 동일한 것은 정기발주시스템이다.
③ 정량발주시스템에서는 품절이 발생되지 않음을 기본가정으로 하고 있다.

33 다음에서 MRP의 운영에 필요한 사전자료를 모두 고른 것은?

ㄱ. 재고자료	ㄴ. 원가자료
ㄷ. 리드타임	ㄹ. 자재명세서(BOM)

① ㄱ, ㄴ, ㄷ
② ㄱ, ㄴ, ㄹ
③ ㄱ, ㄷ, ㄹ
④ ㄴ, ㄷ, ㄹ

정답 31 ③ 32 ④ 33 ③

해설 MRP는 주일정계획(MPS)에 맞추어 종속수요 품목에 대한 적량의 생산주문 및 구매주문이 적시에 이루어지도록 하는 생산계획 및 통제기법이다. MRP 시스템의 입력 정보로는 재고기록철(재고자료), 자재명세서(구성품목의 소요량과 리드타임 포함), 주일정계획이다.

34 다음 설명에 해당하는 일정관리 방법은?

> 프로젝트 일정관리를 위한 바 형태의 도구로서, 각 업무별 시작과 끝을 그림으로 표시하여 전체 일정을 한눈에 볼 수 있을 뿐만 아니라 각 업무 간의 선행 관계 또한 나타낼 수 있다.

① 특성요인도　　② 네트워크도
③ 히스토그램　　④ 간트차트

해설 네트워크도(네트워크 일람도)는 프로젝트 관리에 있어서 활동들의 선후 관계를 밝히기 위해 작성한다. 단계별로 작업이나 활동을 수행함에 있어서 시작 또는 완료되는 시점을 나타낸다. 이때 활동이 시작되는 시점을 착수단계라 하고, 마무리되는 시점을 완료단계라 한다.
① 특성요인도(Cause and Effect Diagram)는 일의 결과(특성)와 그것에 영향을 미치는 원인(요인)을 계통적으로 정리한 그림이다. 특성에 대하여 어떤 요인이 어떤 관계로 영향을 미치고 있는지 원인을 명확히 규명할 수 있다.
③ 히스토그램(Histogram)은 데이터가 존재하는 범위를 몇 개의 구간으로 나타낸 막대그래프로 작성한 것으로 데이터 분포의 형태를 쉽게 파악하기 위한 용도로 작성한다.
④ 간트차트는 도식을 통해 생산활동을 표시하고 모든 종류의 생산일정 계획을 세우는 데 활용한다.

35 다음에서 완제품 100개를 생산하기 위해 필요한 부품 X의 총 소요량은?

> 완제품 1개를 생산하기 위해서는 부품 A가 2개, 부품 B가 3개 필요하다. 부품 A를 생산하기 위해서는 부품 X가 2개 부품 Y가 3개 필요하며, 부품 B를 1개 생산하기 위해서는 부품 X가 2개 부품 Y가 2개 필요하다.

① 1,000개　　② 1,200개
③ 1,400개　　④ 1,600개

해설 완제품을 생산하기 위해서는 부품 A 2개와 B 3개가 필요하다. 먼저 A 1개를 생산하기 위해서는 부품 X 2개가 필요하므로 부품 A 2개를 생산하기 위해서는 부품 X는 4개가 필요하다. 부품 B 1개를 생산하기 위해서는 부품 X 2개가 필요하므로 부품 B 3개를 생산하기 위해서는 부품 X 6개가 필요하다. 따라서 완제품 1개를 만들기 위해서는 부품 X는 총 10개가 필요하므로 100개를 생산하려면 1,000개가 소요된다.

정답　34 ②　35 ①

36. 식스시그마 5단계 실현 방법론(DMAIC) 중 (   ) 안에 들어갈 알맞은 것은?

> 정의 → 측정 → (   ) → 개선 → 통제

① 실천
② 계획
③ 분석
④ 설정

해설 DMAIC 방법론은 6시그마 프로젝트를 수행하기 위해 사용하는 가장 일반적인 방법론이다. 5단계로 구성되며 정의→측정→분석→개선→관리 순이다. 각각의 단계는 정의된 활동을 수행하기 위해 다양한 통계적 방법을 사용한다.

순서	Define(정의)	Measure(측정)	Analyze(분석)	Improve(개선)	Control(관리)
주요내용	고객 요구사항 파악 및 프로젝트 목표, 정의	Y의 현수준 파악 및 잠재원인 변수 Xs의 발굴	수집된 데이터를 근거로 문제의 근본 원인인 핵심인자 Xs 확인	최적의 프로세스 개선안과 문제의 해결책 도출	개선결과의 문서화 및 유지계획 수립
15 Step Road Map	Step 1 프로젝트 선정 Step 2 프로젝트 정의 Step 3 프로젝트 승인	Step 4 Y의 확인 Step 5 현수준 확인 Step 6 잠재원인변수 발굴	Step 7 데이터 수집 Step 8 데이터 분석 Step 9 핵심인자 X의 선정	Step 10 개선안 수립 Step 11 핵심인자 최적화 Step 12 개선결과 검증	Step 13 관리 계획 수립 Step 14 관리 계획 수행 Step 15 문서화 및 이관

37. 다음은 어떤 시스템을 설명하고 있는가?

> 제품 원재료의 생산부터 보관, 유통에 이르기까지 모든 단계를 최적화하는 관리 체계를 의미한다. 물류관리의 개념을 기업 간의 네트워크 관계로 확장하고 그 기능을 통합하여 관리하는 방식이다. IT 기술을 활용하여 공급망 단계에 있는 기업들과 실시간으로 정보를 공유한다.

① MRP(Material Requirement Planning)
② ERP(Enterprise Resource Planning)
③ SCM(Supply Chain Management)
④ CRM(Customer Relationship Management)

정답 36 ③ 37 ③

해설 ① MRP는 주일정계획(MPS)에 맞추어 종속수요 품목에 대한 적량의 생산주문 및 구매주문이 적시에 이루어지도록 하는 생산계획 및 통제기법이라 할 수 있다.
② ERP는 전사적 자원관리로 종래 독립적으로 운영되던 생산·재무·유통·인사 등의 정보시스템을 하나로 통합하여 운영한다.
④ CRM은 고객관계관리로 기업이 고객과 관련된 내외부 자료를 분석·통합해 고객 중심 자원을 극대화하고 이를 토대로 고객특성에 맞게 마케팅 활동을 수행하는 데 활용한다.

38 린(lean) 생산 시스템에서 규정하고 있는 7대 낭비가 아닌 것은?

① 과잉생산
② 품질 검사
③ 재고 양산
④ 생산 불량

해설 린 생산 시스템에서는 제품의 가치창출에 기여하지 않는 모든 것을 낭비라고 하여 7대 유형과 발생 원인을 제시하였다.

유형	발생 원인
과잉생산의 낭비	시장에서 필요로 하는 수량보다 과대 생산
재고의 낭비	작업장의 많은 문제를 재고의 보유를 통해 회피하고자 하는 의식
가공의 낭비	작업방법이나 조건, 환경
동작의 낭비	작업행위 중 직접적으로 부가가치를 낳지 못하는 움직임
운반의 낭비	공정편성, 레이아웃 등의 불합리
대기의 낭비	일의 불균형으로 자재나 작업의 지연 및 정체
불량생산의 낭비	계속된 불량 발생

39 품질비용 중 불량품의 폐기나 재작업 등으로 인한 비용이 포함되는 것은?

① 예방비용
② 외부 실패비용
③ 평가비용
④ 내부 실패비용

해설 내부 실패비용은 제품, 부품 및 재료가 고객에게 인도되기 전, 생산공정상에서 품질요건을 충족시키지 못했을 때 발생하는 비용이다. 제품 및 서비스 설계에 대한 실패비용, 구매와 관련된 실패비용, 재작업 및 폐기에 따른 비용 등이 포함된다.
① 예방비용은 결함발생의 사전예방 목적으로 지출되는 것으로 품질계획, 품질교육, 제품 및 서비스 설계, 공정계획, 품질자료 수집 등에 소요되는 비용이다.
② 외부 실패비용은 제품이 고객에게 이전된 후에 고객의 욕구를 충족시키지 못했을 때 발생하는 비용이다. 반품 및 양품교환에 따른 비용, 기업이미지 실추, 클레임 비용, 판매량 감소 등에 따른 비용을 포함한다.
③ 평가비용은 제품, 부품 및 구입원자재가 품질표준과 적합한가를 측정 및 평가, 검사하는 활동에 관련된 비용이다.

정답 38 ② 39 ④

40 품질개선 활동을 수행할 때, 무엇을 우선 고려해야 할지 파악하기 위해 사용할 수 있는 도구는?

① 파레토도
② 매트릭스도
③ 관리도
④ 특성요인도

해설 파레토도는 대부분의 부가 소수의 사람들에게 집중되어 있다는 파레토의 20:80 법칙을 품질관리에 적용시킨 것이다. 품질문제의 80%가 중요한 20%의 원인에 집중되어 있다고 보고 도표로 작성하여 관리한다.

정답 40 ①

MEMO

MEMO

MEMO